테크넷과 함께 하는
엔터프라이즈 리눅스
핵심 운영 가이드
VOL.1

저자 약력

김석
한국 최초의 오라클 에이스 디렉터 (기술전도사)
현)주식회사 노브레이크 대표이사
현)안산대학교 IT응용보안과 겸임교수
현)한양사이버대학교 해킹보안과 교수
현)솔라리스 테크넷 운영진
전)한국 솔라리스 커뮤니티 연합 운영진
전)한국 소프트웨어 커뮤니티 연합 운영진
다수의 대학 및 기관에서 강의 및 컨설팅
RHCSA / RHCE / RHCI

설규환
현)주식회사 노브레이크 선임컨설던트
RHCSA / RHCE / RHCI
다수의 대학 및 기관에서 강의 및 컨설팅

이수진
현)주식회사 노브레이크 컨설팀 팀장
RHCSA / RHCE
다수의 대학 및 기관에서 강의 및 컨설팅

장성균
현)주식회사 노브레이크 책임컨설던트
RHCSA / RHCE / RHCI / RHCX / RHCA
다수의 대학 및 기관에서 강의 및 컨설팅

한재경
현)주식회사 노브레이크 선임컨설던트
RHCSA / RHCE / RHCI / RHCX
다수의 대학 및 기관에서 강의 및 컨설팅

테크넷과 함께 하는

엔터프라이즈 리눅스
핵심 운영 가이드 vol. 1

김석 설규환 이수진 장성균 한재경 저

클라우드를 고려한 리눅스 핵심 해설서
인프라 구축 및 운영 기술의 핵심 입문서
컴퓨터 관련 학과의 1학기 분량으로 최적화
핵심 내용만 간추린 입문서
전문가 커뮤니티를 통한 온라인 지원

테크넷과 함께 하는
엔터프라이즈 리눅스 핵심 운영 가이드 VOL.1

저자	김석, 설규환, 이수진, 장성균, 한재경
1판 4쇄	2023년 5월 15일
발행처	인텍
발행인	김석
주소	서울특별시 광진구 아차산로 375, 610호 (구의동 크레신타워 3차)
전화	02) 070-7139-4659, 팩스 02) 452-6425
등록번호	제25100-2009-000052호
등록일자	2009. 12. 22
ISBN	978-89-963760-6-4 13000
가격	30,000원

이 도서의 저작권은 인텍에 있으며 일부 혹은 전체 내용을 무단복제하는 것은 저작권법에 저촉됩니다.
잘못 만들어진 책은 구입하신 곳에서 교환하여 드립니다.

저 자 서 문

지난 20년간 IT에 몸담아 오면서 유닉스 계열 시스템, 그중에서도 솔라리스와 리눅스를 가장 오랜 기간 사용해 왔습니다.

솔라리스는 저에게 유닉스와 리눅스 플랫폼을 경험하게 하고 필자가 IT에서 과분한 인정을 받도록 지지해준 운영체제로 여전히 필자에게는 가장 큰 애착이 있는 운영체제입니다.

저는 96년부터 다양한 리눅스 배포판을 접하고 사용해 왔습니다.

당시에는 리눅스 설치는 소위 고수들의 영역으로 설치 후 까만 프롬프트를 경험하는 것은 정말 힘든 일이었습니다.

당장 호환 드라이버가 부재해서 지원되는 하드웨어가 극히 일부 였으며, 관련 정보를 얻는 것은 더욱 더 어려웠습니다.

그러한, 리눅스는 전 세계적으로 개발자 커뮤니티를 기반으로 폭발적으로 성장했고, 국내 역시 많은 선배 리눅서 들에 의해 기술문서와 경험들이 공유되기 시작했습니다.

셀 수도 없을 만큼의 배포판들이 자고 일어나면 만들어지고 사라지곤 했습니다.

제가 리눅스 시스템을 본격적으로 강의하고 서비스를 제공했던 제품은 레드햇 8 과 RHEL 2.1 이었습니다.

지금과는 너무나도 다른 시장 분위기 때문에 리눅스는 교육 테스트 시스템 이외에 실제 서비스에는 적용하기 힘들었고, 실제 많은 고객사에서는 레퍼런스를 요구해서 웹 서버 같은 제한적인 서비스에서만 사용되어 왔습니다.

그러한 리눅스는 20년간 그야말로 폭풍 성장을 해왔고, 현재 IT 시스템에서 없어서는 안 되는 가장 범용적인 운영체제로 자리 잡았습니다.

2016년 다보스 포럼 부터 언론에 등장하기 시작한 4차 산업혁명 (ICBM : IoT/Cloud/BigData/Mobile)이 도래하는 현 시점에서 리눅스는 4차 산업혁명의 가장 근간이 되는 시스템 입니다.

당장 우리가 사용하는 모바일 장치중에 안드로이드 스마트폰에 내장된 운영체제가 리눅스이며, 우리가 사용하는 수많은 IoT/임베디드 시스템이 리눅스로 구동되고 있습니다.

클라우드는 어떨까요? 클라우드에서 가장 많이 사용되는 운영체제가 바로 리눅스 시스템이며, 심지어 과거 리눅스 죽이기에 혈안이던 마이크로소프트 역시 '아이러브 리눅스(I ♥ Linux)'를 주장하며 MS의 클라우드 시스템 플랫폼인 애저(Azure)의 중요한 요소로 포함시켰습니다.

클라우드의 절대강자인 아마존은 말할 필요가 없고, 데이터베이스로 유명한 오라클 역시 오라클 클라우드 서비스를 통해 오라클 리눅스를 지원하고 있습니다.

오픈소스 기업의 대명사인 레드햇은 RHEL을 기반으로 한 오픈스택, 오픈시프트 같은 클라우드를 서비스 하고 있습니다.

마이크로소프트의 SQL 서버가 리눅스 서버에서 구동되는 현재의 시장을 보면 격세지감을 느낍니다.

바야흐로 오픈소스, 그리고, 리눅스가 대세인 세상입니다.

헌데, 리눅스 시스템의 영향은 앞으로 더 커질 것으로 보입니다.

IoT 플랫폼 운영체제로 리눅스가 대세인 점을 부인 할 수도 없고, 빅데이터 플랫폼들도 대부분 리눅스 시스템 기반에서 구동되고 있습니다.

또, 이러한 플랫폼들은 클라우드 환경에서 도커 컨테이너 기반으로 구동되고 있습니다.

프라이빗 클라우드의 대세인 오픈스택은 플랫폼 기반이 대부분 리눅스 시스템에서 구동되고 있습니다.

금융/증권 플랫폼도 수년전 메인프레임에서 유닉스로 흐름이 완전히 넘어갔습니다.

수년이내에 유닉스 플랫폼은 다시 리눅스 플랫폼으로 전환 될 것은 자명해 보입니다.

기존의 유닉스 플랫폼을 리눅스로 진행하는 U2L (Unix to Linux) 프로젝트는 수년전부터 진행 되고 있습니다.

리눅스 시스템은 이제 선택이 아닌 필수 운영체제가 되었습니다.

본 서적의 집필 의도는 다음과 같습니다.

1. 최신 리눅스 시스템의 핵심기술을 원리를 통해 제대로 배우도록 집필했습니다.

시중에 많은 분들이 좋은 리눅스 책을 집필하셨고, 실제 너무 나도 좋은 책들이 많이 있습니다만, 그럼에도 불구하고 집필을 하게 된 이유는 다음과 같습니다.

모든 책이 그런 것은 아니나, 꽤 많은 리눅스 서적들이 기초 명령만 나열하고 패키지만 설치해서 서비스 구성을 하는 서적이 대부분입니다. 리눅스 시스템을 서버로 구성해서 사용할 수 있지만, 실무 환경에서 단순히 서비스 설치 및 구축이 전부가 아닙니다.

클러스터링, 가상화, 컨테이너, 오케스트레이션은 물론, 소프트웨어정의 스토리지인 Ceph나 GlusterFS (글러스터), 오픈시프트 등 리눅스 시스템을 기반으로 다룰 수 있는 실무적인 기술을 다루기 위해서는 리눅스 시스템을 보다 정확히 학습해야 하는데, 너무 기본적인 설치와 웹과 같은 기본 서비스 구축하는데 만 집중되어 있습니다.

2. 컴퓨터 전공학과의 한학기 분량의 교재로, 교육센터의 일주일 분량의 교육교재로 최적화 했습니다.

대학교에서 시스템 기초를 가르치고 시스템 관리나 서비스를 강의하기 위해서 마땅히 교재로 사용할 만한 교재가 없습니다.

또, 교육센터 등에서는 일주일(5일 기준), 약 35시간 내외로 사용할만한 책을 접하기도 쉽지 않습니다.

너무 버전이 낮거나, 많은 내용을 다루기 위해서 깊이는 얇으면서 기초적인 내용만 나열하고 두껍기만 한 책들이 많습니다.

따라서, 컴퓨터 전공학과의 한 학기, 교육센터 일주일 교육용 교재로 내용과 분량을 최적화 하였습니다.

3. 별도 시스템이 없어도 가상환경에서 실습 할 수 있도록 구성했습니다.

버추얼박스(virtualbox)를 이용한 실습 환경을 통해 보다 다양한 실습을 수행할 수 있도록 집필하였습니다.

가상화 기술의 발달로 인해 버추얼박스나 VMware를 이용한 실습이 가능하며, 이를 기반으로 집필하였습니다.

4. 서버 관리자, 시스템 엔지니어, 클라우드 관리자, 개발자, DBA, 데브옵스 등 다양한 IT 관리자 및 개발자들에게 기본이 되는 교육교재로 집필되었습니다.

리눅스는 그 자체로도 가치가 있지만, 여러 환경에 최적화되어 운영되고 있습니다.

급변하는 4차 산업혁명의 전환기에 기술을 선도하는 전문가들을 위한 토대가 되기를 희망합니다.

끝으로, 집필기간 중에 공동 집필하느라 힘들었던 우리 ㈜노브레이크 임직원들과 항상 자식 걱정이신 양가 부모님과 아내 해진, 아들 민서에게 미안함과 고마움을 전합니다.

김석

제가 리눅스를 처음 접해 본 지 어느덧 십여 년이 넘은 것 같습니다. 그동안 '리눅스 외길' 같이 살아온 건 아니지만 관심에 의해, 또는 필요에 따라 계속 리눅스를 접해 왔고, 공부해왔습니다. 그러다 보니 지금은 어느 정도 리눅스라는 운영체제에 익숙해지고, 때로는 다른 사람을 가르치기도 하는 입장이 되었습니다.

배우는 입장에서 가르치는 입장으로 바뀌고 나서 늘 고민되는 건 '내가 이해하고 있는 것을 다른 사람에게 똑같이 이해시킬 수 있을까', '단순히 명령어를 나열하는 것만으로 리눅스에 대해 가르쳤다고 할 수 있을까' 하는 점이었습니다. 강의에 사용했던 많은 리눅스 교재들이 주로 명령어에 대하여 설명하고 여러 가지 설명을 덧붙이는 방식으로 구성되어 있지만, 명령어나 기능의 필요성에 대한 설명이 누락되어 오히려 수강생들의 이해를 어렵게 만드는 경우가 많았습니다.

따라서 이번 책은 '쉽게 학습할 수 있는 교재' 라는 목표를 가지고 준비하였습니다. 각 기능 및 명령의 개념과 필요성에 대해서 충분히 설명하고, 적절한 사용 예제를 통해 암기가 아닌 이해하는 학습을 돕고자 합니다. 리눅스에 대해 학습하기 위해 이 책을 보시는 분들에게 꼭 도움이 되는 그런 책이 되었으면 합니다.

설규환

필자는 리눅스 시스템을 많은 수강생들에게 강의해 왔습니다. 그러다보니, 자연스럽게 시중 교재에 대해서 선정하고 사용해 왔습니다.

시중에는 많은 교재가 있지만, 늘 약간의 아쉬움이 있었습니다. 쉽고 접근하기는 좋지만 너무 기초적인 내용만 다루거나 너무 오래된 내용을 명령어 나열식으로 정리하는 식이었습니다. 또, 한권에 너무 많은 내용을 다루려다 보니 깊이가 낮아지는 문제가 있었습니다.

대부분 너무 깊이가 낮아 실무에서 바로 적용하기 힘든 책들이었습니다.

이러한 부족함을 보완하여 많지 않더라도 제대로 내용을 전달하는 책을 집필하자는 의도로 집필에 참여 하게 되었습니다.

쉽지 않은 작업이었지만, 회사 동료들과의 협업을 통해 하나의 작은 성과를 이룩한 것 같아 뿌듯하지만, 한편으로는 깊은 책임감을 느낍니다.

집필 동안 물심양면으로 지원해주고 배려해준 회사 동료들과 늘 아들 걱정이신 부모님께 감사 드립니다.

이수진

제가 리눅스를 처음 접한 지 20년이 훨씬 넘었다니 참으로 격세지감을 느낍니다.

리눅스가 처음 나왔을 때만 해도 수 십장의 플로피 설치 디스크로 겨우 겨우 설치하고, 그래픽 화면 하나 보기 위해 엄청난 노력을 했던 것이 생각납니다. 물론 그때는 노력이라기 보다 지식이 없었기 때문에 단순 호기심에 관련 잡지에 나온 기사를 보며 명령어 하나하나 입력하며 겨우 겨우 따라하는 하는 정도였습니다. 그러나 이런 리눅스 시스템이 20년이 훌쩍 넘었고 이제는 IT 인프라의 중심에 있다고 해도 과언이 아닐 것입니다.

또한 요즘 클라우드 컴퓨팅 트랜드에 의해서 오픈소스가 더욱 더 조명 받고 있습니다. 심지어 최근 거의 모든 클라우드 관련 오픈소스 프로젝트나 제품이 리눅스 위에서 구동되도록 설계되어 있습니다. 그만큼 리눅스 시스템에 대한 이해가 더욱 더 많이 필요하게 되었습니다. 반대로 거의 모든 클라우드 환경이 리눅스 시스템 기반으로 구동되고 있다고 봐도 무방할 정도입니다.

점점 발전하는 클라우드 환경과 이러한 오픈소스 혁명의 가장 중심이 되는 리눅스 시스템을 조금 더 쉽고 필요한 기능은 깊이 있게 다루기 위해 노력 하였습니다. 리눅스 운영체제를 접 한지 얼마 되지 않은 사람부터 실무자에게 까지 도움이 되는 책이 되었으면 합니다.

마지막으로 아프지 않고 건강하고 예쁘게 자라주고 있는 딸 장희연, 항상 집안일에 또 밤 늦게까지 열심히 공부하느라 정신없는 아내 이지영, 감사하고 사랑합니다.

장성균

대학시절 학교 정보전산원에서 근로장학생을 했습니다. 그 때 정보전산원 홈페이지 관리팀에서 교내 홈페이지를 관리하면서 유닉스와 리눅스 시스템을 처음 접했습니다. 어린 시절 DOS 컴퓨터의 커맨드 환경을 스쳐 긴 시간 윈도우 그래픽 환경을 사용했기 때문에 처음 마주한 유닉스와 리눅스 시스템의 커맨드 환경은 적응하기 어려웠습니다.

처음 서버를 관리할 때 사용자 관리, 서비스제어 그리고 로그 확인과 같은 작업은 낯설게 느껴졌습니다. 그러던 중 사무실에 비치되어 있던 리눅스 서적을 몇 권 읽어보았습니다. 하지만 그 서적들은 단순히 명령어의 사용 방법을 알려줄 뿐, 그에 따른 상세한 설명과 심화된 질문에 대한 답변은 없었습니다. 당시에는 큰 불편함을 느끼지 않았기에 사용하는 명령어와 시스템 관리 방법 몇 가지만 숙지했습니다.

대학을 졸업하고 유닉스와 리눅스 강의를 하게 되었을 때, 좀 더 다양한 지식을 얻기 위해 예전에 보았던 리눅스 서적과 그 밖에 여러 시스템 관리 서적들을 참고했습니다. 하지만 대부분 간략한 내용만 있을 뿐 원하는 정보는 없었습니다. 이는 인터넷에서 검색을 해도 별반 다르지 않았습니다.

재직자를 대상으로 강의하면서 느낀 점은, 대부분의 관리자가 명령어의 사용 방법만 알고 있을 뿐, 그 명령어의 의미나 시스템에서 특정 서비스가 실행되어야 하는 이유를 모른다는 것이었습니다.

이 책은 초·중급자가 대상이며, 리눅스에서 사용하는 기초적인 내용은 제외하고 리눅스 시스템 관리에 필요한 내용을 담았습니다.

리눅스 학습을 시작한 사람 또는 관리에 필요한 기능들의 의미를 잘 모르는 관리자에게 큰 도움이 되었으면 좋겠습니다.

한재경

추 천 사

이 책은 리눅스 시스템을 관리하는데 필요한 최소한의 필수 사항을 잘 정리하여 설명한 책입니다.

클라우드, 빅데이터, 사물인터넷, 블록체인 기술과 같은 최신 기술들은 오픈소스 소프트웨어를 기반으로 하는 경우가 대부분이며, 오픈소스 소프트웨어의 중심에는 늘 리눅스가 있습니다.

리눅스 시스템을 잘 이해하는 것은 새롭게 출현하는 기술들을 익히는 기초가 되기 때문에 꼭 알아야 합니다.

그러나, 하루 아침에 리눅스 시스템을 금방 알 수는 없습니다. 매우 기초적인 내용부터 하나씩 하나씩 알아가고 그것이 쌓여야 합니다.

시중에는 나와 있는 리눅스 책을 통해서 또는, 전문적인 교육의 수강을 통해서 리눅스 지식을 습득할 수도 있습니다.

하지만, 초보자들에게는 이 것 조차도 어렵게 느껴질 수 있습니다.

이 책은 리눅스를 처음 접할 때 꼭 알고 있어야 하는 내용을 적절한 그림과 함께 친절히 설명하고 있습니다.

리눅스를 하나도 모른다고 하더라도 이 책을 통해 기초를 다지고 나면 그 다음 단계로 나아가는 데에 큰 힘이 될 수 있을 것이라고 생각합니다.

이 책을 통해 리눅스 전문가로 가는 힘찬 첫 걸음을 시작하시길 바랍니다.

허경, Red Hat Korea, Senior Technical Account Manager

1991년 개인의 PC를 위해서 개발되어졌던 리눅스는 유닉스의 DNA으로 태어나, 임베디드 장치에서 수퍼컴퓨터까지 컴퓨팅 전 영역에서 사용되는 운영체제로 자리 잡고 있습니다. 또한 컴퓨팅 전체가 융합되어 클라우드 컴퓨팅의 모습으로 발전하고 하고 있는 오늘날에 클라우드 컴퓨팅의 주요한 운영체제로도 자리 잡아 가고 있음을 보는 것은 여간 놀라운 일이 아니라고 하겠습니다. 공개 이후로 추구해왔던 리눅스의 진정한 가치는 유닉스의 모습을 닮고 있는 점도 아니고 단순히 무료였기 때문이라고 하기 에는 무언가 부족합니다. 무료라는 모습 안에 담겨있는 리눅스는 모든 이에게 지식에 대한 자유의 허용과 그 과정에서 생산되는 발전된 지식의 공유를 장려해왔는데 이러한 모습이야 말로 리눅스의 태생과 성장 철학이라고 할 수 있겠습니다.

이러한 철학의 성장은 여전히 클라우드 컴퓨팅 환경에서도 이어져 가고 있어서, 아마존 웹 서비스의 클라우드 컴퓨팅에서도 제일 쉽게 선택해서 사용해 볼 수 있는 운영체제가 아마존 리눅스라는 점은 놀랍지 않은 것 같습니다. 하나의 운영체제를 배운다는 것은 단순히 남이 만든 함수의 호출 방식을 배우는 것 이상을 의미합니다. 함수의 호출이 만들어내는 작용과 그 작용에 기인하는 반작용의 모습이 형성해내는 환경을 이해한다는 관점에서 클라우드 컴퓨팅을 이해하기에도 가장 적합한 운영체제로는 리눅스가 아닌가 주관적으로 생각해봅니다.

많은 이들의 공유하는 운영체제이다 보니 관련 서적들도 많은 분야가 리눅스 관리 서적이기도 한 데 오랜만에 나온 최신 모습으로 업데이트를 보여주는 김석 이하 저자들의 리눅스 관련 서적의 모습은 반갑기 그지 없습니다. 저자의 보안에 관한 깊은 이해와 필드에서 경험한 실질적인 풍부한 훈련을 바탕으로 구성된 이번 신간에 기대하는 바가 큽니다. 텍스트에서 언급된 명령어들을 따르고 반복해보면 어느 덧 리눅스의 입문을 쉽게 넘도록 도와주는 듯 합니다. 운영체제는 목적이 명확한 영역이라고 하기 보다는 다양한 목적들이 필요로 하는 환경을 공부하는 영역입니다. 오늘날 클라우드 컴퓨팅을 포함한 IT 환경의 이해를 어디에서 시작하면 좋을 지, 어떻게 시작하면 좋을 지를 궁금해 하시는 많은 분들에게 의미 있는 이정표가 되리라 믿어 의심치 않습니다.

김봉환, 아마존(AWS) 솔루션 아키텍쳐 수석 매니저 상무

오랜 기간 MySQL 엔지니어를 하고 있는 내가 가장 익숙한 OS는 리눅스 다. 그렇다보니 자연스럽게 리눅스 환경은 익숙하지만 사용하는 명령어나 보는 파일들이 DB를 위한 부분에 한정되어 있어 내가 리눅스를 잘 안다고는 할 수 없지만 내가 읽어본 이 책은 기본에 충실하면서 나같이 CLI에 익숙한 실무 엔지니어들이 보기에 적합해 보인다. DB 엔지니어인 내게도 리눅스 명령어나 시스템 전반을 이해하는데 도움이 되는 책이다.

류수미, 한국오라클 부장, MySQL

Tensorflow, SystemML, Openstack, Android.
이들의 공통점은 무엇일까? 시대를 앞서 나가는 IT 기술이라고 답하는 이들이 대부분일 것이다. 틀린 말은 아니다. 구글의 텐서플로우(Tensorflow)와 아파치 재단의 시스템엠엘(SystemML)은 대표적인 인공지능 엔진이다. 또한, 오픈스택(OpenStack)은 클라우드를 대표하는 표준이기도 하다. 모바일을 대표하는 구글의 안드로이드(Android) 역시 단순히 스마트폰에서만 머물지 않고 다양한 IoT(Internet of Things)로 진화 발전해 가고 있다.
그것 뿐일까? 아니다. 바로 오픈소스(Open Source)라는 공통점을 갖고 있다. 제각기 다른 오픈소스 라이센스 체계를 갖고 있지만, 인류 문화의 공동 소유 정신에 입각하여 누구나 자신이 가진 기술의 공개를 통해 좀더 나은 기술로 발전시키고자는 의지를 담고 있다.
마지막으로 또 다른 공통점은 무엇이 있을까? 그것은 바로 운영 플랫폼이기도 하고 때로는 구성 요소이기도 한 리눅스(Linux)이다. 시대를 앞서 가는 기술도 결코 갑자기 만들어지

는 법은 없다. 기본부터 탄탄히 다져나가다 보면, 작은 혁신이 시대를 바꿔 나가는 일을 비단 IT에서만의 일은 아닌 것 같다. 그런 관점에서 지금 그 어느 때보다도 리눅스에 대한 기초 지식과 기술이 필요한 시점인 듯하다. 또한, IoT의 기반 중 하나인 임베디드 운영체제로써, Unix와 윈도우의 대항마로써의 리눅스에 대한 보안 구성 및 관리는 그 어느 때보다는 필수적인 지식임에 틀림없다.

정보가 넘쳐나는 인터넷의 바다 속에서 정말 꼭 필요한 지식을 정말 알기 쉽게 가르쳐 주는 지적 스승을 찾기 어려운데, 금번 발간된 "엔터프라이즈 리눅스 핵심 운영 가이드vol.1"은 그러한 시대적 요구사항에 부합하여 대학생부터 리눅스의 기초를 다지고자 하는 실무자들 모두에게 매우 훌륭한 지침이자 바이블이 될 것이다.

오랜 시간 리눅스를 가르쳐 온 지인이자 필자의 그동안의 노하우와 노력이 고스란히 담긴 이 뛰어난 명저를 IT와 보안의 선배와 동료로써 지인들과 후배님들께 기꺼이 추천한다.

박형근, 한국IBM 보안 사업부 실장/ 시큐리티플러스 정보보안 커뮤니티 대표

90년대 말, 메인프레임 시대 끝 무렵에 그 당시 세상을 바꿀 것 같던 다운사이징과 2-Tier/3-Tier 클라이언트/서버 컴퓨팅 환경 등의 그 당시 새로운IT 트렌드를 접하면서 저의IT 인생이 시작했었습니다. 그로부터 강산이 두 번 변할 수 있는 시간이 흐른 지금, 키보드에 두 손을 다소곳하게 얹고 잠시 회상에 잠겨 봅니다.

IT 환경은 과학과 기술의 발전을 통해 정말 눈부신 진화를 계속하고 있습니다. 과거 폐쇄적이고 종속적인 메인프레임 운영 체제에서 개방적인 유닉스 운영 체제로의 변화는 주로 기업IT 환경에 BPR(Business Process reengineering)과 PI(Process Innovation) 등의 경영 혁신 트렌드와 함께 기업 생산성의 획기적인 향상의 근간이 되었습니다. 이제는 U2L(Unix to Linux)이라는 또 한번의 변화가 IT 환경에 아니 인류의 환경에 많은 변화의 소용돌이 한 가운데에서 변혁의 중심추 역할을 하고 있습니다.

리눅스라는 개방형 운영 체제는 다양한 오픈 소스 소프트웨어 발전의 근간이 되기도 했고, 빅데이터와 클라우드와 같은 트렌드의 확대, 사물 인터넷과 인공 지능에 이르기까지 현 시대의 IT 환경에서 없어서는 안될 중요한 역할을 담당하고 있다고 해도 과언이 아닐 것입니다.

IT가 세상을 바꾸는 환경에 살고 있는 우리가 IT를 처음 접하면서 꼭 거쳐야 하는 운영 체제, 리눅스에 대해 또 하나의 바이블을 ㈜노브레이크 김석대표님께서 이루어 내셨습니다. 리눅스라는 운영 체제가 2017년 이 시점에서는 완전 새로운 운영 체제는 아니지만, 막상 리눅스라는 운영 체제를 시작하려 하면 정보의 홍수 시대에서 필요로 하고 원하는 바를 바로 찾아 습득하기엔 어려움이 많습니다. 특히 학교에서 또는 기업에서 새롭게 리눅스 환경에 대한 역량을 짧은 시간 내에 배양해야 하는 분들에게는 적지 않은 시간과 노력을 투자해야 하는 상황이 종종 발생하곤 합니다.

IT 현장에서 축적된 경험과 노하우를 집약해서 꼭 필요한 내용으로 만 구성된 설명과 예제 등이 자습서 또는 교육 교재로서의 가치보다 현장에서 없어서는 않될 핸드북 같은 느낌이 드는 건 과장이 아닐 겁니다. 그야말로 목적에 충실한 즉 합목적성이 충만한 리눅스 바이블인 "엔터프라이즈 리눅스 핵심 운영 가이드"를 적극 추천합니다.

이상길, 한국후지쯔(주) Trusted Cloud Square Center 부장

많은 기업들이 IT관련 서비스를 하는데 있어서 선택하는 운영체제로 리눅스를 많이 고려하고 있다.

그중에서도 기업용 엔터프라이즈 리눅스의 무료버전이면서 안정성에 초점을 두고 제작되고 있는 CentOS를 주로 고려하여 도입을 검토하고 있고 또한 사용하고 있을 것이다.

이 책의 장점은 리눅스에 입문하고자 하는 초보자 입장에서 책의 내용을 무척이나 쉽게 서술했다는데 있다.

실무에서 실제로 직접 리눅스 관리업무를 수행하는 저자들에 의해 쓰여져서 더욱 그 내용에 현실감이 살아있다.

책의 구성은 간단한 사용자관리와 그 권한 관리부터 시작해서 커맨드, 디스크 및 파일시스템과 볼륨 관리 등 기본적인 세팅부분도 상당히 자세히 나와 있다.

Systemd 에 대한 내용과 로그 관리, 패키지, 네트워크 등 리눅스 관리자로서 반드시 알아야만 할 내용들을 알찬 구성을 만들고자 하는 저자 나름대로의 노력이 많이 보이는 책이다. 리눅스 관리의 초보자라면 꼭 봐야할 책이 아닐까 한다.

조민재, ㈜우아한형제들(배달의민족) CTO실 수석연구원

이번 책은 리눅스 시스템을 오랫동안 운영하며 경험했던 필자의 경험과 노하우가 녹아들어 있어, 리눅스를 처음 접하는 사용자들에게 시스템 관리를 위해 필요한 기본적인 내용의 전달과 함께 어떻게 효율적인 운영이 가능한지 가이드를 제시해 주고 있다. 초급에 많은 중심을 두고 있는 만큼, 쉽게 이해할 수 있도록 배려한 많은 양의 실제 화면과 도움말이 리눅스 운영에 첫 발을 내딛는 시작에 큰 도움을 줄 것이다.

정관진, CISCO Systems Security Engineer 부장

Microsoft의 Windows 운영체제를 15년 이상 사용하던 중 Microsoft가 Open Source Software에 대한 지원을 강화 하고 있어 Linux를 공부하기 시작하였습니다. Windows에 익숙해져 있어서인지 처음에 접근하기 어려웠고 Linux에 대해서는 대학 시절에 배웠던 VI와 기초 Shell 명령들만 기억나서 Linux를 다시 공부하기 위해서 시중에 나와 있는 Linux 서적들을 찾아 보았습니다.

어떤 책들은 Linux Kernel을 깊이 있게 다루고 있었지만 당장 저에게는 필요하지 않았고 어떤 책들은 Linux 에서 Shell을 잘 사용하는 방법 그리고 Tool들을 잘 사용하는 방법들을 설명하고 있었습니다. 하지만 당장 저에게는 Linux에 DHCP를 설정하여 인터넷이 되게 하고 yum 명령으로 원하는 프로그램들을 설치하는 방법이 필요했습니다. 인터넷을 검색해 보았지만 너무 다양한 배포판과 다른 version의 내용이 검색되어 어떤 것을 사용해야 할지 몰랐습니다.

이 책은 제가 바라던 기초 적인 내용과 최신버전에서 사용하는 명령들을 다루고 있어서 많은 도움이 될 것으로 보입니다.

단순히 명령어만들 설명하는 것이 아니라 배경 지식 그리고 명령의 출력 결과도 설명을 하고 있어 Linux를 이해 하는데 많은 도움이 되었습니다. 화려한 테크닉을 다루는 고급서보다는 초급 엔지니어가 처음 Linux를 다루는 것에 대한 책으로 적합하며 이 책을 통해 기초를 다지고 나면 오픈스택이나 퍼블릭 클라우드 환경에서 손쉽게 Linux를 시작할 수 있을 것으로 보입니다.

이태화, 삼성 SDS 수석보

리눅스 시스템을 운영하는 방법에 관한 포괄적인 개요를 제공하므로 전체 개념을 효율적으로 이해하는 데 효과적입니다. REDHAT 을 비롯한 CENTOS 나 ORACLE LINUX 가 버전7로 업그레이드되면서 init 을 대체하는 systemd 에 대하여 상세히 소개함으로써 이전 버전과의 아키텍처 차이를 이해하고 달라진 관리 방법을 체득하는 데에도 효과적입니다. 클라우드 환경에서 가상머신이나 컨테이너의 기본 플랫폼이 되는 리눅스에 대한 전체 동작 개념과 관리 방안을 스텝 별 hands-on 예제들과 함께 소개함으로써 셀프스터디 교재로도 매우 적합합니다.

윤재호, DELL EMC Korea 과장

이 책은 쉽고 풍부한 예제 자세한 설명으로 엔터프라이즈 리눅스를 처음 접하는 리눅스 입문자나 회사에서 엔터프라이즈 리눅스 시스템을 관리해야 하는 운영자 모두에게 좋은 길잡이가 될 것이다.

윤재봉, Red Hat Korea Consultant 이사

"엔터프라이즈 리눅스 핵심 운영 가이드"는 리눅스 서버환경을 구성하고 운영하는 엔지니어의 기본 매뉴얼이다.

처음에 배울때는 전체적으로 파악을 해야 하지만 항상 옆에 두고 보는 친한 동무라고 생각한다.

개발자들이 스스로 서버 개발환경을 구성하고 관리 할때는 꼭 필요한 책이므로 많은 개발자들과 시스템 엔지니어의 옆자리를 지킬 수 있으면 좋겠다.

송상효, 성균관대학교 소프트웨어대학 오픈소스 SW 센터 교수

"음…필요한 내용만 딱 들어 있군." 제본도 되지 않은 따끈따끈한 이 책의 원고를 받아 든 내가 보자마자 느낀 점입니다

리눅스 관리자 과정은 학교에서 강의하기가 참 어렵습니다. 담당 교수의 역량이 부족해서이겠지만 담당 교수의 역량이 훌륭하다 한들 각 분야별 명령어들을 나열식으로 강의하다 보면 백이면 백 모두 지겨워하기 때문입니다. 강의 내용에 스토리가 있는, 그러니까 재미있는 강의를 만들기가 어렵다는 말입니다. 그래서 난 리눅스 수업에서 명령의 기능을 설명하기 전에 이 명령이 나오게 된 이유가 없었다면 얼마나 불편했을까 하는 이야기를 해주고 시작합니다. 그제서야 학생들이 졸지 않고 내 이야기에 귀를 기울여주는 것입니다.

이 책의 구성은 이 같은 내 생각을 읽기라도 한 듯 리눅스 명령을 단순히 설명하고 있는 데에 그치지 않고 있습니다. 명령이 실행되는 과정에서 시스템이 어떻게 변화하고 있는지 까지 보여줌으로써 그 명령의 동작 과정을 속속들이 보여주고 있습니다. 그래야 이 명령의 의미를 독자들이 잘 이해할 수 있을 것이라고 예상한 것입니다. 명령이 실행되는 내부 원리를 이해하는 것은 리눅스 관리자가 갖추어야 할 소양 중 최고봉입니다. 커널의 동작원리, 즉 운영체제 원리까지 알고 있다면 금상첨화이겠지만 초보자들을 위한 이 책으로써는 거기까지는 좀 오버가 아닐까 생각해 봅니다..

이 책의 저자들이 속한 ㈜노브레이크는 레드햇 엔터프라이즈 리눅스 관련 공인 강사들을 다수 확보하고 있는 국내 최고의 리눅스 교육기관입니다. 그래서 이런 책을 만들 수 있는 것이라고 생각하니 이 책이야말로 실력 있는 사람들이 만든 속이 꽉 찬 엔터프라이즈 리눅스 관리자 가이드라는 확신이 듭니다. 과거에 얼마나 많이 보아 왔던가요? 유명하다고 하는, 또는 실력 있다고 하는 사람들이 만든 엉성한 책들을 말입니다. 기왕에 리눅스 관리자가 되려 한다면, 또는 그러기 위해 레드햇 국제공인 자격증을 취득하려 한다면 자신 있게 바로 이 책을 권합니다. 시스템 동작 원리까지 꿰차는 것은 1+1으로 주어지는 덤이니 꼭 챙기는 것도 잊지 마시기 바랍니다.

이종우, 숙명여자대학교 공과대학 IT 공학과 교수

책을 집필하는 것은 생각보다 쉬운 일이 아닙니다. IT기술서를 집필한다는 것은 점 하나만 잘 못 찍어도 독자들에게 본의 아닌 거짓을 전하게 된다는 점에서 더욱 그렇습니다.

솔라리스 기술전도사로 불리는 김석 대표, 아니 교수, 아니 세계 최초의 오라클 솔라리스 에이스 디렉터(이게 집필한 책과 가장 어울리는 타이틀이군요)에 의해 기술된 "엔터프라이즈 리눅스 핵심 운영 가이드"는 리눅스 관리 입문자, 리눅스 환경 개발자, 데브옵스(DevOPS)운영자 등 각 층의 독자들에게 어떻게 전달해야할지를 너무도 잘 아는, 소위 전문가 중의 전문가가 쓴 기술서라는 점에서 적어도 우리나라에서는 비교대상이 없을 것으로 보입니다.

한 학기 교재로 사용하기에 적합하도록 구성되었다는 점에서 저와 같은 교수들에게는 좋은 교재를 대신 집필해 준 저자가 그저 고마울 뿐입니다.

오랜 경험과 노하우가 없는 엔지니어링 서적은 영혼 없는 바리타스의 커피와도 같습니다. 다행히 이 책에서는 훌륭한 커피의 향이 나는군요.

김규태, 안산대학교 IT응용보안과 교수

저자가 다년간의 보안교육 프로그램을 운영하면서 꼭 필요로 하는 내용들을 모아서 출판한 책으로 보안에 꼭 필요한 내용들로 구성되어 있습니다.

리눅스는 어렵다라는 선입관을 없애줄 수 있는 책으로 누구나 쉽게 접근하고 쉽게 따라할수 있도록 다양한 실습예제와 실제 동작 프로세스를 잘 설명 하고 있습니다.

리눅스를 시작하시는 분, 리눅스가 어려우신 분, 리눅스의 스킬을 업그레이드 하고 싶으신 분들은 꼭 한번 읽기를 권합니다.

최형순, ㈜이앤씨인터 대표 / 한양사이버대학교 해킹보안과 교수

오픈소스 소프트웨어가 세상의 주류가 되었다. 오랜 시간이 걸렸다. 기술 개발을 위해 특정 몇몇의 소수가 책임지던 방식이 있었다. 오픈소스 소프트웨어는 이 방식과 다른 접근 방식을 취했다. 그 덕분에 현재의 자리에 올랐고 여전히 강력한 생태계 유지가 가능해졌다. 특히 오픈소스 소프트웨어의 대명사인 '리눅스'의 경우도 꾸준히 진화해 가고 있다. 최근 리눅스는 소프트웨어 정의 데이터센터(SDDC) 시대를 이끄는 핵심이 되고 있다. SDDC는 x86 서버 위에 소프트웨어로 스토리지, 네트워크를 구현하겠다는 움직임이다. 리눅스에 도커나 가상화 관련 기술들이 접목되면서 클라우드 인프라 구축과 운영은 더욱 단순해진다. 클라우드 구축의 대표주자인 오픈스택과 리눅스는 떼려야 뗄 수 없는 관계다. 물론 제대로 관리해야 하는 문제가 일어나고 있지만 말이다. '엔터프라이즈 리눅스 핵심 운영 가이드'는 이런 거대한 흐름 변화에서 리눅스에 대해서 입문하고 조금 더 실력을 쌓기 원하는 이들에게 좋은 길잡이가 될 것이다. 오픈소스 생태계라는 거대한 숲에 앞도당하기도 하지만 리눅스라는 하나의 나무부터 하나 하나 살펴보면 그 거대한 숲을 이룬 다른 나무들에 대한 이해도 쉽게 해나갈 수 있을 것으로 보인다. 데브옵스와 관련해 첫발을 떼려는 이들에게도 마찬가지다. 기본이 튼튼해야 오래, 멀리까지 갈 수 있고 그 위에 새로운 것들을 쌓을 수 있다.

도안구, 테크수다 도라이브 편집장

엔터프라이즈 환경에서 리눅스를 운영, 관리하면서 요구되는 기본개념과 실무 기술을 짜임새 있게 담아냈다. 리눅스 운영 시 반드시 알고 넘어가야 할 개념을 이해한 뒤 실무 기술까지 차근차근 익힐 수 있어 유용하다. 관리에 초점을 맞춰 핵심만 알려주므로 빠른 시간에 지식을 쌓아나갈 수 있다. 입문자가 옆에 두고 오래도록 참고하면 좋을 책이다.

김우용, 지디넷코리아(ZDNET) 기자

사물인터넷, 인공지능, 빅데이터, 클라우드 시대에 그 활용이 급증하고 있는 오픈소스 운영체제가 바로 '리눅스'다. 하지만 그에 따른 보안위협도 크게 증가하고 있다. 이제 시대는 리눅스 활용과 더불어 보안운영 능력까지 겸비한 관리자를 필요로 하고 있다. 이 책은 그 둘을 충족시켜 줄 수 있는 가이드 역할을 한다.

길민권, 데일리시큐 대표/기자

10여년 전만 해도 국내 x86 서버 OS 시장 강자는 MS였습니다. 윈도 서버 점유율이 80%에 이를 만큼 높은 점유율을 자랑했지요. MS가 제패할 것만 같았던 서버 시장 분위기가 달라진 건 2013년 들어서입니다. x86 플랫폼 주류 운영체제였던 윈도 서버가 리눅스에 밀리기 시작했습니다.

지난해 IDC가 발표한 자료에 따르면, 국내 x86 서버 OS 시장에서 MS는 52.8% 점유율을 기록했습니다. 그사이 리눅스는 점유율 47%로 MS 턱밑까지 쫓아왔습니다. 불과 10년 만에 일어난 일입니다.

심지어 지난해 11월, 오랫동안 리눅스를 적대적으로 대했던 MS는 리눅스 재단에 가입했습니다. 플래티넘 회원사가 되어 오픈소스 개발에 적극적으로 참여하겠다고 밝혔지요. 애저 클라우드와 SQL 서버 환경에서 리눅스를 지원하겠다고 나섰습니다.

서버OS 시장에서 그 어느 때보다 리눅스 중요성이 높아지고 있습니다. 이 책은 이제 막 리눅스 환경을 접한 개발자나 IT관련 부서 신입사원 등 리눅스 초심자에게 적극적으로 추천하고 싶습니다.

리눅스 시스템을 관리할 때 필수인 사용자와 그룹을 설정하는 방법부터 시작해 작업 스케줄링, 논리 볼륨 관리, 로그 관리, 네트워크 관리 등을 리눅스를 설치하고 다루는 방법에 대해 상세히 소개하고 있습니다. 개념부터, 실무 환경에서 어떻게 써야 하는지 예를 들어가며 상세히 설명했습니다. IT 관련 지식이 전혀 없는 분이라면 모를까, 학부에서 조금은 지식을 접했다면 충분히 이해할 수 있는 수준입니다.

이지영, 블로터닷넷(BLOTER.NET) 기자

시중에 리눅스 책은 정말 많지만, 최근에 클라우드나 실제 사용되는 것들을 중점적으로 다루고 있는 책은 많지 않다. devops에 대한 관심으로 개발자에게도 리눅스는 어떻게 되었건 피할 수 없는 현실이 되었다. 이 책은 그런 개발자에게 리눅스를 다시 한번 전체적으로 정리하는 조력자가 될 것이라고 생각한다. 아울러 요즘 점차적으로 표준으로 부각하는 systemd에 대해서 별도로 할당하고 설명하고 있는데 요즘 이슈인 만큼 적절한 배분이라고 생각한다.

양수열, 오라클에이스 / 자바챔피언

항상 지식을 언급할 때 기본이 중요하다고 한다. 본 서적은 어쩌면 기술분야에서 가장 많이 출간된 분야의 기본 서적이기도 하다. 기초를 쌓기 위해 읽어야 하는 것들이 현재 빠르게 변화하고 있는 기술의 흐름을 반영하지 못하고 있다면 지식에 대한 현실성이 떨어질 수밖에 없다. 단지 시스템의 설치와 운영에 대한 지식만을 얻기 위한 시간이라면 얼마나 아까울 것인가?

시간이 귀하고 핵심에 빨리 접근하고자 하는 초보자들을 위한 시리즈는 입문단계에서 중요한 역할을 한다. 본 서적에서는 가장 기초적인 운영과 설치에서부터 차이점을 강조하고 현재의 기술 흐름에 부합하는 적용을 곳곳에서 강조하고 있다. 또한 기초적 시스템의 설치와 운영에서부터 보안분야에 이르기까지 단계적인 시리즈의 출발점답게 초보자들과 입문자들을 위한 배려들이 충분히 녹아 있다.

시스템 설정의 현실적인 구성과 팁에서부터 현업에서 활발하게 활동하고 있는 저자의 경험과 관록이 녹아 있는 책의 구성은 실제 현장에서 필요한 실무를 감당할 수 있도록 구성되어 있다. 아무도 알려주지 않고 스스로 헤쳐나가야 할 부분들에 대한 좋은 가이드로서 역할도 충분하다.

모든 입문자나 처음 시작하려는 사람들이 상상한다.

Guru가 되어 있는 모습, 시스템을 자유자재로 다루는 모습은 누구에게나 환상적인 모습으로 다가온다. 그 모든 일들이 기초를 익히고, 원리를 고민하는 수많은 시간 속에서 서서히 이루어지는 것임에도 불구하고 사람의 생각은 항상 과정을 망각한다. 모든 출발의 시작은 기초적인 운영과 시스템의 이해가 있어야 가능하다. 좋은 가이드를 통해 탄탄한 기초를 다진다면 앞으로의 길을 걸어가는데 힘이 될 것이다.

강은 흘러 바다로 모인다. 그 출발지는 미미하였어도, 과정은 험난 하였어도 결국에는 바다에 모여 모든 과정을 이루어 내고 만다. 바다에서 같이 만나는 길을 시작하려는 당신을 격려하며..

바다란 세상 가장 낮은 곳의 또 다른 이름/전상훈/ p4ssion@gmail.com

학 습 단 계

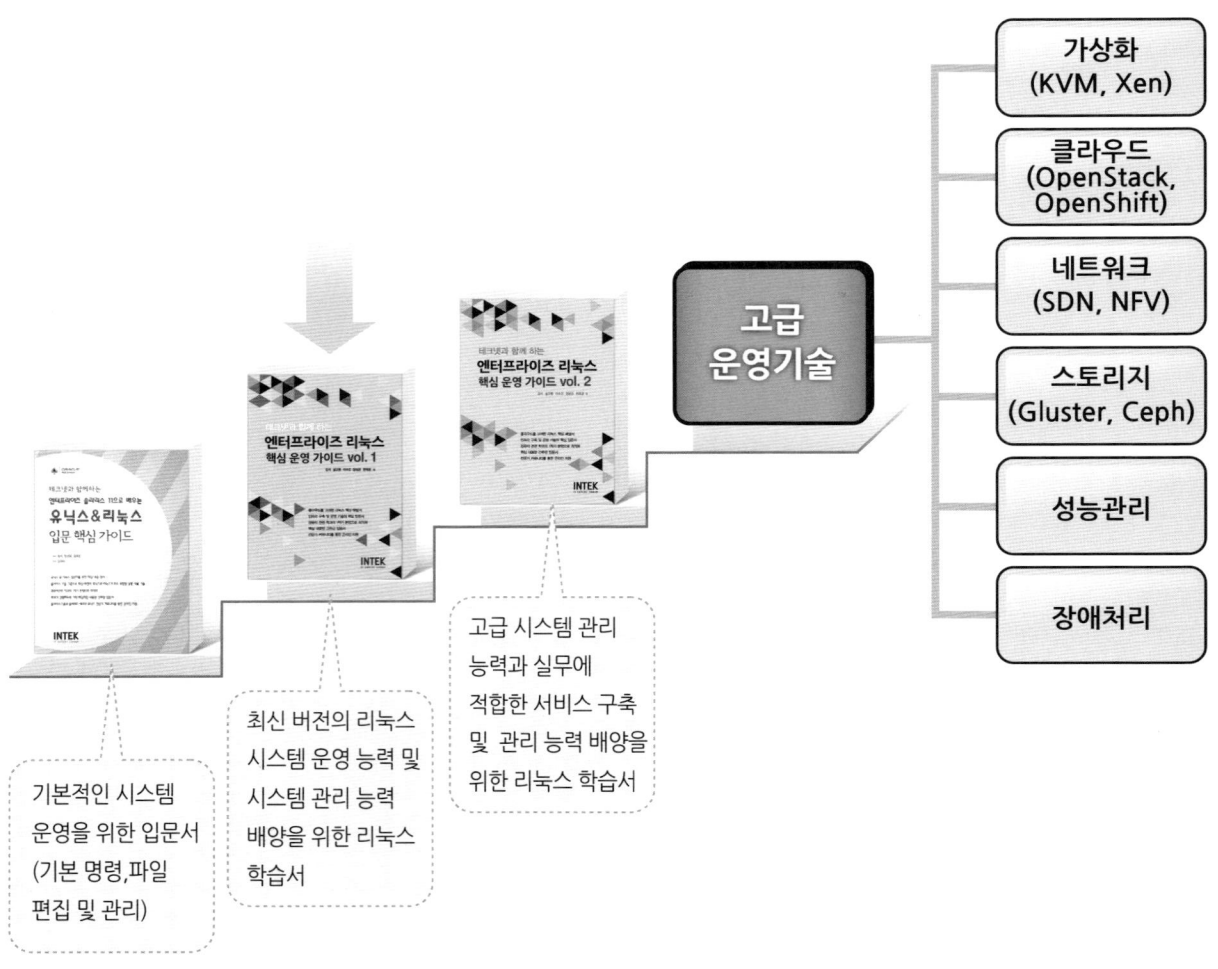

본 교재는 관리자를 위한 핵심 운영 관리 내용만 다루고 있습니다. 기초가 부족한 독자들은 "테크넷과 함께하는 엔터프라이즈 솔라리스 11으로 배우는 유닉스 & 리눅스 입문 핵심 가이드" 교재의 내용을 먼저 학습하시기 바랍니다.

Contents

Chapter 1 사용자 및 그룹 관리   1

1.1 사용자 및 그룹 정보 파일   4
    1. 사용자와 그룹 파일   4

1.2 사용자 및 그룹 관리   12
    1. 사용자 생성   12
    2. 사용자 정보 수정   16
    3. 사용자 삭제   17
    4. 그룹 생성   18
    5. 그룹 정보 수정   19
    6. 그룹 삭제   20
    7. 사용자 및 그룹 관리 파일   20

1.3 사용자 전환   23
    1. su 명령으로 사용자 전환   24
    2. sudo   26

1.4 사용자 패스워드 속성   31
    1. 해시 패스워드 생성   31
    2. 패스워드 속성 변경   33

Chapter 2 고급 권한 관리   37

2.1 확장 권한   40
    1. 확장 권한의 종류   40
    2. 확장 권한 설정   46

2.2 접근 제어 리스트 (Access Control List) 소개   48
    1. 접근 제어 리스트(ACL) 적용 유무 확인   48
    2. 접근 제어 리스트(ACL) 정보 확인   49
    3. 접근 제어 리스트의 마스크(ACL mask)   50
    4. 기본 접근 제어 리스트(Default ACL)   52

2.3 접근 제어 리스트(ACL) 설정   54
    1. 접근 제어 리스트(ACL)의 권한 추가 또는 변경   54
    2. 접근 제어 리스트(ACL) 제거   58
    3. 접근 제어 리스트(ACL) 재귀적 사용   60

Contents

Chapter 3 작업 스케줄링   65

3.1 단일성 작업 예약   68
    1. at 명령 사용   68
3.2 주기적인 작업 예약   70
    1. crond 데몬   70
    2. crontab 명령 사용   71
    3. 시스템 작업 예약   75

Chapter 4 디스크 관리   81

4.1 디스크 기본 구조   84
    1. 디스크의 물리적인 구조   84
    2. 물리적 디스크의 동작 방식   85
    3. 디스크 플래터(Disk Platter)의 논리적인 구성요소   85
    4. 디스크 파티션 (Disk Partition)   86
4.2 디스크 이름 및 확인   90
    1. 디스크 연결 인터페이스 방식   90
    2. 리눅스 시스템 스토리지 장치명   94
    3. 핫 플러깅(Hot Plugging) 장치 인식 명령   96
4.3 하드디스크 파티셔닝   99
    1. 디스크 파티셔닝 도구 소개   99
    2. 각 도구별 사용법   101
    3. 파티션 설정 시 주의사항   125
    4. 확장 파티션   127

Chapter 5 파일시스템 및 스왑 메모리   131

5.1 리눅스 파일시스템 소개   134
    1. 리눅스 파일시스템 소개   135
    2. 주요파일시스템구조   137

5.2 파일시스템 관리	144
1. 파일시스템 생성	144
2. 파일시스템 마운트	149
5.3 스왑 메모리	158
1. 가상 메모리 소개	158
2. 스왑 영역 구성	160

Chapter 6 논리 볼륨(Logical Volume) 관리   169

6.1 논리 볼륨(Logical Volume) 소개	172
1. 물리 볼륨(Physical Volume)	173
2. 볼륨 그룹(Volume Group)	173
3. 논리 볼륨(Logical Volume)	173
6.2 논리 볼륨(Logical Volume) 생성	174
1. 물리 볼륨을 생성하기 위한 파티션 생성	174
2. 물리 볼륨(Physical Volume) 생성	175
3. 볼륨 그룹(Volume Group) 구성	177
4. 논리 볼륨(Logical Volume) 생성	178
5. 씬 프로비저닝 구성	190
6.3 논리 볼륨(Logical Volume) 요소 확인	191
1. 물리 볼륨 상태 확인	192
2. 볼륨 그룹 상태 확인	194
3. 논리 볼륨 상태 확인	197
4. 물리 볼륨, 볼륨 그룹, 논리 볼륨의 간단한 정보 확인	199
6.4 볼륨 그룹(Volume Group) 및 논리 볼륨(Logical Volume) 관리	200
1. 볼륨 그룹 관리	200
2. 논리 볼륨 관리	204

Chapter 7 Systemd   213

7.1 systemd 소개	216
1. systemd 소개	216
2. systemd 기능 및 특징	216

Contents

7.2 systemd 유닛	**221**
1. systemd 유닛 파일 위치	221
2. systemd 유닛 파일의 구성	222
3. systemd 유닛의 종류	224
7.3 systemctl 사용	**233**
1. 시스템에서 존재하는 다수의 systemd 유닛 확인	234
2. 유닛의 개별 상태 확인	237
3. systemd 유닛 제어 명령	239

Chapter 8 로그 관리　　　　　　　　　　　245

8.1 로그 아키텍처 (Log Architecture)	**248**
1. 로그 관리 데몬	248
2. 로그 파일 위치	248
3. 로그 파일의 순환	250
8.2 rsyslogd	**256**
1. /etc/rsyslog.conf	257
2. 필터(Filter)	258
3. 행동(Action)	261
8.3 systemd-journald	**262**
1. journalctl 사용	263
2. 저널(journal) 데이터의 영구적 저장	269

Chapter 9 리눅스 부트 프로세스　　　　　　273

9.1 리눅스 시스템 부팅 절차	**276**
1. init 프로세스 부팅 절차	276
2. systemd 부팅 절차	278
3. systemd 종료	282
9.2 systemd 타겟 유닛 (Target Unit)	**283**
1. systemd 타겟 유닛(Target Unit)과 런 레벨(Run Level)	284
2. 사용자가 사용 가능한 타겟 유닛	285
3. 타겟 유닛 제어	287

9.3 root 패스워드 복구 290
    1. 부트 로더(Boot Loader)에서 부팅할 커널항목 선택 290
    2. 선택된 커널 항목 편집 291
    3. 루트 파일 시스템 읽기쓰기(read-write)로 다시 마운트 291
    4. root 패스워드 지정 291
    5. 자동 레이블(label) 부여 파일 생성 292

9.4 파일시스템 문제 복구 292
    1. 유효하지 않은 UUID 값 또는 존재하지 않은 파티션 이름을 지정할 경우 292
    2. 존재하지 않은 마운트 포인트를 지정할 경우 293
    3. 파일시스템 유형이 일치하지 않을 경우 294
    4. 잘못된 마운트 옵션을 지정할 경우 294

Chapter 10 소프트웨어 패키지   295

10.1 RPM(Redhat Package Manager)을 사용하여 패키지 관리 298
10.2 YUM(Yellowdog Updater Modified)을 사용하여 패키지 관리 303
    1. YUM 저장소(리포지토리, repository) 303
    2. YUM 패키지 정보 확인 305
    3. YUM 패키지 설치 308
    4. YUM 패키지 업데이트 310
    5. YUM 패키지 제거 312
    6. YUM 그룹 패키지 313
    7. 패키지 설치 기록 315

Chapter 11 네트워크 관리   317

11.1 네트워크 정보 확인 320
    1. IP 정보 확인 320
    2. ifconfig 명령 사용 321
    3. 라우팅 테이블 확인 323
    4. 네트워크 연결 확인 324

Contents

11.2 네트워크 관리자(NetworkManager) 소개	326
1. 네트워크 관리자(NetworkManager)	326
2. 레거시(Legacy) 네트워크 구성	331
11.3 네트워크 관리자(NetworkManager) 도구 활용	334
1. nmcli 사용	335
2. nmtui 사용	343
3. nm-connection-editor 사용	347
11.4 호스트이름(hostname) 설정	351
1. 호스트이름 분류	352
2. hostnamectl 명령 사용	353

Chapter 12 OpenSSH(Open Secure Shell)   357

12.1 OpenSSH(Open Secure Shell) 소개	360
1. OpenSSH 배경	360
2. 원격 접속에 사용되는 도구	360
3. SSH 연결 과정	361
4. ssh 명령 사용	364
12.2 OpenSSH(Open Secure Shell) 설정 파일	366
1. OpenSSH의 구성 파일 위치	367
2. OpenSSH 서버 설정	367
3. 로그관련 설정	369
4. 인증 관련 설정	369
12.3 OpenSSH(Open Secure Shell) 키 기반 인증	370
1. 키 파일 생성	370
2. 키 파일 복사	372
3. 키 파일 확인	372
12.4 원격 파일 전송	373
1. scp(Secure Copy) 명령 사용	373
2. sftp(Secure File Transfer Protocol) 명령 사용	375

Chapter 13 NTP 서버 관리   379

13.1 NTP 소개   382
    1. NTP 동작 방식   382
    2. NTP 계층 구조   384

13.2 chrony 서비스   385
    1. chronyd   385
    2. /etc/chrony.conf   386
    3. chronyc 명령어   387
    4. system-config-date   393

13.3 수동 시간 설정   394
    1. date 명령   394
    2. timedatectl 명령   395

Chapter 14 방화벽 관리   399

14.1 방화벽 소개   402
    1. iptables   403
    2. firewalld   403

14.2 firewall-config 사용법   409
    1. 기본 화면   409
    2. Option 메뉴   410

14.3 firewall-cmd 사용법   411
    1. 상태 및 정보 확인 옵션   412
    2. 규칙 설정 옵션   414

14.4 리치 규칙(Rich Rule)   424
    1. 리치 규칙 관련 옵션   424
    2. 기본 문법   425
    3. 리치 규칙 예제   426

Contents

Appendix A 엔터프라이즈 리눅스 서버 설치   429

A.1 Oracle VirtualBox 및 CentOS 7 최신버전 다운로드   433
    1. Oracle VirtualBox 다운로드   433
    2. CentOS 7 다운로드   434

A.2 Oracle VirtualBox 설치 및 가상 컴퓨터 생성   437
    1. Oracle VirtualBox 설치   437
    2. 가상 컴퓨터 생성   440
    3. 가상 컴퓨터 설정   445

A.3 CentOS 7 설치   449
    1. 설치 메뉴 선택   449
    2. 환경 설정   450

A.4 Redhat Enterprise Linux 과 Oracle Linux 다운로드   464
    1. Redhat Enterprise Linux 다운로드   464
    2. Oracle Linux 다운로드   466

APPENDIX B 아마존 리눅스   473

B.1 아마존 리눅스(Amazon Linux) 란?   474
B.2 아마존 리눅스(Amazon Linux) 주요 기능   474
    1. AWS 통합   474
    2. 안전한 구성   475
    3. 패키지 리포지토리 접근   475
    4. AWS 지원   475
B.3 아마존 리눅스(Amazon Linux)와 RHEL/CentOS/OL 의 차이점   475

CHAPTER 1

사용자 및 그룹 관리

CHAPTER 1
사용자 및 그룹 관리

학습목표
사용자 및 그룹을 관리하는 명령과 파일에 대하여 이해할 수 있습니다.
사용자 및 그룹의 추가와 삭제에 대해서 이해할 수 있습니다.
사용자를 전환하는 방법에 이해할 수 있습니다.
리눅스의 패스워드 속성에 대해서 이해할 수 있습니다.

학습내용
1.1 사용자 및 그룹 정보 파일
1.2 사용자 및 그룹 관리
1.3 사용자 전환
1.4 사용자 패스워드 속성

이번 장에서는 리눅스에서 사용자와 그룹에 대해서 알아보도록 하겠습니다.

사용자와 그룹은 시스템을 관리할 때 필수적인 요소입니다. 시스템에 사용자가 없으면 시스템에 로그인할 수 없기 때문에 시스템을 사용할 수도, 시스템을 관리할 수도 없습니다. 그룹은 파일의 권한을 공유할 때 사용하기 위해 사용하는 요소 중 하나입니다. 그룹이 존재하지 않으면 파일의 권한 설정이 번거로워지는 어려움을 겪을 수도 있습니다. 따라서 리눅스의 중요한 개념 중 하나인 사용자와 그룹에 대한 정확한 이해가 필요합니다. 이번 장에서는 먼저 사용자와 그룹에 대한 정의에 대해서 설명하고 사용자와 그룹이 어떤 파일에 저장되는지에 대해서 학습하도록 하겠습니다.

다음으로 사용자와 그룹을 추가하거나 삭제 그리고 정보를 수정하는 방법에 대해서 학습하도록 하겠습니다. 하지만 일반 사용자는 사용자와 그룹을 추가하거나 삭제 그리고 정보를 수정할 수 없습니다. 시스템의 사용자 관리를 위해선 root 사용자의 권한이 필요합니다. 따라서 사용자를 관리하기 위하여 root 사용자의 권한을 사용하는 방법에 대해서도 학습하도록 하겠습니다.

사용자 계정의 중요한 요소 중 하나가 사용자의 패스워드입니다. 사용자의 패스워드는 파일로 저장됩니다. 파일에 저장된 패스워드는 암호화되어 있기 때문에, 파일의 내용을 수정하여 패스워드를 변경할 수 없습니다. 따라서 패스워드를 변경하는 방법에 대하여 알아보고, 패스워드의 사용기간 및 만료기간 등 패스워드와 관련된 설정에 대해서도 함께 알아봅니다.

이 장에서는 다음과 같은 순서로 상세한 내용에 대해 다루어 보도록 하겠습니다.

1.1 사용자 및 그룹 정보 파일

1.2 사용자 및 그룹 관리

1.3 사용자 전환

1.4 사용자 패스워드 속성

1.1 사용자 및 그룹 정보 파일

사용자(User)는 실제로 시스템을 사용하려는 사람과 연결된 계정입니다. 일반적으로 사람들이 계정을 쉽게 사용할 수 있도록 사용자 이름을 사용합니다. 하지만 시스템은 사용자를 판별할 때, 사용자 이름으로 판별하지 않고 UID(User ID)라는 사용자 번호로 확인합니다.

UID가 같은 사용자는 사용자 이름이 다르더라도 리눅스 시스템은 같은 사용자로 인식합니다. 하지만 UID를 중복하여 할당하는 경우, 보안상 문제를 초래할 수 있으므로 사용 시 주의가 필요합니다.

그룹(Group)은 공통의 목적을 가진 사용자들이 모인 집합으로서 파일의 권한을 공유할 때 사용됩니다. 그룹에도 그룹 이름과 고유 번호인 GID(Group ID)가 존재하며 시스템이 판단할 때는 GID로 판단합니다.

그룹에는 기본 그룹과 보조 그룹이 있습니다. 모든 사용자는 최소 하나의 그룹에 소속되어야 합니다. 이 그룹을 기본 그룹 이라고 하며, 사용자가 파일을 생성할 경우 사용자의 기본 그룹이 파일의 사용자 그룹으로 지정됩니다.

보조 그룹은 사용자가 소속되는 또 다른 그룹입니다. 보조 그룹도 기본 그룹과 마찬가지로 파일의 권한 중 파일의 사용자 그룹의 권한을 사용할 수 있습니다. 모든 사용자가 보조그룹에 소속되어야 하는 것은 아닙니다. 사용자는 보조 그룹을 소유하지 않거나 1개 이상 소유할 수도 있습니다. 기본그룹 및 보조그룹은 사용자별로 설정됩니다. 사용자를 생성할 때 지정하거나, 사용자를 생성한 후 사용자 정보를 수정하여 소속 그룹을 지정할 수 있습니다.

1 사용자와 그룹 파일

리눅스에서는 /etc/passwd, /etc/shadow, /etc/group, /etc/gshadow 이렇게 4개의 파일에 사용자와 그룹의 정보를 저장하고 있습니다.

각 파일은 다음과 같은 정보를 담고 있습니다.

파일	설명
/etc/passwd	시스템에 등록된 사용자 정보
/etc/shadow	시스템에 등록된 사용자의 패스워드와 패스워드에 대한 설정
/etc/group	시스템에 등록된 그룹 정보
/etc/gshadow	시스템에 등록된 그룹의 패스워드와 패스워드에 대한 설정

표 1-1 사용자 및 그룹 관련 파일

이제부터 파일을 하나씩 살펴보도록 하겠습니다.

1] /etc/passwd

/etc/passwd 파일은 시스템에 등록된 사용자 정보를 저장합니다. 편집기를 사용하여 이 파일에 있는 사용자의 정보를 직접 수정할 수도 있지만 지정된 형식에 맞지 않는 정보를 입력할 경우 시스템에 문제를 발생시킬 수 있습니다. 따라서 사용자 정보를 수정할 때는 파일을 직접 수정하지 않고 명령어를 사용할 것을 권장합니다. /etc/passwd 파일의 내용은 다음과 같습니다.

```
[root@nobreak ~]# cat /etc/passwd
root:x:0:0:root:/root:/bin/bash ❶
bin:x:1:1:bin:/bin:/sbin/nologin ❷
daemon:x:2:2:daemon:/sbin:/sbin/nologin ❸
adm:x:3:4:adm:/var/adm:/sbin/nologin ❹
lp:x:4:7:lp:/var/spool/lpd:/sbin/nologin ❺
shutdown:x:6:0:shutdown:/sbin:/sbin/shutdown
mail:x:8:12:mail:/var/spool/mail:/sbin/nologin
operator:x:11:0:operator:/root:/sbin/nologin
games:x:12:100:games:/usr/games:/sbin/nologin
ftp:x:14:50:FTP User:/var/ftp:/sbin/nologin
nobody:x:99:99:Nobody:/:/sbin/nologin ❻
dbus:x:81:81:System message bus:/:/sbin/nologin
polkitd:x:999:999:User for polkitd:/:/sbin/nologin
usbmuxd:x:113:113:usbmuxd user:/:/sbin/nologin
ntp:x:38:38::/etc/ntp:/sbin/nologin ❼
...
radvd:x:75:75:radvd user:/:/sbin/nologin
colord:x:995:994:User for colord:/var/lib/colord:/sbin/nologin
```

```
apache:x:48:48:Apache:/usr/share/httpd:/sbin/nologin
rpcuser:x:29:29:RPC Service User:/var/lib/nfs:/sbin/nologin
nfsnobody:x:65534:65534:Anonymous NFS User:/var/lib/nfs:/sbin/nologin
unbound:x:994:993:Unbound DNS resolver:/etc/unbound:/sbin/nologin
qemu:x:107:107:qemu user:/:/sbin/nologin
abrt:x:173:173::/etc/abrt:/sbin/nologin
gdm:x:42:42::/var/lib/gdm:/sbin/nologin ❽
postfix:x:89:89::/var/spool/postfix:/sbin/nologin
sshd:x:74:74:Privilege-separated SSH:/var/empty/sshd:/sbin/nologin
oprofile:x:16:16:Special user account to be used by OProfile:/var/lib/
oprofile:/sbin/nologin
tcpdump:x:72:72::/:/sbin/nologin
user01:x:1000:1000:user01:/home/user01:/bin/bash
ldap:x:55:55:OpenLDAP server:/var/lib/ldap:/sbin/nologin
```

/etc/passwd 파일은 총 7개의 필드로 사용자의 정보를 저장하고 있고 각 필드는 콜론(:)으로 구분됩니다. /etc/passwd의 기본 구조는 다음과 같습니다.

USER:x:UID:GID:GECOS:HOME:SHELL

각 필드의 자세한 설명은 다음과 같습니다.

필드	설명
USER	사용자의 이름을 나타냅니다. 사용자의 이름은 시스템에서 유일해야 하며 사용자로 로그인 할 때 사용합니다.
x(place holder)	사용자의 패스워드를 저장하는 필드입니다. 현재 이 필드는 사용되지 않으며, 현재 패스워드에 대한 정보는 /etc/shadow 파일에 해시 패스워드형태로 저장됩니다.
UID	시스템에서 사용자를 식별하는 번호입니다. 0번은 root 사용자를 의미하며 1000번 미만은 시스템 사용자 계정으로 예약되어 있고 일반 사용자는 1000번부터 부여됩니다.
GID	시스템에서 그룹을 식별하는 번호입니다. 사용자와 마찬가지로 0번은 root 그룹이며 1000번 미만은 시스템 그룹으로 예약되어 있고 1000번 이상부터는 일반 그룹에게 부여됩니다.
GECOS	GECOS(General Electric Comprehensive Operating)라는 형식의 주석 필드입니다. 사용자의 계정에 대한 주석을 기재 할 수 있습니다.
HOME	사용자의 홈 디렉토리를 절대경로로 나타냅니다.
SHELL	사용자가 기본으로 사용할 쉘을 나타냅니다.

표 1-2 /etc/passwd의 구성 요소

다음은 /etc/passwd 파일의 시스템 설치와 함께 기본적으로 생성된 주요 사용자들의 대한 설명입니다.

사용자명	UID	설명
❶ root	0	시스템의 관리자 계정. 시스템을 관리하기 위한 특권(Privilege)을 가지고 있기 때문에 파일에 대한 권한(Permission)의 제약을 거의 받지 않습니다.
❷ bin	1	시스템에 구동중인 바이너리 파일을 관리하기 위한 계정입니다.
❸ daemon	2	백그라운드 프로세스에 대한 작업을 제어하기 위한 시스템 계정입니다.
❹ adm	3	시스템 관리를 위한 계정으로 시스템 로깅 같은 특정 시스템 파일을 관리합니다.
❺ lp	4	로컬 프린트를 위한 데몬 계정입니다.
❻ nobody	99	익명 연결 계정입니다. 웹 서비스와 같이 누구나 연결이 가능해야 하는 서비스가 있는 경우 필요한 계정입니다.
❼ ntp	38	컴퓨터 시간을 동기화 시켜주기 위하여 만들어진 Network Time Protocol 계정입니다.
❽ gdm	42	그래픽 화면 관리 계정입니다.

표 1-3 기본 사용자

2] /etc/shadow

/etc/shadow 파일은 사용자의 패스워드를 해시패스워드 형태로 저장하고 패스워드에 대한 속성을 저장한 파일입니다. 리눅스 시스템 초기에는 /etc/passwd 파일의 두 번째 필드에 패스워드가 암호화되어 저장되었습니다. 하지만 이 파일은 누구나 접근할 수 있고 복호화하기 쉬운 암호화 알고리즘을 사용하였으므로 시스템의 패스워드가 유출될 가능성이 매우 높았습니다. 반면 /etc/shadow파일은 관리자 이외의 사용자에 대한 접근이 차단되고, 더 강력한 해시 알고리즘을 통해 패스워드 해시를 생성하기 때문에 복호화하기 매우 어렵습니다. 또한 /etc/shadow파일에 해시 패스워드를 저장하면서 패스워드에 대한 속성이 추가되었습니다.

```
[root@nobreak ~]# cat /etc/shadow
root:$6$F3KZg2wFGh9/quUw$dQqoXatSI28RIvzBEhrEecx9iqiHdSBxUBKZeQtcdX163lAl6SdGa
4Cd6QMy1b94h2LhUZnJalBNIRAzq9xQe.:17178:0:99999:7:::
bin:*:16231:0:99999:7:::
daemon:*:16231:0:99999:7:::
adm:*:16231:0:99999:7:::
lp:*:16231:0:99999:7:::
sync:*:16231:0:99999:7:::
...
```

```
gnome-initial-setup:!!:17178::::::
pcp:!!:17178::::::
postfix:!!:17178::::::
sshd:!!:17178::::::
oprofile:!!:17178::::::
tcpdump:!!:17178::::::
user01:$6$d8fUnkm2ocqPw.gj$eXXPbEYXx4B5JJ1gQRCLmSgWwyaOCRUmKSaBWYcOQkV4HyWrkd6
FThRcLU/MH9lhJHA1N04UmrbxYOIUnJnOH0:17178:0:99999:7:::
ldap:!!:17178::::::
user02:!!:17178:0:99999:7:::
```

/etc/shadow 파일은 총 9개의 필드로 구성되어 있고, 각 필드는 콜론(:)으로 구분됩니다. 다음은 /etc/shadow의 기본 구조입니다.

```
USER : HASH : LASTCHANGE : MIN : MAX : WARNING : INACTIVE : EXPIRE : BLANK
```

각 필드에 대한 설명은 다음과 같습니다.

필드	설명
USER	사용자의 이름을 나타냅니다.
HASH	해시 알고리즘을 사용하여 생성된 패스워드가 저장됩니다. 이 필드는 $로 구분하면 다시 3개로 나뉩니다. 첫 번째 필드는 해시 알고리즘 유형, 두 번째 필드는 해시 알고리즘과 함께 사용할 salt, 세 번째는 해시 패스워드가 저장됩니다.
LASTCHANGE	마지막으로 패스워드를 변경한 날짜를 의미합니다. 이 숫자를 1970년 1월 1일부터 더하게 되면 마지막으로 패스워드를 변경한 날짜를 확인할 수 있습니다.
MIN	패스워드 변경 후 최소 사용 기간을 의미합니다.
MAX	패스워드 변경 후 최대 사용 기간을 의미합니다. 해당 기간이 지나기 전에 패스워드를 갱신해야 합니다.
WARNING	만료일이 되기 전 사용자에게 경고 메시지를 출력할지 설정합니다. MAX=90, WARNING=5 이면 패스워드를 사용한지 85일되는 날부터 경고 메시지가 출력됩니다.
INACTIVE	패스워드가 만료되고 INACTIVE에 지정된 숫자 안에 패스워드를 변경하지 않으면 사용자 계정이 잠금 상태로 변경됩니다.
EXPIRE	사용자 계정의 만료일을 지정합니다. 만료일이 되면 해당 사용자는 잠금 상태가 되어 로그인 할 수 없습니다. 이 필드의 값도 LASTCHANGE 값과 같이 계산하여 날짜를 알 수 있습니다.
BLANK	예약된 필드로 아직 사용하지 않습니다.

표 1-4 /etc/shadow의 구성 요소

/etc/shadow 파일의 패스워드 설정과 관련된 각 필드 값을 변경하기 위해 chage 명령을 사용합니다. chage 명령은 뒤에서 알아보도록 하겠습니다.

3] /etc/group

/etc/group 파일은 그룹에 대한 정보를 저장합니다. 대부분의 리눅스에서는 사용자가 생성되면 그 사용자의 이름과 똑같은 이름의 그룹도 함께 생성됩니다. 생성된 사용자의 기본 그룹은 함께 생성된 그룹으로 지정됩니다.

/etc/group 파일은 그룹의 정보를 저장하고 있지만, 각 그룹별로 해당 그룹을 기본 그룹으로 지정하고 있는 사용자의 정보는 확인할 수 없습니다. 기본 그룹의 정보는 /etc/passwd 파일에 저장되며, 일반적으로 사용자의 기본 그룹 정보를 확인하고 싶을 경우에는 id 명령을 사용합니다. id 명령은 사용자의 이름 및 UID정보, 기본 그룹과 보조그룹의 이름 및 GID 정보를 출력합니다.

```
[root@nobreak ~]# id user01
uid=1000(user01) gid=1000(user01) groups=1000(user01)
```

/etc/group 에서는 그룹의 GID와 그룹의 구성원을 확인 할 수 있습니다. 다음은 /etc/group 파일의 내용입니다.

```
[root@nobreak ~]# cat /etc/group
root:x:0:
bin:x:1:
daemon:x:2:
sys:x:3:
adm:x:4:
tty:x:5:
disk:x:6:
lp:x:7:
mem:x:8:
kmem:x:9:
wheel:x:10:user01
...
```

```
stapusr:x:156:
stapsys:x:157:
stapdev:x:158:
pcp:x:990:
postdrop:x:90:
postfix:x:89:
sshd:x:74:
slocate:x:21:
oprofile:x:16:
tcpdump:x:72:
user01:x:1000:
ldap:x:55:
```

/etc/group 파일은 총 4개의 필드로 구성되어 있습니다.

GROUP : x : GID : MEMBER

다음은 각 필드에 대한 설명입니다.

필드	설명
GROUP	그룹의 이름을 나타냅니다. 시스템 내에서 그룹이름은 유일해야 합니다.
x	그룹의 패스워드를 저장하는 필드였지만 현재는 /etc/gshadow 파일에 저장됩니다.
GID	그룹의 GID를 나타냅니다.
MEMBER	이 그룹을 보조 그룹으로 지정하고 있는 사용자의 목록입니다.

표 1-5 /etc/group의 구성 요소

4] /etc/gshadow

/etc/gshadow 파일은 그룹에 로그인할 때 사용할 해시 패스워드를 저장한 파일로 /etc/shadow 파일과 비슷한 역할을 담당합니다. 하지만 요즘 그룹의 해시 패스워드는 거의 사용하지 않습니다.

```
[root@nobreak ~]# cat /etc/gshadow
root:::
bin:::
daemon:::
sys:::
adm:::
tty:::
disk:::
lp:::
mem:::
kmem:::
wheel:::user01
...
stapdev:!::
pcp:!::
postdrop:!::
postfix:!::
sshd:!::
slocate:!::
oprofile:!::
tcpdump:!::
user01:!!::
ldap:!::
user02:!::
```

/etc/gshadow 파일은 다음과 같이 4개의 필드로 이루어져 있습니다.

GROUP : PASSWORD : ADMIN : MEMBER

다음은 각 필드에 대한 설명입니다.

필드	설명
GROUP	그룹의 이름을 나타냅니다.
PASSWORD	그룹의 암호화된 패스워드입니다.
ADMIN	해당 그룹의 관리자를 나타냅니다.
MEMBER	해당 그룹의 멤버를 나타냅니다.

표 1-6 /etc/gshadow의 구성 요소

1.2 사용자 및 그룹 관리

사용자와 그룹을 생성하거나 삭제 그리고 정보를 수정할 때에는 root 사용자의 권한이 필요합니다. 먼저 사용자와 그룹을 생성하는 명령에 대해서 학습하도록 하겠습니다.

1 사용자 생성

사용자를 생성하기 위해서는 useradd 명령을 사용합니다. useradd 명령은 다음과 같이 사용합니다.

```
useradd [option] user-name
```

옵션(option)은 선택 값입니다. 만약 옵션을 지정하지 않으면 기본 값이 적용되어 사용자가 생성됩니다.

```
[root@nobreak ~]# useradd user01
[root@nobreak ~]# tail -1 /etc/passwd
user01:x:1000:1000::/home/user01:/bin/bash
[root@nobreak ~]# tail -1 /etc/shadow
user01:!!:17178:0:99999:7:::
```

사용자가 생성되면 /etc/passwd 파일과 /etc/shadow 파일 가장 마지막에 사용자 정보가 추가됩니다. 사용자가 생성된 후 /etc/shadow 파일에서 생성된 사용자의 해시 패스워드 필드가 '!!' 인 것을 확인할 수 있습니다. 새로 생성된 사용자는 패스워드가 설정되어 있지 않습니다. 따라서 이 사용자로 로그인하기 위해선 패스워드를 지정해야 합니다.

```
[root@nobreak ~]# passwd user01
Changing password for user user01.
New password:
Retype new password:
passwd: all authentication tokens updated successfully.
[root@nobreak ~]# tail -1 /etc/shadow
user01:$6$IKqjqJ6c$58busqvIPfE8AchMy8bNHowAeUj13442jpIYj4qzPjStOAnGe4f9TFOMI8t
mEi0xskxdaWRN766nQqtriv/HD/:17178:0:99999:7:::
```

passwd 명령을 사용해서 사용자 user01의 패스워드를 설정합니다. 패스워드를 설정한 후 /etc/shadow 파일의 해시 패스워드 필드에서 사용자의 패스워드가 변경된 것을 확인할 수 있습니다.

대부분의 리눅스에서는 사용자를 생성하면 기본 그룹과 사용자의 홈 디렉토리 그리고 기본 쉘 등이 자동으로 지정됩니다. 이와 같은 기본 설정을 확인하려면 useradd 명령의 '-D' 옵션을 사용합니다.

```
[root@nobreak ~]# useradd -D
GROUP=100
HOME=/home
INACTIVE=-1
EXPIRE=
SHELL=/bin/bash
SKEL=/etc/skel
CREATE_MAIL_SPOOL=yes
```

이 때 출력되는 값은 /etc/default/useradd 파일에 명시되어 있습니다. 해당 파일의 내용은 다음과 같습니다.

```
[root@nobreak ~]# cat /etc/default/useradd
# useradd defaults file
GROUP=100
HOME=/home
INACTIVE=-1
EXPIRE=
SHELL=/bin/bash
SKEL=/etc/skel
CREATE_MAIL_SPOOL=yes
```

사용자 생성 시 기본 값을 변경하려면 기본 설정을 의미하는 '-D' 옵션과 함께 별도의 옵션을 다시 사용합니다.

```
useradd -D [option] [argument]
```

사용할 수 있는 옵션은 다음과 같습니다.

옵션	설명
-b 디렉토리	사용자 생성 시 기본 홈 디렉토리를 설정합니다.
-e 만기일	사용자 생성 시 /etc/shadow 파일의 EXPIRE 필드 값을 지정합니다.

옵션	설명
-f 기간	사용자 생성 시 /etc/shadow 파일의 INACTIVE 필드 값을 지정합니다.
-g GID	사용자 생성 시 기본 그룹의 GID를 지정합니다.
-s 쉘	사용자의 기본 쉘을 지정합니다.

표 1-7 'useradd -D' 명령의 옵션

기본 홈 디렉토리 정보를 변경하면 이후 생성되는 모든 사용자의 홈 디렉토리는 지정한 디렉토리를 기준으로 생성됩니다. 홈 디렉토리 설정을 변경하기 위하여 아래와 같이 실행합니다.

```
[root@nobreak ~]# mkdir /home/guest
[root@nobreak ~]# useradd -D -b /home/guest
[root@nobreak ~]# useradd -D
GROUP=100
HOME=/home/guest
INACTIVE=-1
EXPIRE=
SHELL=/bin/bash
SKEL=/etc/skel
CREATE_MAIL_SPOOL=yes
[root@nobreak ~]# useradd user02
[root@nobreak ~]# tail -1 /etc/passwd
user02:x:1001:1001::/home/guest/user02:/bin/bash
```

사용자를 생성할 때 위와 같이 기본 값을 사용하여 생성할 수도 있지만, 사용자 추가 명령인 useradd의 옵션을 사용하여 항목별로 설정 값을 지정할 수 있습니다. 사용할 수 있는 옵션은 다음과 같습니다.

옵션	설명
-u UID	사용자의 UID를 지정합니다.
-U	사용자를 생성할 때 사용자와 같은 이름의 그룹을 생성합니다.
-g GID	사용자의 기본 그룹을 지정합니다.
-G GID	사용자의 보조 그룹을 지정합니다.
-c 주석	사용자에 대한 GECOS를 지정합니다.

옵션	설명
-d 디렉토리	사용자의 홈 디렉토리를 지정합니다.
-s 쉘	사용자의 기본 쉘을 지정합니다.
-o	사용자를 생성할 때 UID의 중복을 허용합니다.
-p 패스워드	사용자를 생성할 때 패스워드를 지정합니다. 이 옵션을 사용하면 /etc/password 의 두 번째 필드에 패스워드가 저장됩니다. 현재 사용하지 않습니다.
-r	UID가 199부터 999인 시스템 계정을 만들 때 사용합니다.
-m	사용자의 홈 디렉토리가 존재하지 않을 경우 생성해줍니다. /etc/login.defs 파일의 CREATE_HOME 항목이 yes로 설정되어 있지 않고, 이 옵션을 사용하지 않을 경우 홈 디렉토리를 생성하지 않습니다. 둘 중 하나라도 만족할 경우 홈 디렉토리를 생성합니다.
-e 만기일	사용자 생성 시 /etc/shadow 파일의 EXPIRE 필드 값을 지정합니다.
-f 기간	사용자 생성 시 /etc/shadow 파일의 INACTIVE 필드 값을 지정합니다.

표 1-8 useradd 명령의 옵션

다음은 사용자 환경설정을 테스트하기 위한 사용자 정보입니다.

속성	값
사용자 이름	user03
UID	2000
기본 그룹	10(wheel)
홈 디렉토리	/home/guest/user03
기본 쉘	/bin/sh

위의 조건을 만족하는 사용자를 만들기 위하여 아래와 같이 입력합니다.

```
[root@nobreak ~]# useradd -u 2000 -g 10 -m -d /home/guest/user03 -s /bin/sh
user03
[root@nobreak ~]# tail -1 /etc/passwd
user03:x:2000:10::/home/guest/user03:/bin/sh
```

2 사용자 정보 수정

사용자의 정보를 수정하기 위해서는 usermod 명령을 사용합니다. 명령의 사용법 및 주요 옵션은 useradd와 거의 동일하고, 사용자 상태 변경과 관련된 일부 옵션에 차이가 있습니다.

useradd 명령의 사용법은 다음과 같습니다.

```
usermod [option] user-name
```

usermod의 옵션은 다음과 같습니다.

옵션	설명
-u UID	사용자의 UID를 변경합니다.
-g GID	사용자의 기본 그룹을 변경합니다.
-G GID	사용자의 보조 그룹을 변경합니다. 이는 변경이기 때문에 기존의 보조 그룹정보는 삭제됩니다.
-a	-G 옵션과 같이 사용하며 사용자의 보조 그룹을 추가할 때 사용합니다.
-c 주석	GECOS, 주석 필드에 들어갈 값을 변경합니다.
-d 디렉토리	사용자의 홈 디렉토리를 변경합니다.
-m	-d 옵션과 같이 사용하며 홈 디렉토리를 이동할 때 사용합니다.
-s 쉘	사용자의 기본 쉘을 변경합니다.
-o	사용자가 UID를 변경할 때 UID의 중복을 허용합니다.
-p 패스워드	지정한 사용자의 패스워드를 변경합니다. 이 패스워드는 /etc/password의 두 번째 필드입니다.
-e 만기일	/etc/shadow 파일에서 지정한 사용자의 EXPIRE 필드 값을 수정합니다.
-f 기간	/etc/shadow 파일에서 지정한 사용자의 INACTIVE 필드 값을 수정합니다.
-L	지정한 사용자를 잠금 상태로 변경합니다.
-U	지정한 사용자의 잠금 상태를 해제합니다.

표 1-9 usermod 명령의 옵션

사용자의 정보 중 보조그룹을 수정할 때에는 주의해야 할 점이 있습니다. '-G' 옵션은 사용자의 보조그룹을 변경하는 옵션입니다. 만약 사용자의 보조 그룹을 2개 이상 지정하려면 '-a' 옵션과 함께 사용해야 합니다. 그렇지 않으면 기존에 등록했던 보조 그룹이 제거됩니다. id 명령에서 groups 항목을 확인하면 사용자가 속한 모든 그룹을 확인할 수 있습니다.

```
[root@nobreak ~]# id user01
uid=1000(user01) gid=1000(user01) groups=1000(user01)
[root@nobreak ~]# usermod -G wheel user01
[root@nobreak ~]# id user01
uid=1000(user01) gid=1000(user01) groups=1000(user01),10(wheel)
[root@nobreak ~]# usermod -G group01 user01
[root@nobreak ~]# id user01
uid=1000(user01) gid=1000(user01) groups=1000(user01),5001(group01)
[root@nobreak ~]# usermod -aG wheel user01
[root@nobreak ~]# id user01
uid=1000(user01) gid=1000(user01) groups=1000(user01),10(wheel),5001(group01)
```

위의 예는 먼저 그룹 wheel을 user01의 보조그룹으로 지정했습니다. 다음으로 group01 그룹을 보조그룹으로 추가하려고 했으나 '-G' 옵션만 사용했기 때문에 지정한 보조그룹으로 변경됩니다. 다시 보조그룹에 그룹 wheel을 추가하려면 '-a' 옵션을 함께 사용합니다.

3 사용자 삭제

사용자의 정보를 삭제하기 위해서는 userdel 명령을 사용합니다. 명령의 사용법은 다음과 같습니다.

```
userdel [option] user-name
```

사용자를 삭제할 때에는 '-r' 옵션을 함께 사용하는 것을 권장합니다. '-r' 옵션을 사용하지 않으면 삭제된 사용자의 홈 디렉토리가 남게 되고, 남아 있는 홈 디렉토리와 파일은 삭제된 사용자와 같은 UID로 새로 생성된 사용자가 소유할 수 있어 보안상 문제를 발생시킬 수도 있습니다.

```
[root@nobreak ~]# ls -l /home/
total 4
drwx------. 3   user01   user01   74 Jan 13  2017 user01
drwx------. 3   user02   user02   74 Jan 12 21:54 user02
drwx------. 3   user03   user03   74 Jan 12 22:53 user03
```

```
[root@nobreak ~]# userdel user03
[root@nobreak ~]# ls -l /home/
total 4
drwx------.  3  user01  user01   74 Jan 13  2017 user01
drwx------.  3  user02  user02   74 Jan 12 21:54 user02
drwx------.  3  1002    1002     74 Jan 12 22:53 user03
```

위의 예는 사용자 user03을 삭제 할 때 '-r' 옵션을 사용하지 않았습니다. user03의 홈 디렉토리가 그대로 남아 있는 것을 확인할 수 있고 사용자와 사용자 그룹을 나타내는 곳에 user03이 사용하던 UID와 GID가 남아있는 것을 확인할 수 있습니다. 해당 UID로 사용자를 생성하게 되면 user03 디렉토리는 새로 생성된 사용자가 소유하게 됩니다. 이는 사용자들의 고유 작업 공간인 home 디렉토리의 공간을 침입하기 때문에 보안상 문제를 일으킬 수 있습니다.

4 그룹 생성

그룹을 생성하기 위해서는 groupadd 명령을 사용합니다. groupadd 명령의 사용법은 다음과 같습니다.

```
groupadd [option] group-name
```

groupadd 명령을 사용하여 그룹을 생성하면 자동으로 /etc/group 파일에 그룹이 추가됩니다. groupadd 명령의 옵션은 다음과 같습니다.

옵션	설명
-g	그룹 생성 시 그룹의 GID를 지정합니다.
-o	그룹 생성 시 지정한 GID가 이미 사용 중 일 때 중복을 허용합니다.
-r	그룹 생성 시 시스템 그룹으로 생성합니다. 201~999의 GID 중 사용하지 않고 있는 GID를 부여합니다.

표 1-10 groupadd 명령의 옵션

```
[root@nobreak ~]# groupadd -g 2000 group01
[root@nobreak ~]# grep "group01" /etc/group
group01:x:2000:
[root@nobreak ~]# groupadd -r group02
[root@nobreak ~]# grep "group02" /etc/group
group02:x:984:
```

'-g' 옵션을 사용해서 GID 2000을 가진 그룹 group01을 생성하였고 '-r' 옵션을 사용해서 201~999 사이의 GID 중 하나로 그룹 group02를 생성하였습니다. 그리고 각각 /etc/group파일에 추가된 것을 확인 할 수 있습니다.

5 그룹 정보 수정

그룹의 정보를 수정하기 위해서는 groupmod 명령을 사용합니다. groupmod 명령의 사용법은 다음과 같습니다.

groupmod [option] group-name

groupmod의 옵션은 다음과 같습니다.

옵션	설명
-g	지정된 그룹의 GID를 변경합니다.
-n	지정된 그룹의 그룹명을 변경합니다.
-o	지정된 그룹의 GID를 변경할 때 GID의 중복을 허용합니다.
-p	지정된 그룹의 패스워드를 변경합니다.

표 1-11 groupmod 명령의 옵션

다음 예는 groupmod의 '-g' 옵션과 '-n' 옵션을 사용하여 그룹의 GID와 그룹 이름을 변경합니다.

```
[root@nobreak ~]# grep "group01" /etc/group
group01:x:2000:
[root@nobreak ~]# groupmod -g 3000 group01
[root@nobreak ~]# grep "group01" /etc/group
group01:x:3000:
[root@nobreak ~]# groupmod -n group03 group01
[root@nobreak ~]# grep "group03" /etc/group
group03:x:3000:
```

6 그룹 삭제

그룹을 삭제하기 위해서는 groupdel 명령을 사용합니다. groupdel 명령의 사용법은 다음과 같습니다.

```
groupdel group-name
```

다음은 groupdel 명령을 사용하여 그룹 group03을 삭제하는 예입니다.

```
[root@nobreak ~]# grep "group03" /etc/group
group03:x:3000:
[root@nobreak ~]# groupdel group03
[root@nobreak ~]# grep "group03" /etc/group
```

그룹이 삭제되었기 때문에 /etc/group 파일에서 찾을 수 없습니다.

7 사용자 및 그룹 관리 파일

1] /etc/skel

/etc/skel 디렉토리는 뼈대(skeleton)라는 의미로 사용자에 대한 기본적인 초기화 파일들을 저장하고 있는 디렉토리입니다. 사용자를 생성할 때 /etc/skel 디렉토리 내의 모든 파일들이 해당 사용자의 홈 디렉토리로 복사됩니다. 다음은 /etc/skel 디렉토리의 내용과 사용자 생성 시 홈 디렉토리의 내용을 비교한 것입니다.

```
[root@nobreak ~]# ls -al /etc/skel
total 24
drwxr-xr-x.   3 root root   74 Jan 13  2017 .
drwxr-xr-x. 140 root root 8192 Jan 12 23:10 ..
-rw-r--r--.   1 root root   18 Jun 10  2014 .bash_logout
-rw-r--r--.   1 root root  193 Jun 10  2014 .bash_profile
-rw-r--r--.   1 root root  231 Jun 10  2014 .bashrc
drwxr-xr-x.   4 root root   37 Jan 13  2017 .mozilla
[root@nobreak ~]# ls -al /home/user02
total 12
drwx------.   3 user02 user02  74 Jan 12 21:54 .
drwxr-xr-x.   5 root   root    46 Jan 12 22:53 ..
-rw-r--r--.   1 user02 user02  18 Jun 10  2014 .bash_logout
-rw-r--r--.   1 user02 user02 193 Jun 10  2014 .bash_profile
-rw-r--r--.   1 user02 user02 231 Jun 10  2014 .bashrc
drwxr-xr-x.   4 user02 user02  37 Jan 13  2017 .mozilla
```

/etc/skel 디렉토리의 파일 목록과 user02 사용자의 홈 디렉토리의 파일 목록이 일치하는 것을 확인할 수 있습니다. 일반적으로 사용자를 생성할 때 마다 사용자의 환경설정을 각각 수행하는 것은 번거롭기 때문에, /etc/skel 디렉토리를 사용하여 사용자들의 초기 환경설정 파일을 배포합니다.

2] /etc/login.defs

/etc/login.defs 파일은 사용자나 그룹을 생성할 때 참고하는 기본 값들이 저장되어 있습니다. /etc/login.defs의 주요 내용은 다음과 같습니다.

① 사용자 메일박스의 위치 설정

```
MAIL_DIR                /var/spool/mail
```

리눅스에서는 오류 메시지 등을 메일박스로 전송하는데 해당 메일을 받을 위치를 설정합니다.

② 패스워드 에이징 설정

```
PASS_MAX_DAYS      99999
PASS_MIN_DAYS      0
PASS_MIN_LEN       5
PASS_WARN_AGE      7
```

패스워드의 최대 사용 기간, 최소 사용 기간, 최소 길이, 경고 값을 설정합니다.

③ 사용자 생성 시 부여되는 UID 값 설정

```
UID_MIN            1000
UID_MAX            60000
SYS_UID_MIN        201
SYS_UID_MAX        999
```

사용자 생성 시 자동으로 부여되는 UID의 최소값과 최대값을 설정합니다. 시스템 사용자의 UID의 범위는 201~999입니다. 1부터 200까지의 UID는 시스템에서 고정적으로 가지고 있는 UID이기 때문에 사용할 수 없습니다.

④ 그룹 생성 시 부여되는 GID 값 설정

```
GID_MIN            1000
GID_MAX            60000
SYS_GID_MIN        201
SYS_GID_MAX        999
```

그룹 생성 시 자동으로 부여되는 GID의 최소값과 최대값을 설정합니다. 시스템 그룹의 GID의 범위는 201~999 입니다.

⑤ 사용자 생성 시 홈 디렉토리 생성 여부 설정

```
CREATE_HOME        yes
```

사용자 생성 시 홈 디렉토리의 생성 여부를 설정합니다. 해당 값이 'yes'이면 useradd 명령 사용 시 '-m' 옵션을 사용하지 않아도 자동으로 홈 디렉토리가 생성됩니다.

⑥ 홈 디렉토리 생성에 관계된 umask 값 설정

```
UMASK          077
```

사용자를 생성할 경우 해당 umask의 영향을 받아 사용자의 홈 디렉토리가 생성됩니다. 이 때 사용자의 홈 디렉토리의 권한은 700으로 생성되며 함께 생성된 사용자를 제외하고는 접근 할 수 없습니다.

⑦ 사용자 생성 시 UPG 스키마 사용여부

```
USERGROUPS_ENAB    yes
```

사용자를 생성할 때 같은 이름의 그룹을 생성합니다. 이를 UPG 스키마라고 하며 해당 값이 'yes'로 되어있으면 사용자 생성 시 사용자 이름과 같은 그룹이 생성되고 해당 사용자는 해당 그룹을 기본 그룹으로 설정합니다. 하지만 이 값이 'no'로 설정되어 있으면 사용자 생성 시 /etc/default/useradd에 명시된 GROUP으로 기본 그룹이 설정됩니다.

⑧ 패스워드 설정 시 해시 알고리즘 설정

```
ENCRYPT_METHOD    SHA512
```

사용자의 패스워드는 평문 그대로 저장되지 않고, 암호화되어 저장됩니다. 평문을 그대로 저장할 경우 패스워드 유출의 위험성이 있고, 쉬운 암호화 방식을 사용할 경우 패스워드가 쉽게 해독될 수 있습니다. 따라서 충분히 강력한 암호화 방식을 사용하여야 합니다.

설정 가능한 해시 알고리즘에는 DES, MD5, Blowfish, SHA-256, SHA-512가 있습니다.

1.3 사용자 전환

시스템을 관리하다 보면 사용자 전환이 필요할 경우가 있습니다. 사용자를 전환하는 경우는 일반 사용자에서 다른 일반 사용자로 전환하는 경우 또는 일반 사용자에서 root 사용자, 또는 root 사용자에서 일반사용자로 전환 하는 경우가 있습니다.

su 명령을 사용하면 사용자를 전환할 수 있습니다. 이 때 일반사용자가 su 명령을 사용하여 사용자를 전환하려면 반드시 그 사용자의 패스워드를 알고 있어야 합니다. 만약 일반 사용자가 root 사용자로 전환하려면 마찬가지로 root 사용자의 패스워드를 알고 있어야 합니다. 하지만 root 사용자의 패스워드를 다수가 알고 있으면 노출될 위험도가 증가합니다. 따라서 su 명령으로 root 사용자로 전환을 자제하고 관리자의 권한을 빌리는 sudo 명령을 사용하는 방법도 있습니다. 이번에는 이 두 가지에 대해서 학습하도록 합니다.

1 su 명령으로 사용자 전환

지정된 사용자로 전환을 위해 su 명령을 사용합니다. su 명령을 사용하면 로그아웃 하지 않고 사용자를 전환할 수 있습니다. su 명령은 Switch User(사용자를 전환한다)라는 의미로 이해하면 쉽게 외우실 수 있습니다. su 명령의 사용법은 다음과 같습니다.

```
su [-] [user-name]
```

su 명령을 인자 없이 사용하면 root 사용자가 지정됩니다. 이 때 root 사용자의 패스워드를 입력하면 root 사용자로 전환할 수 있습니다.

```
[user01@nobreak ~]$ su
Password:
[root@nobreak user01]#
```

su 명령 사용 시 사용자 이름을 지정하면 전환하고자 하는 사용자의 패스워드가 필요하지만 root 사용자가 일반 사용자로 전환 할 때에는 패스워드를 요구하지 않습니다.

```
[root@nobreak ~]# su user01
[user01@nobreak root]$
```

su 명령이 성공하면 /etc/passwd 파일에 지정된 사용자의 쉘을 실행합니다. su 명령 사용 시 '-' (dash : 대시) 옵션을 지정할 수 있는데 이 옵션을 지정하면 해당 사용자의 환경 설정을 읽어옵니다. 지정하지 않을 경우에는 기존 사용자의 환경 설정을 유지합니다. 위의 예에서 대시 옵션을 지정하지 않은 su 명령은 현재 위치(pwd)가 변경되지 않은 것을 확인할 수 있습니다. 다음은 'su -' 명령으로 사용자를 전환한 예입니다.

```
[user01@nobreak ~]$ su -
Password:
Last login: Thu Feb 23 00:55:20 KST 2017 on pts/0
[root@nobreak ~]# pwd
/root
```

대시 옵션을 지정하면 해당 사용자의 홈 디렉토리에 있는 설정들을 전부 읽어오기 때문에 환경변수가 적용되고, 로그인 시 기본 작업공간인 홈 디렉토리로 이동하게 됩니다.

다음으로 su 명령을 사용할 때 대시 옵션을 지정했을 때와 지정하지 않았을 때의 차이를 확인해합니다.

```
[user01@nobreak ~]$ pwd
/home/user01
[user01@nobreak ~]$ echo $PATH
/usr/local/bin:/bin:/usr/bin:/usr/local/sbin:/usr/sbin:/home/user01/.local/bin:/home/user01/bin
[user01@nobreak ~]$ su
Password:
[root@nobreak user01]# pwd
/home/user01
[root@nobreak user01]# echo $PATH
/usr/local/bin:/bin:/usr/bin:/usr/local/sbin:/usr/sbin:/home/user01/.local/bin:/home/user01/bin
```

위의 예는 su 명령으로 root 사용자로 전환하기 전에 현재 위치와 환경 변수 중 하나인 PATH를 확인합니다. su 명령으로 전환한 뒤 같은 명령을 실행하면 결과가 같은 것을 확인할 수 있습니다.

```
[user01@nobreak ~]$ pwd
/home/user01
[user01@nobreak ~]$ echo $PATH
/usr/local/bin:/bin:/usr/bin:/usr/local/sbin:/usr/sbin:/home/user01/.local/bin:/home/user01/bin
[user01@nobreak ~]$ su -
Password:
Last login: Thu Feb 23 01:02:37 KST 2017 on pts/0
[root@nobreak ~]# pwd
```

```
/root
[root@nobreak ~]# echo $PATH
/usr/local/sbin:/usr/local/bin:/sbin:/bin:/usr/sbin:/usr/bin:/root/bin
```

위의 예는 su 명령에 대시 옵션을 추가하여 root 사용자로 전환 하였습니다. 현재 위치도 변경되고 환경 변수 중 하나인 PATH에 저장된 값도 다른 것을 확인할 수 있습니다.

2 sudo

일부 업무환경에서는 root 사용자의 패스워드를 업무상 편의성 때문에 공유하는 경우가 종종 있습니다. 이러한 경우 특정 사용자가 root 사용자로 시스템 관리 작업을 수행하다가 고의나 실수로 문제를 발생시키게 되면 이러한 작업을 누가 수행 했는지 확인하거나 추적하기 어렵습니다.

따라서 요즘 대부분의 경우에 root 사용자의 권한이 필요한 작업을 수행하기 위해서는 root 사용자의 패스워드를 공유하지 않고 sudo 명령을 사용하여 root 사용자의 권한을 사용합니다.

sudo 명령을 사용하기 위한 조건이 두 가지 있습니다. 하나는 현재 사용자의 패스워드이고 나머지는 sudo 명령을 실행하려는 사용자가 /etc/sudoer 파일에 등록되어야 합니다. 이제 이 sudo 명령에 대해서 하나씩 살펴보도록 하겠습니다.

1] sudo 사용법

sudo 명령의 사용법은 다음과 같습니다.

```
sudo [option] [user-name] command
```

sudo 명령은 로그아웃을 하지 않고 특정 사용자의 권한으로 명령을 수행할 수 있습니다. sudo 명령을 사용할 때 사용자를 지정하지 않으면 root 사용자의 권한으로 명령을 수행합니다. 이때 사용하는 패스워드는 root 사용자의 패스워드가 아니라 기존에 로그인한 사용자의 패스워드를 사용합니다.

sudo 명령을 사용하여 특정 사용자 권한을 사용하는 것은 한시적으로 명령을 수행할 때만 적용됩니다. 즉, sudo 명령을 사용하는 시점에서만 특정 사용자의 권한을 얻고 명령을 수행한 후는 다시 기존 사용자의 권한으로 돌아오게 됩니다.

다음은 일반 사용자의 sudo 명령을 사용한 예입니다.

```
[user01@nobreak ~]$ cat /etc/shadow
cat: /etc/shadow: Permission denied
[user01@nobreak ~]$ sudo cat /etc/shadow
[sudo] password for user01:
root:$6$F3KZg2wFGh9/quUw$dQqoXatSI28RIvzBEhrEecx9iqiHdSBxUBKZeQtcdX163lAl6SdGa
4Cd6QMy1b94h2LhUZnJalBNIRAzq9xQe.:17178:0:99999:7:::
bin:*:16231:0:99999:7:::
daemon:*:16231:0:99999:7:::
adm:*:16231:0:99999:7:::
lp:*:16231:0:99999:7:::
sync:*:16231:0:99999:7:::
shutdown:*:16231:0:99999:7:::
...
[user01@nobreak ~]$ whoami
user01
```

/etc/shadow 파일은 사용자의 해시 패스워드를 저장하는 파일로 root 사용자만 읽거나 쓸 수 있고 일반 사용자는 읽지도 쓰지도 못합니다. user01 사용자로 /etc/shadow 의 내용을 읽으려하면 권한이 없기 때문에 거부 되지만 sudo 명령을 사용하면 내용을 읽을 수 있습니다. 특정 사용자를 지정하지 않았기 때문에 root 사용자의 권한으로 실행되었고 입력한 패스워드는 기존에 로그인한 사용자의 패스워드를 사용했습니다.

whoami 명령을 사용해서 sudo 명령이 특정 사용자 권한으로 명령을 수행한 후에 다시 기존 사용자로 돌아왔음을 알 수 있습니다.

sudo 명령을 특별한 옵션 없이 사용하여 지정된 사용자의 권한을 획득하는 것은 su 명령에서 다시 옵션을 사용하지 않는 것과 동일합니다. 즉, sudo 명령을 옵션 없이 사용하면 지정된 사용자의 환경 설정의 전환이나 홈 디렉토리로 이동하지 않고 단순히 특정 사용자의 권한으로 명령을 실행합니다.

su 명령의 – 옵션과 같은 역할을 하는 것이 '-i' 옵션입니다. '-i' 옵션을 사용하게 되면 지정된 사용자의 환경에서 명령을 수행하게 됩니다.

다음은 sudo 명령의 '-i' 옵션의 사용 여부에 따른 예입니다.

```
[user01@nobreak ~]$ pwd
/home/user01
[user01@nobreak ~]$ sudo touch fileA
[sudo] password for user01:
[user01@nobreak ~]$ sudo -i touch fileB

[user01@nobreak ~]$ sudo find / -name "file[AB]" -ls
4135209   0 -rw-r--r-- 1 root   root    0 Jan 14 15:39 /home/user01/fileA
21872371  0 -rw-r--r-- 1 root   root    0 Jan 14 15:40 /root/fileB
```

sudo 명령을 사용했을 때 생성된 파일의 사용자와 사용자 그룹은 모두 root 사용자입니다. '-i' 옵션 없이 sudo 명령을 사용했을 때의 파일 생성 위치는 현재 위치인 user01의 홈 디렉토리이며 '-i' 옵션을 추가하고 sudo명령을 실행한 뒤 생성되는 파일의 위치는 root 사용자의 홈 디렉토리인 것을 확인 할 수 있습니다.

sudo 명령을 사용할 경우 기존 사용자의 패스워드를 입력하는 것을 앞에서 설명 하였습니다. sudo 명령을 사용할 때 한번 패스워드를 입력하면 현재 사용하고 있는 쉘 프로그램에 패스워드가 저장되기 때문에 동일한 사용자로 sudo 명령을 사용하면 패스워드를 다시 묻지 않습니다. 이것은 sudo 명령을 사용한 터미널이나 가상 콘솔을 로그아웃 또는 일정 시간이 지나기 전까지 유지 됩니다.

'-i' 옵션을 사용한 sudo 명령은 한시적으로 특정 사용자 권한을 얻을 때만 사용하는 것은 아닙니다. 명령어 인자를 지정하지 않고 '-i' 옵션을 사용하면 su명령에 대시 옵션을 사용한 것과 동일합니다. 이 때 입력하는 패스워드도 기존에 로그인한 사용자입니다.

다음은 sudo 명령에 명령어 인자 없이 '-i' 옵션을 사용한 예입니다.

```
[user01@nobreak ~]$ sudo -i
[sudo] password for user01:
[root@nobreak ~]#
```

2] /etc/sudoers

모든 사용자가 sudo 명령을 사용해서 특정 사용자 권한을 사용 가능한 것은 아닙니다. 누구나 sudo 명령을 사용할 수 있다면 이는 root의 패스워드를 모두가 알고 있는 것과 같습니다. 따라서 sudo 명령을 사용하기 위한 조건이 필요합니다.

sudo 명령을 사용하기 위한 조건은 visudo 명령을 사용하거나 또는 편집기로 /etc/sudoers 파일에 직접 접근하여 사용자를 등록하는 것입니다. 하지만 RHEL7, CentOS7, OL7과 같은 최신 리눅스에서는 /etc/sudoers 파일을 직접 수정하지 않고 sudo 명령을 사용할 수 있는 자격을 부여하는데, 바로 wheel 그룹의 구성원일 경우 sudo 명령을 사용할 수가 있습니다.

```
[root@nobreak ~]# cat /etc/sudoers
...
## Allow root to run any commands anywhere
❶root    ALL=(ALL)       ALL

## Allows members of the 'sys' group to run networking, software,
## service management apps and more.
# %sys ALL = NETWORKING, SOFTWARE, SERVICES, STORAGE, DELEGATING, PROCESSES,
LOCATE, DRIVERS

## Allows people in group wheel to run all commands
❷%wheel         ALL=(ALL)       ALL
...
```

❶ root 사용자가 사용할 수 있는 명령을 정의합니다. 현재 모든 명령을 사용할 수 있다고 명시되어 있습니다. 이전 버전의 리눅스에서는 바로 아래에 사용자 이름을 추가하고 동일하게 ALL=(ALL) ALL을 추가하면 sudo 명령을 사용할 수 있었습니다.

❷ 이전 버전의 리눅스에서는 주석 처리되어 있습니다. '%' 기호는 그룹을 의미합니다. 따라서 wheel 그룹의 구성원들은 sudo 명령을 사용할 수 있다고 볼 수 있습니다.

다음은 user01 사용자와 user02 사용자가 sudo를 사용하는 예입니다.

```
[root@nobreak ~]# id user01
uid=1000(user01) gid=1000(user01) groups=1000(user01),10(wheel)
[root@nobreak ~]# id user02
uid=1001(user02) gid=1001(user02) groups=1001(user02)
```

현재 user01 사용자는 wheel 그룹의 구성원이며 user02 사용자는 wheel 그룹이 구성원이 아닙니다.

```
[user01@nobreak ~]$ sudo cat /etc/shadow
[sudo] password for user01:
root:$6$m0cW34AY1Gqp.y79$O7cRv4q.ZYj8P0CB7RHdy0HIRKsX37nUNrgr.bbROtsaKOnmaSp.e
VGSnuSBPp5.ynV9hqCeVmKoEcF1hVxP5.::0:99999:7:::
bin:*:17110:0:99999:7:::
daemon:*:17110:0:99999:7:::
adm:*:17110:0:99999:7:::
...
```

user01 사용자는 sudo 명령을 사용해서 /etc/shadow 파일을 확인할 수 있습니다.

```
[user02@nobreak ~]$ sudo cat /etc/shadow
[sudo] password for user02:
user02 is not in the sudoers file.  This incident will be reported.
```

user02 사용자는 wheel 그룹에 속해 있지 않기 때문에 sudoers 파일에 존재하지 않는다고 출력됩니다.

3] su와 sudo의 로깅

su 명령이나 sudo 명령을 사용하여 특정 사용자의 권한을 빌리게 되면 시스템에 로그가 기록됩니다. /var/log/secure 파일은 인증과 관련된 로그를 담는 파일입니다.

다음은 user01 사용자가 'su -' 명령을 사용하여 root 사용자로 전환하였을 때 기록된 로그를 확인한 결과입니다.

```
[user01@nobreak ~]$ su -
[root@nobreak ~]# tail /var/log/secure
...
❶Feb 23 02:00:00 ❷nobreak ❸su: pam_unix(su-l:session): ❹session opened for user root by root(uid=1000)
```

❶ 기록된 시간입니다.

❷ 시스템의 이름을 나타냅니다.

❸ 인증 방식 나타냅니다.

❹ 로그 메시지를 나타냅니다.

다음은 sudo 명령을 사용하여 사용자를 생성하는 예입니다.

```
[user01@nobreak ~]$ sudo useradd user04
[sudo] password for user01:
```

user01 사용자가 sudo 명령을 사용하여 user04 사용자를 생성합니다.

```
[root@nobreak ~]# tail /var/log/secure
...
Feb 23 02:03:29 nobreak ❶sudo: ❷user01 : TTY=pts/0 ; PWD=/home/user01 ;
USER=root ; COMMAND=/sbin/useradd user04
Feb 23 02:03:29 nobreak useradd[11508]: new group: name=user04, GID=2001
Feb 23 02:03:29 nobreak useradd[11508]: new user: name=user04, UID=2001,
GID=2001, home=/home//user04, shell=/bin/bash
```

마찬가지로 /var/log/secure 파일에 기록됩니다.

❶ 인증 방법을 나타냅니다.

❷ sudo 명령을 사용한 사용자를 나타냅니다. 그 뒤로는 사용한 터미널과 명령을 실행한 디렉토리의 위치, 권한을 빌려온 사용자, 실행한 명령이 순서대로 출력됩니다.

1.4 사용자 패스워드 속성

리눅스에서는 /etc/shadow 파일에 패스워드를 해시 패스워드로 저장합니다. 이 파일에는 해시 패스워드뿐만 아니라 패스워드에 대한 설정 값도 저장됩니다.

이제는 앞에서 다룬 /etc/shadow 파일의 패스워드 속성 값을 수정하는 방법과 해시 패스워드에 대해서 자세히 알아보겠습니다.

1 해시 패스워드 생성

사용자를 생성하게 되면 반드시 패스워드를 설정해야 합니다. 사용자 패스워드를 설정하기 위하여 passwd 명령을 사용하는데, 이 명령을 사용하면 해시 알고리즘을 사용하여 해시 패스워드를 생성하고 /etc/shadow 파일의 두 번째 필드에 저장합니다. 두 번째 필드의 구조는 다음과 같습니다.

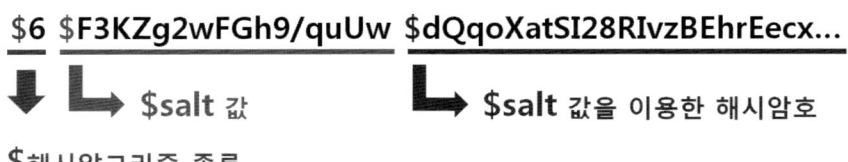

그림 1-1 해시 패스워드 필드

/etc/shadow 파일의 해시 패스워드 필드는 '$'로 구분 하면 세 개의 필드로 나뉩니다. 첫 번째 필드는 해시 알고리즘의 종류입니다. 해시 알고리즘 종류는 아래와 같습니다.

숫자	알고리즘 종류
0	DES
1	MD5
2	Blowfish
5	SHA-256
6	SHA-512

표 1-12 해시 알고리즘 종류

두 번째 필드는 사용자가 입력한 패스워드와 함께 해시 알고리즘을 사용하여 해시 패스워드를 생성할 Salt입니다. 이 Salt는 패스워드를 설정할 때마다 랜덤으로 값이 생성됩니다. 요리 할 때 음식에 추가하는 소금이라고 생각하면 됩니다. 마지막 세 번째 필드는 해시 패스워드입니다. 패스워드를 지정할 때 사용자가 입력한 값과 생성된 Salt를 해시 알고리즘으로 해시화하여 해시 패스워드를 생성합니다. 이 값을 세 번째 필드에 저장합니다. 사용자가 로그인을 시도하면 입력한 패스워드와 로그인하려는 지정된 사용자의 Salt를 해시 알고리즘으로 해시화하여 나온 해시 패스워드를 이미 저장되어있는 값과 비교합니다. 이 세 번째 값이 같으면 로그인에 성공하고 그렇지 않으면 로그인 할 수 없습니다.

다음 예는 서로 다른 사용자가 같은 패스워드 일 때 /etc/shadow 파일의 내용입니다.

```
[root@nobreak ~]# grep user01 /etc/shadow
user01:$6$GQ5TnOe.ua93nJla$.2GAq6XZIDpXUxj7AdG1MzfKKzL2XxS28j9iBmgCcOvc0zJd6lg
WrpcFe0D9BjO8Jjlun2Ezj0QjSK7Wi0bIF/::0:99999:7:::

[root@nobreak ~]# grep user02 /etc/shadow
user02:$6$RXKgv5r0$kjHd3GUEaBH72KAbAPQn9WmstQSS9DXFv3EuGlcB8wt6sG1W36LRU/CfkzP
V32lYVzcNL5LDCMNfQF5DA3NYK/:17219:0:99999:7:::
```

2 패스워드 속성 변경

사용자가 패스워드를 입력하면 /etc/login.defs의 패스워드 에이징(Aging) 설정에 의해 패스워드의 속성이 자동으로 설정됩니다. 하지만 사용자의 패스워드 속성은 수시로 변경되어야 할 수도 있습니다. 패스워드 속성은 /etc/shadow 파일의 필드 중에서 사용자 이름과 해시 패스워드 필드를 제외한 나머지 필드 부분입니다.

```
USER : HASH : LASTCHANGE : MIN : MAX : WARING : INACTIVE : EXPIRE : BLANK
```

/etc/shadow 파일에서 패스워드의 속성을 변경하는 명령은 chage(change age) 입니다. chage명령은 옵션을 사용하여 각 패스워드 속성을 변경할 수 있습니다. 이 명령은 root 사용자만 사용 가능합니다. chage 명령의 사용법은 다음과 같습니다.

```
chage [option] [argument] user-name
```

각 옵션마다 지정해야 할 인자(argument)가 존재할 수도 있고 존재하지 않을 수도 있습니다. 보통 인자로는 숫자 또는 날짜형식이 입력됩니다.

각 패스워드 속성을 변경할 수 있는 옵션들은 다음과 같습니다.

옵션	설명
-l	지정된 사용자의 패스워드 속성을 확인합니다.
-d	지정된 사용자의 마지막으로 패스워드를 변경할 날짜를 수정합니다. 이 값을 0으로 바꾸면 다음 로그인시 강제로 패스워드를 변경해야 합니다.
-m	지정된 사용자의 패스워드를 변경 할 수 있는 최소 기간을 수정합니다. (단위 : 일)
-M	지정된 사용자의 패스워드를 사용할 수 있는 최대 기간을 수정합니다. (단위 : 일)
-W	패스워드의 유효기간이 만료하기 전 사용자에게 경고하는 날짜를 지정합니다. (단위 : 일)
-I	패스워드가 만료된 후 추가 기간을 주어 계정의 패스워드를 변경할 수 있는 날짜를 수정합니다.
-E	사용자의 만료 날짜를 특정 날짜로 지정합니다. (단위 : YYYY-MM-DD)

표 1-13 chage 명령의 옵션

다음은 user01 사용자의 패스워드 속성을 다음 조건에 맞게 수정한 예제입니다.

속성	값
사용자	user01
최소기간	1
최대기간	90
경고기간	3
특정 날짜에 만료	2018년 12월 31일

먼저 user01에 설정된 패스워드 속성을 확인합니다.

```
[root@nobreak ~]# chage -l user01
Last password change                                    : Jan 15, 2017
Password expires                                        : never
Password inactive                                       : never
Account expires                                         : never
Minimum number of days between password change          : 0
Maximum number of days between password change          : 99999
Number of days of warning before password expires       : 7
```

현재 패스워드를 마지막으로 변경한 날짜는 2017년 1월 15일이며, 패스워드 만료 기간은 지정되지 않았으며, 패스워드를 사용해야 하는 최소 기간은 0일, 패스워드를 최대로 사용할 수 있는 기간은 9999일 이고 만료 7일전에 경고 메시지를 출력하도록 설정되어 있습니다. 이제 조건에 맞게 명령을 실행합니다.

```
[root@nobreak ~]# chage -m 1 -M 90 -W 3 -E 2018-12-31 user01
[root@nobreak ~]# chage -l user01
Last password change                                    : Jan 15, 2017
Password expires                                        : Apr 15, 2017
Password inactive                                       : never
Account expires                                         : Dec 31, 2018
Minimum number of days between password change          : 1
Maximum number of days between password change          : 90
Number of days of warning before password expires       : 3
```

사용자 계정 만료 날짜와 최소 기간, 최대 기간과 경고메시지가 만료 3일전부터 출력되도록 설정된 것을 확인할 수 있습니다.

지금까지 사용자 계정과 그룹의 관리와 사용자 전환 및 암호화 관련된 내용을 학습하였습니다. 사용자와 관련된 설정은 보안과 직결되어 있는 매우 중요한 요소입니다. 사용자에게 정확한 권한을 부여할 수 있도록 사용자 관리에 대하여 반드시 숙지하시기 바랍니다.

CHAPTER 2

고급 권한 관리

CHAPTER 2
고급 권한 관리

— **학습목표**

확장 권한에 대해 이해할 수 있습니다.

접근 제어 목록(Access Control List)에 대해 이해할 수 있습니다.

접근 제어 목록(Access Control List)을 설정할 수 있습니다.

— **학습내용**

2.1 확장 권한

2.2 접근 제어 리스트(ACL) 소개

2.3 접근 제어 리스트(ACL) 설정

리눅스에서는 시스템에 존재하는 파일에 대한 접근을 관리하기 위해 파일에 권한(Permission)을 설정하거나 해제하는 방식을 사용합니다.

대부분의 경우 읽기(r), 쓰기(w), 실행(x)과 같은 기본 권한을 설정하여 파일에 대한 접근을 제어할 수 있지만, 일부 특수한 목적으로 사용되는 파일은 기본 권한만으로 파일에 대한 접근을 제어하기 어려울 수도 있습니다. 이를 해결하기 위하여 확장 권한을 사용합니다. 확장 권한은 권한의 종류를 확장한 것으로 setuid, setgid, sticky bit로 되어 있으며 모든 파일에 적용 할 수 있습니다.

다음으로 접근 제어 리스트에 대해서 학습합니다. 기본 권한 체계에서는 사용자, 사용자 그룹, 그리고 나머지 사용자를 대상으로 권한을 설정할 수 있습니다. 하지만 이 방식으로는 권한을 세부적으로 관리할 수 없습니다. 이 장에서 학습할 접근 제어 리스트를 사용하게 되면 사용자나 사용자 그룹의 구성원이 아니더라도 별도의 권한을 부여 받을 수 있으며, 사용자 그룹에 속해 있는 사용자에게 부여된 권한도 제거할 수 있습니다.

접근 제어 리스트의 개념을 이해한 뒤에는 접근 제어 리스트를 설정하는 방법에 대해서 학습합니다. 접근 제어 리스트를 사용하여 권한을 설정하게 되면 권한을 상속시킬 수도 있습니다. 또한 재귀적으로 권한을 설정할 때의 주의점도 알아보도록 합니다.

이번 장에서는 다음과 같은 순서로 상세한 내용에 대해 다루어 보도록 하겠습니다.

2.1 확장 권한

2.2 접근 제어 리스트(ACL) 소개

2.3 접근 제어 리스트(ACL) 설정

2.1 확장 권한

확장 권한은 리눅스의 기본 권한인 읽기(r), 쓰기(w), 실행(x) 이외의 기능을 사용할 수 있도록 확장된 권한입니다. 확장 권한은 setuid, setgid, sticky bit가 있습니다.

먼저 각 확장 권한의 의미를 알아보고 설정하는 방법에 대해 알아봅니다.

1 확장 권한의 종류

확장 권한은 setuid, setgid, sticky bit가 있습니다. 이제 각 권한의 기능에 대해서 알아보도록 하겠습니다.

1] setuid

setuid는 실행권한이 있는 바이너리 파일 또는 스크립트 파일에만 사용합니다. 보통 사용자가 바이너리 파일이나 스크립트와 같은 실행 파일을 실행하면 파일을 실행한 사용자가 주체가 되어 프로세스를 실행합니다. 하지만 setuid가 설정되어 있는 파일을 실행하면 파일을 실행한 사용자가 아니라 파일을 소유하고 있는 사용자의 권한으로 프로세스를 실행하게 됩니다. 이는 대표적으로 passwd 명령에서 사용됩니다.

```
[user01@nobreak ~]$ which passwd
/bin/passwd
[user01@nobreak ~]$ ls -l /bin/passwd
-rwsr-xr-x. 1 root root 27832 Jun 10  2014 /bin/passwd
```

which 명령의 인자로 명령어를 지정하면 실행파일의 경로를 출력합니다. user01 사용자가 사용하는 passwd 명령은 /bin 디렉토리 아래에 존재합니다. 이 파일의 권한은 rwsr-xr-x로 설정되어 있고 파일을 소유한 사용자는 root 사용자입니다.

setuid가 설정되어 있는 파일은 사용자 권한 필드에서 실행 권한이 x 대신 s 로 표시됩니다. 만약 파일에 실행권한이 설정되어 있지 않은 상태에서 setuid를 설정하면 S(대문자 s)로 표시되며, 이는 실행 권한이 설정되어 있지 않다는 것을 표시합니다.

시스템의 모든 passwd 명령은 setuid가 설정되어 있습니다. passwd 명령은 사용자의 해시 패스워드를 변경할 때 사용하는 명령입니다. 이 명령을 사용하면 /etc/shadow 파일의 내용이 변경됩니다. 사용자가 특정 파일을 편집하기 위해선 해당 파일의 쓰기 권한을 가지고 있어야 합니다. 다음은 /etc/shadow 파일에 대한 정보를 나타냅니다.

```
[root@nobreak ~]# ls -l /etc/shadow
----------. 1 root root 1359 Feb 23 02:20 /etc/shadow
```

파일의 속성과 권한을 나타내는 곳인 첫 번째 필드에 아무런 권한도 설정되어 있지 않은 것을 확인할 수 있습니다. 따라서 일반 사용자 권한으로 passwd 명령을 실행하면 패스워드를 변경할 수 없습니다.

root 사용자는 파일에 대한 권한을 어느 정도 무시할 수 있는 관리자이기 때문에 /etc/shadow 파일을 수정할 수 있습니다. /bin/passwd 파일을 소유하고 있는 사용자는 root 이며 setuid가 설정되어 있으므로 일반 사용자가 passwd 명령을 사용할 때 root 사용자의 권한으로 자신의 해시 패스워드를 변경할 수 있습니다.

단, passwd 명령 자체 기능으로 일반 사용자는 명령 뒤에 인자로 사용자를 지정할 수 없습니다. 이는 일반 사용자가 다른 사용자의 해시 패스워드를 변경하지 못하도록 하기 위함입니다.

다음은 setuid가 설정되어 있을 때 user01 사용자가 passwd 명령을 실행한 것과 setuid를 제거하고 passwd 명령을 실행한 예입니다. 먼저 user01 사용자가 passwd 명령을 실행하고 프로세스 상태 정보를 확인합니다.

```
[user01@nobreak ~]$ ps $$
  PID TTY       STAT   TIME COMMAND
15561 pts/1     S      0:00 -bash
[user01@nobreak ~]$ ls -l /bin/passwd
-rwsr-xr-x. 1 root root 27832 Jun 10  2014 /bin/passwd
[user01@nobreak ~]$ passwd
Changing password for user user01.
Changing password for user01.
(current) UNIX password:
```

현재 user01 사용자가 사용하고 있는 터미널은 pts/1입니다. 그리고 /bin/passwd 파일에 setuid가 설정되어 있는 것을 확인한 뒤에 passwd 명령을 실행합니다. 이 상태에서 프로세스 상태 정보를 확인합니다.

```
[root@nobreak ~]# ps -ef
UID         PID   PPID  C STIME TTY          TIME CMD
...
root       15608  15561  0 15:17 pts/1    00:00:00 passwd
...
```

현재 passwd 명령을 실행한 상태에서 진행하지 않았기 때문에 프로세스 상태를 확인할 수 있습니다.

ps 명령으로 출력된 화면에서 passwd 명령을 pts/1 터미널에서 root 사용자가 실행하고 있는 것을 확인할 수 있습니다. 또한 PPID를 통해 부모 프로세스가 pts/1에서 사용했던 배시 쉘인 것도 확인할 수 있습니다. 계속해서 user01 사용자가 실행한 passwd 명령을 이어서 진행하여 마무리합니다.

```
(current) UNIX password:
New password:
Retype new password:
passwd: all authentication tokens updated successfully.
```

일반 사용자의 경우 passwd 명령을 실행하면 현재 패스워드를 입력해야 하며 새로운 패스워드를 지정할 때 8자 이상 입력해야 합니다. 위의 화면에서 패스워드가 성공적으로 변경된 것을 확인할 수 있습니다.

다음은 setuid가 제거된 passwd 명령을 실행한 예입니다.

```
[user01@nobreak ~]$ ps $$
   PID TTY       STAT   TIME COMMAND
 15561 pts/1     S      0:00 -bash
[user01@nobreak ~]$ ls -l /bin/passwd
-rwxr-xr-x. 1 root root 27832 Jun 10  2014 /bin/passwd
[user01@nobreak ~]$ passwd
Changing password for user user01.
Changing password for user01.
(current) UNIX password:
```

user01 사용자는 pts/1 터미널에 로그인되어 있고 setuid가 해제된 passwd 명령을 실행합니다. passwd 명령을 실행중인 상태에서 다시 프로세스 상태를 확인합니다.

```
[root@nobreak ~]# ps -ef
UID         PID  PPID  C STIME TTY          TIME CMD
...
user01    15852 15561  0 15:34 pts/1    00:00:00 passwd
...
```

현재 pts/1 터미널에서 passwd를 실행하고 있는 사용자는 user01인 것을 확인할 수 있습니다. setuid가 해제되었기 때문에 명령을 실행한 사용자가 주체가 되어있습니다. 계속해서 user01 사용자의 암호를 변경하는 절차를 진행합니다.

```
(current) UNIX password:
New password:
Retype new password:
passwd: Authentication token manipulation error
```

현재 지정되어 있는 패스워드를 입력하고 새로운 패스워드를 8자 이상 입력합니다. 새로운 패스워드를 입력한 뒤 화면에 출력되는 마지막 문장을 확인해보면 패스워드가 변경되지 않은 것을 확인할 수 있습니다.

따라서 passwd 명령은 실행하는 순간 /bin/passwd 파일을 소유하고 있는 사용자인 root의 권한을 잠시 동안 빌려서 /etc/shadow 파일의 해시 패스워드를 변경합니다. 이 때 잠시 동안 빌려온 사용자의 UID를 EUID(Effective UID)라고 합니다.

2] setgid

setgid는 setuid처럼 바이너리 파일 또는 스크립트 파일에 설정되어 있으면 명령을 실행할 때 프로세스의 사용자 그룹이 파일의 사용자 그룹으로 실행됩니다. 하지만 setgid는 일반적으로 바이너리 파일보다 디렉토리에 설정하여 사용하는 경우가 많습니다.

사용자가 파일을 생성하면 파일을 소유한 사용자와 사용자 그룹은 해당 파일을 생성한 사용자와 사용자의 기본 그룹으로 지정됩니다. 만약 디렉토리에 setgid가 설정되어 있다면 해당 디렉토리에서 파일을 생성 했을 때 파일의 사용자 그룹은 파일을 생성한 사용자의 기본 그룹으로 지정되지 않고 setgid가 설정된 디렉토리의 사용자 그룹으로 상속 됩니다.

이는 특정 데몬이 관리하는 디렉토리에 설정하여 사용합니다. 특정 데몬이 관리하는 디렉토리는 사용자 그룹으로 권한을 공유하기 때문에 지속적으로 같은 사용자 그룹을 가진 파일을 생성 할 필요가 있습니다. 시스템에서 setgid가 설정되어 있는 대표적인 디렉토리는 /run/log/journal입니다.

```
[root@nobreak ~]# ls -ld /run/log/journal/
drwxr-sr-x. 3 root systemd-journal 60 Feb 22 14:55 /run/log/journal/
```

나중에 배우게 될 내용인 /run/log/journal 디렉토리는 systemd-journald 데몬이 관리하는 디렉토리로써, 시스템에서 발생된 저널(journal) 파일을 해당 디렉토리에 저장합니다. 위의 예처럼 setgid는 사용자 그룹 권한 중 실행권한에 설정됩니다. setuid와 마찬가지로 실행권한 이 표시되는 부분에 s로 표현되며 만약 실행 권한이 설정되어 있지 않으면 S(대문자 s)로 표현됩니다.

다음은 setgid가 설정된 /run/log/journal 디렉토리에서 파일을 생성하는 예입니다.

```
[root@nobreak ~]# cd /run/log/journal/
[root@nobreak journal]# mkdir dirA
[root@nobreak journal]# touch fileA
[root@nobreak journal]# ls -l /run/log/journal/
...
drwxr-sr-x. 2 root systemd-journal 40 Feb 23 16:15 dirA
-rw-r--r--. 1 root systemd-journal  0 Feb 23 16:15 fileA
```

디렉토리와 텍스트파일을 각각 하나 씩 생성한 뒤 파일의 소유권을 확인합니다. systemd-journal 그룹이 상속된 것을 확인할 수 있고 생성된 디렉토리는 setgid까지 상속되어 설정되어있는 것을 확인할 수 있습니다.

다음은 setgid를 해제하고 /run/log/journal 디렉토리에서 파일을 생성하는 예입니다.

```
[root@nobreak ~]# ls -ld /run/log/journal/
drwxr-xr-x. 4 root systemd-journal 100 Feb 23 16:15 /run/log/journal/
[root@nobreak ~]# cd /run/log/journal/
[root@nobreak journal]# mkdir dirB
[root@nobreak journal]# touch fileB
[root@nobreak journal]# ls -l /run/log/journal/
...
drwxr-sr-x. 2 root systemd-journal 40 Feb 23 16:15 dirA
drwxr-xr-x. 2 root root            40 Feb 23 16:22 dirB
-rw-r--r--. 1 root systemd-journal  0 Feb 23 16:15 fileA
-rw-r--r--. 1 root root             0 Feb 23 16:23 fileB
```

setgid를 해제한 뒤 생성한 dirB와 fileB는 root 사용자의 기본 그룹으로 사용자 그룹이 설정된 것을 확인할 수 있습니다.

3] sticky bit

디렉토리의 기타 사용자 권한에 읽기와 쓰기, 실행 권한 모두 설정되어 있으면 시스템의 모든 사용자는 해당 디렉토리에서 파일을 생성하거나 삭제할 수 있습니다.

디렉토리에서 파일을 생성하는 것은 문제가 없지만 다른 사람이 생성한 파일을 삭제하는 것은 문제를 발생 시킬 수도 있습니다.

이 때 sticky bit를 설정하면 파일을 소유한 사용자만 파일을 삭제할 수 있습니다. 이는 인터넷에서 사용하는 게시판과 같습니다. 내가 올린 글을 남이 삭제 할 수 없는 것처럼 sticky bit가 설정된 디렉토리에서는 내가 생성한 파일을 다른 사람이 삭제할 수 없습니다. sticky bit는 디렉토리에만 설정할 수 있으며, 리눅스시스템에서 sticky bit가 설정된 대표적인 디렉토리는 /tmp와 /var/tmp입니다.

```
[root@nobreak ~]# ls -ld /tmp/ /var/tmp/
drwxrwxrwt. 15 root root 4096 Feb 23 16:47 /tmp/
drwxrwxrwt.  7 root root 4096 Feb 23 13:59 /var/tmp/
```

sticky bit는 기타 사용자 권한의 실행권한에 설정됩니다. 실행권한 대신 t로 표시되며 실행권한이 설정되어 있지 않고 sticky bit만 설정되어 있는 경우 T(대문자 t)로 표시됩니다.

다음은 /tmp 디렉토리에 sticky bit가 설정되어 있을 때와 해제되었을 때 다른 사용자의 파일을 삭제를 시도한 결과입니다.

```
[user01@nobreak ~]$ ls -ld /tmp/
drwxrwxrwt. 15 root root 4096 Feb 23 16:57 /tmp/
[user01@nobreak ~]$ cd /tmp/
[user01@nobreak tmp]$ ls -l fileA
-rw-rw-r--. 1 user02 user02 19 Feb 23 16:57 fileA
[user01@nobreak tmp]$ rm -f fileA
rm: cannot remove 'fileA': Operation not permitted
[user01@nobreak tmp]$ ls -l fileA
-rw-rw-r--. 1 user02 user02 19 Feb 23 16:57 fileA
```

user01 사용자로 /tmp 디렉토리의 권한을 확인하고 /tmp 디렉토리에 존재하는 fileA에 대한 정보를 확인합니다. fileA는 user02 사용자가 소유하고 있습니다. /tmp 디렉토리의 기타 사용자 권한에는 읽기, 쓰기, 실행이 설정되어 있으므로 fileA는 어떤 사용자도 삭제할 수 있어야 합니다. 하지만 sticky bit가 설정되어 있기 때문에 "Operation not permitted"라는 메시지가 출력되고 삭제되지 않습니다.

다음은 같은 과정을 sticky bit를 해제한 /tmp 디렉토리에서 수행한 결과입니다.

```
[user01@nobreak ~]$ ls -ld /tmp/
drwxrwxrwx. 15 root root 4096 Feb 23 17:03 /tmp/
[user01@nobreak ~]$ cd /tmp/
[user01@nobreak tmp]$ ls -l fileA
-rw-rw-r--. 1 user02 user02 19 Feb 23 16:57 fileA
[user01@nobreak tmp]$ rm -f fileA
[user01@nobreak tmp]$ ls -l fileA
ls: cannot access fileA: No such file or directory
```

ls 명령으로 /tmp 디렉토리의 권한을 확인한 결과 sticky bit가 해제된 것을 알 수 있습니다. 이때 user02 사용자가 소유한 fileA를 삭제하는 명령을 입력하면 파일이 삭제되는 것을 확인할 수 있습니다.

2 확장 권한 설정

확장 권한을 설정할 때는 chmod 명령을 사용합니다. 표준 권한을 부여할 때와 마찬가지로 심볼릭(Symbolic) 방식과 8진수(Octal)방식으로 설정합니다.

1] 심볼릭(Symbolic) 방식

다음은 확장 권한을 심볼릭 방식으로 설정할 때의 심볼릭과 확장권한을 나타냅니다.

권한 설정	심볼릭
setuid 설정(해제)	u+s (u-s)
setgid 설정(해제)	g+s (g-s)
sticky bit 설정(해제)	o+t (o-t)

표 2-1 확장 권한의 심볼릭 방식

다음은 각 확장 권한을 심볼릭 방식으로 설정한 예입니다.

```
[root@nobreak ~]# ls -l /bin/passwd
-rwsr-xr-x. 1 root root 27832 Jun 10  2014 /bin/passwd
[root@nobreak ~]# chmod u-s /bin/passwd
[root@nobreak ~]# ls -l /bin/passwd
-rwxr-xr-x. 1 root root 27832 Jun 10  2014 /bin/passwd
[root@nobreak ~]# chmod u+s /bin/passwd
[root@nobreak ~]# ls -l /bin/passwd
-rwsr-xr-x. 1 root root 27832 Jun 10  2014 /bin/passwd
```

확장권한을 설정하거나 해제할 때에는 심볼릭 방식이 사용하기 편리합니다.

2] 8진수(Octal) 방식

8진수 방식으로 표준 권한을 설정할 때에는 chmod ### FILE 형식을 사용합니다. '#' 대신 8진수를 사용하며 8진수 방식으로 확장 권한을 설정하려면 8진수를 하나 더 추가하여 chmod #### FILE 형식으로 사용합니다.

이 때 첫 번째 #이 확장 권한을 나타내며 sst를 2진수 비트로 계산합니다. 첫 번째 s는 setuid를 의미하며, 두 번째 s는 setgid를, 세 번째 t는 sticky bit를 표현합니다. 각 위치가 문자로 표현되면 1을 의미하며 대시(-) 로 표현되어 있으면 0을 의미합니다.

예를 들어 파일의 권한이 750인 파일에 setgid를 설정하려면 '-s-'를 2진수로 변환하여 010 권한이 필요함을 확인할 수 있습니다. 이를 다시 8진수로 변환하면 2가 되므로 'chmod 2750 FILE' 명령을 실행합니다. 이 같은 방식에 따라서 각각 setuid는 4000, setgid는 2000, sticky bit는 1000을 현재 권한 설정에 추가하여 부여할 수 있습니다.

다음은 /run/log/journal 디렉토리에 setgid를 해제 한 뒤 다시 설정하는 예입니다.

```
[root@nobreak ~]# ls -ld /run/log/journal/
drwxr-sr-x. 3 root systemd-journal 60 Feb 22 14:55 /run/log/journal/
[root@nobreak ~]# chmod -2000 /run/log/journal/
[root@nobreak ~]# ls -ld /run/log/journal/
drwxr-xr-x. 5 root systemd-journal 140 Feb 23 16:23 /run/log/journal/
[root@nobreak ~]# ls -ld /run/log/journal/
drwxr-xr-x. 5 root systemd-journal 140 Feb 23 16:23 /run/log/journal/
[root@nobreak ~]# chmod 2755 /run/log/journal/
[root@nobreak ~]# ls -ld /run/log/journal/
drwxr-sr-x. 5 root systemd-journal 140 Feb 23 16:23 /run/log/journal/
```

8진수 방식으로 setgid를 해제할 때는 대시(-)를 붙이고 해당하는 숫자를 입력합니다. 확장 권한을 설정하거나 해제할 때에 8진수 방식은 숫자를 계산해야 하기 때문에 조금 불편할 수도 있습니다.

2.2 접근 제어 리스트 (Access Control List) 소개

리눅스의 파일 권한은 사용자, 사용자 그룹, 기타 사용자로 분류되고 각각 읽기, 쓰기, 실행 권한이 제공됩니다. 이 권한 체계로 파일을 관리하는데 큰 문제는 없지만, 권한을 세부적으로 설정할 수 없다는 단점이 있습니다.

접근 제어 리스트(ACL)를 사용하면 파일을 소유한 사용자와 사용자 그룹을 제외한 사용자와 그룹에게 별도로 권한을 부여 할 수 있습니다. 또한 권한이 부여된 그룹의 사용자 중 하나를 지정하여 권한을 제거할 수도 있고 권한의 상속도 설정할 수 있습니다.

1 접근 제어 리스트(ACL) 적용 유무 확인

시스템에서 특정 파일에 ACL이 설정되어 있는지 확인하려면 'ls -l'을 사용합니다.

```
[root@nobreak ~]# ls -l /root/acl/fileA
-rwxr-----+ 1 root wheel 0 Feb 23 20:27 /root/acl/fileA
```

'ls -l' 명령을 실행했을 때 출력되는 결과의 첫 번째 필드는 총 11개의 문자로 되어있습니다. 이 중 첫 번째 문자는 파일의 속성을 나타내고, 2번째부터 10번째 문자까지 파일의 권한을 나타냅니다. 마지막 11번째 글자가 바로 ACL의 적용 유무를 나타냅니다. ACL이 적용되어 있을 경우 이 위치에 '+' 기호가 출력됩니다. 다음은 ACL이 설정되지 않은 일반 파일의 정보를 확인한 예 입니다.

```
[root@nobreak ~]# ls -l /root/acl/fileB
-rw-r--r--. 1 root root 5 Feb 23 21:39 /root/acl/fileB
```

ACL이 설정되어 있지 않으므로 첫 번째 필드의 마지막 문자가 '+'가 아 닌 ' . ' 인 것을 확인할 수 있습니다.

2 접근 제어 리스트(ACL) 정보 확인

파일에 적용된 ACL을 확인하기 위해서 getfacl 명령을 사용합니다. 리눅스 명령어 이름 중 get이 포함된 명령이 있으면 대부분 set이 포함된 명령어도 존재합니다. get은 정보를 확인하는 명령이고 set은 설정하는 명령입니다. getfacl도 파일에 대한 ACL 정보를 확인하기 위해 사용하는 명령입니다. 형식은 다음과 같습니다.

```
getfacel file-name
```

getfacl을 사용하여 /root/acl/fileA와 /root/acl/fileB를 확인합니다. 먼저 ACL이 적용되지 않은 /root/acl/fileB부터 확인합니다.

```
[root@nobreak ~]# getfacl /root/acl/fileB
getfacl: Removing leading '/' from absolute path names
# file: root/acl/fileB
# owner: root
# group: root
user::rw-
group::r--
other::r--
```

ACL이 설정되지 않은 파일은 getfacl로 확인할 수 있는 정보와 'ls -l' 명령으로 확인할 수 있는 정보가 차이가 없습니다.

다음은 ACL이 적용된 /root/acl/fileA를 확인합니다.

```
[root@nobreak ~]# getfacl /root/acl/fileA
❶getfacl: Removing leading '/' from absolute path names
❷# file: root/acl/fileA
# owner: root
# group: wheel
❸user::rwx
user:user01:rwx              ❹#effective:r--
❺group::r-x                   #effective:r--
group:group01:r-x             #effective:r--
❻mask::r--
❼other::---
```

❶ 파일의 경로가 '/'로 시작할 경우 '/'를 제거합니다. 이는 getfacl 명령은 상대경로만 인식하기 때문입니다. 따라서 자동으로 '/'를 제거했다는 메시지를 출력합니다.

❷ '#'으로 시작하는 내용은 파일에 대한 정보를 나타냅니다. file은 파일의 경로, owner는 파일을 소유한 사용자, group은 사용자 그룹입니다. 만약 파일에 확장 권한이 설정되어 있다면 flags 항목에 sst 형태로 표시됩니다.

❸ 사용자에 대한 ACL입니다. user:사용자(또는 UID):권한으로 표시됩니다. 사용자 부분이 비어 있는 경우는 파일을 소유한 사용자를 의미합니다.

❹ #effective는 부여받은 권한 중에 실제로 사용가능한 최대 권한을 의미합니다. 이는 아래의 마스크에 의해서 권한이 필터링 되었기 때문입니다.

❺ 그룹에 대한 ACL입니다. group:그룹(또는 GID):권한으로 표시됩니다. 그룹 부분이 비어 있는 경우 파일을 소유한 사용자 그룹을 의미합니다.

❻ ACL을 필터링 해주는 마스크입니다. 마스크는 지정된 사용자와 그룹이 사용할 수 있는 최대 권한을 의미합니다. 현재 user01 사용자는 rwx 권한을 부여받았지만 실제로 사용할 수 있는 권한은 r-- 권한입니다. 이는 ACL의 마스크에 의해 필터링 되었기 때문입니다. ACL 마스크는 뒤에서 다시 설명하도록 하겠습니다.

❼ 기타 사용자의 권한입니다.

ACL은 여러 사용자와 그룹에 대해 권한을 다양하게 부여할 수 있기 때문에 중복이 발생할 수도 있습니다. ACL의 권한을 적용하기 위해 ACL목록의 위에서부터 아래로 권한을 비교합니다. 위에서 아래로 비교하는 도중 ACL조건이 일치하면 지정된 권한을 실행하고 나머지는 비교하지 않습니다.

3 접근 제어 리스트의 마스크(ACL mask)

ACL의 마스크(mask)는 ACL에서 지정된 사용자와 그룹이 사용할 수 있는 최대 권한을 지정합니다. 지정된 사용자나 그룹의 권한이 마스크에 설정된 권한을 벗어나게 되면 필터링 되어 effective가 출력되고 해당 권한이 실질적인 권한으로 적용됩니다. 또한 파일에 ACL이 적용되면 'ls -l' 명령에서 권한 필드 중 사용자 그룹의 권한은 ACL의 마스크의 권한으로 표시됩니다. 따라서 ACL이 적용된 파일의 권한을 변경할 때는 chmod가 아니라 setfacl 명령으로 권한을 변경해야 합니다.

ACL의 마스크가 권한을 필터링하는 연산자는 AND 연산입니다. 몇 가지 예제를 통해서 필터링 되는 절차를 알아보도록 합니다.

1] user02 사용자 권한이 rwx이고 마스크 권한이 r-x 일 때

엔트리	권한	이진수	결과
user02	rwx	111	r-x
마스크	r-x	101	

user02 사용자의 쓰기 권한이 필터링 되었기 때문에 effective가 r-x 로 출력됩니다.

2] user03 사용자 권한이 r-x이고 마스크 권한이 rw- 일 때

엔트리	권한	이진수	결과
user03	r-x	101	r--
마스크	rw-	110	

user03 사용자의 실행 권한이 필터링 되었기 때문에 effective가 r-- 로 출력됩니다.

3] user04 사용자 권한이 r--이고 마스크 권한이 rw- 일 때

엔트리	권한	이진수	결과
user04	r--	100	r--
마스크	rw-	110	

마스크 권한에 의해 필터링 된 권한이 없기 때문에 effective가 출력되지 않습니다.

실제 ACL을 적용할 때 사용되는 마스크의 경우의 수는 일반 파일과 디렉토리의 경우 각각 두 가지 종류가 있습니다.

	파일	디렉토리
읽기 전용	r--	r-x
읽기 쓰기	rw-	rwx

표 2-2 ACL 마스크의 경우의 수

마스크는 ACL에 지정된 사용자와 그룹이 사용할 수 있는 최대 권한을 명시합니다. 만약 마스크가 --- 로 지정되면 ACL에 지정된 사용자나 그룹은 어떤 권한도 사용할 수 없기 때문에 ACL을 사용할 필요가 없습니다. 또한 마스크가 -w- 일 경우에 파일은 읽을 순 없지만 수정만 가능하며 디렉토리는 접근도 할 수 없기 때문에 아무것도 할 수 없습니다. 이럴 경우 ACL을 설정할 수 있다 하더라도 유효하지 않은 사용방식입니다. 따라서 ACL의 마스크에 지정할 수 있는 경우의 수는 위 표의 경우로 한정됩니다.

4 기본 접근 제어 리스트(Default ACL)

기본 ACL은 디렉토리에만 설정 할 수 있는 ACL입니다. 디렉토리에 기본 ACL을 설정하게 되면 파일을 생성할 때 기본 ACL이 상속됩니다. 따라서 권한을 상속시킬 수 있습니다.

```
[root@nobreak ~]# getfacl /root/acl/dirA/
getfacl: Removing leading '/' from absolute path names
# file: root/acl/dirA/
# owner: root
# group: wheel
# flags: -s-
user::rwx
user:user01:rwx
group::rwx
group:group01:r-x
mask::rwx
other::---
default:user::rwx
default:user:user02:rwx          #effective:r-x
default:group::rwx               #effective:r-x
default:group:group02:r-x
default:mask::r-x
default:other::---
```

기본 ACL은 default로 시작합니다. default로 시작하는 ACL은 현재 디렉토리의 ACL에 영향을 주지 않고, 해당 디렉토리 아래에 생성되는 파일에게 권한을 상속 시켜주는 역할을 합니다. 기본 ACL이 설정되어 있는 디렉토리에서 텍스트 파일 하나와 디렉토리 하나를 생성해 보도록 하겠습니다.

```
[root@nobreak ~]# touch /root/acl/dirA/default_file
[root@nobreak ~]# getfacl /root/acl/dirA/default_file
getfacl: Removing leading '/' from absolute path names
# file: root/acl/dirA/default_file
# owner: root
# group: wheel
user::rw-
user:user02:rwx                 #effective:r--
group::rwx                      #effective:r--
group:group02:r-x               #effective:r--
mask::r--
other::---
```

/root/acl/dirA 디렉토리 아래에 default_file을 생성합니다. /root/acl/dirA 에는 기본 ACL이 설정되어 있기 때문에 default_file 파일이 생성될 때 기본 ACL이 적용됩니다.

텍스트 파일은 생성될 때 불필요한 용도로 실행되지 않도록 실행 권한이 제거 됩니다. 그래서 파일을 소유한 사용자의 권한에 실행 권한이 제거되고 마스크에도 실행 권한이 제거 됩니다. 마스크의 실행 권한이 제거됨으로써 지정된 사용자와 그룹의 권한은 필터링 되어 출력됩니다.

```
[root@nobreak ~]# mkdir /root/acl/dirA/default_dir
[root@nobreak ~]# getfacl /root/acl/dirA/default_dir/
getfacl: Removing leading '/' from absolute path names
# file: root/acl/dirA/default_dir/
# owner: root
# group: wheel
# flags: -s-
user::rwx
user:user02:rwx                 #effective:r-x
group::rwx                      #effective:r-x
group:group02:r-x
mask::r-x
other::---
default:user::rwx
default:user:user02:rwx         #effective:r-x
default:group::rwx              #effective:r-x
default:group:group02:r-x
default:mask::r-x
default:other::---
```

다음으로 기본 ACL이 설정된 디렉토리에서 서브디렉토리를 하나 생성합니다. 생성된 디렉토리에도 ACL이 적용되는데, 디렉토리의 경우 기본 ACL 설정까지 함께 상속받습니다. 그리고 텍스트 파일처럼 실행권한이 제거되지 않고 동일하게 적용됩니다. 이로 인해 /root/acl/dirA 디렉토리 아래로 생성되는 모든 파일들은 기본 ACL을 상속 받게 됩니다. 물론 중간에 존재하는 디렉토리에서 상속받은 기본 ACL을 변경하여 사용할 수도 있습니다.

2.3 접근 제어 리스트(ACL) 설정

setfacl을 사용하여 파일에 대한 ACL을 설정합니다. setfacl을 사용하여 앞에서 해석했던 예제를 생성해 보도록 하겠습니다. setfacl 명령 형식은 다음과 같습니다.

```
setfacel [option] ENTRY:NAME:PERMS file-name
```

ENTRY에 지정할 수 있는 값은 다음과 같습니다.

ENTRY	값
사용자	u 또는 user
사용자 그룹	g 또는 group
마스크	m 또는 mask
기타 사용자	o 또는 other
기본 ACL	d 또는 default

표 2-3 ENTRY 요소들

사용자일 경우에는 NAME에는 사용자 이름 또는 UID를 입력하고, PERMS에는 권한을 입력합니다. 그룹일 경우에는 NAME에 그룹 이름 또는 GID를 입력합니다. 마스크나 기타 사용자가 지정될 때 NAME 부분은 생략됩니다.

1 접근 제어 리스트(ACL)의 권한 추가 또는 변경

setfacl 명령을 사용하여 파일에 ACL을 추가하거나 추가되어있는 ACL을 변경하려면 '-m' 옵션을 사용합니다.

이제부터 처음 ACL을 설명할 때 사용했던 /root/acl/fileA 파일을 생성해보도록 하겠습니다.

```
[root@nobreak ~]# getfacl /root/acl/fileA
getfacl: Removing leading '/' from absolute path names
# file: root/acl/fileA
# owner: root
# group: wheel
user::rwx
user:user01:rwx                 #effective:r--
group::r-x                      #effective:r--
group:group01:r-x               #effective:r--
mask::r--
other::---
```

/root/acl/fileA를 생성하기 전에 기본 정보를 확인합니다. 파일의 권한은 8진수로 표현했을 때 750이며 소유권은 root 사용자와 wheel이라는 사용자 그룹이 소유하고 있습니다.

```
[root@nobreak ~]# touch /root/acl/fileA
[root@nobreak ~]# chmod 750 /root/acl/fileA
[root@nobreak ~]# chown root:wheel /root/acl/fileA
[root@nobreak ~]# ls -l /root/acl/fileA
-rwxr-x---. 1 root wheel 0 Feb 24 01:18 /root/acl/fileA
```

ACL이 적용되기 전의 /root/acl/fileA를 생성했습니다. getfacl로 확인해봅니다.

```
[root@nobreak ~]# getfacl /root/acl/fileA
getfacl: Removing leading '/' from absolute path names
# file: root/acl/fileA
# owner: root
# group: wheel
user::rwx
group::r-x
other::---
```

아직 ACL을 적용하지 않았기 때문에 별 차이는 없습니다. 이제 ACL을 적용합니다.

```
[root@nobreak ~]# setfacl -m u:user01:rwx /root/acl/fileA
[root@nobreak ~]# setfacl -m g:group01:r-x /root/acl/fileA
[root@nobreak ~]# getfacl /root/acl/fileA
getfacl: Removing leading '/' from absolute path names
# file: root/acl/fileA
# owner: root
# group: wheel
user::rwx
user:user01:rwx
group::r-x
group:group01:r-x
mask::rwx
other::---
```

user01 사용자에게 rwx권한을 부여하고 group01 그룹에게 r-x 권한을 부여했습니다. 마스크의 경우는 별도로 지정하지 않으면 자동으로 rwx 권한이 부여됩니다.

다음은 /root/acl/dirA에 ACL을 추가하면서 기본 ACL까지 함께 설정합니다. 먼저 /root/acl/dirA에 설정된 정보를 살펴봅니다.

```
[root@nobreak ~]# getfacl /root/acl/dirA/
getfacl: Removing leading '/' from absolute path names
# file: root/acl/dirA/
# owner: root
# group: wheel
# flags: -s-
user::rwx
user:user01:rwx
group::rwx
group:group01:r-x
mask::rwx
other::---
default:user::rwx
default:user:user02:rwx         #effective:r-x
default:group::rwx              #effective:r-x
default:group:group02:r-x
default:mask::r-x
default:other::---
```

flags 정보에서 두 번째 글자가 설정되어 있으므로 setgid가 설정된 디렉토리입니다. 따라서 /root/acl/dirA의 파일의 ACL 적용 전 권한은 8진수로 표현 했을 때 2770 입니다. 그리고 파일의 소유한 사용자는 root이고 소유한 사용자 그룹은 wheel입니다. 이 조건에 맞는 디렉토리를 생성합니다.

```
[root@nobreak ~]# mkdir -m 2770 /root/acl/dirA
[root@nobreak ~]# chown root:wheel /root/acl/dirA/
[root@nobreak ~]# ls -ld /root/acl/dirA/
drwxrws---. 2 root wheel 6 Feb 24 01:31 /root/acl/dirA/
```

mkdir 명령의 '-m' 옵션으로 권한을 설정한 상태로 디렉토리를 생성할 수 있습니다. 다음에 소유권을 변경하고 확인합니다. ACL을 설정하기 전에 getfacl을 사용하여 확인합니다.

```
[root@nobreak ~]# getfacl /root/acl/dirA/
getfacl: Removing leading '/' from absolute path names
# file: root/acl/dirA/
# owner: root
# group: wheel
# flags: -s-
user::rwx
group::rwx
other::---
```

마찬가지로 'ls -ld' 명령으로 확인한 것과 차이가 없습니다. 이제 ACL을 적용합니다.

```
[root@nobreak ~]# setfacl -m u:user01:rwx /root/acl/dirA/
[root@nobreak ~]# setfacl -m g:group01:r-x /root/acl/dirA/
[root@nobreak ~]# getfacl /root/acl/dirA/
getfacl: Removing leading '/' from absolute path names
# file: root/acl/dirA/
# owner: root
# group: wheel
# flags: -s-
user::rwx
user:user01:rwx
group::rwx
group:group01:r-x
mask::rwx
other::---
```

기본 ACL을 적용하기 전입니다. 기본 ACL을 적용하기 위해선 ENTRY앞에 d:을 추가해야 합니다.

```
[root@nobreak ~]# setfacl -m d:u:user02:rwx /root/acl/dirA/
[root@nobreak ~]# setfacl -m d:g:group02:r-x /root/acl/dirA/
[root@nobreak ~]# setfacl -m d:m:r-x /root/acl/dirA/
[root@nobreak ~]# getfacl /root/acl/dirA/
getfacl: Removing leading '/' from absolute path names
# file: root/acl/dirA/
# owner: root
# group: wheel
# flags: -s-
user::rwx
user:user01:rwx
group::rwx
group:group01:r-x
mask::rwx
other::---
default:user::rwx
default:user:user02:rwx        #effective:r-x
default:group::rwx             #effective:r-x
default:group:group02:r-x
default:mask::r-x
default:other::---
```

기본 ACL을 적용할 때 사용자와 사용자 그룹 그리고 기타 사용자 그룹의 권한을 따로 지정하지 않으면 상위 디렉토리의 권한을 그대로 사용합니다.

2 접근 제어 리스트(ACL) 제거

파일에 설정된 ACL을 제거할 때 setfacl 명령에 '-x' 옵션 또는 '-b' 옵션을 사용합니다. 기본 ACL의 경우에는 '-k' 옵션을 사용합니다.

명령 형식은 다음과 같습니다. NAME까지만 입력하고 PERMS를 지정하지 않습니다.

```
setfacl -x ENTRY:NAME file-name
setfacl [ {-b | -k} ] file-name
```

다음 예제는 /root/acl/dirA에서 group01 그룹에게 부여된 권한을 제거합니다.

```
[root@nobreak ~]# setfacl -x g:group01 /root/acl/dirA/
[root@nobreak ~]# getfacl /root/acl/dirA/
getfacl: Removing leading '/' from absolute path names
# file: root/acl/dirA/
# owner: root
# group: wheel
# flags: -s-
user::rwx
user:user01:rwx
group::rwx
mask::rwx
other::---
default:user::rwx
default:user:user02:rwx          #effective:r-x
default:group::rwx               #effective:r-x
default:group:group02:r-x
default:mask::r-x
default:other::---
```

다음으로 기본 ACL중 group02 그룹에게 부여된 권한을 제거합니다.

```
[root@nobreak ~]# setfacl -x d:g:group02 /root/acl/dirA/
[root@nobreak ~]# getfacl /root/acl/dirA/
getfacl: Removing leading '/' from absolute path names
# file: root/acl/dirA/
# owner: root
# group: wheel
# flags: -s-
user::rwx
user:user01:rwx
group::rwx
mask::rwx
other::---
default:user::rwx
default:user:user02:rwx
default:group::rwx
default:mask::rwx
default:other::---
```

/root/acl/dirA에 설정된 모든 기본 ACL을 제거합니다.

```
[root@nobreak ~]# setfacl -k /root/acl/dirA/
[root@nobreak ~]# getfacl /root/acl/dirA/
getfacl: Removing leading '/' from absolute path names
# file: root/acl/dirA/
# owner: root
# group: wheel
# flags: -s-
user::rwx
user:user01:rwx
group::rwx
mask::rwx
other::---
```

/root/acl/dirA에 설정된 모든 ACL을 삭제합니다.

```
[root@nobreak ~]# setfacl -b /root/acl/dirA/
[root@nobreak ~]# getfacl /root/acl/dirA/
getfacl: Removing leading '/' from absolute path names
# file: root/acl/dirA/
# owner: root
# group: wheel
# flags: -s-
user::rwx
group::rwx
other::---
```

3 접근 제어 리스트(ACL) 재귀적 사용

setfacl 명령에 '-R' 옵션을 사용하면 ACL을 재귀적으로 설정할 수 있습니다. 만약 ACL이 설정되지 않은 디렉토리와 그 아래의 파일들도 ACL이 설정되지 않았을 때 디렉토리를 포함한 하위 파일까지 ACL을 적용하려면 다음과 같은 형태로 setfacl 명령을 사용하여야 합니다.

```
setfacl -Rm ENTRY:NAME:PERMS file-name
```

하지만 재귀적 ACL을 사용할 때 한 가지 주의할 점이 있습니다. 지정하려는 권한 중 실행 권한이 포함된다면 실행권한이 필요하지 않은 일반 파일에도 실행권한이 적용됩니다. 이를 방지하기 위해 실행권한을 x(소문자 x) 대신 X(대문자 x)를 사용하여 실행권한이 필요한 파일에 대해서만 실행권한을 적용할 수 있습니다.

다음은 /root/acl/dirB 디렉토리와 그 아래 존재하는 dirC 디렉토리와 fileD에게 ACL을 재귀적으로 설정한 예입니다.

```
[root@nobreak ~]# ls -ld /root/acl/dirB
drwxr-xr-x. 3 root root 31 Feb 24 02:00 /root/acl/dirB
[root@nobreak ~]# ls -l /root/acl/dirB
total 0
drwxr-xr-x. 2 root root 6 Feb 24 02:00 dirC
-rw-r--r--. 1 root root 0 Feb 24 02:00 fileD
```

ACL을 적용하기 전 권한 상태를 확인한 결과, 모두 ACL이 적용되지 않았음을 확인할 수 있습니다. 먼저 user01 사용자가 /root/acl/dirB 하위에 있는 모든 파일에 대해 rwx 권한을 사용할 수 있도록 ACL을 설정합니다.

```
[root@nobreak ~]# setfacl -Rm u:user01:rwx /root/acl/dirB/
[root@nobreak ~]# ls -ld /root/acl/dirB
drwxrwxr-x+ 3 root root 31 Feb 24 02:00 /root/acl/dirB
[root@nobreak ~]# ls -l /root/acl/dirB
total 0
drwxrwxr-x+ 2 root root 6 Feb 24 02:00 dirC
-rw-rwxr--+ 1 root root 0 Feb 24 02:00 fileD
```

/root/acl/dirB를 인자로 지정했으므로 재귀적으로 하위 파일까지 모두 ACL이 설정되었습니다. 이 중 /root/acl/dirB/fileD의 ACL 마스크의 권한이 rwx로 설정되었습니다. 이 파일의 ACL을 자세히 확인합니다.

```
[root@nobreak ~]# getfacl /root/acl/dirB/fileD
getfacl: Removing leading '/' from absolute path names
# file: root/acl/dirB/fileD
# owner: root
# group: root
```

```
user::rw-
user:user01:rwx
group::r--
mask::rwx
other::r--
```

user01 사용자가 실행 권한을 부여받은 것을 확인할 수 있습니다. 텍스트 파일의 경우 불필요한 실행권한을 가지고 있으면 스크립트로 실행되어 시스템에 문제를 발생시킬 수 있으므로 제거하는 것이 좋습니다. 하지만 ACL이 잘못 설정된 여러 파일의 ACL설정을 수동으로 하나씩 제거하면 매우 번거롭고 오래 걸립니다. 그래서 ACL을 설정할 때부터 텍스트 파일에는 실행 권한이 부여되지 않도록 설정합니다. 다시 설정하기 위해서 /root/acl/dirB 디렉토리를 포함하여 하위에 있는 모든 파일의 ACL을 초기화합니다.

```
[root@nobreak ~]# setfacl -Rb /root/acl/dirB
[root@nobreak ~]# ls -ld /root/acl/dirB
drwxr-xr-x. 3 root root 31 Feb 24 02:00 /root/acl/dirB
[root@nobreak ~]# ls -l /root/acl/dirB
total 0
drwxr-xr-x. 2 root root 6 Feb 24 02:00 dirC
-rw-r--r--. 1 root root 0 Feb 24 02:00 fileD
```

'-R' 옵션과 '-b' 옵션으로 재귀적으로 초기화 시킬 수 있습니다. 이번엔 /root/acl/dirB 디렉토리에 user01 사용자에게 rwX 권한을 지정하여 재귀적으로 설정하도록 하겠습니다.

```
[root@nobreak ~]# setfacl -Rm u:user01:rwX /root/acl/dirB
[root@nobreak ~]# ls -ld /root/acl/dirB/
drwxrwxr-x+ 3 root root 31 Feb 24 02:00 /root/acl/dirB/
[root@nobreak ~]# ls -l /root/acl/dirB/
total 0
drwxrwxr-x+ 2 root root 6 Feb 24 02:00 dirC
-rw-rw-r--+ 1 root root 0 Feb 24 02:00 fileD
```

X(대문자 x)를 사용하게 되면 디렉토리에는 실행 권한이 부여되며 텍스트 파일에는 실행 권한이 부여되지 않습니다. 현재 /root/acl/dirB/fileD에는 ACL이 적용되었지만 실행 권한이 부여되지 않았다는 것은 정확하게 확인할 수 없습니다. getfacl을 사용하여 확인합니다.

```
[root@nobreak ~]# getfacl /root/acl/dirB/fileD
getfacl: Removing leading '/' from absolute path names
# file: root/acl/dirB/fileD
# owner: root
# group: root
user::rw-
user:user01:rw-
group::r--
mask::rw-
other::r--
```

getfacl을 사용하여 확인하면 user01 사용자의 권한은 실행 권한이 제거된 상태로 적용된 것을 확인할 수 있습니다.

지금까지 기본 권한 설정보다 상세한 권한을 적용할 수 있는 확장 권한 및 접근제어에 대하여 살펴보았습니다. 기본 권한에 비해 상세한 설정을 통해 불필요하게 많은 권한을 허용하여야 하는 상황을 줄일 수 있으므로, 보안 허점을 줄일 수 있는 유용한 기능입니다. 따라서 기본 권한 이외의 고급 권한 관리 기능에 대하여 반드시 숙지하시기 바랍니다.

CHAPTER 3

작업 스케줄링

CHAPTER 3
작업 스케줄링

— 학습목표
한 번 수행될 작업의 예약 설정을 할 수 있습니다.
주기적으로 실행되는 작업의 예약 설정을 할 수 있습니다.

— 학습내용
3.1 단일성 작업 예약
3.2 주기적 작업 예약

이번 장에서는 리눅스에서 작업을 예약하는 방법에 대하여 학습합니다. 시스템을 관리하게 되면 특정 시간 또는 특정 주기마다 작업을 실행해야 될 때가 있습니다.

예를 들어 매일 밤 0시마다 백업을 진행해야 한다면 시스템 관리자는 매일 0시에 직접 작업을 진행 할 수 있습니다. 하지만 이는 매우 비효율적이고 관리자에게도 부담이 될 수 있습니다. 이 때 예약 작업을 사용하면 시스템 관리를 좀더 효율적으로 할 수 있습니다.

작업을 예약하는 방법에는 단일성 작업 예약과 주기적 작업 예약이 있습니다. 단일성 작업 예약은 atd 데몬에 의해 처리되며 등록한 작업을 한 번 실행하고 작업이 삭제됩니다. 이는 일정 시간 뒤에 시스템을 종료하거나 firewalld에서 방화벽 규칙을 원격으로 작업할 때 효율적으로 사용할 수 있습니다.

주기적 작업 예약은 crond 데몬에 의해 처리되며 매일 또는 매주와 같이 주기적으로 작업을 실행할 때 사용합니다. 작업을 등록하면 작업을 삭제하기 전까지 유지되어 조건에 맞는 시간이 되면 작업을 실행합니다.

먼저 일회성 작업에 대해서 소개하고 작업을 등록하는 방법에 대해서 알아본 후에 주기적 작업에 대한 소개와 설정하는 방법에 대하여 학습하겠습니다.

이번 장에서는 다음과 같은 순서로 상세한 내용에 대해 다루어 보도록 하겠습니다.

3.1 단일성 작업 예약

3.2 주기적 작업 예약

3.1 단일성 작업 예약

단일성 작업은 한번 실행하고 종료되는 작업을 의미합니다. 단일성 작업 예약으로 작업을 등록하면 atd 데몬에 의해서 작업이 한번만 실행되고 해당 작업은 제거되어 다시 실행되지 않습니다. 단일성 작업 예약으로 3시간 뒤 서비스를 재시작 하도록 하거나 몇 분 뒤에 메일을 발송하도록 작업을 등록할 수 있습니다.

1 at 명령 사용

at 명령을 사용하여 단일성 작업 예약을 등록합니다. at 명령을 사용하는 방법은 다음과 같습니다.

```
at [option] time-spec
```

time-spec에는 시간정보를 입력합니다. 다음은 time-spec 형식의 예입니다.

사용 예	설명
at 22:30	0~23시 범위의 시간과 분을 지정합니다. 이 작업은 22시 30분에 실행됩니다.
at 11:00 AM	AM/PM을 구분하여 지정할 수 있습니다. 이 작업은 오전 11시에 실행됩니다.
at Feb 12 2017 15:00	특정 날짜와 시간을 지정할 수 있습니다. 이 작업은 2017년 2월 12일 15시 정각에 실행됩니다.
at 021217 at 02-12-17 at 02.12.17	시간을 지정하지 않고 날짜만을 지정할 수 있습니다. 날짜는 일-월-년 순서로 입력합니다. 이 작업은 2017년 2월 12일에 실행됩니다.
at now + 5min	현재 시점을 기준으로 실행될 시점을 지정할 수 있습니다. 이 작업은 설정한 시간부터 5분 뒤에 실행됩니다.

표 3-1 at 시간 지정 방식

at 명령을 사용하면 프롬프트가 at〉으로 전환됩니다. 프롬프트가 전환되면 등록할 작업의 명령이나 스크립트 파일 등을 입력할 수 있습니다. 명령어 입력을 마치면 'Ctrl + D'를 입력하여 at〉 프롬프트에서 빠져나올 수 있습니다.

```
[root@nobreak ~]# at now +5min
❶at> ps -ef > /root/pslist
❷at> <EOT>
❸job 2 at Fri Feb 24 15:16:00 2017
```

❶ at> 프롬프트에서 등록할 작업을 입력합니다. 'ps -ef' 명령을 실행한 결과 값을 /root/pslist 파일에 저장합니다.

❷ at> 프롬프트에서 키보드로 'Ctrl + D'를 눌러 at> 프롬프트를 종료합니다.

❸ 작업이 작업번호 2번으로 등록되었으며 실행되는 날짜가 출력됩니다. 그리고 다시 쉘에서 사용하는 프롬프트로 전환됩니다.

❶에서 등록한 명령은 지정된 시점에 실행되지만 실행결과가 화면에 출력되지 않습니다. 이는 예약 작업이 atd 데몬에 의해 실행되고, 데몬은 제어터미널(TTY)이 지정되지 않기 때문입니다. 따라서 데몬에 의해서 실행되는 명령은 표준 출력인 터미널 화면으로 출력되지 않습니다. 예외로 실행결과를 특정 터미널로 출력하도록 리다이렉션(redirection) 할 경우 지정된 터미널에서 실행결과를 확인할 수 있습니다.

```
[root@nobreak ~]# ps -ef
UID         PID    PPID  C STIME TTY          TIME CMD
...
root       1147       1  0 Feb23 ?        00:00:00 /usr/sbin/atd -f
...
```

at 명령으로 등록한 작업은 atq 명령으로 확인할 수 있습니다.

```
[root@nobreak ~]# atq
2       Fri Feb 24 15:16:00 2017 a root
```

atq 명령을 실행하면 작업 번호와 실행되는 날짜, 작업의 대기 큐(Queue), 그리고 작업을 실행할 사용자가 출력됩니다. 작업의 대기 큐는 a~z, A~Z 까지 총 52개의 큐가 있습니다. a에 가까울수록 작업의 우선순위가 높습니다. at 명령의 '-q' 옵션으로 작업을 등록할 때 대기 큐를 지정할 수 있습니다. 큐를 지정하지 않을 경우 기본으로 설정되는 대기 큐는 a 입니다.

단일 작업으로 등록된 작업은 시스템에 파일 형태로 저장되어 있다가 실행된 뒤 사라집니다. 이 파일은 /var/spool/at 디렉토리에 존재하며 실행권한이 설정되어 있습니다.

```
[root@nobreak ~]# ls -l /var/spool/at/a00003017a65b5
-rwx------. 1 root root 4381 Feb 24 15:41 /var/spool/at/a00003017a65b5
[root@nobreak ~]# cat /var/spool/at/a00003017a65b5
...
cd /root || {
        echo 'Execution directory inaccessible' >&2
        exit 1
}
${SHELL:-/bin/sh} << 'marcinDELIMITER538d0907'
ps -ef > /root/pslist
```

등록된 파일의 윗부분은 명령이 실행될 쉘에 적용될 환경변수 등이 저장되어 있고, 가장 아래쪽에 예약 작업으로 실행할 명령어가 등록되어 있습니다.

3.2 주기적인 작업 예약

주기적인 작업은 '매 주 토요일 마다' 또는 '매 월 첫 번째 수요일' 과 같이 특정 주기마다 실행되는 작업을 의미합니다. 주기적인 작업을 예약할 때는 crontab 명령을 사용합니다. crontab 명령을 사용해서 작업을 예약하게 되면 crond 데몬에 의해서 작업이 실행됩니다.

1 crond 데몬

crond 데몬은 crontab 명령을 사용하여 예약한 주기적인 작업을 실행합니다. 사용자가 예약한 작업들은 /var/spool/cron 디렉토리에 각 사용자 이름으로 생성된 파일에 저장됩니다.

```
[root@nobreak ~]# ls -l /var/spool/cron/
total 8
-rw-------. 1 root   root   35 Feb 24 16:09 root
-rw-------. 1 user01 user01 37 Feb 24 16:10 user01
```

crond 데몬은 그 밖에 /etc/crontab, /etc/anacrontab, /etc/cron.d 디렉토리 아래의 파일에 등록된 예약 작업들을 실행합니다.

atd와 마찬가지로 crond도 제어터미널을 가지지 않습니다. 따라서 주기적 작업 예약을 통해 실행되는 명령의 실행결과가 실행중인 다른 터미널에 출력되지 않습니다.

2 crontab 명령 사용

crontab 명령으로 작업을 등록하거나 확인 또는 삭제도 할 수 있습니다.

1] crontab 명령을 사용하여 작업 예약

crontab 명령에 '-e' 옵션을 사용하거나 문법에 맞는 텍스트 파일을 인자로 입력하면 주기적인 작업을 예약할 수 있습니다. 먼저 'crontab -e' 명령을 사용하여 작업을 예약합니다.

```
[root@nobreak ~]# crontab -e


"/tmp/crontab.GCyCR2" 0L, 0C
```

'crontab -e' 명령을 실행하면 /tmp 디렉토리에 crontab.[임의문자열] 형태의 임시 파일이 생성되고, 임시 파일을 편집할 수 있는 vi편집기가 실행됩니다. 등록된 예약 작업이 없을 경우, 파일의 내용은 비어있습니다.

작업을 등록하기 위하여 예약 작업의 실행 주기 및 실행 내용을 작성하고 저장하여야 합니다. 이 때 지정된 형식에 따라 예약 작업을 작성해야 합니다. 작업 내용은 총 6개의 필드로 작성되어야 하고, 각 필드는 공백으로 구분해야 합니다. 각 필드의 내용은 아래의 표와 같습니다.

항목	설명
분(Minute)	분을 나타냅니다. 0~59 의 숫자를 입력할 수 있습니다.
시(Hour)	시를 나타냅니다. 24시 형태로 입력해야 하며, 0~23 의 숫자를 입력할 수 있습니다.
일(Day of month)	일을 나타냅니다. 0~31 의 숫자를 입력할 수 있습니다. (단, 해당 월에 있는 일만 적용됩니다.)
월(Month)	월을 나타냅니다. 1~12 의 숫자를 입력할 수 있습니다. Jan, Feb와 같은 축약어도 사용 가능합니다.
요일(Day of week)	요일을 나타냅니다. 0~7 의 숫자를 입력할 수 있습니다. 0이 일요일, 1은 월요일을 의미하고, 7은 다시 일요일을 의미합니다. Mon 이나 Fri 같은 축약어도 사용 가능합니다.
명령어(command)	실행할 명령어 또는 스크립트 파일의 경로를 입력할 수 있습니다.

표 3-2 crontab 등록 형식

각 필드에 값을 지정할 때 숫자 이외에 몇 가지 메타문자를 함께 사용할 수 있습니다. 다음은 사용할 수 있는 메타문자 목록입니다.

메타 문자	설명
*	조건에 대해 무조건 참(True)을 의미합니다.
-	범위를 지정할 수 있습니다.
,	다수의 값을 지정할 수 있습니다.
/	조건에 대한 주기를 지정할 수 있습니다.

표 3-3 crontab 등록 시 사용가능한 메타 문자

이제 'crontab -e' 명령으로 생성된 파일에 각 필드에 맞게 순서대로 작업을 작성합니다. 표 3-2에 따라 순서는 다음과 같고, 필드의 구분자는 공백으로 작성합니다. 공백 대신 탭(Tab)을 사용할 수 있습니다.

분 시 일 월 요일 명령어

원하는 작업을 예약 할 때에는 '명령어'를 제외한 각 필드의 조건들을 모두 AND조건으로 만족해야 합니다. 몇 가지 예제를 통해서 살펴보도록 합니다.

① 매월 3일 오전 9시 30분에 지정된 명령 실행

분	시	일	월	요일	
30	9	3	*	*	COMMAND

위의 예와 같이 각 필드에 맞게 값을 입력할 경우, '*'는 모든 조건에 참이기 때문에 값이 지정된 분, 시, 일 조건을 참고하여 작업이 실행됩니다. 각 필드에 '*' 기호는 각각 매분, 매시, 매일, 매월, 매주로 해석됩니다.

② 매주 화요일 오후 3시에 5분마다 지정된 명령 실행

분	시	일	월	요일	
*/5	15	*	*	2	COMMAND

위의 표를 참고하면 각 필드에서 '/'를 사용할 경우 주기를 지정할 수 있습니다. '분'에 해당하는 첫 번째 필드에서 '*/5'라고 지정할 경우 0분을 기준으로 5분마다를 의미합니다. 마찬가지로 '시'에 해당하는 필드에서 '*/5'라고 지정되어 있으면 0시를 기준으로 5시간마다를 의미합니다. '매주 화요일' 조건에 해당하는 일수는 매번 바뀌기 때문에 '일'에 해당하는 필드는 '*'로 지정하고, '월'에 대한 조건은 지정되지 않았으므로 '월'에 해당하는 필드도 '*'로 지정하여 작업을 예약합니다.

③ 1월 매주 일요일 오전 1시부터 오전 3시까지 지정된 명령 실행

분	시	일	월	요일	
0	1-3	*	1	0	COMMAND

'시' 필드에 '-' 문자를 사용하여 오전 1시부터 오전 3시까지라는 기간을 지정했습니다. 매주 일요일에 해당하는 일수는 매번 바뀌기 때문에 '일'에 해당하는 필드는 '*'로 지정합니다.

④ 매월 첫 번째 수요일 오전 8시와 오후 7시에 지정된 명령 실행

분	시	일	월	요일	
0	8,17	1-7	*	3	COMMAND

오전 8시와 오후 7시는 범위로 지정할 수 없기 때문에 ',' 문자를 사용하여 지정합니다. 매월마다 첫 번째 주에 해당하는 일수는 1일과 7일 사이에 존재합니다. 따라서 '일'에 해당하는 필드에 1-7을 지정하고 '매월' 조건에 따라 '월'에 해당하는 필드에는 '*'을 지정합니다.

⑤ 파일을 사용하여 crontab 등록

crontab 등록 형식에 맞는 텍스트 파일을 지정하여 주기적 작업을 예약할 수 있습니다. 파일을 사용하여 등록할 때 crontab 명령의 형식은 다음과 같습니다.

```
crontab file-name
```

파일을 생성한 후 파일의 내용으로 예약 작업을 실행하는 사용 예는 다음과 같습니다.

```
[root@nobreak ~]# cat /root/fileA
0       1       1       *       *       ps -ef > pslist
[root@nobreak ~]# crontab /root/fileA
[root@nobreak ~]# cat /var/spool/cron/root
0       1       1       *       *       ps -ef > pslist
```

/root/fileA 파일에 crontab 등록 형식에 맞게 필드 값을 입력한 뒤에 'crontab file-name' 명령 형식으로 주기적 작업을 예약합니다.

2] crontab을 사용하여 작업 확인

시스템에 예약된 주기적 작업은 /var/spool/cron 디렉토리에 사용자 이름으로 된 파일에서도 확인할 수 있지만 crontab 명령의 '-l' 옵션으로도 확인할 수 있습니다.

```
[root@nobreak ~]# crontab -l
0       1       1       *       *       ps -ef > pslist
```

파일의 내용과 'crontab -l' 명령을 실행하였을 때 출력되는 내용은 같습니다.

3] crontab을 사용하여 작업 제거

예약된 작업을 하나씩 제거하기 위하여 'crontab -e' 명령으로 예약 작업이 저장되어 있는 파일에 접근한 후 작업을 하나씩 삭제하는 방법을 사용합니다. 만일 예약된 작업 전체를 삭제하는 경우 /var/spool/cron 디렉토리에 있는 사용자 이름으로 된 파일을 삭제하는 방법 또는 crontab 명령의 '-r' 옵션을 사용하는 방법이 있습니다. 이 명령을 실행하면 예약된 모든 작업이 삭제됩니다.

```
[root@nobreak ~]# crontab -l
0       1       1       *       *       ps -ef > pslist
[root@nobreak ~]# crontab -r
[root@nobreak ~]# crontab -l
no crontab for root
```

현재 root 사용자의 예약된 작업을 삭제했기 때문에 crontab이 존재하지 않는다는 메시지가 출력됩니다.

3 시스템 작업 예약

주기적인 예약 작업을 수행하는 도구는 cron과 anacron이 있습니다. cron은 매 분마다 작업을 확인하여 수행합니다. 하지만 시스템이 유지보수 또는 오류로 인해 셧다운(shutdown) 상태에서 예약 작업을 수행해야 할 시점이 경과하였을 경우 cron으로 예약된 작업은 동작하지 않습니다.

anacron 은 하루에 한 번 작업을 확인하여 수행합니다. 하지만 anacron 은 시스템이 셧다운되어 예약 작업이 실행되지 않았을 경우, 실행되지 않은 예약 작업을 확인하여 시스템이 다시 부팅되었을 때, 다시 작업을 수행합니다. anacron은 cron으로 인한 예약 작업의 누락을 보완하기 위해 나온 도구입니다.

예약 작업은 시스템에 부하가 많은 시간을 피해 예약 작업을 수행하여 서비스 지연을 분산시키기 위해 대부분의 시스템들이 cron 과 anacron을 사용하고 있습니다.

이전에 다루었던 crontab으로 작업을 예약한 것은 사용자 cron입니다. 사용자 cron은 crontab 명령을 사용해서 작업을 예약하지만 이제부터 설명할 시스템 cron 작업은 crontab 명령이 아닌 /etc/crontab 파일 또는 /etc/cron.d 디렉토리에 파일을 생성하여 작업을 예약합니다.

다음은 시스템 cron파일인 /etc/crontab 의 내용입니다.

```
SHELL=/bin/bash
PATH=/sbin:/bin:/usr/sbin:/usr/bin
MAILTO=root

# For details see man 4 crontabs

# Example of job definition:
# .---------------- minute (0 - 59)
# |  .------------- hour (0 - 23)
# |  |  .---------- day of month (1 - 31)
# |  |  |  .------- month (1 - 12) OR jan,feb,mar,apr ...
# |  |  |  |  .---- day of week (0 - 6) (Sunday=0 or 7) OR sun,mon,tue,wed,thu,fri,sat
# |  |  |  |  |
# *  *  *  *  * user-name  command to be executed
```

/etc/crontab 파일에 직접 예약 작업을 등록할 수도 있지만, 파일에 직접 등록하는 것보다 이파일은 템플릿으로 사용하는 것이 좋습니다. /etc/crontab 파일을 /etc/cron.d 디렉토리의 파일에 복사한 후 이름을 변경하여 관리자가 원하는 시스템 cron을 작성합니다.

/etc/crontab 파일의 시작 부분에는 crond가 사용할 쉘의 경로와 환경 변수 PATH, 그리고 MAILTO는 명령을 실행한 결과를 전송할 사용자에 대해 정의되어 있습니다.

/etc/crontab 파일의 내용 중 '#'으로 시작하는 부분은 주석입니다. 이 주석은 설정 파일 내에서 아무런 기능도 하지 않습니다. 대부분 설정 파일의 주석에는 파일의 사용법이 적혀있거나 기본으로 설정되어 있는 값들이 표시되어 있습니다. 위의 경우에는 시스템 cron의 등록 형식이 적혀있습니다.

이 형식은 사용자가 사용하는 cron의 등록 형식과 대부분 일치합니다. 하지만 '요일'과 '명령어' 필드 사이에 사용자를 지정할 수 있는 '사용자' 필드가 추가됩니다. 시스템 cron이 명령을 실행할 때 '사용자' 필드의 사용자 권한으로 명령을 실행합니다. 따라서 시스템 cron을 등록할 때 적절한 권한을 가진 사용자를 지정해야 합니다.

다음은 /etc/cron.d 디렉토리에 존재하는 파일 목록입니다.

```
[root@nobreak ~]# ls /etc/cron.d/
0hourly  raid-check  sysstat
```

/etc/cron.d 디렉토리에 존재하는 시스템 cron 파일들은 모두 관리자가 수동으로 등록하지 않습니다. 특정 소프트웨어의 패키지를 설치할 때 함께 설치되는 시스템 cron들은 이 디렉토리에 저장되어 자동으로 예약 작업이 설정됩니다. 그 중 0hourly 파일은 매 시간마다 실행되는 시스템 cron으로 리눅스 시스템이 설치되면 함께 설정됩니다.

다음은 /etc/cron.d/0hourly 파일의 내용을 입니다.

```
[root@nobreak ~]# cat /etc/cron.d/0hourly
# Run the hourly jobs
SHELL=/bin/bash
PATH=/sbin:/bin:/usr/sbin:/usr/bin
MAILTO=root
01 * * * * root run-parts /etc/cron.hourly
```

'분'필드에만 특정 값이 지정되어 있고 나머지는 다 '*'로 설정되어 있어, 매 시간 실행하도록 지정되어 있습니다. 매 시간 root 사용자의 권한으로 'run-parts /etc/cron.hourly' 명령을 실행합니다.

run-parts 명령은 인자로 지정된 디렉토리 내의 모든 실행 파일을 실행합니다. 따라서 /etc/cron.houly 디렉토리 내의 모든 파일은 매 시간 실행됩니다.

다음은 /etc/cron.houly 디렉토리에 존재하는 파일 목록입니다.

```
[root@nobreak ~]# ls -l /etc/cron.hourly/
total 8
-rwxr-xr-x. 1 root root 392 Apr  1  2016 0anacron
-rwxr-xr-x. 1 root root 191 Nov  6 02:55 mcelog.cron
[root@nobreak ~]# file /etc/cron.hourly/*
/etc/cron.hourly/0anacron:    POSIX shell script, ASCII text executable
/etc/cron.hourly/mcelog.cron: Bourne-Again shell script, ASCII text executable
```

/etc/cron.hourly 디렉토리 내의 파일은 실행권한이 있는 쉘 스크립트 파일인 것을 확인할 수 있습니다.

시스템에는 /etc/cron.hourly와 같이 매시간 동작하는 cron 파일처럼 매일, 매주, 매월을 의미하는 /etc/cron.daily, /etc/cron.weekly, /etc/cron.monthly 디렉토리가 존재합니다. 이 디렉토리에는 각각 매일, 매주, 매월과 같이 주기적으로 실행되는 스크립트가 존재합니다.

하지만 이 디렉토리의 스크립트들은 /etc/cron.hourly처럼 /etc/cron.d 디렉토리에 실행 파일을 사용하여 실행하지 않고, /etc/anacrontab 파일에 의해서 실행됩니다.

anancron은 예약 작업이 실행되어야 할 때 시스템을 사용할 수 없으면 해당 작업을 기억해 두었다가 시스템이 정상적으로 사용 가능하거나 부팅이 완료되었을 때 일정 시간 이후 해당 작업을 진행합니다.

이 anacron과 관련된 파일이 /etc/anacrontab입니다. 이 파일에는 매일, 매주, 매월 실행되는 시스템 cron 작업이 정의되어 있습니다. 다음은 /etc/anacrontab 파일의 내용입니다.

```
[root@nobreak ~]# cat /etc/anacrontab
# /etc/anacrontab: configuration file for anacron

# See anacron(8) and anacrontab(5) for details.

SHELL=/bin/sh
PATH=/sbin:/bin:/usr/sbin:/usr/bin
```

```
MAILTO=root
# the maximal random delay added to the base delay of the jobs
RANDOM_DELAY=45
# the jobs will be started during the following hours only
START_HOURS_RANGE=3-22

#period in days   delay in minutes   job-identifier   command
1          5            cron.daily        nice run-parts /etc/cron.daily
7          25           cron.weekly       nice run-parts /etc/cron.weekly
@monthly   45           cron.monthly      nice run-parts /etc/cron.monthly
```

주석을 제외한 처음 5줄에는 anacron 작업을 수행하는 환경을 구성하기 위한 변수들이 정의되어 있습니다. 이는 /etc/crontab 파일과 유사합니다. RANDOM_DELAY는 각 작업에 설정된 지연 시간에 추가적으로 지연될 수 있는 최대 지연 시간을 의미합니다. 최소 지연 시간은 기본적으로 6분입니다. START_HOUR_RANGE에는 작업이 수행될 시간 범위를 지정할 수 있습니다. 그 다음 부분부터 /etc/anacrontab에 작업을 추가하는 형식입니다.

다음은 /etc/anacrontab에 작업을 추가할 때 사용하는 형식을 정리한 표입니다.

필드	설명
period in days	매크로로서 작업이 수행될 간격을 지정합니다. 단위로 일을 사용하며, 몇몇은 글자로 대체됩니다. (@daily=1, @weekly=7, @monthly= 월마다)
delay in minutes	작업과 작업 사이에 간격을 지정합니다. (0을 입력하면 지연 없이 진행하는 것을 의미합니다.)
job-identifier	로그 파일에서 사용할 작업의 고유 이름을 지정합니다.
command	동작시킬 명령어를 지정합니다. (스크립트나 쉘 명령어도 사용가능합니다.)

표 3-4 anacron 작업 등록 형식

/etc/anacrontab 파일에서 anacrontab 파일의 추가 지연 시간은 최소 6분에서 최대 45분이며, 03:00부터 22:00 사이에 작업이 수행된다는 것을 알 수 있습니다.

첫 번째 작업은 하루에 한 번씩 동작하며 03:11분부터 03:56분 사이에 시작됩니다. nice 명령을 사용하여 시스템에서 적절한 우선순위로 run-parts 명령을 실행하며 /etc/cron.daily 디렉토리 내의 모든 실행 파일을 실행합니다.

두 번째 작업은 매주 한 번씩 동작하며 03:31분부터 04:16분 사이에 시작됩니다. nice 명령을 사용하여 시스템에 적절한 우선순위로 run-parts 명령을 실행하여 /etc/cron.weekly 디렉토리 내의 모든 실행 파일을 실행합니다.

세 번째 작업은 매달 한 번씩 동작하며 03:51분부터 04:36분 사이에 시작됩니다. nice 명령을 사용하여 시스템에 적절한 우선순위로 run-parts 명령을 실행하여 /etc/cron.monthly 디렉토리 내에 모든 실행 파일을 실행합니다.

처음 시작되는 시간을 계산하는 방법은 다음과 같습니다.

START_HOUR_RANGE 값에 시작시간의 범위가 3-22 이므로 03시부터 22시를 의미합니다. 그 다음 기본 지연시간은 6분, 최대 지연 시간은 RANDOM_DELAY에 지정된 값인 45분입니다. 따라서 처음 작업이 시작 하는 시간은 기본적으로 03:06분입니다. 여기에 각 작업에 대한 지연 시간을 더합니다. 매일 실행되는 작업의 경우 5분이므로 03:11분에 시작됩니다. 범위를 계산하는 방법은 여기에 최대 지연 시간인 45분을 더합니다. 그럼 03:56분으로 계산되고 매일 실행되는 작업의 경우 기본 03:06분~03:56분 사이에 실행됩니다.

지금까지 한번 실행되는 작업 예약 및 주기적인 작업 예약과, 사용자 예약 작업 및 시스템 예약 작업에 대하여 살펴보았습니다. 시스템의 원활한 유지관리를 위해 주기적으로 수행하여야 하는 작업을 정확하게 의도한 시점에 실행하기 위하여 예약 작업 종류 및 각 종류별 예약 작업을 등록하는 방식과 예약 작업이 동작하는 방식에 대하여 깊게 이해하여야 합니다.

CHAPTER 4

디스크 관리

CHAPTER 4
디스크 관리

― 학습목표
디스크의 기본적인 구조를 이해할 수 있습니다.
리눅스 시스템의 장치 명명 규칙을 이해할 수 있습니다.
디스크 파티션을 구성하고 변경사항을 커널에 적용할 수 있습니다.

― 학습내용
4.1. 디스크 기본 구조
4.2. 디스크 이름 및 확인
4.3. 하드디스크 파티셔닝

이 장에서는 서버 시스템 관리의 중요한 요소인 스토리지 관리에 대하여 학습하겠습니다.

리눅스는 다양한 종류의 스토리지 하드웨어를 사용할 수 있습니다. 저장 방식과 인터페이스 등에 따라 스토리지 하드웨어는 조금씩 다른 특성을 가지고 있기 때문에 디스크의 종류 및 기본적인 구조에 대하여 학습할 필요가 있습니다.

리눅스 커널은 스토리지 하드웨어를 인식할 때 종류에 따라 다른 하드웨어 이름을 부여합니다. 따라서 관리자는 스토리지 하드웨어를 추가할 경우 반드시 장치명을 확인하고 설정하여야 합니다.

디스크 인식이 완료되었다고 하더라도 시스템에서 즉시 스토리지를 사용할 수 있는 것은 아닙니다. 디스크를 운영체제에서 사용하기 위해서는 디스크의 영역을 설정하는 파티셔닝 작업이 필요합니다. 파티셔닝 작업을 통해 생성된 파티션 내부에 파일시스템을 생성하는 과정을 거쳐야 디스크에 파일을 기록할 수 있습니다.

따라서 이번 장에서는 디스크 구조에 대한 설명과, 디스크인식 시 장치 이름 확인 방법, 그리고 디스크의 파티션을 구성하는 명령어를 실습을 통해 알아보도록 하겠습니다.

여기에서는 다음과 같은 순서로 상세한 내용에 대해 다루어 보도록 하겠습니다.

4.1. 디스크 기본 구조

4.2. 디스크 이름 및 확인

4.3. 하드디스크 파티셔닝

4.1 디스크 기본 구조

1 디스크의 물리적인 구조

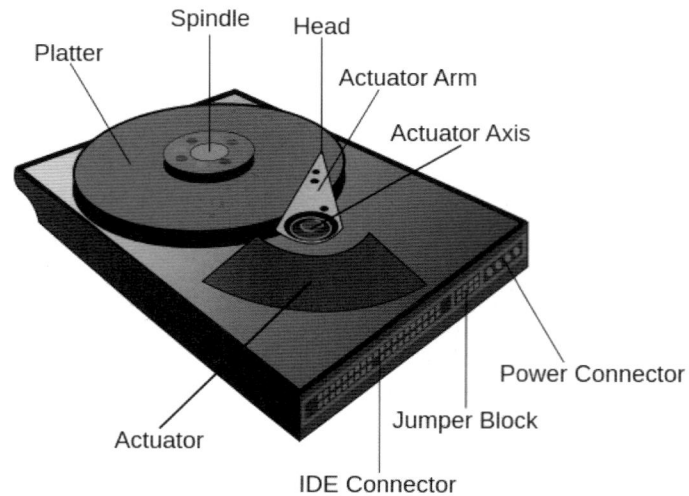

그림 4-1 그림 4-1 디스크의 물리적 구조
(https://ko.wikipedia.org/wiki/하드_디스크_드라이브)

부분	내용
플래터(Platter)	실제 데이터가 저장되는 위치입니다. 데이터는 자기장을 이용하여 기록됩니다. 디스크에는 한 개 이상의 플래터가 존재하고, 각 플래터의 양면에 기록 가능합니다.
스핀들(Spindle)	플래터를 회전시키는 역할을 담당합니다. 디스크 사양에서 RPM(Round Per Minute)이 스핀들 모터의 회전속도를 의미합니다.
헤드(Head)	플래터에 데이터를 기록하는 기능을 담당합니다. 디스크와 매우 가깝게 붙어있기 때문에 디스크에 충격이 가해 질 경우 헤드가 플래터를 손상시킬 수 있습니다. 각 플래터의 양면에 각각 1개씩 위치합니다.
액추에이터(Actuator)	액추에이터는 디스크 제어 컨트롤러에 의해 디스크 플래터의 원하는 위치에 있는 데이터를 읽어오기 위하여 암을 이동시키는 역할을 담당합니다.
액추에이터 암(Actuator Arm)	액추에이터에 의하여 움직여지고, 각 암 마다 한 개씩의 헤드가 붙어있습니다. 액추에이터 암은 액세스 암이라고도 부릅니다.
커넥터(Connector)	디스크의 연결 인터페이스 종류에 맞는 케이블 연결을 담당합니다. 일반적으로 IDE, S-ATA(Serial ATA), SCSI, SA-SCSI등을 사용합니다.

부분	내용
점퍼 블록(Jumper Block)	IDE인터페이스를 사용하는 하드디스크의 경우 Master/Slave를 결정하기 위한 점퍼를 설정하여야 합니다. 다른 인터페이스의 경우에는 점퍼가 필요하지 않습니다.
전원커넥터(Power Connector)	디스크 구동에 필요한 전원케이블을 연결합니다.

표 4-1 디스크 구조

2 물리적 디스크의 동작 방식

- 디스크의 저장영역은 하나 또는 그 이상의 플래터로 구성됩니다.
- 플래터는 회전합니다.
- 액세스 암은 단일 단위에 읽기/쓰기 헤더를 이용하여 신속하게 수행합니다.
- 읽기/쓰기 헤더는 플래터 양옆의 마그네틱 표면에 데이터에 대한 읽기, 쓰기를 수행합니다.

3 디스크 플래터(Disk Platter)의 논리적인 구성요소

부분	내용
섹터(Sector)	플래터(Platter)의 가장 작은 단위입니다. 1개 섹터의 크기는 512byte입니다. 섹터는 디스크 블록으로도 알려져 있습니다.
트랙(Track)	섹터(sector)가 모여 하나의 원을 구성 합니다. 트랙은 많은 수의 섹터를 가지고 있으며, 플래터 내에 여러 개의 트랙이 존재합니다. 가장 바깥쪽의 트랙은 가장 안쪽의 트랙보다 더 많은 섹터를 가지고 있습니다.
실린더(Cylinder)	여러 동심 트랙(track)에 대한 스택 구조입니다.

표 4-2 디스크의 논리적 구조

각 디스크의 용어를 크기별로 정리하면 아래와 같습니다.

> 디스크(Disk) > 파티션(Partition) > 실린더(Cylinder) > 트랙(Track) > 섹터(Sector)

이 중 마지막 두 항목인 파티션의 첫 번째 섹터의 LBA주소와 섹터 개수로 디스크에서 파티션의 위치를 확인할 수 있습니다.

MBR 파티션의 경우 이와 같은 파티션 테이블 구조에 따라 최대 4개까지 파티션을 지원합니다. 하지만 4개 이상의 파티션이 필요할 경우 확장 파티션 기능을 사용하여 4개 이상의 파티션을 사용할 수 있습니다.

또한 MBR 파티션의 경우 섹터의 주소를 4 Byte로 저장하기 때문에 디스크 최대 크기의 제한이 발생합니다. 한 개의 섹터는 일반적으로 512 Byte이고, 4 Byte의 데이터로 지정할 수 있는 최대 섹터의 개수는 2^{32}개, 즉 약 43억 개 정도입니다. 이것을 용량으로 환산할 경우 최대 2TB(테라바이트)입니다.

실제로 2TB 이상의 디스크를 x86 시스템에 연결하려고 할 때 MBR 방식으로 파티션을 할 경우 앞 2TB 영역은 할당할 수 있지만, 2TB 이후 영역은 주소 지정을 할 수 없으므로 할당할 수 없게 됩니다.

이와 같은 문제점을 해결하기 위하여 현재는 GPT라는 파티션 방식을 사용합니다.

이어서 GPT 파티션 방식에 대하여 알아보도록 하겠습니다.

2] GPT 파티션 (GUID Partition Table)

GPT 파티션 테이블은 확장 펌웨어 인터페이스(Extensible Firmware Interface, EFI)의 일부에 포함된 디스크 파티션 테이블 레이아웃 표준입니다. 1990년대 후반에 개발되어 기존의 MBR의 제약을 극복할 수 있도록 설계되었습니다.

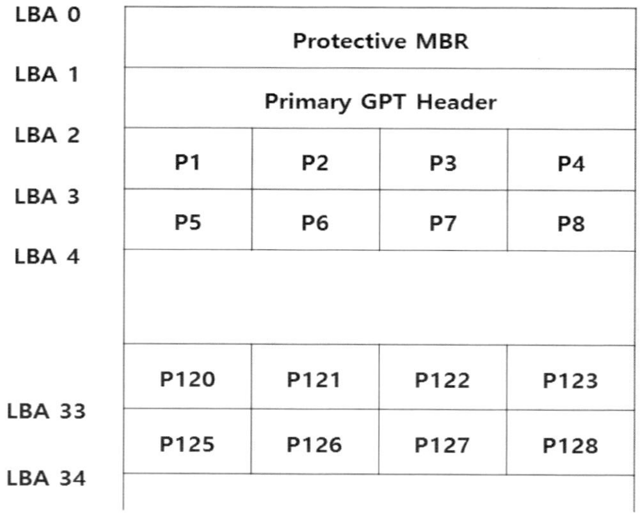

LBA				
LBA 0	Protective MBR			
LBA 1	Primary GPT Header			
LBA 2	P1	P2	P3	P4
LBA 3	P5	P6	P7	P8
LBA 4				
	P120	P121	P122	P123
LBA 33	P125	P126	P127	P128
LBA 34				

그림 4-4 GPT 구조

부분	내용
점퍼 블록(Jumper Block)	IDE인터페이스를 사용하는 하드디스크의 경우 Master/Slave를 결정하기 위한 점퍼를 설정하여야 합니다. 다른 인터페이스의 경우에는 점퍼가 필요하지 않습니다.
전원커넥터(Power Connector)	디스크 구동에 필요한 전원케이블을 연결합니다.

표 4-1 디스크 구조

2 물리적 디스크의 동작 방식

- 디스크의 저장영역은 하나 또는 그 이상의 플래터로 구성됩니다.
- 플래터는 회전합니다.
- 액세스 암은 단일 단위에 읽기/쓰기 헤더를 이용하여 신속하게 수행합니다.
- 읽기/쓰기 헤더는 플래터 양옆의 마그네틱 표면에 데이터에 대한 읽기, 쓰기를 수행합니다.

3 디스크 플래터(Disk Platter)의 논리적인 구성요소

부분	내용
섹터(Sector)	플래터(Platter)의 가장 작은 단위입니다. 1개 섹터의 크기는 512byte입니다. 섹터는 디스크 블록으로도 알려져 있습니다.
트랙(Track)	섹터(sector)가 모여 하나의 원을 구성 합니다. 트랙은 많은 수의 섹터를 가지고 있으며, 플래터 내에 여러 개의 트랙이 존재합니다. 가장 바깥쪽의 트랙은 가장 안쪽의 트랙보다 더 많은 섹터를 가지고 있습니다.
실린더(Cylinder)	여러 동심 트랙(track)에 대한 스택 구조입니다.

표 4-2 디스크의 논리적 구조

각 디스크의 용어를 크기별로 정리하면 아래와 같습니다.

```
디스크(Disk) > 파티션(Partition) > 실린더(Cylinder) > 트랙(Track) > 섹터(Sector)
```

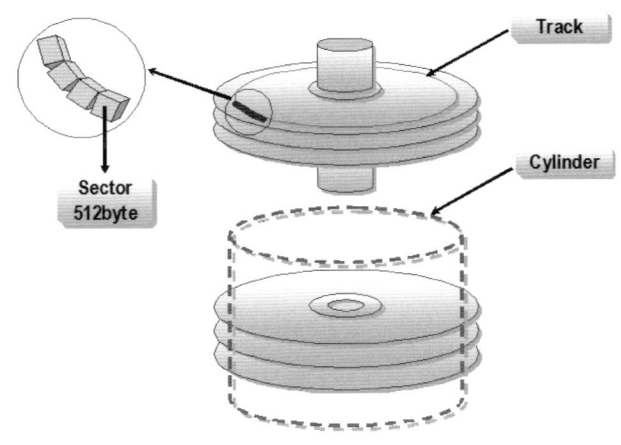

그림 4-2 디스크의 논리적 구조

4 디스크 파티션 (Disk Partition)

물리적인 디스크는 파티션이라는 단위로 나누어집니다. 하나의 디스크를 나누어 사용하면 여러 개의 디스크가 있는 것처럼 사용할 수 있습니다. 실제로는 한 개의 물리적 디스크를 파티션으로 나누어 사용하는 구조입니다.

파티션으로 나누어지게 되면 각 파티션은 개별적으로 관리됩니다. 한 파티션에 운영체제를 설치한 후 또 다른 파티션에 다른 운영체제를 설치할 수도 있고, 또 다른 파티션은 데이터 저장용으로 사용하는 등 사용자의 의도에 따라 다양하게 활용할 수 있습니다. 그리고 각 파티션별로 초기화(포맷)할 수 있습니다.

파티션은 디스크 내의 섹터들을 일정 범위의 구역으로 나누어 놓은 세트라고 할 수 있습니다. 디스크 파티션의 구조를 파악하기 위해서는 파티션이 구성되는 방식에 대하여 이해할 필요가 있습니다.

x86 시스템에서 디스크 파티션이 구성되는 방식은 크게 두 가지로 나눌 수 있습니다. 첫 번째는 MBR(Master Boot Record)방식이고, 두 번째는 GPT(GUID Partition Table)방식입니다. 두 가지 방식은 만들어진 시점도 다르고, 지원하는 사양도 다르기 때문에 차이점을 알고 있어야 합니다. 이어서 두 가지 방식에 대하여 설명하겠습니다.

1] MBR 파티션 (Master Boot Record)

MBR 파티션 방식은 1980년대 초반 IBM PC 호환 컴퓨터의 보급에 의해 널리 사용되게 된 방식입니다. 최근까지도 대부분의 시스템이 MBR 파티션 방식을 사용하여 디스크 파티션을 구성하고 있습니다.

MBR 파티션에서 제공하는 기능은 다음과 같습니다.

① 디스크 전체의 파티션 레이아웃을 파티션 테이블(Partition Table)에 저장합니다.

② 전체 파티션 중 운영체제 데이터를 가지고 있어 부팅할 수 있는 파티션에 대한 정보를 가지고 있습니다.

③ 운영체제 부팅에 사용되는 부트 코드(Boot Code)를 가지고 있습니다.

이와 같은 기능을 제공하기 위하여 MBR은 디스크의 첫 번째 섹터를 사용합니다. 여기서 첫 번째 섹터라는 말은 섹터의 LBA주소가 0번인 섹터를 의미합니다.

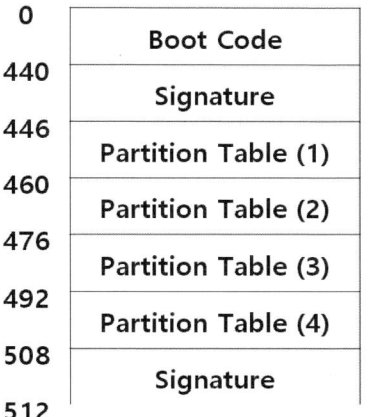

그림 4-3 MBR 구조

여기서 LBA는 Logical Block Address, 즉 섹터의 논리적인 주소를 의미합니다. 예전에는 CHS주소라고 하는 C(Cylinder), H(Head), S(Sector) 디스크의 물리적인 위치를 지정하는 주소를 사용하였으나, CHS주소 사용 시 디스크 용량 제한 등의 문제로, 현재는 물리적인 구조와 상관없는 가상 CHS주소만 사용하고 있으며, 대부분 LBA주소를 사용하여 섹터를 지정합니다.

MBR 파티션 방식의 경우 첫 번째 파티션에서 64 Byte만큼을 전체 파티션 테이블 용도로 사용합니다. 그리고 64 Byte는 다시 16 Byte씩 4개의 각 파티션 테이블로 나누어집니다.

16 Byte의 파티션 테이블은 아래와 같은 값을 가지고 있습니다.

- 파티션 상태 (부팅가능 / 부팅 불가)
- 파티션의 첫 번째 섹터 주소 (CHS)
- 파티션 종류 (파티션 내 파일시스템 정보)
- 파티션의 마지막 섹터 주소 (CHS)
- 파티션의 첫 번째 섹터 주소 (LBA) - 4 Byte
- 파티션의 섹터 개수 - 4 Byte

이 중 마지막 두 항목인 파티션의 첫 번째 섹터의 LBA주소와 섹터 개수로 디스크에서 파티션의 위치를 확인할 수 있습니다.

MBR 파티션의 경우 이와 같은 파티션 테이블 구조에 따라 최대 4개까지 파티션을 지원합니다. 하지만 4개 이상의 파티션이 필요할 경우 확장 파티션 기능을 사용하여 4개 이상의 파티션을 사용할 수 있습니다.

또한 MBR 파티션의 경우 섹터의 주소를 4 Byte로 저장하기 때문에 디스크 최대 크기의 제한이 발생합니다. 한 개의 섹터는 일반적으로 512 Byte이고, 4 Byte의 데이터로 지정할 수 있는 최대 섹터의 개수는 2^{32}개, 즉 약 43억 개 정도입니다. 이것을 용량으로 환산할 경우 최대 2TB(테라바이트)입니다.

실제로 2TB 이상의 디스크를 x86 시스템에 연결하려고 할 때 MBR 방식으로 파티션을 할 경우 앞 2TB 영역은 할당할 수 있지만, 2TB 이후 영역은 주소 지정을 할 수 없으므로 할당할 수 없게 됩니다.

이와 같은 문제점을 해결하기 위하여 현재는 GPT라는 파티션 방식을 사용합니다.

이어서 GPT 파티션 방식에 대하여 알아보도록 하겠습니다.

2] GPT 파티션 (GUID Partition Table)

GPT 파티션 테이블은 확장 펌웨어 인터페이스(Extensible Firmware Interface, EFI)의 일부에 포함된 디스크 파티션 테이블 레이아웃 표준입니다. 1990년대 후반에 개발되어 기존의 MBR의 제약을 극복할 수 있도록 설계되었습니다.

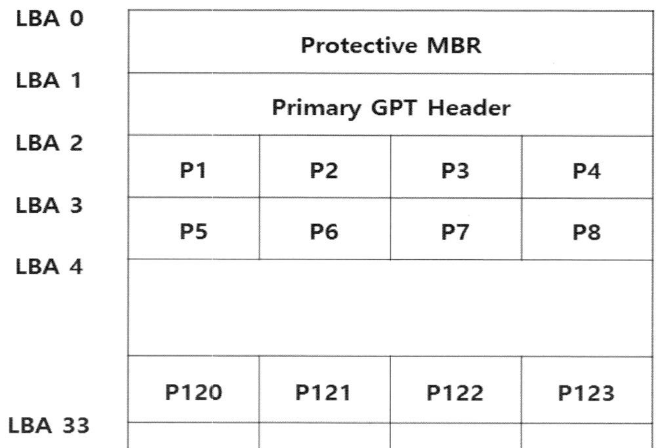

LBA				
LBA 0	Protective MBR			
LBA 1	Primary GPT Header			
LBA 2	P1	P2	P3	P4
LBA 3	P5	P6	P7	P8
LBA 4				
	P120	P121	P122	P123
LBA 33	P125	P126	P127	P128
LBA 34				

그림 4-4 GPT 구조

기존의 MBR 파티션 테이블이 첫 번째 섹터만을 사용했던 반면, GPT파티션 테이블은 더 많은 섹터를 파티션 정보 저장 용도로 사용하고 있습니다.

기존 MBR 파티션과의 차이점은 다음과 같습니다.

- 파티션 테이블의 개수가 128개로 늘어났고, 각 파티션 테이블 당 128 Byte씩을 사용합니다.
- 섹터 주소를 64bit로 저장하여 최대 8ZB(Zetabyte, 10^{21} Byte)의 디스크를 사용할 수 있습니다.
- GPT 중요 데이터를 디스크의 마지막 부분에 복제합니다. (장애 복구를 위한 백업 용도)

이와 같이 GPT 파티션 방식은 MBR 파티션 방식에 비해 디스크 메타데이터 저장 공간을 충분히 확보하여 더 많은 정보를 저장할 수 있도록 변경되었습니다.

부팅용 디스크를 GPT 파티션으로 사용하기 위해서는 BIOS(Basic Input/Output System) 대신 EFI/UEFI(Extensible Firmware Interface/Unified EFI) 방식의 펌웨어를 지원하여야 합니다. BIOS는 부팅 시 MBR방식의 파티션의 부팅 가능 파티션밖에 인식할 수 없기 때문입니다.

하지만 부팅 목적이 아닌 디스크의 경우는 운영체제에서 지원하기만 하면 사용할 수 있습니다. 현재 대부분의 x86 리눅스는 GPT 파티션을 지원하고 있습니다.

각 파티셔닝 방식으로 디스크를 구성할 경우 디스크 구조는 다음과 같습니다.

| MBR | Partition 1 | Partition 2 | Partition 3 | Partition 4 |

MBR 방식

| Protective MBR | Primary GPT | Partition 1 | Partition 2 | ... | Partition n | Secondary GPT |

GPT 방식

그림 4-5 MBR/GPT 방식 디스크 구조

4.2 디스크 이름 및 확인

디스크 장치를 리눅스 시스템에 추가한 후에는 시스템 커널이 디스크를 인식할 수 있도록 설정해 주어야 합니다. 윈도우 시스템의 경우 디스크 관리자 등 GUI 도구를 사용하여 추가된 디스크 설정을 수행하지만, 리눅스 시스템의 경우 대부분 CLI 도구를 사용하여 디스크 관리를 수행합니다.

CLI 도구를 사용할 경우 CLI 명령어와 함께 하드웨어 장치를 명령어 인자(파라미터)로 지정합니다. 리눅스 시스템은 장치를 파일로 관리하기 때문에, 특정 파일로 접근하면 해당 디스크를 사용 할 수 있게 됩니다.

이 때 디스크를 시스템에 연결시키는 인터페이스에 따라 장치파일 이름이 조금씩 다르게 지정됩니다. 디스크를 커널에 인식하였을 때 어떻게 연결된 디스크를 구분하여 접근하여야 하는지 알아보도록 하겠습니다.

1 디스크 연결 인터페이스 방식

디스크를 시스템에 연결할 때 사용하는 방식을 연결 인터페이스라고 합니다. 연결 인터페이스의 종류에 따라 연결할 수 있는 디스크의 개수, 디스크 통신 속도, 시스템 구동 중 디스크 인식(Hot Plugging)등의 기능이 다르게 동작합니다.

따라서 각 디스크 연결 인터페이스 방식에 대하여 간단하게 살펴보겠습니다.

1] E-IDE 방식 (Enhanced - Integrated Drive Electronics)

E-IDE 방식은 다른 이름으로 ATA(Advanced Technology Attachment, 또는 병렬 ATA(Parallel ATA) 라고도 부릅니다. 하지만 현재는 거의 쓰이지 않고, 오래된 시스템에서만 찾아볼 수 있습니다. E-IDE 방식은 1990년대~2000년대 초반까지 개인용 PC에서 많이 쓰였었고, 현재는 이어서 알아보게 될 Serial ATA 인터페이스로 교체되었습니다.

E-IDE 방식은 핫 플러깅을 지원하지 않습니다. 따라서 E-IDE 방식의 디스크를 추가 또는 제거할 경우, 시스템을 종료한 상태에서 작업하여야 합니다. 시스템 구동중 강제로 디스크 추가/제거를 시도할 경우 시스템에 심각한 문제가 발생될 수 있으므로 주의해야 합니다.

E-IDE의 경우 메인보드에 2개의 E-IDE 인터페이스(Primary / Secondary)를 연결할 수 있습니다. 그리고 E-IDE 케이블은 한 케이블로 2개의 하드디스크(마스터: Master/ 슬

레이브: Slave)를 메인보드에 연결할 수 있습니다. 따라서 E-IDE의 경우 한 시스템에서 최대 4개(Primary Master / Primary Slave / Secondary Master / Secondary Slave)까지의 디스크를 인식할 수 있습니다.

한 케이블에 두 개의 디스크를 연결할 경우 시스템에서 두 디스크를 구분하기 위하여 각각 Master / Slave 로 디스크를 구분해 주어야 하는데, 디스크의 인터페이스 케이블 연결부 옆 점퍼를 통해 이를 설정할 수 있습니다. 점퍼로 Master / Slave를 지정하거나, 케이블 연결위치에 따라 선택할 수 있는 Cable Select 점퍼가 있습니다.

E-IDE는 ATA규격에서 1~6번까지에 해당하는 규격입니다. 각 규격에 따라 다르지만 ATA-6 규격에서 133MB/s 정도가 최대 속도이므로, 현재 시스템에서 고속 입출력 용도로 사용하기에는 무리가 있습니다.

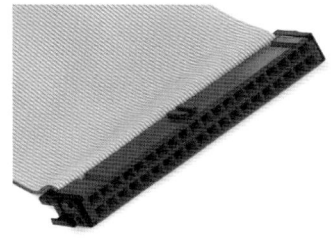

그림 4-6 E-IDE 케이블 (https://en.wikipedia.org/wiki/Parallel_ATA)

2] SATA(Serial ATA) 방식

SATA 방식은 현재 대부분의 개인용PC에서 사용 중인 디스크 드라이브 연결 인터페이스입니다. SATA는 ATA-7 규격에 해당하고 다시 SATA1, SATA2, SATA3로 세부 규격이 나누어져 있습니다. SATA1은 1.5GB/s, SATA2는 3.0GB/s, SATA3는 6.0GB/s의 속도를 지원합니다. SATA3를 지원하는 메인보드에 SATA2 디스크를 연결하거나, 반대로 SATA2를 지원하는 메인보드에 SATA3 디스크를 연결하거나 하는 경우처럼, 서로 다른 규격을 지원하는 메인보드와 디스크를 연결할 경우 이상 없이 호환되고, 대신 낮은 규격의 속도로 동작합니다.

SATA 방식은 핫 플러깅을 지원하고 있습니다. 따라서 운영 중인 시스템에서도 디스크를 자유롭게 추가하거나 제거할 수 있습니다.

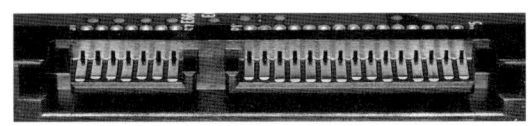

그림 4-7 SATA 디스크 커넥터(https://en.wikipedia.org/wiki/Serial_ATA)

SATA 방식은 한 케이블 당 한 개의 디스크를 연결할 수 있습니다. 그림 4-7의 왼쪽 부분이 통신 인터페이스 커넥터이고, 오른쪽은 전원 연결 커넥터입니다. 커넥터의 크기가 작은만큼 메인보드에서 더 많은 연결을 제공할 수 있어, 종류에 따라 메인보드에서 10개 이상의 SATA 인터페이스를 제공하는 제품도 있습니다.

그림 4-8 그림 4-8 mSATA 연결단자 (https://en.wikipedia.org/wiki/Serial_ATA)

그림 4-8은 mSATA 방식 제품의 연결 단자 부위입니다. mSATA(mini SATA)는 기존의 플래터를 사용하는 디스크 대신 플래시 메모리를 사용한 제품으로, 기존 디스크에 비해 작은 크기와 빠른 속도, 적은 전력소모량 및 물리적 충격에 강한 장점으로 인해 노트북에서 많이 사용되는 SATA인터페이스의 한 종류입니다.

현재는 mSATA 대신 PCIe/NVMe 규격을 사용하는 M.2 인터페이스가 mSATA 보다 우월한 성능으로 소형 플래시 메모리 저장 방식의 표준으로 자리 잡고 있습니다.

3] SCSI(Small Computer System Interface)

SCSI는 디스크뿐만 아니라 기타 주변기기들을 시스템에 연결할 수 있는 표준 연결방식을 의미합니다. SCSI의 특징은 주변기기를 제어하는 기능이 시스템에 있는 것이 아니라 각 주변기기에 있습니다. 따라서 시스템의 CPU가 주변장치를 제어하는 방식에 비해 빠른 성능을 구현할 수 있습니다. 그리고 핫 플러깅을 지원합니다.

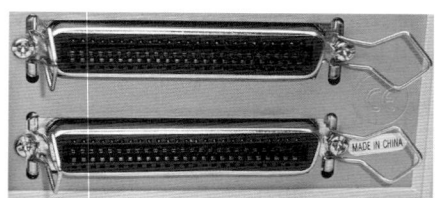

그림 4-9 SCSI 커넥터 (https://en.wikipedia.org/wiki/SCSI)

그림 4-9는 SCSI 방식 커넥터의 사진입니다. SCSI 방식의 커넥터는 세부규격에 따라 조금씩 차이가 있습니다.

SCSI는 데이지체인(Daisy-Chain) 방식으로 연결되므로, 한 인터페이스에 여러 개의 장치가 연결됩니다. 따라서 각 장치를 구분할 수 있도록 장치의 ID를 설정해주어야 합니다.

SCSI 인터페이스의 최신 규격인 Ultra-640 규격의 경우 최대 640 MB/s의 전송 성능을 가지고 있습니다. SCSI 규격은 현재 더 우수한 성능을 가진 SA-SCSI(Serial Attached SCSI) 규격으로 발전하였습니다.

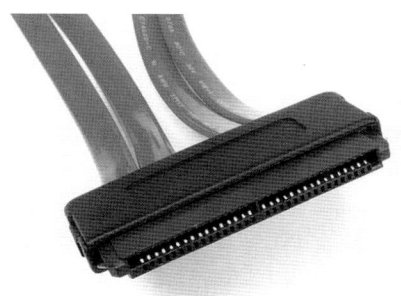

그림 4-10 SA-SCSI 케이블 (https://en.wikipedia.org/wiki/Serial_Attached_SCSI)

4] SA-SCSI (Serial Attached SCSI:SAS)

SA-SCSI는 병렬 통신을 수행하는 SCSI 인터페이스의 직렬 통신 버전입니다. 기존의 병렬 방식 인터페이스가 신호간섭에 의해 고속 성능 구현이 어렵기 때문에 직렬 전송방식을 사용합니다. 이는 E-IDE 방식에서 SATA 방식으로 바뀐 이유와 동일합니다.

인터페이스의 외형은 SATA 인터페이스와 흡사합니다. SATA2 이후 규격과의 하위 호환성을 제공하고 있습니다. SATA 디스크를 SA-SCSI 인터페이스에 연결하여 사용할 수 있습니다. 그러나 SA-SCSI 디스크를 SATA 인터페이스에 연결하여 사용하는 것은 불가능합니다. SA-SCSI 디스크에는 전송 단자와 전원 단자 사이에 SATA디스크에 없는 추가 단자가 존재합니다.

SA-SCSI는 현재 SAS-1, SAS-2, SAS-3, SAS-4 까지 세부규격이 있습니다. 각각 SAS-1은 3.0Gb/s, SAS-2는 6.0Gb/s, SAS-3는 12Gb/s 의 전송 성능을 가지고 있습니다. SAS-4는 현재 개발 중으로 22.5Gb/s 전송 성능을 가집니다.

이제부터는 각 인터페이스 방식으로 연결되는 장치들이 리눅스시스템에서 어떤 이름으로 인식되는지 장치명에 대하여 확인해보도록 하겠습니다.

2 리눅스 시스템 스토리지 장치명

리눅스 시스템의 하드웨어 장치는 /dev 디렉토리 내에 파일로 생성됩니다. 디스크 연결 후 생성된 장치 파일명을 사용하여 파티셔닝 작업을 수행합니다.

이전에 확인했던 디스크 인터페이스 방식에 따라 장치명이 달라집니다. 장치명은 일정한 규칙을 가지고 생성되므로 새로운 장치 인식 후 추가된 장치를 쉽게 식별할 수 있습니다.

기본적인 장치명 생성규칙은 다음과 같습니다.

인터페이스별 장치명 + 장치 번호 + [파티션번호(숫자)]

장치명은 인터페이스별로 다르게 설정됩니다. 그리고 장치 번호는 인터페이스 및 장치 종류에 따라 알파벳 또는 숫자를 사용합니다. 파티션이 구성되는 경우는 추가로 파티션 번호가 숫자로 따라붙습니다.

이제 이 규칙에 따라 디스크 장치명이 어떻게 생성되는지 인터페이스별로 확인해보겠습니다.

1] E-IDE 인터페이스

E-IDE 인터페이스는 'hd' 장치명을 사용합니다. 따라서 E-IDE 디스크 연결 시 장치명은 다음과 같이 생성됩니다.

E-IDE 인터페이스	M / S	장치명	장치파일
Primary	Master	hda	/dev/hda
Primary	Slave	hdb	/dev/hdb
Secondary	Master	hdc	/dev/hdc
Secondary	Slave	hdd	/dev/hdd

표 4-3 IDE장치의 장치명 및 장치파일명

그리고 디스크 내 파티션은 장치명 뒤 숫자로 붙게 됩니다. 아래 표는 E-IDE 디스크 중 Primary/Master(hda) 장치의 파티션에 대한 장치명 예 입니다.

파티션번호	장치명	장치파일
1	hda1	/dev/hda1
2	hda2	/dev/hda2

파티션번호	장치명	장치파일
3	hda3	/dev/hda3
4	hda4	/dev/hda4

표 4-4 IDE장치 파티션의 장치명 및 장치파일명

> **NOTE**
>
> 현재 최신 리눅스 시스템은 과거의 hd 명명 방식을 사용하지 않고 sd 명명 방식으로 통일되었습니다.
>
> 따라서 RHEL 7, OL 7, CentOS 7 등 최신 리눅스 시스템은 EIDE 디스크도 모두 SATA나 SCSI 와 동일한 이름으로 생성됩니다.

실제 시스템에서 연결되어 있는 IDE 장치명을 확인해 보겠습니다.

```
[root@nobreak ~]# ls -l /dev/sd*
brw-rw----. 1 root disk 8,  0 Jan 15 23:12 /dev/sda
brw-rw----. 1 root disk 8,  1 Jan 15 23:12 /dev/sda1
brw-rw----. 1 root disk 8,  2 Jan 15 23:12 /dev/sda2
brw-rw----. 1 root disk 8, 16 Jan 15 23:12 /dev/sdb
brw-rw----. 1 root disk 8, 17 Jan 15 23:12 /dev/sdb1
```

2] SATA/SCSI/SA-SCSI

SATA/SCSI/SA-SCSI 인터페이스는 모두 sd 장치명을 사용합니다. 장치명은 다음과 같이 생성됩니다.

장치 순번	장치명	장치파일명
1	sda	/dev/sda
2	sdb	/dev/sdb
3	sdc	/dev/sdc
4	sdd	/dev/sdd

표 4-5 SATA/SCSI/SA-SCSI 장치의 장치명 및 장치파일명

위 표에는 4번까지만 예를 들었으나, 이후 더 많은 디스크 장치도 추가할 수 있습니다.

생성되는 파티션 장치명은 E-IDE 인터페이스 방식의 파티션 장치명 생성방식과 동일하게 적용됩니다.

시스템에 연결되어 있는 SATA/SCSI/SA-SCSI 장치명을 확인 합니다.

```
[root@nobreak ~]# ls -l /dev/sd*
brw-rw----. 1 root disk 8,  0 Jan 15 23:12 /dev/sda
brw-rw----. 1 root disk 8,  1 Jan 15 23:12 /dev/sda1
brw-rw----. 1 root disk 8,  2 Jan 15 23:12 /dev/sda2
brw-rw----. 1 root disk 8, 16 Jan 15 23:12 /dev/sdb
brw-rw----. 1 root disk 8, 17 Jan 15 23:12 /dev/sdb1
```

3] CD-ROM / DVD-ROM 등의 ODD(Optical Disk Drive)

CD-ROM / DVD-ROM 등의 광학 미디어 장치는 연결 인터페이스와 무관하게 별도의 장치명을 사용합니다. 또한 장치순번이 알파벳 대신 숫자로 설정 됩니다 광학미디어장치에서 사용하는 장치명은 sr입니다.

장치 순번	장치명	장치파일명
1	sr0	/dev/sr0
2	sr1	/dev/sr1

표 4-6 광학미디어장치의 장치명 및 장치파일명

시스템의 광학미디어 장치명을 확인해 보겠습니다.

```
[root@nobreak ~]# ls -l /dev/sr*
brw-rw----+ 1 root cdrom 11, 0 Jan 15 23:12 /dev/sr0
brw-rw----+ 1 root cdrom 11, 1 Jan 15 23:12 /dev/sr1
```

3 핫 플러깅(Hot Plugging) 장치 인식 명령

지금까지 각 스토리지 장치의 인터페이스에 따른 장치명을 확인해 보았습니다. 핫 플러깅이 지원되는 장치의 경우 장치 연결 시 자동으로 장치파일이 생성되고, 핫 플러깅이 지원되지 않는 장치의 경우는 시스템 종료 후 장치를 추가 합니다. 그리고 시스템을 부팅 하여 장치를 인식 시키고 장치 파일을 생성합니다.

핫 플러깅을 지원하는 장치임에도 불구하고 자동으로 장치파일이 생성되지 않는 경우는 장치 파일에 대한 스캔 명령을 수동으로 실행하여야 합니다. 시스템을 재부팅하지 않고 온라인 상태에서 장치 추가를 수행할 수 있습니다.

파일 스캔을 수동으로 수행하기 위하여 아래 파일을 확인해 보겠습니다.

```
[root@nobreak ~]# ls -l /sys/class/scsi_host/
total 0
lrwxrwxrwx. 1 root root 0 Jan 15 23:12 host0
        -> ../../devices/pci0000:00/0000:00:07.1/ata1/host0/scsi_host/host0
lrwxrwxrwx. 1 root root 0 Jan 15 23:12 host1
        -> ../../devices/pci0000:00/0000:00:07.1/ata2/host1/scsi_host/host1
lrwxrwxrwx. 1 root root 0 Jan 15 23:12 host2
        -> ../../devices/pci0000:00/0000:00:10.0/host2/scsi_host/host2
...
```

해당 위치에는 host0, host1 등 일정한 생성규칙에 따른 디렉토리의 심볼릭 링크가 생성되어 있습니다. 그리고 각 링크는 실제 디스크 인터페이스의 하드웨어 장치 파일과 연결되어 있습니다. 이 파일들은 링크 대상이 고정되어 있지 않고, 파일 개수도 시스템마다 다를 수 있습니다.

각 인터페이스를 다시 스캔하여 장치의 변경사항을 확인하기 위해서는 각 host 디렉토리 내의 scan 파일에 rescan 명령을 전송하여야 합니다. scan 파일에 '– – –'문자열을 기록하면 인터페이스 스캔이 실행됩니다.

아래는 SCSI 인터페이스에 추가된 장치를 위 방법을 사용하여 추가한 사용 예입니다.

```
[root@nobreak ~]# ls -l /dev/sd*
brw-rw----. 1 root disk 8,  0 Jan 15 23:12 /dev/sda
brw-rw----. 1 root disk 8,  1 Jan 15 23:12 /dev/sda1
brw-rw----. 1 root disk 8,  2 Jan 15 23:12 /dev/sda2
[root@nobreak ~]# echo '- - -' > /sys/class/scsi_host/host2/scan
[root@nobreak ~]# ls -l /dev/sd*
brw-rw----. 1 root disk 8,  0 Jan 15 23:12 /dev/sda
brw-rw----. 1 root disk 8,  1 Jan 15 23:12 /dev/sda1
brw-rw----. 1 root disk 8,  2 Jan 15 23:12 /dev/sda2
brw-rw----. 1 root disk 8, 16 Jan 15 23:12 /dev/sdb
```

/sys/class/scsi_host/ 위치에 host 디렉토리가 많을 경우, 스캔하고자 하는 인터페이스에 맞는 디렉토리가 어떤 디렉토리인지 확인하기 어렵습니다. 이럴 경우 쉘 스크립트의 반복문을 응용하면 모든 host 디렉토리 내 scan 파일에 rescan 명령을 쉽게 실행할 수 있습니다. 실제 사용 예는 다음과 같습니다.

```
[root@nobreak ~]# for HOST in `ls /sys/class/scsi_host/`
> do
> echo '- - -' > /sys/class/scsi_host/$HOST/scan
> echo " $HOST rescan."
> done
host0 rescan.
host1 rescan.
host2 rescan.
...
```

또는 다음과 같이 한 줄로 입력할 수도 있습니다.

```
[root@nobreak ~]# for HOST in `ls /sys/class/scsi_host/`; do echo '- - -' > /sys/class/scsi_host/$HOST/scan ; echo " $HOST rescan."; done
host0 rescan.
host1 rescan.
host2 rescan.
...
```

디스크 rescan 을 빈번 하게 수행하여야 하는 경우 쉘 스크립트 파일로 생성하여 실행하는 것이 더 편리합니다.

```
[root@nobreak ~]# cat rescan.sh
#!/bin/bash
for HOST in `ls /sys/class/scsi_host/`
do
        echo '- - -' > /sys/class/scsi_host/$HOST/scan
        echo " $HOST rescan."
done
[root@nobreak ~]# ./rescan.sh
host0 rescan.
host1 rescan.
host2 rescan.
...
```

4.3 하드디스크 파티셔닝

지금까지 디스크의 물리적/논리적 구조 및 디스크 인터페이스 종류, 그리고 리눅스 시스템에서 디스크 장치를 사용하기 위한 장치 파일에 대한 내용을 살펴보았습니다.

이제 디스크를 연결한 후 사용할 수 있도록 디스크 내부의 구역을 분할하는 작업을 하여야 합니다. 앞에서 살펴보았던 디스크 파티션입니다. 그리고 디스크 파티션을 분할하는 작업을 디스크 파티셔닝이라고 합니다.

1 디스크 파티셔닝 도구 소개

디스크 파티셔닝 작업을 하기 위해 fdisk, gdisk, parted 등의 CLI도구와 gparted GUI 도구를 사용할 수 있습니다. gparted는 Gnome Partition Editor라는 의미입니다.

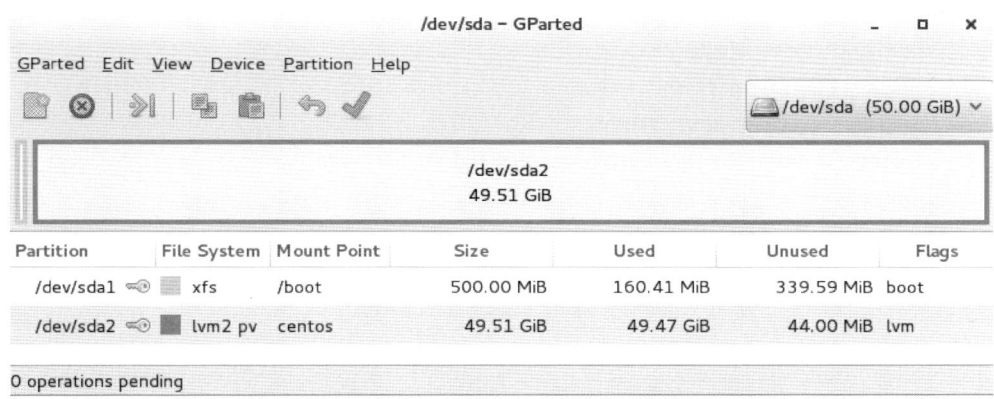

그림 4-11 gparted (Gnome parted Editor)

gparted 도구를 사용하기 위해서는 EPEL Repository(Extra Packages for Enterprise Linux Repository)를 활성화 한 후 설치할 수 있는 gparted 패키지를 설치하여야 합니다. 해당 패키지의 설치 방법은 다음과 같습니다.

세부적인 패키지 설치 방법은 소프트웨어 패키지 관리에서 별도로 다루도록 하겠습니다.

```
[root@nobreak ~]# yum search epel-release
Loaded plugins: fastestmirror, langpacks
Loading mirror speeds from cached hostfile
 * base: mirror.navercorp.com
 * extras: mirror.navercorp.com
 * updates: mirror.navercorp.com
=================== N/S matched: epel-release ===================
epel-release.noarch : Extra Packages for Enterprise Linux repository
                    : configuration

[root@nobreak ~]# yum -y install epel-release
...
[root@nobreak ~]# yum search gparted
Loaded plugins: fastestmirror, langpacks
Loading mirror speeds from cached hostfile
 * base: mirror.navercorp.com
 * epel: ftp.cuhk.edu.hk
 * extras: mirror.navercorp.com
 * updates: mirror.navercorp.com
=================== N/S matched: gparted ===================
gparted.x86_64 : Gnome Partition Editor

[root@nobreak ~]# yum -y install gparted
```

gparted는 GUI인터페이스로, 디스크 구조에 대하여 이해하고 있으면 쉽게 사용할 수 있습니다.

fdisk, gdisk, parted 는 모두 CLI 도구입니다. fdisk와 gdisk의 대화형 메뉴는 사용법이 거의 같고, parted의 대화형 메뉴의 사용법은 앞의 도구들과 상이합니다.

예전에는 fdisk가 GPT파티션을 지원하지 않았고, gdisk가 별도로 존재하지 않아 GPT 파티션 구성 시 반드시 parted 명령을 사용하여야 했지만, 현재는 fdisk, gdisk 모두 GPT 파티션을 지원하고 있습니다. 하지만 fdisk 의 경우 GPT파티션 관련 기능은 아직까지 불안정하기 때문에, GPT파티셔닝을 사용할 경우에는 gdisk를 사용할 것을 권장하고 있습니다.

fdisk, parted 는 리눅스 시스템 설치될 때 함께 설치되기 때문에 별도로 설치 할 필요가 없습니다. gdisk는 시스템 초기 설치 옵션에 따라 추가 설치가 필요할 수 있습니다. 이는 yum 또는 rpm명령을 사용하여 설치할 수 있습니다.

2 각 도구별 사용법

1] fdisk

fdisk는 x86시스템의 MBR 파티셔닝을 위하여 오랫동안 사용해온 도구입니다. 대화형 메뉴를 통하여 손쉽게 디스크 파티션을 구성할 수 있습니다.

fdisk 명령 실행 시 파티션을 구성할 디스크를 명령의 인자로 입력하여야 합니다. 사용 예는 다음과 같습니다.

```
[root@nobreak ~]# fdisk /dev/sdb
Welcome to fdisk (util-linux 2.23.2).

Changes will remain in memory only, until you decide to write them.
Be careful before using the write command.

Device does not contain a recognized partition table
Building a new DOS disklabel with disk identifier 0xd8910feb.

Command (m for help):
```

'm' 명령은 사용할 수 있는 명령의 목록을 출력합니다. 아래는 전체 명령 중 주로 사용되는 명령과 설명입니다.

```
Command action
   a   toggle a bootable flag
   b   edit bsd disklabel
   c   toggle the dos compatibility flag
   d   delete a partition  ❶
   g   create a new empty GPT partition table
   G   create an IRIX (SGI) partition table
   l   list known partition types  ❷
   m   print this menu  ❸
   n   add a new partition  ❹
   o   create a new empty DOS partition table
   p   print the partition table  ❺
   q   quit without saving changes  ❻
   s   create a new empty Sun disklabel
   t   change a partition's system id  ❼
```

```
u   change display/entry units
v   verify the partition table
w   write table to disk and exit ❽
x   extra functionality (experts only)
```

주요 명령에 대한 설명은 다음 표 4-6과 같습니다.

번호	명령어	설명
❶	d (delete a partition)	파티션을 삭제합니다.
❷	l (list known partition types)	파티션 타입의 목록을 출력합니다.
❸	m (print this menu)	명령어 목록을 출력합니다.
❹	n (add a new partition)	새로운 파티션을 추가합니다.
❺	p (print the partition table)	현재 파티션 설정상황을 출력합니다.
❻	q (quit without saving changes)	fdisk를 종료합니다.
❼	t (change a partition's system id)	파티션 타입을 변경합니다.
❽	w (write table to disk and exit)	파티션 변경사항을 기록합니다.

표 4-7 fdisk 주요 명령 및 설명

앞에서 새로 추가된 /dev/sdb 디스크를 파티션 구성하는 과정을 통해 각 메뉴의 사용법을 알아보겠습니다.

첫 번째 살펴볼 명령은 'p' 명령입니다. 파티션을 구성하기에 앞서 반드시 현재 구성되어 있는 파티션의 정보를 파악하여야 합니다.

```
Command (m for help): p

Disk /dev/sdb: 21.5 GB, 21474836480 bytes, 41943040 sectors
Units = sectors of 1 * 512 = 512 bytes
Sector size (logical/physical): 512 bytes / 512 bytes
I/O size (minimum/optimal): 512 bytes / 512 bytes
Disk label type: dos
Disk identifier: 0xd8910feb

   Device Boot      Start         End      Blocks   Id  System
```

위 부분은 'p' 명령의 실행결과로 전체 디스크에 대한 크기 및 섹터에 대한 정보 및 파티션 타입 등 대략적인 정보를 출력합니다. 사용자가 설정한 파티션에 대한 정보는 맨 아래 부분에 출력됩니다. 현재 디스크 연결 후 설정한 파티션이 없기 때문에, 아무 정보가 표시되지 않습니다. 파티션 설정 후 다시 'p' 명령을 실행하여 각 항목의 의미를 알아봅니다.

다음 살펴볼 명령은 'n' 명령입니다. 현재 설정되어 있는 파티션이 없기 때문에, 디스크의 처음 파티션을 생성해야 합니다. 'n' 명령을 실행하여 새로운 파티션을 생성해보고, 각 명령의 의미를 확인해 보겠습니다.

```
Command (m for help): n
Partition type:
    p   primary (0 primary, 0 extended, 4 free)
    e   extended
❶ Select (default p): p
❷ Partition number (1-4, default 1): 1
❸ First sector (2048-41943039, default 2048): 2048
❹ Last sector, +sectors or +size{K,M,G} (2048-41943039, default 41943039):
10000
Partition 1 of type Linux and of size 3.9 MiB is set
```

❶번 항목은 파티션의 종류를 선택하는 항목입니다. 선택하기 전에 선택 가능한 파티션의 종류를 먼저 보여줍니다.

사용 가능한 파티션의 종류는 p(Primary Partition)와 e(Extended Partition) 두 종류입니다.

p(Primary Partition)는 주 파티션 형태를 의미합니다. 주 파티션은 파티션 내부에 단일 파일시스템을 생성하여 사용하는 독립된 파티션입니다. e(Extended Partition)는 확장 파티션 형태를 의미합니다.

확장 파티션은 4개로 제한된 파티션 개수를 극복하기 위해서 개발된 파티션입니다. 확장 파티션을 생성한 이후 확장 파티션 내부에 논리 파티션(logical partition)을 생성할 수 있습니다. 확장 파티션 생성은 이 장의 마지막 부분에서 다시 한 번 확인 하도록 하겠습니다.

❷번 항목은 파티션의 번호를 선택하는 항목입니다. 현재 fdisk 명령을 사용하여 MBR 방식의 파티셔닝을 수행하고 있기 때문에, 선택할 수 있는 파티션 번호는 1~4번까지 총 4개입니다. 섹터 주소와 파티션 번호를 반드시 맞추어야 하는 것은 아니지만, 혼란을 방지하기 위하여 낮은 섹터주소에 낮은 파티션 번호를 할당하는 것이 좋습니다.

❸번 항목은 파티션에서 사용할 시작 섹터 위치를 지정하는 항목입니다. fdisk에서는 LBA(Logical Block Address)방식의 섹터 주소를 사용하고 있으므로, LBA주소의 시작 값을 입력합니다. 0번 섹터부터 시작되는 일부 섹터는 MBR섹터 등 디스크의 메타데이터를 저장하는 용도로 사용되므로, 이 항목에서 안내하고 있는 사용가능한 섹터의 범위를 참고하여 시작 섹터를 지정합니다.

❹번 항목은 파티션에서 사용할 마지막 섹터 위치를 지정하는 항목입니다. ❸번 항목과 이 항목을 조합하여 파티션의 크기가 결정됩니다. 파티션은 연속된 섹터의 집합이므로, 다른 파티션이 사용하고 있는 범위를 포함할 수 없습니다.

파티션의 크기를 결정하는 방법은 세 가지가 있습니다. 첫 번째는 마지막 섹터의 주소를 지정하는 방식, 두 번째는 시작 섹터부터의 섹터 개수를 지정하는 방식, 세 번째는 시작 섹터부터 파티션에 할당할 디스크용량을 지정하는 방식입니다. 다음은 각 세 가지 방식을 사용하여 디스크에 파티션을 생성하는 예입니다.

```
Command (m for help): n
Partition type:
   p   primary (0 primary, 0 extended, 4 free)
   e   extended
Select (default p): p
Partition number (1-4, default 1): 1
First sector (2048-41943039, default 2048): 2048
❶ Last sector, +sectors or +size{K,M,G} (2048-41943039, default 41943039):
5000
Partition 1 of type Linux and of size 1.5 MiB is set

Command (m for help): n
Partition type:
   p   primary (1 primary, 0 extended, 3 free)
   e   extended
Select (default p): p
Partition number (2-4, default 2): 2
First sector (5001-41943039, default 6144): 5001
❷ Last sector, +sectors or +size{K,M,G} (5001-41943039, default 41943039):
+3000
Partition 2 of type Linux and of size 1.5 MiB is set
```

```
Command (m for help): n
Partition type:
   p   primary (2 primary, 0 extended, 2 free)
   e   extended
Select (default p): p
Partition number (3,4, default 3): 3
First sector (8002-41943039, default 8192): 8002
❸ Last sector, +sectors or +size{K,M,G} (8002-41943039, default 41943039):
+30M
Partition 3 of type Linux and of size 30.1 MiB is set
```

❶번은 파티션이 사용할 마지막 섹터의 위치를 지정하는 방식입니다. 시작 섹터 위치를 처음에 LBA 2048로 지정하였고, 마지막 섹터를 LBA 5000으로 지정하여 총 1.5MiB 용량이 파티션에 할당되었음을 확인할 수 있습니다.

❷번이 파티션이 사용할 섹터의 개수를 지정하는 방식입니다. + 뒤의 숫자가 사용할 섹터의 개수입니다. 시작 주소의 섹터는 섹터 개수에서 제외됩니다. 따라서 위에서는 LBA 5001번 시작 섹터를 제외한 LBA 5002 섹터부터 3000개 섹터를 선택하여 8001번 섹터까지 영역이 파티션에 할당되고, 1.5MiB 용량이 파티션에 할당되었습니다.

❸번은 용량을 지정하여 파티션의 영역을 할당하는 방식입니다. 섹터의 크기 및 개수를 계산하지 않으므로 가장 편리하게 원하는 용량을 할당할 수 있는 방식입니다. 위에서는 할당되지 않은 섹터의 시작인 LBA 8002 섹터부터 30M 용량의 파티션을 할당하였습니다. 사용가능한 단위는 K(Kilobyte), M(Megabyte), G(Gigabyte)입니다.

현재까지 'n' 명령을 사용하여 디스크 파티션을 설정하였습니다. 이 상태에서 'p' 명령을 사용하여 현재 설정을 다시 한 번 확인해 보겠습니다.

```
Command (m for help): p

Disk /dev/sdb: 21.5 GB, 21474836480 bytes, 41943040 sectors
Units = sectors of 1 * 512 = 512 bytes
Sector size (logical/physical): 512 bytes / 512 bytes
I/O size (minimum/optimal): 512 bytes / 512 bytes
Disk label type: dos
Disk identifier: 0x17dbc215
```

❶Device	❷Boot	❸Start	❹End	❺Blocks	❻Id	❼System
/dev/sdb1		2048	5000	1476+	83	Linux
/dev/sdb2		5001	8001	1500+	83	Linux
/dev/sdb3		8002	69631	30815	83	Linux

지금까지 설정한 파티션의 정보가 출력되었습니다. 이 정보의 각 필드의 의미는 다음과 같습니다.

	항목	설명
❶	Device	파티션 장치명입니다.
❷	Boot	부팅 가능 파티션 여부를 표시합니다.
❸	Start	시작 섹터 LBA 주소입니다.
❹	End	마지막 섹터 LBA 주소입니다.
❺	Blocks	사용인 영역의 Block 개수입니다.
❻	Id	파티션의 종류입니다. 16진수 값이 들어갑니다.
❼	System	파티션 종류의 이름입니다.

표 4-8 fdisk - print 항목별 설명

Blocks 개수 뒤에 '+' 기호가 붙는 경우가 있습니다. 블록은 운영체제의 디스크 입출력 단위입니다. 디스크의 최소 기록단위가 섹터이므로, 블록은 최소 1개 이상 섹터의 집합이라고 할 수 있습니다.

현재 블록의 사이즈는 1KB, 즉 2개 섹터입니다. 따라서 파티션에 짝수개의 섹터를 할당할 경우 전체 섹터를 사용할 수 있지만, 홀수개의 섹터를 할당할 경우 블록을 이루지 못하는 섹터가 남아있게 됩니다.

2번 파티션 번째 경우 5001섹터부터 8001 섹터까지 총 3001개 섹터가 할당되었습니다. 이를 블록으로 환산할 경우 1500개 블록과 블록을 이루지 못한 1개 섹터로 계산됩니다. 즉 사용가능한 블록이 1500개, 블록을 이루지 못해 사용할 수 없는 섹터가 존재하는 상태입니다.

이 때 '+' 기호로 이런 상태임을 확인할 수 있습니다.

다음은 파티션을 삭제하는 'd' 명령에 대하여 살펴보겠습니다. 'd' 명령의 사용 예는 다음과 같습니다.

```
Command (m for help): p

Disk /dev/sdb: 21.5 GB, 21474836480 bytes, 41943040 sectors
Units = sectors of 1 * 512 = 512 bytes
Sector size (logical/physical): 512 bytes / 512 bytes
I/O size (minimum/optimal): 512 bytes / 512 bytes
Disk label type: dos
Disk identifier: 0x17dbc215

   Device Boot      Start         End      Blocks   Id  System
/dev/sdb1            2048        5000       1476+  83  Linux
/dev/sdb2            5001        8001       1500+  83  Linux
/dev/sdb3            8002       69631      30815   83  Linux

Command (m for help): d
Partition number (1-3, default 3): 2
Partition 2 is deleted

Command (m for help): p

Disk /dev/sdb: 21.5 GB, 21474836480 bytes, 41943040 sectors
Units = sectors of 1 * 512 = 512 bytes
Sector size (logical/physical): 512 bytes / 512 bytes
I/O size (minimum/optimal): 512 bytes / 512 bytes
Disk label type: dos
Disk identifier: 0x17dbc215

   Device Boot      Start         End      Blocks   Id  System
/dev/sdb1            2048        5000       1476+  83  Linux
/dev/sdb3            8002       69631      30815   83  Linux
```

'd' 명령은 삭제할 파티션의 번호를 지정하여 즉시 파티션을 삭제합니다. 파티션 삭제 시 삭제 확인 과정이 없으므로 파티션 번호를 정확하게 확인하여 명령하여야 합니다. 파티션이 한 개 밖에 남아있지 않을 경우 파티션 번호 입력 없이 즉시 마지막 파티션이 삭제됩니다.

'l' 명령은 사용가능한 파티션의 타입을 출력합니다.

```
Command (m for help): l

 0  Empty              24  NEC DOS            81  Minix / old Lin  bf  Solaris
 1  FAT12              27  Hidden NTFS Win    82  Linux swap / So  c1  DRDOS/sec (FAT-
 2  XENIX root         39  Plan 9             83  Linux            c4  DRDOS/sec (FAT-
 3  XENIX usr          3c  PartitionMagic     84  OS/2 hidden C:   c6  DRDOS/sec (FAT-
 4  FAT16 <32M         40  Venix 80286        85  Linux extended   c7  Syrinx
 5  Extended           41  PPC PReP Boot      86  NTFS volume set  da  Non-FS data
 6  FAT16              42  SFS                87  NTFS volume set  db  CP/M / CTOS / .
 7  HPFS/NTFS/exFAT    4d  QNX4.x             88  Linux plaintext  de  Dell Utility
 8  AIX                4e  QNX4.x 2nd part    8e  Linux LVM        df  BootIt
 9  AIX bootable       4f  QNX4.x 3rd part    93  Amoeba           e1  DOS access
 a  OS/2 Boot Manag    50  OnTrack DM         94  Amoeba BBT       e3  DOS R/O
 b  W95 FAT32          51  OnTrack DM6 Aux    9f  BSD/OS           e4  SpeedStor
 c  W95 FAT32 (LBA)    52  CP/M               a0  IBM Thinkpad hi  eb  BeOS fs
 e  W95 FAT16 (LBA)    53  OnTrack DM6 Aux    a5  FreeBSD          ee  GPT
 f  W95 Ext'd (LBA)    54  OnTrackDM6         a6  OpenBSD          ef  EFI (FAT-12/16/
10  OPUS               55  EZ-Drive           a7  NeXTSTEP         f0  Linux/PA-RISC b
11  Hidden FAT12       56  Golden Bow         a8  Darwin UFS       f1  SpeedStor
12  Compaq diagnost    5c  Priam Edisk        a9  NetBSD           f4  SpeedStor
14  Hidden FAT16 <3    61  SpeedStor          ab  Darwin boot      f2  DOS secondary
16  Hidden FAT16       63  GNU HURD or Sys    af  HFS / HFS+       fb  VMware VMFS
17  Hidden HPFS/NTF    64  Novell Netware     b7  BSDI fs          fc  VMware VMKCORE
18  AST SmartSleep     65  Novell Netware     b8  BSDI swap        fd  Linux raid auto
1b  Hidden W95 FAT3    70  DiskSecure Mult    bb  Boot Wizard hid  fe  LANstep
1c  Hidden W95 FAT3    75  PC/IX              be  Solaris boot     ff  BBT
1e  Hidden W95 FAT1    80  Old Minix
```

그리고 't' 명령은 선택한 파티션의 타입을 변경합니다. 사용가능한 파티션의 타입은 'l' 명령 대신 't' 명령 내에서도 확인할 수 있습니다. 현재 생성되어 있는 파티션의 타입을 변경해 보겠습니다.

```
Command (m for help): p

Disk /dev/sdb: 21.5 GB, 21474836480 bytes, 41943040 sectors
Units = sectors of 1 * 512 = 512 bytes
Sector size (logical/physical): 512 bytes / 512 bytes
I/O size (minimum/optimal): 512 bytes / 512 bytes
Disk label type: dos
Disk identifier: 0xa1057945


   Device Boot      Start         End      Blocks   Id  System
/dev/sdb1            2048        5000       1476+   83  Linux
/dev/sdb2            5001        8001       1500+   83  Linux

Command (m for help): t
Partition number (1,2, default 2): 1
Hex code (type L to list all codes): 82
Changed type of partition 'Linux' to 'Linux swap / Solaris'

Command (m for help): p

Disk /dev/sdb: 21.5 GB, 21474836480 bytes, 41943040 sectors
Units = sectors of 1 * 512 = 512 bytes
Sector size (logical/physical): 512 bytes / 512 bytes
I/O size (minimum/optimal): 512 bytes / 512 bytes
Disk label type: dos
Disk identifier: 0xa1057945


   Device Boot      Start         End      Blocks   Id  System
/dev/sdb1            2048        5000       1476+   82  Linux swap / Solaris
/dev/sdb2            5001        8001       1500+   83  Linux
```

't' 명령을 사용하여 기존 파티션 타입인 Linux(83)에서 Linux swap / Solaris(82)로 변경하였습니다. 변경할 타입의 번호가 기억나지 않을 경우 코드 대신 'l' 명령을 입력하여 다시 파티션 타입 목록을 확인할 수 있습니다.

현재까지 'n' 명령을 사용하여 세 개의 파티션을 생성한 후, 한 개 파티션을 지우는 작업 및 파티션 타입 변경을 수행하였습니다. 마지막으로 지금까지 설정한 파티션 정보를 디스크에 기록하는 'w' 명령을 실행합니다. 'w' 대신 'q' 명령을 사용할 경우 변경사항을 저장하지 않고 fdisk 명령을 종료합니다.

```
Command (m for help): w
The partition table has been altered!

Calling ioctl() to re-read partition table.
Syncing disks.
[root@nobreak ~]#
```

'w' 명령을 사용할 경우 파티션 테이블을 디스크에 저장하여 변경된 파티션 정보를 반영하고 fdisk 명령을 종료합니다. 위의 경우 변경된 내용이 정상적으로 저장되었음을 의미합니다.

하지만 사용 중인 디스크일 경우 다음과 같은 메시지가 출력되는 경우가 있습니다.

```
Command (m for help): w
The partition table has been altered!

Calling ioctl() to re-read partition table.

WARNING: Re-reading the partition table failed with error 16: Device or resource busy.
The kernel still uses the old table. The new table will be used at
the next reboot or after you run partprobe(8) or kpartx(8)
Syncing disks.
[root@nobreak ~]#
```

사용 중인 디스크의 파티션 변경 작업은 권장되지 않습니다. 특히 마운트 되어 사용 중인 파티션의 변경은 시스템 안정성에 심각한 문제를 발생시킬 수 있습니다. 따라서 파티션 변경작업 시, 반드시 사용 중인 파티션이 있는지 확인 후 작업하여야 합니다.

파티션 변경 후 위와 같은 메시지가 나올 경우, 디스크에 파티션 변경을 기록했지만 커널에서 변경된 파티션의 정보를 인식하도록 해 주어야 합니다. 이 때 partprobe 명령을 사용합니다. partprobe 명령의 사용법은 다음과 같습니다.

```
[root@nobreak ~]# partprobe
[root@nobreak ~]# partprobe /dev/sdb
```

partprobe 명령을 단독으로 수행할 경우 전체 연결된 디스크들에 대한 파티션 정보를 재인식합니다. 인자로 디스크 장치를 지정할 경우 해당 장치에 대한 파티션 정보만 재인식합니다.

partprobe 명령을 사용하여 시스템 전체의 디스크 및 디스크 파티션 정보를 확인할 수 있습니다. 이 때 '-s' 옵션을 함께 사용합니다.

```
[root@nobreak ~]# partprobe -s
❶/dev/sda: ❷msdos partitions ❸1 2 3
```

각 항목의 의미는 다음과 같습니다.

번호	항목	의미
❶	/dev/sda	디스크 장치명입니다.
❷	msdos partitions	현재 디스크의 파티셔닝 방식입니다. (MBR)
❸	1 2 3	현재 디스크에 생성된 파티션 번호입니다.

표 4-9 partprobe -s 항목별 설명

2] gdisk

gdisk의 경우 GPT파티션 방식으로 파티션을 생성합니다. 사용법은 fdisk와 거의 동일하므로 이 부분에서는 fdisk 명령과의 차이점만 살펴보겠습니다.

먼저 새로운 디스크를 추가하고 파티셔닝 작업을 수행합니다. 추가된 장치의 장치명은 sdc, 장치 파일은 /dev/sdc입니다.

```
[root@nobreak ~]# ls -l /dev/sdc*
brw-rw----. 1 root disk 8, 32 Jan 18 04:22 /dev/sdc
[root@nobreak ~]# gdisk /dev/sdc
GPT fdisk (gdisk) version 0.8.6

❶ Partition table scan:
  MBR: not present
  BSD: not present
  APM: not present
  GPT: not present

❷ Creating new GPT entries.
```

```
Command (? for help): ?
b       back up GPT data to a file
c       change a partition's name
d       delete a partition
i       show detailed information on a partition
l       list known partition types
n       add a new partition
o       create a new empty GUID partition table (GPT)
p       print the partition table
q       quit without saving changes
r       recovery and transformation options (experts only)
s       sort partitions
t       change a partition's type code
v       verify disk
w       write table to disk and exit
x       extra functionality (experts only)
?       print this menu

Command (? for help):
```

각 메시지에 대한 설명은 다음과 같습니다.

❶ 먼저 현재 디스크에 생성되어 있는 파티션 방식을 확인하고 표시합니다. 네 가지 파티션 방식 중 해당되는 항목은 present로, 해당되지 않은 항목은 'not present'로 표시합니다. 현재는 어떤 종류의 파티션 방식도 구성되어 있지 않습니다.

❷ 파티션이 구성되어 있지 않은 디스크에 gdisk 명령을 실행할 경우 GPT entries, 즉 GPT 헤더 및 GPT 파티션 테이블 구조를 생성합니다. fdisk 명령과 동일하게 'w' 명령을 사용하기 전까지는 변경된 내용을 저장하지 않습니다.

대부분의 명령 및 명령의 사용법이 fdisk 명령과 동일하지만 일부 명령의 사용상 차이점은 다음과 같습니다. 실제 파티션을 생성하는 명령을 사용하여 차이점을 확인하겠습니다.

```
Command (? for help): n
❶ Partition number (1-128, default 1): 1
❷ First sector (34-41943006, default = 2048) or {+-}size{KMGTP}: 34
Information: Moved requested sector from 34 to 2048 in
order to align on 2048-sector boundaries.
Use 'l' on the experts' menu to adjust alignment
❸ Last sector (2048-41943006, default = 41943006) or {+-}size{KMGTP}: -15G
Current type is 'Linux filesystem'
❹ Hex code or GUID (L to show codes, Enter = 8300): 8300
Changed type of partition to 'Linux filesystem'

Command (? for help): p
Disk /dev/sdc: 41943040 sectors, 20.0 GiB
Logical sector size: 512 bytes
Disk identifier (GUID): A286B8E1-5861-4C90-B724-CB6B1A1DFF8E
Partition table holds up to 128 entries
First usable sector is 34, last usable sector is 41943006
Partitions will be aligned on 2048-sector boundaries
Total free space is 31459294 sectors (15.0 GiB)

Number  Start (sector)   End (sector)  Size      Code  Name
   1         2048          10485726   5.0 GiB    8300  Linux filesystem
```

❶ 파티션 번호를 128번까지 사용할 수 있습니다.

❷ 파티션 생성 시 첫 번째 섹터 LBA주소가 34부터 시작합니다.(MBR은 LBA 2048) LBA 33번 섹터까지는 GPT파티션 테이블이 저장되어 있습니다. (그림 4-4 참고) 하지만 기본 설정에 의해 34번 섹터 선택 시 LBA 2048번 섹터로 파티션 시작 위치가 이동됩니다.

❸ 파티션 시작위치 및 마지막 위치 지정 시 +/-를 사용할 수 있습니다. +는 현재 위치부터의 상대적인 위치를 의미하고, -는 사용가능한 섹터 영역의 마지막 위치에서부터 앞쪽으로 상대적인 위치를 의미합니다. 용량 지정 시 기존의 G(Gigabyte) 이후의 T(Terabyte), P(Petabyte)도 사용할 수 있습니다. 위 경우 사용가능한 전체 20G 영역의 끝에서부터 -15G를 입력하여 파티션의 영역을 설정하였습니다. 'p' 명령에서 확인한 결과 5 GiB 용량의 파티션이 생성되었습니다.

❹ 파티션 생성 시 즉시 파티션 타입을 지정합니다. 기본 값으로 기본 리눅스 파티션이 선택됩니다. 기존 fdisk 명령과 파티션 타입 별 값이 다르기 때문에 주의하여야 합니다.

이 외 다른 명령은 'p'(현재 파티션 설정 출력), 'l'(파티션 타입 출력), 't'(파티션 타입 변경), 'w'(파티션 변경사항 기록), 'q'(변경사항 기록하지 않고 종료) 등은 사용법이 동일합니다.

3] parted

parted는 fdisk와 같은 디스크 파티셔닝 도구입니다. 하지만 옵션이나 사용법이 다릅니다.

parted 명령 역시 fdisk 명령과 동일하게 대화형 메뉴를 통해 디스크 파티셔닝을 진행합니다. 그리고 옵션에 따라 파티셔닝 옵션을 파라미터로 입력하여 비대화형으로 파티셔닝을 수행할 수 있습니다. 대표적으로 시스템 설치를 자동화하는 kickstart 기능에서 parted를 사용하여 자동으로 디스크 파티셔닝을 수행합니다. 또한 파티셔닝과 동시에 파일시스템 생성도 가능합니다.

먼저 parted 명령의 주요 옵션에 대하여 살펴보겠습니다.

옵션		설명
-l	--list	디스크 장치의 정보와 파티션 정보를 출력합니다.
-m	--machine	디스크 장치 및 파티션 정보를 파싱 가능한 형태로 출력합니다. -l 옵션과 함께 사용합니다.
-s	--script	비대화형으로 옵션에 따른 파티셔닝을 수행합니다.

표 4-10 parted 명령 옵션

각 옵션별 실행결과를 확인해 보겠습니다.

```
[root@nobreak ~]# parted -l
Model: VMware, VMware Virtual S (scsi)
Disk /dev/sda: 21.5GB
Sector size (logical/physical): 512B/512B
Partition Table: msdos
Disk Flags:

Number  Start   End     Size    Type     File system     Flags
 1      1049kB  1075MB  1074MB  primary  xfs             boot
 2      1075MB  2149MB  1074MB  primary  linux-swap(v1)
 3      2149MB  21.5GB  19.3GB  primary  xfs
```

```
[root@nobreak ~]# parted -lml
BYT;
/dev/sda:21.5GB:scsi:512:512:msdos:VMware, VMware Virtual S:;
1:1049kB:1075MB:1074MB:xfs::boot;
2:1075MB:2149MB:1074MB:linux-swap(v1)::;
3:2149MB:21.5GB:19.3GB:xfs::;
```

먼저 '-l'과 '-lm' 옵션을 실행한 결과입니다. '-l' 옵션의 경우 fdisk의 'p' 명령 또는 'fdisk -l'을 사용하여 확인할 수 있는 디스크 및 파티션 정보와 거의 동일합니다. 시작 위치 및 마지막 위치에 섹터 주소 대신 용량이 사용되었다는 점과, 파일시스템 및 파티션의 플래그를 표시하는 부분이 추가되었다는 점에 차이가 있습니다.

'-lm' 옵션의 경우 '-l'에 의해 조회되는 정보를 쉽게 파싱 가능하도록 ':' 필드구분자와 ';' 레코드구분자를 사용하여 표시합니다. 디스크 및 파티션 정보 조회 후 조회된 정보에 따라 실행되는 스크립트 등에 유용하게 사용될 수 있습니다.

'-s'는 비대화형 파티셔닝 명령 수행 옵션입니다. 간단한 사용 예를 통해 확인하겠습니다.

```
[root@nobreak ~]# partprobe -s /dev/sdb
[root@nobreak ~]# parted -s /dev/sdb mklabel msdos
[root@nobreak ~]# partprobe -s /dev/sdb
/dev/sdb: msdos partitions
[root@nobreak ~]# parted -s /dev/sdb mkpart primary 0% 100%
[root@nobreak ~]# partprobe -s /dev/sdb
/dev/sdb: msdos partitions 1
```

위 내용은 파티션 방식이 결정되지 않은 디스크에 MBR방식의 파티션을 생성한 명령 실행 예제입니다. '-s' 옵션으로 사용자의 추가 입력 없이 명령의 실행만으로 파티션을 구성하는 것을 확인할 수 있습니다. 스크립트로 파티션 구성 시 사용합니다. 세부 내용은 명령 사용법에서 다시 확인하겠습니다.

이어서 parted 명령의 대화형메뉴 실행방식에 대하여 살펴보겠습니다. parted 명령을 대화형으로 실행하기 위해서는 파티셔닝을 수행할 장치명을 인자로 전달하여야 합니다.

```
[root@nobreak ~]# parted /dev/sdb
GNU Parted 3.1
Using /dev/sdb
Welcome to GNU Parted! Type 'help' to view a list of commands.
(parted)
```

기본적인 명령과 설명은 help 또는 '?' 명령으로 확인할 수 있습니다.

```
(parted) ?
  align-check TYPE N                          check partition N for TYPE(min|opt) alignment
  help [COMMAND]                              print general help, or help on COMMAND
  mklabel,mktable LABEL-TYPE                  create a new disklabel (partition table)
  mkpart PART-TYPE [FS-TYPE] START END        make a partition
  name NUMBER NAME                            name partition NUMBER as NAME
  print [devices|free|list,all|NUMBER]        display the partition table, available devices, free space,
        all found partitions, or a particular partition
  quit                                        exit program
  rescue START END                            rescue a lost partition near START and END
  rm NUMBER                                   delete partition NUMBER
  select DEVICE                               choose the device to edit
  disk_set FLAG STATE                         change the FLAG on selected device
  disk_toggle [FLAG]                          toggle the state of FLAG on selected device
  set NUMBER FLAG STATE                       change the FLAG on partition NUMBER
  toggle [NUMBER [FLAG]]                      toggle the state of FLAG on partition NUMBER
  unit UNIT                                   set the default unit to UNIT
  version                                     display the version number and copyright information of GNU
      Parted
```

위 명령 중 파티션을 구성하기 위한 기본적인 명령에 대하여 하나씩 살펴보겠습니다. 이 중 주요 명령 및 설명은 다음 표와 같습니다.

명령어	설명
print	디스크 및 파티션 관련 정보를 출력합니다.
unit	parted 명령에서 사용할 단위를 지정합니다.
mklabel	새로운 파티션 구조를 생성합니다.
mkpart	새로운 파티션을 생성합니다.
rm	파티션을 삭제합니다.
select	다른 장치를 선택합니다.
quit	설정을 종료합니다.

표 4-11 parted 주요 명령어

먼저 print 명령에 대하여 살펴보겠습니다. 이 명령은 디스크 및 파티션 정보를 출력합니다. 명령의 인자 없이 실행할 경우 실행결과는 'parted -l' 명령과 동일한 실행 결과 중 현재 설정중인 장치 항목의 결과만 표시합니다.

```
(parted) print
Model: VMware, VMware Virtual S (scsi)
Disk /dev/sdb: 21.5GB
Sector size (logical/physical): 512B/512B
Partition Table: msdos
Disk Flags:

Number  Start   End     Size    Type     File system  Flags
 1      1049kB  21.5GB  21.5GB  primary
```

print 명령의 인자로 [devices | free | list | all] 중 하나를 사용할 수 있습니다.

device 인자의 경우 시스템 전체 디스크 스토리지에 대한 정보를 출력합니다.

```
(parted) print devices
/dev/sdb (21.5GB)
/dev/sda (21.5GB)
```

free 인자의 경우 생성된 파티션에 대한 정보 뿐 아니라, 할당되지 않은 영역에 대한 정보도 함께 출력합니다.

```
(parted) print free
Model: VMware, VMware Virtual S (scsi)
Disk /dev/sdb: 21.5GB
Sector size (logical/physical): 512B/512B
Partition Table: msdos
Disk Flags:

Number  Start   End     Size    Type     File system  Flags
        32.3kB  1049kB  1016kB           Free Space
 1      1049kB  21.5GB  21.5GB  primary
```

list 또는 all 인자의 경우 전체 디스크 스토리지 장치의 파티션 목록을 출력합니다. 'parted -l' 명령의 실행결과와 동일하나, 현재 선택된 파티션이 가장 먼저 출력됩니다.

```
(parted) print list
Model: VMware, VMware Virtual S (scsi)
Disk /dev/sdb: 21.5GB
Sector size (logical/physical): 512B/512B
Partition Table: msdos
Disk Flags:

Number  Start   End     Size    Type     File system     Flags
 1      1049kB  21.5GB  21.5GB  primary


Model: VMware, VMware Virtual S (scsi)
Disk /dev/sda: 21.5GB
Sector size (logical/physical): 512B/512B
Partition Table: msdos
Disk Flags:

Number  Start   End     Size    Type     File system     Flags
 1      1049kB  1075MB  1074MB  primary  xfs             boot
 2      1075MB  2149MB  1074MB  primary  linux-swap(v1)
 3      2149MB  21.5GB  19.3GB  primary  xfs
```

다음은 unit 명령에 대하여 살펴보겠습니다. 이 명령은 print 명령이나 파티션을 생성하는 mkpart 명령에서 사용하는 수의 단위를 지정하는 명령입니다. 'help unit' 명령으로 사용 가능한 단위 목록을 확인할 수 있습니다.

```
(parted) help unit
  unit UNIT                                set the default unit to UNIT

        UNIT is one of: s, B, kB, MB, GB, TB, compact, cyl, chs, %, kiB, MiB, GiB, TiB
```

기본 값으로 compact 단위가 선택되어 있습니다. 이 단위는 사용자가 읽기 편한 단위로 각 항목을 출력하고, 입력 시는 MB 단위를 사용합니다. 단위 변경 시 unit [변경할 단위] 명령을 실행합니다.

```
(parted) print
Model: VMware, VMware Virtual S (scsi)
Disk /dev/sdb: 21.5GB
Sector size (logical/physical): 512B/512B
Partition Table: msdos
Disk Flags:

Number  Start   End     Size    Type     File system  Flags
 1      1049kB  21.5GB  21.5GB  primary  ext2

(parted) unit MB
(parted) print
Model: VMware, VMware Virtual S (scsi)
Disk /dev/sdb: 21475MB
Sector size (logical/physical): 512B/512B
Partition Table: msdos
Disk Flags:

Number  Start    End      Size     Type     File system  Flags
 1      1.05MB   21475MB  21474MB  primary  ext2
```

unit 명령 실행 전과 후 변경된 단위를 확인할 수 있습니다. 단위를 변경할 경우 입력 시 사용하는 단위도 변경됩니다.

이제 각 명령을 사용하여 실제로 파티션을 구성해보겠습니다.

```
[root@nobreak ~]# parted /dev/sdb
GNU Parted 3.1
Using /dev/sdb
Welcome to GNU Parted! Type 'help' to view a list of commands.
(parted) help mklabel
  mklabel,mktable LABEL-TYPE               create a new disklabel (partition table)
        LABEL-TYPE is one of: aix, amiga, bsd, dvh, gpt, mac, msdos, pc98, sun, loop
(parted) mklabel
New disk label type? msdos
(parted) print
Model: VMware, VMware Virtual S (scsi)
```

```
Disk /dev/sdb: 21.5GB
Sector size (logical/physical): 512B/512B
Partition Table: msdos
Disk Flags:

Number  Start  End  Size  Type  File system  Flags


(parted) mklabel gpt
Warning: The existing disk label on /dev/sdb will be destroyed and all data on
this disk will be lost.
Do you want to continue?
Yes/No? y
(parted) print
Model: VMware, VMware Virtual S (scsi)
Disk /dev/sdb: 21.5GB
Sector size (logical/physical): 512B/512B
Partition Table: gpt
Disk Flags:

Number  Start  End  Size  File system  Name  Flags
```

먼저 mklabel 명령에 대하여 살펴보겠습니다. 이 명령은 디스크의 파티션 방식을 지정할 수 있습니다. 사용할 수 있는 파티션 방식은 'help mklabel' 명령을 사용하여 확인할 수 있습니다.

주로 사용하는 파티션 방식은 앞에서 학습했던 MBR과 GPT입니다. MBR파티션 사용 시 msdos, GPT파티션 사용 시 gpt를 입력하여 파티션 방식을 선택할 수 있습니다. 파티션이 생성된 디스크에 다시 mklabel 명령 사용 시 기존 파티션 방식을 변경하게 되며, 이때 변경 확인을 수행합니다.

이어서 파티션 생성 명령인 mkpart에 대하여 살펴보겠습니다. 파티션 생성 시 MBR파티션일 경우와 GPT파티션일 경우 차이가 있습니다. 먼저 MBR 파티션의 경우부터 살펴보겠습니다.

```
(parted) mkpart
❶ Partition type?  primary/extended? primary
❷ File system type?  [ext2]?
❸ Start? 0%
❹ End? 30%
(parted) print
Model: VMware, VMware Virtual S (scsi)
Disk /dev/sdb: 21.5GB
Sector size (logical/physical): 512B/512B
Partition Table: msdos
Disk Flags:

Number  Start   End     Size    Type     File system  Flags
 1      1049kB  6442MB  6441MB  primary
```

파티션 생성방식은 fdisk와 거의 유사합니다.

❶ 파티션의 타입을 지정합니다.(주 파티션 / 확장 파티션) 확장파티션만 생성할 수 있을 경우 선택항목이 logical(논리 파티션)으로 지정됩니다.

❷ 파티션 생성과 함께 파일시스템을 생성할 수 있습니다. 기본값으로 ext2 파일시스템이 선택됩니다.

❸ 파티션이 시작되는 위치를 지정합니다. 기본 단위는 compact로 입력 시 MB로 인식됩니다. 사용되는 단위는 unit 명령을 사용하여 변경하거나, 직접 숫자에 단위를 붙여 사용할 수 있습니다. 주로 사용되는 단위는 KB, MB, GB, TB 등의 용량 단위, '%' 퍼센트 단위, s 섹터 단위를 주로 사용합니다.

❹ 파티션이 끝나는 위치를 지정합니다. 단위는 시작 위치 지정과 동일한 방식을 사용합니다.

이번에는 GPT 파티션 방식으로 파티션을 생성하겠습니다.

```
(parted) mkpart
Partition name?  []? FIRST
File system type?  [ext2]?
Start? 0%
End? 10%
(parted) p
```

```
Model: VMware, VMware Virtual S (scsi)
Disk /dev/sdb: 21.5GB
Sector size (logical/physical): 512B/512B
Partition Table: gpt
Disk Flags:

Number  Start   End     Size    File system  Name   Flags
 1      1049kB  2147MB  2146MB  ext2         FIRST
```

MBR파티션 방식과 차이점은 파티션 타입을 설정하는 부분이 없다는 점과, 파티션 이름을 설정할 수 있다는 점입니다.

GPT파티션은 파티션 테이블의 개수가 충분하므로 확장파티션 기능이 필요하지 않습니다. 따라서 주/확장 파티션을 선택할 필요가 없습니다. 확장 파티션에 대해서는 이 장 마지막 부분에 상세하게 알아보도록 하겠습니다.

파티션의 이름은 사용자가 구분할 수 있는 임의의 이름입니다. 설정한 이름은 name 명령을 사용하여 변경할 수 있습니다.

다음에 살펴볼 명령은 rm 명령입니다. 이 명령은 지정한 파티션 번호를 삭제합니다.

```
(parted) print
Model: VMware, VMware Virtual S (scsi)
Disk /dev/sdb: 21.5GB
Sector size (logical/physical): 512B/512B
Partition Table: msdos
Disk Flags:

Number  Start   End     Size    Type     File system  Flags
 1      1049kB  2147MB  2146MB  primary  ext2

(parted) rm 1
(parted) print
Model: VMware, VMware Virtual S (scsi)
Disk /dev/sdb: 21.5GB
Sector size (logical/physical): 512B/512B
Partition Table: msdos
Disk Flags:

Number  Start  End  Size  Type  File system  Flags
```

fdisk와 마찬가지로 확인 없이 파티션이 삭제되고 변경사항이 즉시 디스크에 적용되므로 사용에 주의하여야 합니다.

마지막으로 살펴볼 명령은 select 명령입니다. 이 명령은 현재 설정중인 디스크 대신 다른 디스크를 선택할 때 사용하는 명령입니다.

```
(parted) print
Model: VMware, VMware Virtual S (scsi)
Disk /dev/sdb: 21.5GB
Sector size (logical/physical): 512B/512B
Partition Table: gpt
Disk Flags:

Number  Start  End  Size  File system  Name  Flags


(parted) select
New device?  [/dev/sdb]? /dev/sda
Using /dev/sda
(parted) print
Model: VMware, VMware Virtual S (scsi)
Disk /dev/sda: 21.5GB
Sector size (logical/physical): 512B/512B
Partition Table: msdos
Disk Flags:

Number  Start   End     Size    Type     File system   Flags
 1      1049kB  1075MB  1074MB  primary  xfs           boot
 2      1075MB  2149MB  1074MB  primary  linux-swap(v1)
 3      2149MB  21.5GB  19.3GB  primary  xfs
```

장치를 변경할 경우, 이후부터 실행하는 명령은 변경된 디스크에 적용되므로 사용에 주의하여야 합니다.

지금까지 parted 명령의 대화형메뉴를 통한 파티션 설정을 알아보았습니다. parted 명령의 장점은 '-s' 옵션을 사용한 비대화형 파티셔닝 수행입니다. 예제를 통한 비대화형 파티셔닝 수행으로 fdisk 명령 과 비교해보도록 하겠습니다.

DEVICE	SIZE
/dev/sdb1	2 GB
/dev/sdb2	3 GB
/dev/sdb3	4 GB
/dev/sdb4	할당 가능한 전체 용량

표 4-12 디스크 파티셔닝 예

위의 표는 파티셔닝 예입니다. 총 20 GiB 용량의 디스크를 MBR방식으로 각 파티션 번호에 따른 용량 만큼 파티셔닝을 수행하려고 합니다. 그리고 동일한 파티션을 서로 다른 다섯 개의 디스크에 적용하려 합니다.

이 경우 fdisk 명령을 사용할 경우, 대화형 메뉴를 통해 각 디스크의 파티셔닝을 각각 수행하여야 하지만, parted 명령을 사용할 경우 파티셔닝 작업 명령을 스크립트로 생성하여 한 번에 적용할 수 있습니다.

parted 명령 실행 시 '-s' 옵션을 사용하려면 각 명령마다 명령을 수행할 대상 디스크를 인자로 전달하여야 합니다. 따라서 새로운 파티션 방식을 지정하는 명령의 형식은 다음과 같습니다.

```
parted -s disk-name mklabel label-type
```

새로운 파티션을 생성하기 위한 mkpart 명령은 조금 더 많은 인자를 전달하여야 합니다. 새로운 파티션 생성 명령형식은 다음과 같습니다.

```
parted -s disk-name mkpart parthtion-type [filesystem-type] start end
```

filesystem-type 항목은 생략 가능합니다. 기타 항목의 경우 대화형 메뉴와 같은 값을 사용합니다. GPT파티션 방식의 경우 파티션 타입 대신 파티션 이름이 들어갑니다.

쉘 스크립트를 사용하여 여러 파티션에 동일한 파티셔닝을 수행하는 스크립트를 작성하였습니다.

```
#!/bin/bash
for DISK in sdb sdc sdd sde sdf
do
        parted -s /dev/$DISK mklabel msdos
        parted -s /dev/$DISK mkpart primary 0GB 2GB
        parted -s /dev/$DISK mkpart primary 2GB 5GB
        parted -s /dev/$DISK mkpart primary 5GB 9GB
        parted -s /dev/$DISK mkpart primary 9GB 100%
done
```

반복문에서 디스크 장치명을 사용하여 각 디스크마다 지정된 파티셔닝을 수행하는 스크립트를 작성하였습니다. 필요에 따라 장치명 또는 각 파티션별 용량을 입력할 수 있도록 수정하여 사용할 수 있습니다.

3 파티션 설정 시 주의사항

fdisk를 사용하여 파티션 설정 시 주의하여야 할 사항을 파티션 구성 예를 통해 살펴보겠습니다.

Partition 1	Partition 2	Unused
2048　　　　　5000	5001　　　　　8000	8001　　　　　9999

그림 4-12 디스크 파티션 구성 예 (1)

그림 4-12는 1개 디스크에 2개의 파티션을 생성한 상태를 표현한 것입니다. 1번 파티션은 LBA 2048 섹터부터 LBA 5000 섹터까지, 2번 파티션은 LBA 5001부터 LBA 8000까지, 그리고 LBA 8001부터 LBA 9999까지는 사용되지 않는 상태입니다. 이와 같이 겹치거나, 사이가 비어있지 않게 파티션을 할당하는 것이 가장 바람직한 형태입니다.

Partition 1	Unused 1	Partition 2	Unused 2
2048　　　4000	4001　　　5000	5001　　　8000	8001　　　9999

그림 4-13 디스크 파티션 구성 예 (2)

그림 4-13도 디스크에 2개의 파티션을 생성한 상태입니다. 차이점은 1번 파티션과 2번 파티션 사이에 사용되지 않는 섹터영역(Unused 1)이 있다는 점입니다. 물론 이렇게 설정하여도 파티션 및 파일시스템 구성, 사용에 아무 이상이 없습니다. 그러나 사용되지 않는 공

간에 별도로 파티션을 생성하지 않으면 공간이 낭비되거나, 일반적인 방법으로는 접근할 수 없는 슬랙(Slack) 공간이 됩니다.

```
           2048                    5100
                  Partition 1
                           Partition 2                    Unused
           5000                    8000     8001                  9999
```

그림 4-14 디스크 파티션 구성 예 (3)

그림 4-14는 관리자가 파티션 구성 시 파티션의 일부 영역을 겹치게 설정한 상태입니다. 이와 같이 설정될 경우, 파티션의 일부 영역이 겹치게 되므로, LBA 5000~5100 사이의 영역에 데이터 기록 시 문제가 발생할 수 있습니다.

fdisk에서는 이와 같은 상황을 방지하기 위해 파티션 영역 설정 시 다른 파티션과 겹치는 영역을 확인하여 설정 오류를 방지합니다. 실제 설정 시 어떻게 오류를 방지하는 지 확인해 보겠습니다.

```
Command (m for help): n
Partition type:
   p   primary (0 primary, 0 extended, 4 free)
   e   extended
Select (default p): p
Partition number (1-4, default 1): 1
First sector (2048-41943039, default 2048): 2048
Last sector, +sectors or +size{K,M,G} (2048-41943039, default 41943039): 5100
Partition 1 of type Linux and of size 1.5 MiB is set

Command (m for help): n
Partition type:
   p   primary (1 primary, 0 extended, 3 free)
   e   extended
Select (default p): p
Partition number (2-4, default 2): 5000
Value out of range.
Partition number (2-4, default 2):
```

그림 4-14와 동일하게 일부 영역이 겹치도록 파티션 생성을 시도하였습니다. 이럴 경우 Value out of range 오류 메시지로 설정에 문제가 있음을 알리고 재설정을 요청합니다.

4 확장 파티션

다음은 확장 파티션 구성 방법입니다. 확장 파티션은 MBR 방식 파티션에서 4개 이상의 파티션을 사용할 수 있는 방법입니다. 먼저 확장 파티션을 생성하기 위하여 세 개의 주 파티션이 생성되어진 디스크를 대상으로 확장 파티션을 생성하겠습니다.

```
Command (m for help): p

Disk /dev/sdb: 21.5 GB, 21474836480 bytes, 41943040 sectors
Units = sectors of 1 * 512 = 512 bytes
Sector size (logical/physical): 512 bytes / 512 bytes
I/O size (minimum/optimal): 512 bytes / 512 bytes
Disk label type: dos
Disk identifier: 0xa1057945

   Device Boot      Start         End      Blocks   Id  System
/dev/sdb1            2048     6293503     3145728   83  Linux
/dev/sdb2         6293504    12584959     3145728   83  Linux
/dev/sdb3        12584960    18876415     3145728   83  Linux
```

현재 약 20GB의 디스크에 3GB 용량의 파티션 3개를 생성하였습니다. 이제 남아있는 공간 약 10G를 다시 여러 개의 파티션으로 설정하려고 합니다.

먼저 수행하여야 할 작업은 확장 파티션 생성입니다. 확장 파티션을 생성하고 난 후, 확장 파티션에 논리 파티션을 생성할 수 있습니다. 확장 파티션과 논리 파티션의 구조를 그림으로 나타내면 다음과 같습니다.

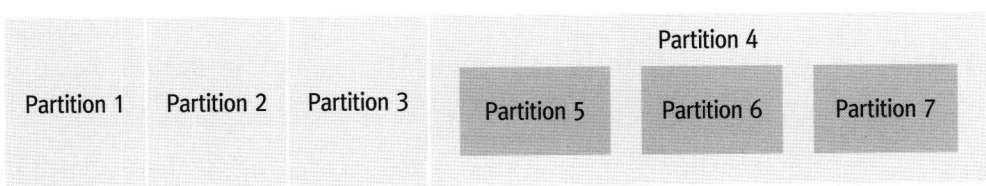

그림 4-15 확장 파티션 구조

1번부터 3번까지는 주 파티션으로 사용하고, 네 번째 파티션은 이후 생성될 논리 파티션을 담기 위한 확장 파티션으로 생성합니다. 확장 파티션은 논리 파티션에서 사용할 전체 영역을 지정해야 하므로, 일반적으로 주 파티션으로 생성된 1~3번 파티션에 할당된 영역을 제외한 전체 영역을 확장 파티션의 영역으로 지정합니다. 나머지 영역 전체를 확장 파티션으로 생성하겠습니다.

```
Command (m for help): n
Partition type:
   p   primary (3 primary, 0 extended, 1 free)
   e   extended
❶ Select (default e): e
❷ Selected partition 4
❸ First sector (18876416-41943039, default 18876416):
Using default value 18876416
Last sector, +sectors or +size{K,M,G} (18876416-41943039, default 41943039):
Using default value 41943039
Partition 4 of type Extended and of size 11 GiB is set

Command (m for help): p

Disk /dev/sdb: 21.5 GB, 21474836480 bytes, 41943040 sectors
Units = sectors of 1 * 512 = 512 bytes
Sector size (logical/physical): 512 bytes / 512 bytes
I/O size (minimum/optimal): 512 bytes / 512 bytes
Disk label type: dos
Disk identifier: 0xa1057945

   Device Boot      Start         End      Blocks   Id  System
/dev/sdb1             2048     6293503     3145728   83  Linux
/dev/sdb2          6293504    12584959     3145728   83  Linux
/dev/sdb3         12584960    18876415     3145728   83  Linux
❹ /dev/sdb4       18876416    41943039    11533312    5  Extended
```

❶ 4번 파티션 생성 시 파티션 타입을 'e'(extended) 로 지정하여 확장 파티션을 생성하였습니다.

❷ 3번 파티션까지 생성되어 있으므로, 남아있는 4번으로 파티션 번호가 자동 지정되었습니다.

❸ 시작 섹터와 마지막 섹터에서 전부 값없이 엔터를 입력하여 기본값을 사용하였습니다. 기본값 사용 시 사용가능한 영역의 첫 번째 섹터와 마지막 섹터가 선택됩니다.

❹ 생성된 파티션의 정보를 확인한 결과 파티션 타입이 Extended(5) 로 생성되었음을 확인하였습니다.

이제 추가로 논리 파티션을 생성하겠습니다. 논리 파티션 생성도 동일하게 n 명령을 사용합니다.

```
Command (m for help): n
❶ All primary partitions are in use
Adding logical partition 5
❷ First sector (18878464-41943039, default 18878464):
Using default value 18878464
❸ Last sector, +sectors or +size{K,M,G} (18878464-41943039, default
41943039): +3G
Partition 5 of type Linux and of size 3 GiB is set

Command (m for help): p

Disk /dev/sdb: 21.5 GB, 21474836480 bytes, 41943040 sectors
Units = sectors of 1 * 512 = 512 bytes
Sector size (logical/physical): 512 bytes / 512 bytes
I/O size (minimum/optimal): 512 bytes / 512 bytes
Disk label type: dos
Disk identifier: 0xa1057945

   Device Boot      Start         End      Blocks   Id  System
/dev/sdb1            2048     6293503     3145728   83  Linux
/dev/sdb2         6293504    12584959     3145728   83  Linux
/dev/sdb3        12584960    18876415     3145728   83  Linux
/dev/sdb4        18876416    41943039    11533312    5  Extended
❹ /dev/sdb5      18878464    25169919     3145728   83  Linux
```

❶ 현재 기본 파티션 4개가 전부 사용 중이고, 확장파티션이 존재하므로 논리 파티션 추가가 선택되었습니다. 논리 파티션은 파티션 번호 5번부터 시작합니다.

❷ 새로 생성할 파티션의 시작 위치를 지정합니다. 확장 파티션은 파티션 내부에 다시 파티션을 생성하는 구조이기 때문에, 확장 파티션의 시작 위치부터 일부 파티션 영역이 제외됩니다.

❸ 확장 파티션의 마지막 위치를 용량을 입력하여 지정하였습니다.

❹ 정상적으로 파티션이 추가된 것을 확인하였습니다. 확장 파티션도 동일한 규칙으로 장치명 및 장치 파일명이 결정됩니다.

동일한 방법으로 논리 파티션을 계속 추가할 수 있습니다. 논리 파티션은 15개까지 생성할 수 있습니다.

여기까지 디스크의 구조 및 장치 분류 및 장치명 확인, 그리고 디스크를 사용하기 위한 파티셔닝 작업까지 알아보았습니다.

CHAPTER 5

파일시스템 및 스왑 메모리

CHAPTER 5
파일시스템 및 스왑 메모리

— 학습목표

파일시스템의 개념을 이해하고 파일시스템을 생성할 수 있습니다.
생성한 파일시스템을 시스템에 연결할 수 있습니다.
스왑 메모리에 대하여 이해하고 구성할 수 있습니다.

— 학습내용

5.1 리눅스 파일 시스템 소개
5.2 파일 시스템 관리
5.3 스왑 메모리

이 장에서는 파일의 정보를 관리하는 파일시스템에 대한 내용을 학습하겠습니다.

지금까지 디스크를 인식시키고 파티션을 구성하는 방법에 대하여 학습하였습니다. 하지만 파티션을 구성했다고 해서 디스크를 바로 사용할 수 있는 것은 아닙니다. 디스크에 파일을 읽고 쓰려면 파일 시스템을 생성해야 합니다.

리눅스 시스템은 다양한 종류의 파일 시스템을 사용할 수 있습니다. 이 파일시스템들의 종류와 특징에 대하여 살펴보고 파일시스템 종류에 따라 생성하는 방법을 알아보도록 하겠습니다.

파일시스템을 생성한 후에는 파일시스템이 생성된 파티션 장치에 접근할 수 있도록 경로를 생성해야 합니다. 파일시스템이 생성된 파티션 장치에서 데이터를 읽거나 쓸 때 일일이 장치 파일을 통해서 접근하는 방식은 매우 불편합니다. 그렇기 때문에 파일시스템이 생성된 파티션에 디렉토리 형태로 접근할 수 있도록 연결하는 작업을 수행하는데 이를 마운트(mount)라고 합니다. 파일시스템을 마운트(mount) 할 때 mount 명령을 사용합니다. 하지만 이 명령만 사용하여 마운트(mount)하게 되면 시스템이 재부팅될 때 다시 마운트(mount)되지 않습니다. 시스템이 부팅되면서 파일시스템을 자동으로 마운트(mount)시키기 위하여 특정 파일에 마운트(mount)정보를 입력하여야 합니다. 이 방법에 대해서 차례대로 알아보도록 하겠습니다.

마지막으로 학습할 스왑 메모리는 가상 메모리 기법으로 시스템의 물리 메모리(RAM)가 부족할 때 사용하면 시스템의 성능을 향상 시킬 수 있습니다. 스왑 메모리가 필요한 이유와 구성하는 방법에 대해서 알아보도록 하겠습니다.

이 장에서는 다음과 같은 순서로 상세한 내용에 대해 다루어 보도록 하겠습니다.

5.1 리눅스 파일 시스템 소개

5.2 파일 시스템 관리

5.3 스왑 메모리

5.1 리눅스 파일시스템 소개

리눅스에서는 다양한 파일시스템을 사용할 수 있습니다. 따라서 파일시스템의 종류를 살펴보고 파일시스템 종류 중 특정 파일시스템에 대한 특징을 살펴보도록 하겠습니다.

파일시스템은 구조화된 일련의 정보를 구성하는 파일과 디렉토리의 집합입니다. 조금 쉽게 말하자면 파일 및 디렉토리를 저장하는 방식이라고 할 수 있습니다.

예를 들어 창고에 물건을 저장할 때 창고 내부에 물품별로 저장 공간을 분할합니다. 이 작업은 이전에 다루었던 디스크 파티셔닝이라고 할 수 있습니다.

또한 창고에 물건을 저장할 때 체계적으로 저장하지 않으면 재고 확인이나 물품을 찾기가 어렵습니다. 그래서 창고에 저장한 물품을 체계적으로 관리할 목록을 만들어 공간을 활용하거나 쉽게 관리 할 수 있습니다.

이와 같이 물품을 체계적으로 보관하는 목록과 같은 것이 파일시스템입니다. 파일 시스템은 파일의 목록과 파일이 실제 저장된 위치, 그리고 파일에 대한 정보를 관리합니다.

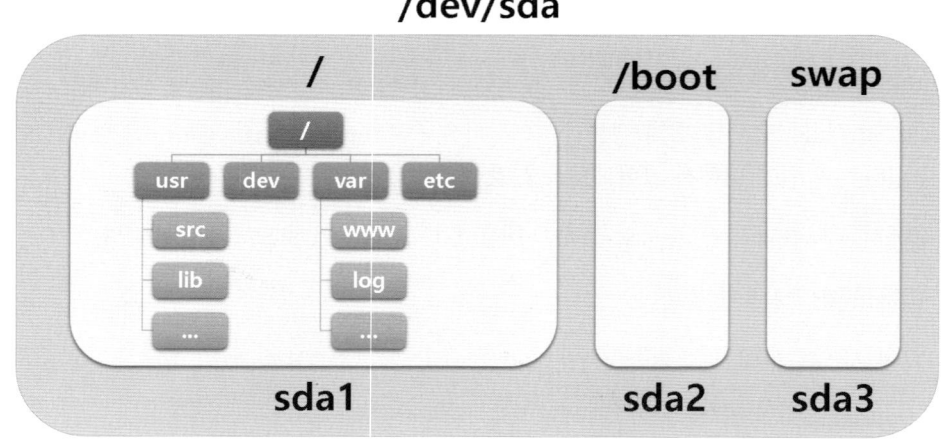

그림 5-1 디스크/파티션/파일시스템 구조

위의 그림은 리눅스 시스템이 설치된 디스크의 파티션 구조와 파일시스템 구조를 나타냅니다. /dev/sda1 파티션 장치는 '/'에 마운트 됩니다. '/'는 루트 파일시스템으로 사용되기 위하여 생성된 디렉토리입니다. 시스템 부팅 과정에서 /dev/sda1 파티션 장치는 '/'에 마운트 됩니다. 현재 /dev/sda1 파티션 장치 내부에는 디렉토리와 파일이 존재합니다.

1 리눅스 파일시스템 소개

이어서 리눅스에서 지원하는 파일시스템을 유형별로 분류해서 간략하게 소개하도록 하겠습니다.

1] 디스크 기반 파일 시스템 (Disk-Based File System)

디스크 기반 파일 시스템은 하드디스크, CD-ROM, DVD 등을 기반으로 하는 파일시스템입니다.

① **MINIX** : 유닉스(Unix)의 한 갈래인 미닉스(Minix)에서 사용되던 파일시스템입니다. 플로피 디스크 등 작은 크기의 저장소장치로 사용되는 파일시스템입니다.

② **EXT** : 리눅스 초기 개발 시 리눅스에서 사용하기 위하여 만들어진 확장 파일시스템(Extended File System)입니다. 리눅스가 미닉스를 토대로 만들어졌고, 유닉스와 호환되도록 만들어졌기 때문에, 리눅스의 파일시스템도 유닉스의 파일시스템인 UFS(Unix File System)의 영향을 받았습니다. 현재 ext 파일시스템은 ext2, ext3, ext4 세 가지 버전이 존재합니다.

③ **XFS** : SGI(실리콘 그래픽스)사에 의해서 개발된 파일시스템입니다. 기존 IRIX시스템에서 사용되던 파일시스템이 리눅스로 이식되었습니다. 대부분의 리눅스에서 지원하고 있으며, RHEL7, CentOS7, OL7 등 최신 리눅스 버전에서 기본 파일시스템으로 사용되고 있습니다.

④ **FAT** : Microsoft의 DOS 및 초기 윈도우용으로 개발된 파일시스템입니다. 현재는 USB등 이동식 저장장치에 주로 사용되고 있습니다. 리눅스에서는 FAT와 vFAT파일시스템을 지원하고 있습니다.

⑤ **ISO9660** : ISO 9660은 ISO 9660 표준에 따른 CD-ROM 파일시스템입니다. 이 파일시스템은 운영체제 및 플랫폼에 무관하게 사용가능한 표준 방식입니다.

⑥ **UDFS** : udfs는 UDF(Universal Disk Format) 규격의 파일 시스템입니다. UDF는 ISO 9660을 대체하는 ISO/IEC 13346 규격으로 개발되었습니다. DVD의 표준 파일시스템입니다.

2] 분산 파일시스템 (Distributed File System)

분산 파일시스템은 네트워크를 통해 파일시스템의 자원에 접근할 수 있도록 지원하는 파일시스템입니다.

① **NFS(Network File System)** : Sun Microsystems(現Oracle)에서 개발된 네트워크 기반 분산 파일시스템입니다. 대부분의 유닉스/리눅스에서 사용할 수 있는 분산파일시스템 방식이며 공유된 자원을 로컬 시스템의 자원처럼 사용할 수 있습니다.

② **SMB(Server Message Block)** : Microsoft의 LM(Lan Manager) 및 NetBIOS 기반의 파일 및 장치 공유 프로토콜인 'SMB' 기반의 분산파일시스템입니다. 윈도우 운영체제와 유닉스/리눅스 운영체제간 디렉토리 및 파일 공유 기능을 제공합니다. 리눅스에서는 삼바(Samba) 서비스를 통해 SMB공유를 제공할 수 있습니다.

3] Pseudo 파일 시스템

Pseudo 파일 시스템은 메모리 기반의 파일시스템으로 시스템 성능을 높이고 커널정보에 접근할 수 있도록 지원합니다. 메모리 기반 파일시스템은 대부분 시스템에 의하여 자동으로 생성되거나 해제됩니다. 따라서 사용 중인 메모리 기반 파일시스템을 사용자가 임의로 해제할 경우 시스템에 문제가 발생할 수 있으므로 주의하여야 합니다.

① **swapfs** : 스왑 파일 시스템(Swap File System)은 물리 메모리를 보조하기 위한 디스크 내의 스왑영역에서 사용하는 파일시스템입니다.

② **tmpfs** : 임시 파일시스템(Temporary File System)은 디스크 기반의 쓰기 오버헤드를 줄이기 위해 메모리에 파일을 기록하는 파일시스템입니다. 메모리 기반이므로 데이터의 보관을 보장하지 않습니다.

③ **fdfs** : 파일 설명자 파일시스템(File Descriptor File System)은 /dev/fd 디렉토리의 파일 설명자(/dev/fd/0, /dev/fd/1, /dev/fd/2)를 사용할 수 있는 명시적인 이름을 제공하고 있습니다.

④ **procfs** : 프로세스 파일 시스템(Process File System)은 현재 동작중인 프로세스의 목록을 관리하는 파일시스템입니다. 프로세스의 목록을 관리할 때 각 프로세스의 PID로 관리합니다. 프로세스의 목록은 ps 명령을 사용하여 확인할 수 있습니다. /proc 디렉토리가 procfs에 해당합니다.

⑤ **devfs** : 디바이스 파일 시스템(Device File System)은 시스템에서 사용하는 모든 디바이스의 이름 공간을 관리하기 위하여 사용합니다. /dev 위치가 devfs에 해당합니다.

2 주요 파일시스템 구조

위에서 살펴본 파일시스템 분류 중, 데이터 저장 용도로 주로 사용하는 파일시스템은 EXT 파일시스템 계열의 ext4 파일시스템과 SGI사의 xfs 파일시스템을 주로 사용합니다. 이 두 가지 파일시스템이 데이터를 저장하는 방법에 대해서 살펴보겠습니다.

1] ext4 파일시스템

ext4 파일시스템은 유닉스의 ufs 파일시스템의 구조와 유사하기 때문에 파일의 권한이나 소유권 같은 파일의 속성 정보를 관리하는 방법이 유사합니다. 따라서 ext4 파일시스템에서도 전통적인 POSIX(Portable Operating System Interface) 표준을 지원합니다.

ext4 파일시스템은 이전 버전인 ext2 또는 ext3에 비해 지원되는 파일시스템의 크기나 단일 파일의 크기 그리고 최대 디렉토리의 개수에 대한 제한이 확장되었습니다. 또한 ext3 파일시스템부터 저널링(journaling) 기능이 추가되었습니다. 저널링 기능은 디스크에 데이터 기록 시 변경할 내용에 대한 기록(로그)을 생성하고 이후 변경한 데이터의 내용을 기록하는 기능입니다. 저널링 기능을 사용하면 데이터를 기록하는 도중에 오류가 발생했을 때 복구할 수 있습니다.

ext4 파일시스템 기본 구조에 대한 주요 특징은 다음과 같습니다.

- 파일시스템 전체에 대한 주요 정보는 슈퍼 블록(Super Block)에 저장됩니다.
- ext4 파일시스템 내에 여러 개의 블록 그룹(Block Group)이 존재합니다.
- 슈퍼 블록의 백업이 일부 블록 그룹에 저장됩니다.
- inode를 사용하여 파일의 메타정보와 데이터를 분리하여 저장합니다.

ext4 파일시스템의 첫 번째 블록 그룹은 다음과 같은 구조를 가지고 있습니다.

그림 5-2 ext4 파일시스템 첫 번째 블록 그룹의 구조

이어서 각 구조에 대해서 알아보도록 하겠습니다.

① 패딩

x86부트섹터 등의 용도로 사용하기 위하여 첫 1,024 Byte는 패딩(Padding) 으로 비워져 있습니다. 패딩을 제외한 1,024Byte 위치부터 첫 번째 블록이 시작됩니다. 블록 크기가 1,024Byte일 경우 패딩이 0번 블록으로, 슈퍼블록이 1번 블록으로 지정됩니다.

② ext4 슈퍼 블록

ext4 슈퍼 블록은 파일시스템 전체에 대한 정보들을 저장하고 있습니다. 저장하고 있는 주요 정보는 다음과 같습니다.

- 전체 inode의 개수
- 전체 블록의 개수
- 사용 가능한 블록의 개수
- 사용가능한 inode 개수
- 첫 번째 데이터 블록의 위치
- 블록의 크기
- 블록 그룹 당 블록의 개수
- 블록 그룹 당 inode의 개수
- 마운트 된 시간 정보
- 기록된 시간 정보
- fsck 후 마운트 된 회수
- fsck를 실행할 마운트 회수
- 파일시스템 상태
- 오류가 발견되었을 때 동작
- 마지막 파일시스템 체크 시간

(참고 : https://ext4.wiki.kernel.org/index.php/Ext4_Disk_Layout#The_Super_Block)

슈퍼 블록은 파일시스템 전체와 관련된 중요한 정보들을 가지고 있습니다. 따라서 슈퍼 블록이 손상될 경우 전체 파일시스템의 작동에 장애가 발생됩니다. 이것을 방지하기 위하여 슈퍼 블록 그룹의 중요한 데이터는 다른 블록 그룹에 백업 슈퍼 블록으로 백업됩니다.

③ 그룹 디스크립터

슈퍼 블록은 파일시스템 전체에 대한 정보를 담고 있다면, 그룹 디스크립터 및 예약된 GDT 블록은 블록 그룹에 대한 정보를 가지고 있습니다. 예약된 GDT 블록은 그룹 디스크립터의 확장을 위해 예약된 블록입니다. 그룹 디스크립터에 저장된 주요 정보는 다음과 같습니다.

- 데이터 블록 비트맵의 위치
- inode 비트맵의 위치
- inode 테이블의 위치
- 블록 그룹의 사용가능한 블록 개수
- 블록 그룹의 사용가능한 inode 개수
- 디렉토리의 개수
- 블록 그룹 상태에 대한 Flag
- 블록 비트맵의 체크섬 값
- inode 비트맵의 체크섬 값
- 그룹 디스크립터의 체크섬 값

(참고 : https://ext4.wiki.kernel.org/index.php/Ext4_Disk_Layout#Block_Group_Descriptors)

④ 데이터 블록 / inode 비트맵

비트맵은 데이터 블록/inode 용도로 지정된 블록들 중 사용 중인 블록과 사용하지 않는 블록을 체크하기 위한 영역입니다. 각 블록의 사용여부를 체크하기 위하여 비트맵 블록에서 각 1bit(0 or 1)씩 사용합니다.

⑤ inode 테이블

inode 테이블은 파일에 대한 정보를 가지고 있는 inode가 모여 있는 테이블입니다. inode는 각각 1개의 파일 또는 디렉토리에 대한 정보를 가지고 있습니다. 각 inode가 가지고 있는 주요 정보는 다음과 같습니다.

- 파일의 종류 및 권한 정보입니다. 기본 권한 및 확장 권한(Setuid, Setgid) 정보가 포함됩니다.
- 파일 소유자의 UID
- 파일의 크기
- 파일의 마지막 접근시간 정보
- 파일의 마지막 변경시간 정보
- 파일의 마지막 수정시간 정보

- 파일의 삭제 시간 정보
- 파일의 소유 그룹 정보
- 파일의 하드링크 개수
- 파일이 사용하고 있는 블록 개수 정보
- 파일 속성에 대한 Flag
- 실제 파일 데이터가 들어있는 데이터 블록의 주소

inode의 구조를 정확하기 이해하기 위하여 inode를 사용하여 실제 데이터가 들어있는 데이터 블록에 어떻게 찾아가는지 확인하여야 합니다. 아래 그림 5-3은 각 inode가 데이터 블록 영역의 파일을 가리키는 포인터의 구조를 나타내고 있습니다.

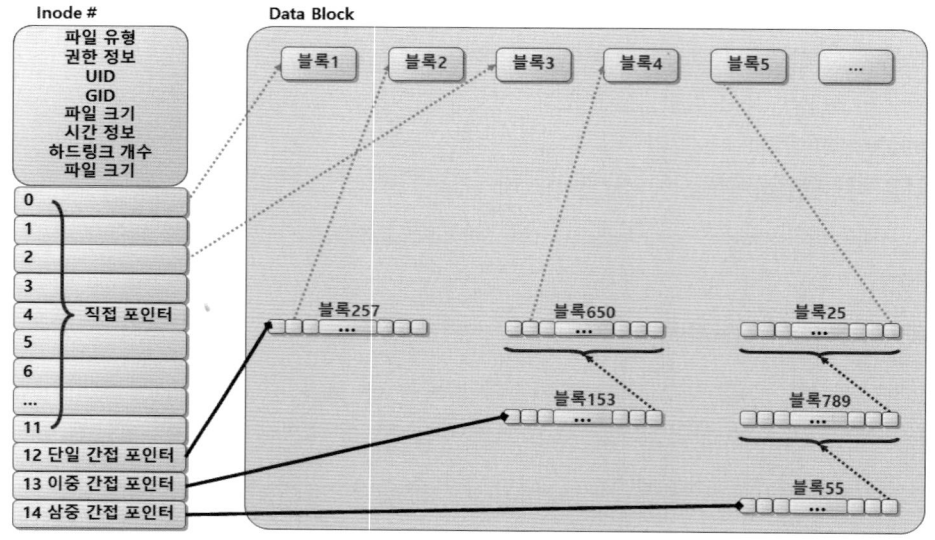

그림 5-3 inode 포인터 구조

그림의 좌측이 inode 테이블 중 한 파일의 inode입니다. inode에서 왼쪽의 숫자 0~14 까지가 포인터에 해당하고, 각각 포인터의 종류를 표시하고 있습니다.

직접 포인터는 데이터 블록의 주소를 가지고 있는 포인터입니다. 파일의 크기가 작을 경우 직접 포인터만으로도 파일의 데이터블록을 전부 지정할 수 있지만, 파일의 크기가 커질 경우 포인터의 개수가 부족합니다. 이 경우에 단일/이중/삼중 간접 포인터를 사용하여야 합니다. 단일 간접 포인터도 직접 포인터와 동일하게 데이터 블록의 한 블록을 가리키고 있습니다. 하지만 그 데이터 블록에는 데이터 대신 다시 다른 블록을 가리키는 주소가 들어있습니다.

같은 방법으로 이중 간접 포인터는 포인터가 가리키는 위치에 다른 블록을 가리키는 주소가 들어있고, 주소로 따라가면 다시 주소가 들어있는 블록이 있습니다. 삼중 간접 포인터도 단계가 추가될 뿐 방식은 동일합니다.

즉 삼중 간접 포인터의 경우, 삼중 간접 포인터가 들어있는 55블록으로 찾아가면 이중 간접 포인터들의 주소를 확인할 수 있습니다. 그 중 한 포인터를 따라 789블록으로 찾아가면 단일 간접 포인터를 주소를 확인할 수 있고, 다시 그 중 한 포인터를 따라 25블록으로 이동하면, 데이터 블록을 가리키는 주소를 확인할 수 있습니다.

이와 같이 파일이 가리키는 데이터 블록의 개수를 간접 포인터를 사용하여 늘리게 됩니다. 파일시스템에서 사용할 수 있는 최대 파일의 크기는 리눅스 시스템의 블록의 크기에 따라 결정됩니다.

⑥ 데이터 블록

실제 데이터가 들어있는 블록입니다. inode 포인터가 파일의 데이터를 가지고 있는 데이터 블록의 주소를 가지고 있습니다. 그래서 파일의 데이터가 여러 개의 데이터 블록에 흩어져 있는 경우에도 정확하게 파일의 데이터를 찾을 수 있습니다.

2] xfs 파일시스템

xfs 파일시스템은 RHEL 7, OL 7, CentOS 7과 같은 최신 버전의 리눅스에서 기본 파일 시스템으로 사용되고 있습니다. xfs 파일시스템도 ext4와 동일하게 POSIX 표준 파일 속성 및 확장 속성을 지원합니다.

xfs는 저널링 기능을 제공하기 때문에 장애 발생 시 빠른 복구를 지원합니다. 그리고 저널링 기능에 의한 성능 저하 영향을 최소화하였습니다. 또한 xfs는 64bit를 지원하는 파일시스템으로, 대용량의 파일시스템을 사용할 수 있습니다.

xfs 파일시스템의 구조적인 특징은 다음과 같습니다.

- inode를 사용합니다. 내부 구조는 ext4 파일시스템과 같지 않습니다.
- ext4의 블록 그룹 대신 할당 그룹(Allocation Group) 용어를 사용합니다. 기본적으로 볼륨을 8개의 할당그룹으로 분할합니다. 8개 이상으로 분할할 수 있습니다.
- 파일 탐색을 위해 B+트리를 사용합니다.

xfs 파일시스템의 할당 그룹(Allocation Group) 구조는 다음과 같습니다.

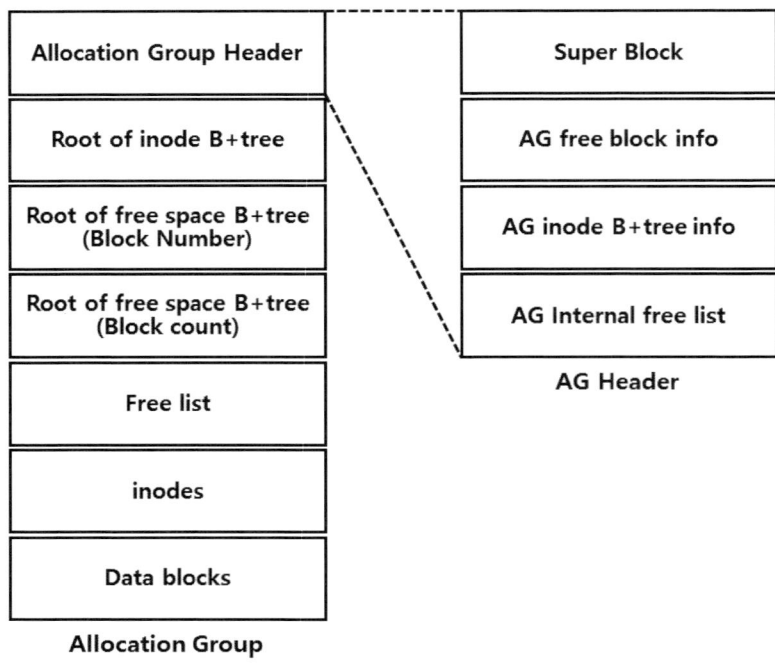

그림 5-4 xfs 할당 그룹(Allocation Group) 구조

좌측은 xfs 파일시스템 중 할당 그룹(Allocation Group)의 구조이고, 우측은 할당 그룹(Allocation Group) 구조 중 할당 그룹 헤더(Allocation Group Header)의 구조입니다. 다음으로 구성요소에 대하여 살펴보겠습니다.

① 슈퍼 블록(Super Block)

슈퍼 블록은 ext4의 슈퍼 블록과 같은 전체 할당 그룹(Allocation Group)들에 대한 정보를 저장하는 용도로 사용됩니다. 첫 번째 할당 그룹(Allocation Group)의 슈퍼 블록이 사용되고, 두 번째 이후 할당그룹의 슈퍼블록은 백업 용도로 존재하며 복구에 사용됩니다. 저장되는 주요 정보는 다음과 같습니다.

- xfs에서 사용하는 블록의 크기
- 사용가능한 전체 블록의 개수
- 각 할당그룹의 크기
- 할당 그룹의 개수
- 섹터의 크기

- inode의 크기
- 블록당 inode 개수
- 파일시스템 이름
- 파일시스템 상태 Flag
- inode 최대 할당비율
- 총 inode 개수
- 미할당 inode 개수
- 미할당 블록 개수
- Quota 관련 정보

② **AG free block info**

할당그룹의 미할당 영역에 대한 정보를 가지고 있습니다. 할당그룹 구조의 Root of free space B+tree 항목과 연관이 있습니다.

③ **AG inode B+tree info**

할당그룹의 할당 영역에 대한 정보를 가지고 있습니다. 할당 그룹 구조의 Root of inode B+tree 항목과 연관이 있습니다.

④ **AG free list**

B+tree 영역을 확장하기 위하여 예약된 공간입니다.

⑤ **inodes**

할당 그룹 내 각 파일에 대한 inode의 집합입니다. 각 inode 마다 고유한 번호를 할당받습니다. inode에 포함되는 주요 정보는 다음과 같습니다.

- 파일 접근 권한
- 파일 종류
- 링크 개수
- 사용자 UID
- 사용자그룹 GID
- 마지막 접근시간
- 마지막 변경시간
- 마지막 수정시간
- 파일의 크기

- 파일이 사용한 블록 개수
- Extents 관련 정보
- 상태 Flag

⑥ 데이터 블록(Data Blocks)

실제 데이터가 저장되는 영역입니다.

5.2 파일시스템 관리

지금까지 리눅스 시스템에서 지원하는 파일시스템의 분류와 주요 파일시스템의 구조에 대해서 살펴보았습니다. 지금부터는 실제 디스크에 파일시스템을 생성하고 이 파일시스템을 사용할 수 있도록 마운트 하는 과정에 대하여 살펴보겠습니다.

1 파일시스템 생성

디스크 파티셔닝이 완료되면, 파티셔닝된 장치에 파일시스템을 생성해야 파일 및 디렉토리를 저장할 수 있습니다.

파일시스템 생성에 사용하는 명령은 mkfs 명령입니다. mkfs 명령의 사용법은 다음과 같습니다.

```
mkfs -t [filesystem-type] partition
```

'-t' 옵션은 파일시스템의 종류를 지정합니다. 특정 파일시스템을 지정하지 않을 경우 ext2 파일시스템으로 생성됩니다. ext2 파일 시스템의 경우 굉장히 오래되고 기능이 많이 제한되기 때문에 주의해야 합니다.

mkfs 명령과 같이 파일시스템 생성을 할 수 있지만, 특정 방식의 파일시스템을 생성할 수 있는 명령어가 별도로 존재합니다.

```
[root@nobreak ~]# ls -l /usr/sbin/mkfs*
-rwxr-xr-x. 1 root root  11520 Nov  6 07:27 /usr/sbin/mkfs
-rwxr-xr-x. 1 root root 308200 Nov  6 00:48 /usr/sbin/mkfs.btrfs
-rwxr-xr-x. 1 root root  32784 Nov  6 07:27 /usr/sbin/mkfs.cramfs
-rwxr-xr-x. 4 root root  96304 Nov  6 03:59 /usr/sbin/mkfs.ext2
-rwxr-xr-x. 4 root root  96304 Nov  6 03:59 /usr/sbin/mkfs.ext3
-rwxr-xr-x. 4 root root  96304 Nov  6 03:59 /usr/sbin/mkfs.ext4
-rwxr-xr-x. 1 root root  28624 Jun 10  2014 /usr/sbin/mkfs.fat
-rwxr-xr-x. 1 root root  32872 Nov  6 07:27 /usr/sbin/mkfs.minix
lrwxrwxrwx. 1 root root      8 Jan 17 11:13 /usr/sbin/mkfs.msdos -> mkfs.fat
lrwxrwxrwx. 1 root root      8 Jan 17 11:13 /usr/sbin/mkfs.vfat -> mkfs.fat
-rwxr-xr-x. 1 root root 368464 Nov  6 12:03 /usr/sbin/mkfs.xfs
```

각 명령은 파일명에 포함된 파일시스템 생성 용도로 사용됩니다. mkfs 명령에서 지원하는 옵션 이외의 추가 옵션을 지원하므로, 필요에 따라 사용할 수 있습니다. 세부적인 옵션은 매뉴얼 페이지를 이용하여 확인 가능합니다.

mkfs 명령을 사용하여 두 개의 파티션을 각각 ext4, xfs 파일시스템으로 생성 합니다.

먼저 파일시스템을 생성하기 전에 파티션의 정보를 확인 합니다.

```
[root@nobreak ~]# parted -s /dev/sdb print
Model: VMware, VMware Virtual S (scsi)
Disk /dev/sdb: 21.5GB
Sector size (logical/physical): 512B/512B
Partition Table: msdos
Disk Flags:

Number  Start   End     Size    Type     File system  Flags
 1      1049kB  1075MB  1074MB  primary
 2      1075MB  2149MB  1074MB  primary
```

두 개의 파티션이 생성되었지만 아직 파일시스템은 생성되지 않은 것을 확인할 수 있습니다. file 명령을 사용하여 특정 파티션의 파일시스템의 정보를 확인할 수 있습니다. file 명령을 옵션 없이 사용할 경우 파일의 종류만 확인할 수 있지만, '-s' 옵션을 함께 사용할 경우 인자로 지정된 디스크 장치의 디스크 및 파티션 종류를 확인할 수 있습니다.

```
[root@nobreak ~]# file /dev/sdb
/dev/sdb: block special
[root@nobreak ~]# file /dev/sdb1
/dev/sdb1: block special
[root@nobreak ~]# file -s /dev/sdb
/dev/sdb: x86 boot sector; partition 1: ID=0x83, starthead 32, startsector
2048, 2097152 sectors; partition 2: ID=0x83, starthead 170, startsector
2099200, 2097152 sectors, code offset 0x0
[root@nobreak ~]# file -s /dev/sdb1
/dev/sdb1: data
```

file 명령과 '-s' 옵션을 함께 사용할 때 인자로 디스크 장치를 지정하면 디스크 장치 유형 및 디스크에 대한 정보를 출력하고, 인자로 파티션 장치를 지정할 경우 파일시스템의 정보를 출력합니다. 위의 예에서는 파티션 장치에 아직 파일시스템이 생성되지 않아 data를 출력합니다.

이제 파일시스템을 생성하고 파티션의 정보를 확인 합니다. /dev/sdb1 파티션 장치는 xfs 파일시스템으로 생성합니다.

```
[root@nobreak ~]# mkfs -t xfs /dev/sdb1
meta-data=/dev/sdb1            isize=512    agcount=4, agsize=65536 blks
         =                     sectsz=512   attr=2, projid32bit=1
         =                     crc=1        finobt=0, sparse=0
data     =                     bsize=4096   blocks=262144, imaxpct=25
         =                     sunit=0      swidth=0 blks
naming   =version 2            bsize=4096   ascii-ci=0 ftype=1
log      =internal log         bsize=4096   blocks=2560, version=2
         =                     sectsz=512   sunit=0 blks, lazy-count=1
realtime =none                 extsz=4096   blocks=0, rtextents=0
[root@nobreak ~]# file -s /dev/sdb1
/dev/sdb1: SGI xfs filesystem data (blksz 4096, inosz 512, v2 dirs)
```

/dev/sdb1 파티션 장치에 xfs 파일시스템을 생성하였습니다. mkfs 명령을 사용 할 때 생성되는 파일시스템의 정보가 대략적으로 출력됩니다. 파일시스템 생성 후 'file -s' 명령을 사용하여 xfs 파일시스템이 정상적으로 생성되었음을 확인하였습니다.

다음은 /dev/sdb2 파티션 장치에 ext4 파일시스템을 생성합니다. ext4로 파일시스템을 생성하는 방법은 xfs 파일시스템을 생성할 때처럼 mkfs 명령에 '-t' 옵션을 사용할 수 있지만 아래의 예에서는 mkfs.ext4 명령을 사용하여 수행합니다. 두 명령을 실행 했을 때 결과의 차이는 없습니다.

```
[root@nobreak ~]# mkfs.ext4 /dev/sdb2
mke2fs 1.42.9 (28-Dec-2013)
Filesystem label=
OS type: Linux
Block size=4096 (log=2)
Fragment size=4096 (log=2)
Stride=0 blocks, Stripe width=0 blocks
65536 inodes, 262144 blocks
13107 blocks (5.00%) reserved for the super user
First data block=0
Maximum filesystem blocks=268435456
8 block groups
32768 blocks per group, 32768 fragments per group
8192 inodes per group
Superblock backups stored on blocks:
        32768, 98304, 163840, 229376

Allocating group tables: done
Writing inode tables: done
Creating journal (8192 blocks): done
Writing superblocks and filesystem accounting information: done

[root@nobreak ~]# file -s /dev/sdb2
/dev/sdb2: Linux rev 1.0 ext4 filesystem data, UUID=5f2b74bc-ee72-4c65-b692-
b7927d796b06 (extents) (64bit) (large files) (huge files)
```

ext4 파일시스템의 경우 생성 시 대략적인 파일시스템의 정보와 함께 백업 슈퍼블록의 위치를 출력하고 있습니다. 이 정보를 사용하여 첫 번째 슈퍼블록이 손상되었을 때 복구할 수 있습니다.

시스템에 생성된 파일시스템의 종류를 확인하기 위하여 blkid 명령을 사용할 수 있습니다.

```
[root@nobreak ~]# blkid
/dev/sda1: UUID="96e1f1a4-fbff-434a-89aa-0103ed858865" TYPE="xfs"
/dev/sda2: UUID="7bdb25a5-d3db-405d-808b-a2a49bdf939b" TYPE="swap"
/dev/sda3: UUID="7a055bc3-2789-4927-b69a-e8ec5506ce1b" TYPE="xfs"
/dev/sr0: UUID="2015-08-17-17-00-00-00" LABEL="16.0.4266.1003" TYPE="udf"
/dev/sdb1: UUID="e89d2040-e429-4072-9c09-1e521891edd1" TYPE="xfs"
/dev/sdb2: UUID="5f2b74bc-ee72-4c65-b692-b7927d796b06" TYPE="ext4"
```

blkid 명령은 블록 장치의 파일시스템 종류와 함께 파일시스템의 UUID(Universally Unique IDentifier)값을 출력합니다. UUID는 시스템 또는 네트워크상에 존재하는 장치들을 구분하기 위한 일련번호입니다. 이는 무수히 많은 경우의 수를 가지고 있으므로 중복 가능성은 거의 존재하지 않습니다.

파티션의 UUID 값은 이후 파일시스템을 시스템에 마운트 하는 과정에서 사용됩니다.

lsblk 명령을 사용해도 시스템에 존재하는 파일시스템을 확인할 수 있습니다.

```
[root@nobreak ~]# lsblk
NAME    MAJ:MIN RM  SIZE RO TYPE MOUNTPOINT
sda       8:0    0   20G  0 disk
├─sda1    8:1    0    1G  0 part /boot
├─sda2    8:2    0    1G  0 part [SWAP]
└─sda3    8:3    0   18G  0 part /
sdb       8:16   0   20G  0 disk
├─sdb1    8:17   0    1G  0 part
└─sdb2    8:18   0    1G  0 part
sr0      11:0    1  2.2G  0 rom  /run/media/root/16.0.4266.1003
```

디스크 및 파티션의 구조를 트리 형태로 표현하여 구조를 쉽게 파악할 수 있습니다. 파일시스템 정보를 포함하여 출력하기 위하여 '-f' 옵션을 함께 사용합니다. 아래의 예는 lsblk 명령에 '-f' 옵션을 함께 사용한 예입니다.

```
[root@nobreak ~]# lsblk -f
NAME    FSTYPE LABEL          UUID                                 MOUNTPOINT
sda
├─sda1  xfs                   96e1f1a4-fbff-434a-89aa-0103ed858865 /boot
├─sda2  swap                  7bdb25a5-d3db-405d-808b-a2a49bdf939b [SWAP]
└─sda3  xfs                   7a055bc3-2789-4927-b69a-e8ec5506ce1b /
sdb
├─sdb1  xfs                   e89d2040-e429-4072-9c09-1e521891edd1
└─sdb2  ext4                  5f2b74bc-ee72-4c65-b692-b7927d796b06
sr0     udf    16.0.4266.1003 2015-08-17-17-00-00-00               /run/media/
root/16.0.4266.1003
```

2 파일시스템 마운트

파일시스템을 생성한 후에는 파일시스템에 접근할 수 있는 경로를 생성해야 합니다. 이 과정을 마운트(mount)라고 합니다.

파일시스템을 마운트 할 때 파일시스템이 생성된 파티션 장치와 마운트 포인트(Mount Point)를 지정합니다. 마운트 포인트를 쉽게 이해하기 위해 윈도우 시스템의 드라이브 이름과 비교하겠습니다.

윈도우 시스템에서 디스크를 추가할 경우, 보통 C, D, E 순서로 드라이브 이름을 할당받습니다. 드라이브 문자를 할당받아야 윈도우 탐색기 또는 명령을 통해 파일시스템에 접근할 수 있습니다.

리눅스의 파일시스템에는 윈도우처럼 드라이브 문자를 할당하는 방식을 사용하지 않습니다. 리눅스의 파일시스템은 '/' 부터 시작하여 하위 디렉토리들이 연결되는 계층적 구조를 가지고 있습니다. 따라서 새로운 볼륨의 파일시스템을 추가로 연결 할 경우, '/' 아래에 파일시스템이 연결될 수 있는 경로를 생성하거나 지정하여 연결합니다.

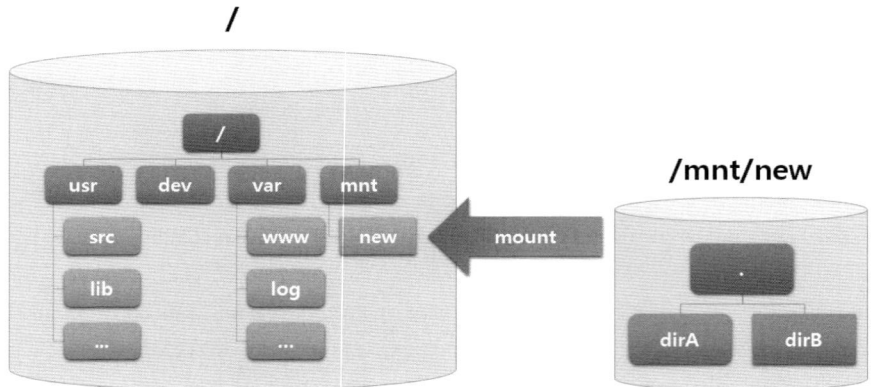

그림 5-5 파일시스템 mount 구조

위의 그림은 '/' 아래 새로운 파일시스템을 연결하는 방식을 나타낸 그림입니다. 이 그림에서 왼쪽은 시스템의 루트 파일시스템(/), 오른쪽은 새로 추가한 볼륨입니다.

이 그림에서 마운트 포인트는 '/' 아래의 /mnt/new 디렉토리입니다. 파일시스템이 생성된 파티션 장치를 이 마운트 포인트에 연결하여 파일시스템에 접근할 때 마운트 포인트 경로로 접근할 수 있습니다.

1] mount 명령을 사용하여 파일시스템 마운트

mount 명령을 사용하여 파일시스템이 생성된 파티션 장치를 마운트 포인트에 연결할 수 있습니다.

파일 시스템을 마운트할 때 mount 명령을 사용하는 방법은 다음과 같습니다.

```
mount [option] { partition | UUID } mount-point
```

사용할 수 있는 주요 옵션은 다음과 같습니다.

옵션	설명
-t	마운트할 파일시스템의 유형을 지정합니다. (ext2, ext3, ext4, xfs...)
-o	파일시스템 마운트 시, 세부 옵션을 지정합니다.

표 5-1 mount 명령의 주요 옵션

리눅스 시스템의 기본 파일시스템일 경우 '-t' 옵션을 생략할 수 있습니다. 하지만 정상적으로 마운트가 되지 않을 경우에는 파일시스템 종류를 지정하는 것이 바람직합니다. '-o' 옵션의 세부항목은 아래에서 자세히 확인 해 보도록 하겠습니다.

마운트하려는 파일시스템의 파티션 장치명과 마운트 포인트 없이 mount 명령만 단독으로 사용할 경우 마운트 된 파일시스템 장치의 목록을 표시합니다.

```
[root@nobreak ~]# mount
sysfs on /sys type sysfs (rw,nosuid,nodev,noexec,relatime,seclabel)
proc on /proc type proc (rw,nosuid,nodev,noexec,relatime)
devtmpfs on /dev type devtmpfs (rw,nosuid,seclabel,size=918956k,nr_inodes=2297
39,mode=755)
tmpfs on /dev/shm type tmpfs (rw,nosuid,nodev,seclabel)
devpts on /dev/pts type devpts (rw,nosuid,noexec,relatime,seclabel,gid=5,mode=
620,ptmxmode=000)
tmpfs on /run type tmpfs (rw,nosuid,nodev,seclabel,mode=755)
tmpfs on /sys/fs/cgroup type tmpfs (ro,nosuid,nodev,noexec,seclabel,mode=755)
cgroup on /sys/fs/cgroup/systemd type cgroup (rw,nosuid,nodev,noexec,relatime,
xattr,release_agent=/usr/lib/systemd/systemd-cgroups-agent,name=systemd)
/dev/sda3 on / type xfs (rw,relatime,seclabel,attr2,inode64,noquota)
sunrpc on /var/lib/nfs/rpc_pipefs type rpc_pipefs (rw,relatime)
nfsd on /proc/fs/nfsd type nfsd (rw,relatime)
tmpfs on /run/user/0 type tmpfs (rw,nosuid,nodev,relatime,seclabel,size=186728
k,mode=700)
```

mount 명령을 사용하여 그림 5-5와 같은 구조로 파일시스템을 마운트 합니다.

```
[root@nobreak ~]# ❶ mkdir /mnt/new
[root@nobreak ~]# ls -l /mnt/test
[root@nobreak ~]# ❷ mount /dev/sdb1 /mnt/new
[root@nobreak ~]# ls -l /mnt/new/
total 16
drwx------. 2 root root 16384 Jan 20 09:59 lost+found ❸
```

❶ 명령에서 마운트 포인트인 /mnt/new 디렉토리를 생성하였습니다.

❷ 명령에서 파일시스템이 구성된 파티션 장치를 마운트 포인트에 연결하였습니다. 마운트 옵션을 사용하지 않고, 파일시스템이 생성된 파티션 장치명과 마운트 포인트만 지정하였습니다. 이렇게 마운트 옵션을 지정하지 않을 경우, 사전에 지정된 'defaults'라는 옵션의 집합이 사용됩니다.

마운트를 실행한 후, 마운트 포인트에 존재하는 파일 목록을 확인해보면 ❸과 같은 목록이 조회됩니다. lost+found는 ext파일시스템 등 일부 파일시스템에서 기본적으로 생성되는 디렉토리로, 파일시스템의 오류를 체크할 때 발견된 파일들이 복구되는 디렉토리입니다. 마운트가 해제되면 lost+found는 다시 보이지 않습니다.

마운트 명령의 '-o' 옵션 중 defaults 옵션은 'rw, suid, dev, exec, auto, nouser, async' 옵션 집합입니다. 각 옵션에 대한 설명은 다음과 같습니다.

옵션	설명
rw	파일시스템을 읽기/쓰기 가능 상태로 마운트 합니다.
suid	파일시스템 내 파일의 SetUID 설정을 사용할 수 있습니다.
dev	파일시스템 내의 블록장치/캐릭터장치를 해석합니다.
exec	파일시스템 내 바이너리 파일을 실행할 수 있습니다.
auto	'mount' 명령의 '-a' 옵션으로 마운트 합니다.
nouser	관리자 아닌 일반사용자에 의한 마운트를 금지합니다.
async	파일시스템의 입출력을 비동기로 처리합니다. (asynchronous)

표 5-2 'mount -o'의 defaults 옵션

일부 옵션들은 옵션 앞에 'no'를 붙여 반대 의미로 사용할 수 있습니다. (nosuid, nodev, noexec, noauto...)

이 옵션들 이외의 주요 옵션들은 다음과 같습니다.

옵션	설명
ro	파일시스템을 읽기 전용 모드로 마운트 합니다.
atime	파일 inode의 접근 시간(Acccess Time)의 갱신을 허용합니다. (⇔ noatime)
remount	파일시스템을 다시 마운트 합니다. 마운트 옵션 수정 시 사용합니다.
sync	파일시스템 입출력을 동기 방식으로 처리합니다. (synchronous)

표 5-3 'mount -o'의 기타 옵션

'suid' 옵션의 경우 보안상 문제를 야기할 수 있으므로, SetUID가 꼭 필요한 경우를 제외하고 'nosuid' 옵션을 사용하는 것이 바람직합니다.

'atime' 옵션은 파일 접근 시 파일시스템의 inode에서 접근시간 정보가 수정되도록 설정합니다. 이 경우 파일정보 변경이 반영되어 파일시스템 성능에 영향을 미칩니다. 따라서 'noatime' 옵션을 설정할 경우 디스크 입출력이 감소하여 파일시스템 성능이 개선되는 장점이 있습니다. 하지만 접근 시간 정보가 중요한 파일시스템에서 'noatime' 옵션을 사용할 경우 보안 감사 및 추적이 불가능해 질 수 있으므로 주의하여야 합니다.

'sync' 옵션과 'async' 옵션은 파일시스템 데이터의 변경을 동기식으로 처리할지 비동기식으로 처리할지를 결정합니다. 연속된 데이터의 기록 시, 동기식은 이전 데이터의 기록을 확인 한 뒤에 이후의 데이터를 기록합니다. 따라서 디스크의 입출력 속도가 저하되고 빈도는 증가하기 때문에 디스크 수명에 영향을 줄 수 있습니다. 비동기식은 이전데이터의 기록을 확인 하지 않고 데이터를 버퍼로 전송합니다. 따라서 비동기식은 데이터가 즉시 기록 되지 않을 가능성이 있어 데이터가 손실될 수도 있습니다.

mount 명령을 사용하여 마운트된 파일시스템의 목록과 마운트 옵션에 대하여 확인할 수 있습니다.

```
[root@nobreak ~]# mount | grep 'sdb1'
/dev/sdb1 on /mnt/test type ext4 (rw,relatime,seclabel,data=ordered)
```

이 때 mount 명령은 /etc/mtab 파일을 참고하여 정보를 출력합니다. /etc/mtab 파일은 파일시스템이 마운트 될 때 변경되는 정보를 저장하고 있습니다.

```
[root@nobreak ~]# grep 'sdb1' /etc/mtab
/dev/sdb1 /mnt/test ext4 rw,seclabel,relatime,data=ordered 0 0
```

/etc/mtab 파일은 시스템에 의하여 자동으로 업데이트 되는 파일이므로 사용자가 임의로 수정하는 것을 금지하여야 합니다.

2] 파일시스템 테이블(File System Table)에 등록하여 마운트

시스템은 전원이 종료될 때 마운트된 파일시스템을 전부 해제합니다. 그리고 시스템 전원이 다시 시작되면 특정 파일에서 파일시스템의 마운트 정보를 읽어 파일시스템을 마운트 합니다. 하지만 mount 명령을 사용해서 파일시스템을 마운트하면 파일시스템에 대한 마운트 정보가 이 파일에 저장되지 않아 시스템이 부팅될 때 해당 파일시스템을 마운트 하지 않습니다. 따라서 특정 파일에 파일시스템에 대한 마운트 정보를 등록해야 하는데 이 파일이 바로 파일시스템 테이블입니다. 이 파일의 경로는 /etc/fstab이고, 다음은 /etc/fstab 파일의 내용입니다.

```
[root@nobreak ~]# cat /etc/fstab

#
# /etc/fstab
# Created by anaconda on Tue Jan 17 11:12:16 2017
#
# Accessible filesystems, by reference, are maintained under '/dev/disk'
# See man pages fstab(5), findfs(8), mount(8) and/or blkid(8) for more info
#
❶                                                ❷       ❸      ❹         ❺  ❻
UUID=7a055bc3-2789-4927-b69a-e8ec5506ce1b         /       xfs    defaults  0  0
UUID=96e1f1a4-fbff-434a-89aa-0103ed858865         /boot   xfs    defaults  0  0
UUID=7bdb25a5-d3db-405d-808b-a2a49bdf939b         swap    swap   defaults  0  0
```

파일의 내용 중 '#' 문자로 시작하는 부분이 존재합니다. 이 부분은 주석으로 보통 파일에 대한 설명을 나타냅니다. 이 값은 인식되지 않습니다.

파일 제일 아래의 UUID로 시작하는 세 라인이 바로 파일시스템의 마운트 정보를 나타냅니다. 파일 시스템의 마운트 정보는 한 라인에 하나씩 각 필드에 맞게 등록하며 필드를 구분하는 구분자는 공백으로 구분합니다. 필드를 구분할 때 가독성을 위해 탭(Tab)키를 사용하는 것이 좋습니다.

파일시스템 테이블 파일의 각 필드와 의미는 다음과 같습니다.

❶번 필드는 파일시스템의 파티션 장치명을 나타냅니다. 이 필드에는 파일시스템의 파티션 장치명 또는 파일시스템의 UUID값이 지정됩니다. 이전에는 파일시스템의 파티션 장치명이 많이 사용되었습니다. 하지만 파티션 장치명을 사용할 경우 시스템에 물리적 장치를 해제했다가 연결할 경우 이름이 변경되는 경우가 발생합니다. 이름이 변경되면 시스템은 해당 파티션 장치를 찾지 못하게 되고 등록된 파일시스템은 마운트 되지 않습니다. UUID를 사용할 경우 UUID는 파일시스템에 대한 고유 값이기 때문에 장치명이 바뀌어도 영향 없이 시스템이 해당 파일시스템을 찾을 수 있습니다. 따라서 요즘에는 UUID 사용을 권장하고 있습니다.

❷번 필드는 마운트 포인트입니다. 이 필드에는 파일시스템이 마운트 될 마운트 포인트를 지정합니다. 마운트 포인트가 필요할 경우에는 경로를 지정하고, 마운트 포인트가 필요하지 않는 경우는(swap 등) swap 또는 none 으로 지정합니다.

❸번 필드는 파일시스템 유형입니다. 이 필드에는 파일시스템의 유형을 지정합니다. ❶에서 지정한 파일시스템이 xfs일 경우 같은 유형의 파일시스템인 xfs로 지정해야 하며 잘못된 값을 지정하여 다른 파일시스템인 ext4로 지정할 경우 파일시스템이 마운트 되지 않습니다.

❹번 필드는 마운트 옵션입니다. mount 명령에서 '-o' 옵션과 함께 사용하는 세부옵션을 콤마(,)로 구분하여 입력합니다.

❺번 필드는 덤프(dump) 명령어 사용 시 백업 설정입니다. 덤프 하여야 할 파일시스템의 경우 '1'을 지정하고 덤프가 필요 없을 경우 '0'을 지정합니다.

❻번 필드는 시스템 부팅 시 파일시스템 체크 명령인 fsck 에 의한 체크 여부에 대한 설정입니다. 파일시스템 체크가 필요하지 않을 경우 '0'을 지정하며, 파일시스템 체크가 필요할 경우 '1' 이후의 숫자를 지정합니다. 이 숫자는 파일시스템 체크 우선순위입니다. '1'은 루트 파일시스템(/)만 사용할 것을 권장하고, 일반 파일시스템은 '2' 이후의 값을 지정할 수 있고, 같은 값을 가지는 파일시스템은 동시에 파일시스템 체크가 수행됩니다.

위 설명에 따라 새롭게 파일시스템이 생성된 파티션 장치를 파티션 테이블에 등록 합니다.

마운트 해야 하는 파일시스템에 대한 정보를 확인합니다. 확인해야 할 정보는 파일시스템 유형과 UUID입니다. 추가할 장치는 /dev/sdb2입니다

```
[root@nobreak ~]# blkid /dev/sdb2
/dev/sdb2: UUID="5f2b74bc-ee72-4c65-b692-b7927d796b06" TYPE="ext4"
```

blkid 명령을 사용하여 파일시스템의 유형 및 UUID 값을 확인하였습니다. 이제 이 정보로 마운트를 수행 합니다. 마운트 포인트의 위치는 /test입니다.

```
[root@nobreak ~]# mkdir /test
[root@nobreak ~]# cp /etc/fstab ~/fstab.bak
[root@nobreak ~]# vi /etc/fstab
~
#
# /etc/fstab
# Created by anaconda on Tue Jan 17 11:12:16 2017
#
# Accessible filesystems, by reference, are maintained under '/dev/disk'
# See man pages fstab(5), findfs(8), mount(8) and/or blkid(8) for more info
#
```

```
UUID=7a055bc3-2789-4927-b69a-e8ec5506ce1b        /         xfs    defaults   0  0
UUID=96e1f1a4-fbff-434a-89aa-0103ed858865        /boot     xfs    defaults   0  0
UUID=7bdb25a5-d3db-405d-808b-a2a49bdf939b        swap      swap   defaults   0  0
UUID=5f2b74bc-ee72-4c65-b692-b7927d796b06        /test     ext4   defaults   0  0
~
~
```

마운트 정보에 맞게 정확하게 입력하였을 경우 시스템을 재부팅하면 정상적으로 마운트 되는 것을 확인할 수 있습니다. 또는 파일시스템 테이블 파일에 등록한 후 즉시 파일시스템 마운트를 할 때는 mount 명령에 '-a' 옵션을 추가하여 사용할 수 있습니다.

```
[root@nobreak ~]# mount -a
[root@nobreak ~]# mount | grep 'sdb2'
/dev/sdb2 on /test type ext4 (rw,relatime,seclabel,data=ordered)
```

mount 명령의 '-a' 옵션은 파일시스템 테이블에 등록된 항목 중 마운트 되지 않은 항목을 마운트 하는 옵션입니다. 따라서 파일시스템 테이블 파일을 수정한 뒤에는 정상적으로 등록되었는지 확인하는 용도로 사용할 수 있습니다. 만약 파일시스템 테이블 파일의 설정에 오류가 있을 경우 마운트 명령의 실행이 멈추고, 일정 시간이 경과된 뒤에 오류 메시지를 출력합니다.

```
[root@nobreak ~]# tail -2 /etc/fstab
UUID=12345678-1234-1234-1234-123456789abc        /test      ext4    defaults 0 0
UUID=5f2b74bc-ee72-4c65-b692-b7927d796b06        /nowhere   ext4    defaults 0 0
[root@nobreak ~]# mount -a
mount: can't find UUID=12345678-1234-1234-1234-123456789abc
mount: mount point /nowhere does not exist
```

위의 경우 파일시스템 테이블 파일의 아래에서 두 번째 라인에 잘못된 장치를 지정하고 있고, 마지막 라인은 잘못된 마운트 포인트를 지정하고 있습니다. mount 명령에 '-a'옵션을 사용할 경우 각 오류에 대한 오류 메시지를 확인할 수 있습니다.

이처럼 파일시스템 테이블 설정에 오류가 있는 상태에서 시스템을 재부팅 할 경우, 정상적으로 시스템 부팅이 되지 않는 현상이 발생합니다. 시스템 부팅 도중 이 문제가 발생할 경우 파일시스템 테이블 파일을 수정하기 위하여 emergency.target 모드 또는 rescue.target 모드로 시스템을 부팅해야 합니다. 해당 내용은 뒤의 리눅스 부트 프로세스 – 파일시스템 문제 복구에서 확인 할 수 있습니다.

3] 마운트 해제

mount 명령 또는 파일시스템 테이블 파일을 사용하여 마운트 한 파일시스템은 마운트를 해제할 수 있습니다. 이 과정을 언마운트(Unmount)라고 부릅니다.

언마운트에 사용하는 명령은 umount입니다. 명령의 사용방법은 다음과 같습니다.

```
umount [option]  { partition | mount-point | UUID }
```

특정 위치의 파일시스템을 언마운트 하기 위하여 파일시스템의 파티션 장치명, 마운트 포인트, UUID 중 하나를 반드시 입력해야 합니다. 언마운트 방법은 다음과 같습니다.

① 언마운트 시 장치명 사용

```
[root@nobreak ~]# mount | grep 'sdb1'
/dev/sdb1 on /test type ext4 (rw,relatime,seclabel,data=ordered)
[root@nobreak ~]# umount /dev/sdb1
[root@nobreak ~]# mount | grep 'sdb1'
[root@nobreak ~]#
```

② 언마운트 시 마운트 포인트 사용

```
[root@nobreak ~]# mount | grep 'sdb1'
/dev/sdb1 on /test type ext4 (rw,relatime,seclabel,data=ordered)
[root@nobreak ~]# umount /test
[root@nobreak ~]# mount | grep 'sdb1'
[root@nobreak ~]#
```

③ 언마운트 시 UUID 사용

```
[root@nobreak ~]# mount | grep 'sdb1'
/dev/sdb1 on /test type ext4 (rw,relatime,seclabel,data=ordered)
[root@nobreak ~]# umount UUID=ed515a52-f9d8-44e4-a988-e7c74f158072
[root@nobreak ~]# mount | grep 'sdb1'
[root@nobreak ~]#
```

umount 명령 사용 시 '-a' 옵션은 사용되고 있지 않은 파일시스템의 마운트를 모두 해제합니다.

'umount -a' 명령으로 언마운트 되지 않는 파일시스템도 있습니다. 주로 메모리 기반 파일시스템이 이에 해당하고, 프로세스나 서비스가 사용 중인 파일시스템도 언마운트 되지 않습니다.

필요에 의해 마운트 되었으나 일시적으로 사용하지 않아 언마운트 된 파일시스템으로 인해 프로세스나 서비스에 문제가 발생할 수 있으므로, umount 명령의 '-a' 옵션 사용은 주의하여야 합니다.

5.3 스왑 메모리

시스템의 성능을 결정하는 요소들 중 중요한 하나는 메모리입니다.

시스템에서 실행할 프로그램은 메모리에 올라간 후에 CPU(Central Process Unit, 중앙처리장치)에 의해 읽혀지고 실행됩니다. 디스크에 아무리 많은 프로그램이 저장되어 있다고 하더라도 실행되기 위해서는 프로그램이 메모리에 로드되어 프로세스가 되어야 합니다. 따라서 실행할 프로그램이 많은 시스템은 그만큼 메모리를 많이 확보하여야 합니다.

하지만 물리 메모리인 RAM(Random Access Memory)의 용량 확장에는 많은 제약이 있습니다. 같은 용량의 디스크에 비해 가격이 매우 비싸고, 시스템 메인보드에 연결할 수 있는 슬롯에도 제한이 있어 무한정 확장할 수는 없습니다.

물리 메모리가 부족한 경우를 해결하기 위하여 운영체제가 사용하는 방법이 바로 가상 메모리(Virtual Memory) 입니다.

1 가상 메모리 소개

가상 메모리는 '물리 메모리(RAM) + 스왑(SWAP)'입니다. 여기서 스왑은 디스크 장치에 생성되는 영역을 의미합니다. 운영체제의 가상메모리를 관리하는 가상메모리 관리자는 물리메모리와 스왑 영역을 합산하여 가상메모리로 사용합니다.

하지만 스왑 영역을 물리메모리처럼 사용할 수 있다고 해서, CPU가 스왑 영역에 있는 데이터를 물리 메모리처럼 직접 접근하여 읽을 수 있는 것은 아닙니다. CPU가 데이터를 접근하기 위해서는 프로세스가 반드시 물리 메모리 영역에 존재해야 하고, 이 때 만약 프로세스가 스왑 영역에 존재한다면, 스왑 영역의 데이터를 물리 메모리 영역으로 이동시키는 작업이 필요합니다. 이 작업을 페이지 인(Paged-in) 이라고 합니다.

반대로 물리 메모리에 위치한 프로세스의 우선순위가 낮거나 당분간 사용하지 않을 경우, 다른 프로세스를 위해 물리 메모리를 스왑 영역으로 이동하는 작업이 필요합니다. 이 작업을 페이지 아웃(Paged-out)입니다.

그리고 페이지 인과 페이지 아웃을 통틀어 페이징(Paging) 이라고 합니다.

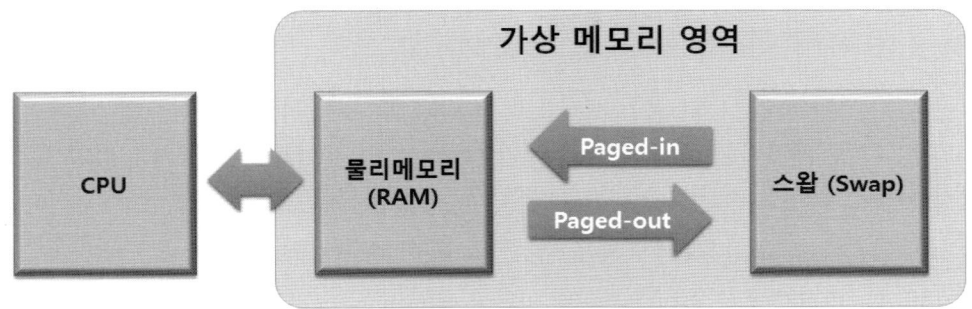

그림 5-6 가상 메모리 페이징(Paging)

가상 메모리를 사용하면 물리 메모리의 부족한 부분을 어느 정도 해결할 수 있습니다. 하지만 페이징 작업은 디스크 입출력을 많이 발생시키기 때문에 디스크의 성능을 저하시킵니다. 따라서 시스템의 특성에 맞게 디스크 입출력이 많은 시스템의 경우에는 스왑 영역을 최소한으로 두어야 하며 디스크 입출력은 적으나 실행할 프로세스가 많은 시스템의 경우에는 스왑 영역을 물리 메모리의 2배 이상 설정합니다.

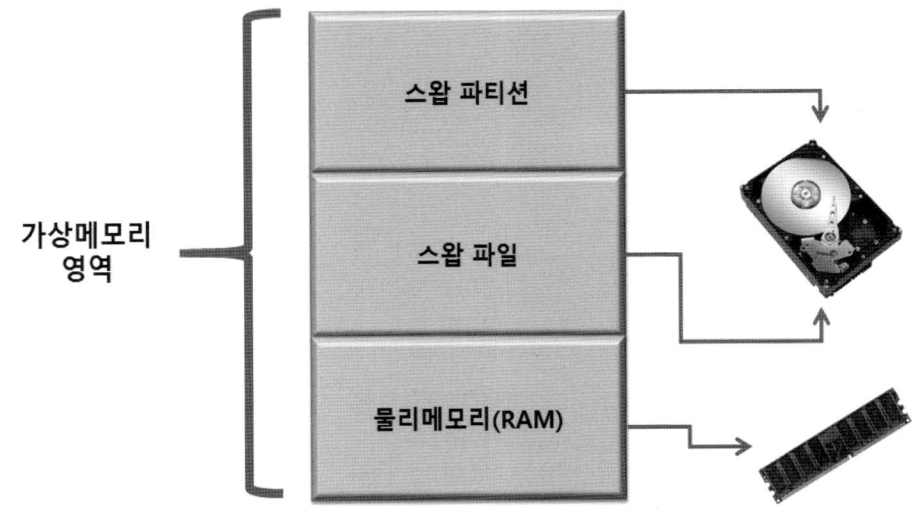

그림 5-7 가상 메모리 구조

위의 그림은 가상메모리의 구조입니다. 이 그림에서 스왑 영역을 구성하는 방식은 스왑 파티션과 스왑 파일로 두 가지 방식이 있습니다.

첫 번째는 스왑 파티션 방식으로, 파티션 전체를 스왑 영역으로 사용하는 방식입니다. 스왑 영역으로 사용할 새로운 디스크를 추가하거나, 기존 디스크에서 파티셔닝 작업으로 스왑 영역을 확보합니다.

스왑 파티션 방식은 별도의 파일시스템 개입 없이 파티션 전체가 스왑으로 동작하므로 성능저하가 일어나지 않는다는 장점이 있지만 별도의 스왑 파티션 영역으로 사용할 전용 파티션을 확보하기 어려울 수 있다는 단점도 존재합니다.

두 번째는 스왑 파일을 사용하는 방식으로, 파일시스템 내에 파일을 생성하고, 이 파일을 스왑 영역으로 사용하는 방식입니다. 디스크에서 파티셔닝 할 필요 없이, 기존 파일시스템에서 사용할 수 있는 저장 공간을 스왑 영역으로 사용합니다.

스왑 파일을 사용하는방식은 스왑 파일을 생성하기 위해 파일시스템이라는 중간 단계가 필요합니다. 따라서 스왑 파티션에 비해 성능이 떨어질 수 있습니다. 파티션의 경우 디스크에서 연속된 공간에 위치하지만, 파일시스템 내의 파일형태로 저장된 스왑 파일은 디스크에서 연속된 공간을 할당받지 못 할 수도 있기 때문입니다. 이럴 경우 스왑 영역의 성능은 더욱 저하됩니다. 하지만 스왑 파일방식은 별도의 파티션 확보가 필요하지 않다는 장점이 있습니다.

이어서 두 가지 방식을 사용하여 스왑 영역 구성을 해보겠습니다.

2 스왑 영역 구성

스왑 영역을 구성하기 전에 먼저 시스템에 존재하는 스왑 영역을 확인하고 구성합니다.

1] 스왑 영역 확인

현재 시스템에 구성된 스왑을 확인하기 위하여 swapon 명령과 free 명령을 사용합니다.

```
[root@nobreak ~]# swapon -s
Filename                Type            Size            Used            Priority
/dev/sda2               partition       1048572         0               -1
[root@nobreak ~]# free
            total           used            free            shared      buff/cache      available
Mem:        1867268         522920          273492          10460       1070856         1118264
Swap:       1048572         0               1048572
```

swapon 명령은 스왑 영역의 활성화와 스왑 영역 확인에 사용합니다. '-s' 옵션을 함께 사용하면 활성화된 스왑 영역의 목록과 유형, 사이즈, 사용량, 우선순위가 출력됩니다. swapon 명령을 사용하여 스왑 영역의 활성화는 뒤에서 다시 확인 하도록 합니다.

free 명령은 전체 물리메모리의 사이즈 및 사용량, 스왑 영역의 사용량 등을 출력합니다. 이 free 명령에 '-h'옵션을 추가하여 실행하면 사이즈가 사용자가 읽기 쉬운 단위로 출력됩니다.

2] 스왑 파티션 생성

스왑 파티션은 스왑 영역을 생성하기 위한 방법 중 하나입니다. 스왑 파티션을 생성하기 위하여 먼저 디스크를 파티셔닝 해야 합니다.

```
[root@nobreak ~]# fdisk /dev/sdb
Welcome to fdisk (util-linux 2.23.2).

Changes will remain in memory only, until you decide to write them.
Be careful before using the write command.


Command (m for help): n
Partition type:
   p   primary (2 primary, 0 extended, 2 free)
   e   extended
Select (default p): p
Partition number (3,4, default 3): 3
First sector (4196352-41943039, default 4196352):
Using default value 4196352
Last sector, +sectors or +size{K,M,G} (4196352-41943039, default 41943039):
+500M
Partition 3 of type Linux and of size 500 MiB is set

Command (m for help): p

Disk /dev/sdb: 21.5 GB, 21474836480 bytes, 41943040 sectors
Units = sectors of 1 * 512 = 512 bytes
Sector size (logical/physical): 512 bytes / 512 bytes
I/O size (minimum/optimal): 512 bytes / 512 bytes
Disk label type: dos
Disk identifier: 0x622fa239
```

```
  Device Boot      Start         End      Blocks   Id  System
/dev/sdb1           2048     2099199     1048576   83  Linux
/dev/sdb2        2099200     4196351     1048576   83  Linux
/dev/sdb3        4196352     5220351      512000   83  Linux
```

fdisk 명령을 사용하여 스왑 영역으로 사용하기 위한 /dev/sdb3 파티션 장치를 생성하고, 사이즈는 약 500MB로 지정하였습니다.

생성한 파티션을 스왑 영역으로 사용하기 위하여 파티션 타입을 스왑 장치용 파티션으로 바꾸어야 합니다. fdisk 명령의 프롬프트에서 't' 명령을 사용하여 파티션 타입을 변경 할 수 있습니다.

```
Command (m for help): t
Partition number (1-3, default 3): 3
Hex code (type L to list all codes): l

...
81  Minix / old Lin
82  Linux swap / So
83  Linux
...

Hex code (type L to list all codes): 82
Changed type of partition 'Linux' to 'Linux swap / Solaris'

Command (m for help): w
The partition table has been altered!

Calling ioctl() to re-read partition table.
Syncing disks.
[root@nobreak ~]# partprobe /dev/sdb
```

't' 명령에서 다시 'l' 명령을 사용할 경우, 사용가능한 파티션 타입을 조회할 수 있습니다. 기존의 83번 Linux 파티션 타입 근처에 82번 Linux swap / Solaris 파티션을 사용합니다. 파티션 타입 변경 후 'w' 명령으로 파티션 설정을 저장하고, 쉘에서 partprobe 명령을 사용하여 변경된 파티션 테이블을 운영체제에게 알립니다. 파티션 타입을 스왑으로 지정하였지만, 생성된 파티션은 아직 스왑 영역으로 지정되지 않았습니다.

파일 입출력 용도의 파일시스템을 생성할 때 파티셔닝 한 후 파일시스템을 생성했던 것처럼, 스왑 영역을 생성할 때에도 파티셔닝 한 후에 파티션에 스왑 영역을 생성해야 합니다. 이 때 사용하는 명령이 mkswap입니다.

```
[root@nobreak ~]# file -s /dev/sdb3
/dev/sdb3: data
[root@nobreak ~]# mkswap /dev/sdb3
Setting up swapspace version 1, size = 511996 KiB
no label, UUID=50cfa0dc-f945-49df-99a7-b06757994c80
[root@nobreak ~]# file -s /dev/sdb3
/dev/sdb3: Linux/i386 swap file (new style), version 1 (4K pages), size 127999
pages, no label, UUID=50cfa0dc-f945-49df-99a7-b06757994c80
```

file 명령으로 스왑 영역을 생성하기 전 상태의 파티션 장치를 확인합니다. 현재 /dev/sdb3 파티션에는 파일시스템이나 스왑 영역이 생성되지 않았기 때문에 data유형으로 출력됩니다. 그리고 mkswap 명령을 사용하여 파티션 장치를 지정하면 스왑 영역이 생성되고 스왑 영역이 생성된 파티션에 대한 정보가 출력됩니다. 또한 스왑 영역에 대한 UUID값도 확인할 수 있습니다.

마지막으로 file 명령으로 스왑 영역이 생성된 파티션을 확인합니다. 이 때 스왑영역에 대한 정보와 UUID값을 다시 확인할 수 있습니다.

3] 스왑 파일 생성

스왑 파일은 파일시스템 아래에 파일을 생성하여 그 파일을 스왑 영역으로 사용합니다. 따라서 스왑 파일은 파티션 장치를 사용하지 않고 디스크 파티셔닝을 위한 파티션을 확보할 필요가 없습니다.

스왑 파일을 생성하여 스왑 영역을 생성하기 전에 먼저 파일시스템에서 사용할 여유 공간이 존재하는지 확인합니다. 파일시스템의 사용량 확인은 df 명령을 사용합니다. df 명령과 '-h' 옵션을 함께 사용할 경우 사용자가 보기 편한 방식으로 파일시스템 사용량을 출력합니다.

```
[root@nobreak ~]# df -h
Filesystem      Size  Used Avail Use% Mounted on
/dev/sda3        18G  4.4G   14G  25% /
devtmpfs        898M     0  898M   0% /dev
tmpfs           912M  144K  912M   1% /dev/shm
tmpfs           912M  9.0M  903M   1% /run
tmpfs           912M     0  912M   0% /sys/fs/cgroup
tmpfs           183M  8.0K  183M   1% /run/user/0
```

현재 파일을 생성 할 수 있는 파일시스템은 루트 파일시스템(/)뿐입니다. 따라서 위의 예에서는 스왑 파일을 루트 파일시스템 아래에 생성합니다. 루트 파일시스템의 사용량은 현재 18G중 4.4G를 사용하고 있으므로 약 14G정도의 여유 공간이 존재합니다. 위의 예에선 루트 파일시스템에 스왑파일을 생성하지만, 실제 시스템에서 루트 파일 시스템에 스왑 파일을 생성할 경우 시스템 성능 저하가 발생할 수 있으므로 권장하지 않습니다.

```
[root@nobreak ~]# mkdir /swapdir
[root@nobreak ~]# dd if=/dev/zero of=/swapdir/swapfile bs=512 count=1048576
1048576+0 records in
1048576+0 records out
536870912 bytes (537 MB) copied, 4.01463 s, 134 MB/s
[root@nobreak ~]# file -s /swapdir/swapfile
/swapdir/swapfile: data
[root@nobreak ~]# mkswap /swapdir/swapfile
Setting up swapspace version 1, size = 524284 KiB
no label, UUID=b6de758b-f747-49cf-95f7-184eba21ce30
[root@nobreak ~]# file -s /swapdir/swapfile
/swapdir/swapfile: Linux/i386 swap file (new style), version 1 (4K pages),
size 131071 pages, no label, UUID=b6de758b-f747-49cf-95f7-184eba21ce30
```

스왑 파일을 생성하기 위해서는 먼저 디렉토리를 생성하고 이 디렉토리에 스왑 파일을 생성합니다. 스왑 파일을 생성하기 위해 사용하는 명령 중 하나는 dd 명령입니다.

dd 명령을 사용할 때 'if'에는 복사할 파일을 'of'에는 생성될 파일을, 'bs'에는 복사할 때 사용할 블록의 크기를 바이트(byte)단위로, 'count'에는 복사할 횟수를 지정합니다. 'if'에 /dev/zero 파일을 지정하여 복사할 경우, 'of'에 지정된 파일의 데이터가 모두 0으로 채워집니다. 따라서 이 명령은 0으로 채워진 데이터를 512Byte씩 1,048,576번 /swapdir/swapfile 파일에 복사합니다.

그 다음은 스왑 파티션을 생성할 때와 동일하게 mkswap 명령을 사용하여 스왑 파일을 생성할 수 있습니다. dd 명령을 사용하여 생성된 파일을 mkswap 명령의 인자로 지정한 뒤 'file -s' 명령을 사용하여 생성된 파일의 정보를 확인하면 스왑영역이 생성된 것을 확인할 수 있습니다.

4] 스왑 영역 활성화

스왑 영역이 생성된 뒤에는 시스템에서 스왑 영역이 사용될 수 있도록 활성화해야 합니다. 이 때 사용하는 명령이 스왑 영역을 확인할 때 사용했던 swapon 명령입니다. swapon 명령의 사용법은 다음과 같습니다.

```
swapon [option] { partition | file-name }
```

swapon 명령의 주요 옵션은 다음과 같습니다.

옵션	설명
-a	/etc/fstab 파일을 참고하여 스왑영역을 활성화합니다.
-p	스왑 영역을 활성화 할 때 우선순위를 지정합니다.
-s	활성화된 스왑 영역의 정보를 출력합니다.

표 5-4 swapon 명령의 주요 옵션

스왑도 파일시스템과 마찬가지로 시스템의 전원이 종료될 때 해제되며 시스템의 전원이 시작될 때 파일시스템 테이블에 등록되어 있지 않으면 자동으로 활성화되지 않습니다. '-a' 옵션은 파일시스템 테이블에 등록된 스왑정보를 읽어 스왑 영역을 활성화 합니다.

다음은 파일시스템 파일에 등록된 스왑 부분의 일부입니다.

❶UUID=7bdb25a5-d3db-405d-808b-a2a49bdf939b ❷swap ❸swap ❹defaults ❺0 ❻0

/etc/fstab 파일에서 스왑 영역을 설정하기 위한 필드는 다음과 같습니다.

❶번 필드에는 스왑 파티션의 장치이름, 스왑 파일 이름, 스왑의 UUID 중 하나를 입력합니다.

❷번 필드에는 마운트 포인트를 지정하는 필드인데 스왑 영역에는 마운트 포인트가 필요하지 않습니다. 단순히 swap으로 입력합니다.

❸번 필드에는 파일시스템 종류를 입력하는 필드입니다. 스왑 영역은 swap으로 입력합니다.

❹번 필드에는 마운트 옵션을 지정하는 필드인데, 스왑영역에 별도의 옵션을 지정하지 않을 경우 'defaults' 옵션을 사용합니다.

❺번 필드에는 덤프(dump) 백업의 사용 유무를 지정하는 필드입니다. 스왑영역은 덤프(dump) 백업을 사용하지 않습니다. 따라서 0을 입력합니다.

❻번 필드에는 파일시스템 체크필드입니다. 스왑 영역은 파일시스템 체크가 필요하지 않기 때문에 '0'을 입력합니다.

'-p' 옵션은 스왑 영역을 활성화 할 때 스왑영역의 우선순위를 지정합니다. 우선순위가 높은 스왑영역에 존재하는 프로세스부터 페이지 인되며, 우선순위는 최대 32767까지의 값을 지정할 수 있습니다. 값이 높을수록 우선순위가 높고, 지정하지 않을 경우 이전에 활성화된 스왑 영역보다 낮은 우선순위로 활성화됩니다.

'-s' 옵션은 스왑 파티션 및 스왑 파일 별로 정보를 출력합니다.

먼저 스왑 파티션을 스왑 영역으로 활성화합니다.

```
[root@nobreak ~]# swapon -s
Filename                Type            Size        Used        Priority
/dev/sda2               partition       1048572     48          -1
[root@nobreak ~]# swapon /dev/sdb3
[root@nobreak ~]# swapon -s
Filename                Type            Size        Used        Priority
/dev/sda2               partition       1048572     48          -1
/dev/sdb3               partition       511996      0           -2
```

'swapon -s'명령을 사용하여 먼저 활성화 스왑 영역을 확인합니다. 이 때 스왑 영역의 유형(Type)과 사이즈(Size), 사용량(Used), 우선순위(Priority)를 확인할 수 있습니다. 현재 /dev/sda2파티션이 스왑 영역으로 활성화되어 있고 swapon 명령을 사용하여 이미 만들어둔 /dev/sda3파티션을 스왑 영역을 추가로 활성화합니다. 다시 'swapon -s'를 사용하여 스왑 영역을 확인하면 /dev/sda3 파티션 장치가 스왑 영역으로 활성화된 것을 확인할 수 있습니다. 추가된 스왑 영역의 우선순위(Priority) 는 이전 스왑 영역보다 한 단계 낮은 -2로 설정되었습니다.

이어서 스왑 파일을 스왑 영역으로 활성화 합니다. 스왑 영역을 활성화할 때 '-p' 옵션을 사용하여 우선순위를 지정 할 수 있습니다. 다음은 '-p' 옵션을 사용하여 스왑 영역을 활성화할 때 우선순위를 지정한 예입니다.

```
[root@nobreak ~]# swapon -p 1 /swapdir/swapfile
swapon: /swapdir/swapfile: insecure permissions 0644, 0600 suggested.
[root@nobreak ~]# ls -l /swapdir/swapfile
-rw-r--r--. 1 root root 536870912 Jan 23 00:03 /swapdir/swapfile
[root@nobreak ~]# chmod 600 /swapdir/swapfile
[root@nobreak ~]# swapon -s
Filename                Type         Size       Used      Priority
/dev/sda2               partition    1048572    48        -1
/dev/sdb3               partition    511996     0         -2
/swapdir/swapfile       file         524284     0         1
```

위의 예에선 스왑 파일로 만든 스왑 영역을 우선순위를 1로 지정하여 활성화합니다.

스왑 파일을 스왑 영역으로 활성화 할 때 권한에 대한 경고가 출력됩니다. 스왑 파일의 권한이 일반사용자가 접근할 수 있도록 설정되어 있을 경우, 일반사용자가 스왑 파일에 접근하여 문제를 발생시킬 수도 있습니다. 따라서 스왑 파일을 관리자인 루트 사용자가 소유하도록 하며, 권한은 파일을 소유한 사용자에게만 읽기와 쓰기 권한을 부여할 것을 권장하고 있습니다.

파일 권한 변경 후 'swapon –s' 명령을 사용하여 스왑 영역을 확인합니다. 추가된 스왑 영역의 유형(Type)을 확인하면 스왑 파일임을 확인할 수 있습니다. 마지막 필드인 우선순위(Priority)를 확인하면 '-p' 옵션에서 지정한 것처럼 우선순위가 1로 설정되어 있음을 알 수 있습니다.

5] 스왑 영역 활성화 해제

스왑 영역을 사용하지 않을 경우에는 활성화된 스왑영역을 해제해야 합니다. 스왑영역을 해제할 때 swapoff 명령을 사용할 수 있습니다.

swapoff 명령의 사용법은 다음과 같습니다.

```
swapoff [option] { partition | file-name | UUID }
```

swapoff 명령 사용 시 사용할 수 있는 옵션에는 '-a' 가 있습니다.

'-a' 옵션은 파일시스템 테이블 파일, 또는 /proc/swaps 파일을 참고하여 현재 활성화된 스왑 영역중 사용 중이지 않은 스왑 영역 전체를 해제하는 옵션입니다.

위의 예에서 활성화 했던 스왑 영역을 해제 합니다.

```
[root@nobreak ~]# swapoff /dev/sdb3
[root@nobreak ~]# swapoff /swapdir/swapfile
[root@nobreak ~]# swapon -s
Filename                Type        Size      Used     Priority
/dev/sda2               partition   1048572   0        -1
```

스왑 영역을 위해 생성했던 스왑 파티션이나 스왑 파일을 더 이상 사용하지 않을 경우 제거해야합니다. 스왑 파티션은 fdisk 와 같은 파티션 관리 도구로 삭제할 수 있으며, 스왑 파일은 rm 명령으로 삭제할 수 있습니다.

CHAPTER 6

논리 볼륨(Logical Volume) 관리

CHAPTER 6
논리 볼륨(Logical Volume) 관리

― 학습목표

논리 볼륨(Logical Volume)의 개념에 대하여 학습합니다.
논리 볼륨(Logical Volume)을 구성하는 단계에 대하여 학습합니다.
논리 볼륨(Logical Volume)을 관리하는 방법에 대하여 학습합니다.

― 학습내용

6.1 논리 볼륨(Logical Volume) 소개
6.2 논리 볼륨(Logical Volume) 생성
6.3 논리 볼륨(Logical Volume) 요소 확인
6.4 볼륨 그룹(Volume Group) 및 논리 볼륨(Logical Volume) 관리

이번 장에서는 논리 볼륨(Logical Volume)에 대하여 알아보도록 하겠습니다.

앞에서 전통적인 방식의 스토리지 구성 방법에 대하여 학습하였습니다. 전통적인 디스크 파티셔닝은 관리자가 디스크를 나누어서 각각 별개로 사용할 수 있는 장점이 있지만, 한 번 구성된 파티션 장치의 레이아웃 설정이나 할당된 사이즈를 변경하는 작업이 어렵기 때문에 확장성이나 유연성 확보가 어렵다는 단점이 있습니다.

이 장에서 학습하게 될 논리 볼륨(Logical Volume)으로 볼륨을 구성하면 볼륨의 데이터를 유지한 상태에서 볼륨의 크기를 변경하거나 스토리지 사이즈가 부족할 경우에는 사이즈를 확장할 수 있기 때문에 스토리지를 유연하게 관리 할 수 있습니다.

논리 볼륨을 이해하기 위하여 논리 볼륨을 구성하기 위해 필요한 물리 볼륨(Physical Volume), 볼륨 그룹(Volume Group), 논리 볼륨(Logical Volume) 등의 용어를 이해해야 합니다. 따라서 이 장에서는 이러한 논리 볼륨의 기본개념 및 용어에 대하여 알아보고, 실제 스토리지 장치를 사용하여 논리 볼륨을 구성하는 방법 및 관리 방법에 대하여 알아보겠습니다.

여기에서는 다음과 같은 순서로 상세한 내용에 대해 다루어 보도록 하겠습니다.

6.1 논리 볼륨(Logical Volume) 소개

6.2 논리 볼륨(Logical Volume) 생성

6.3 논리 볼륨(Logical Volume) 요소 확인

6.4 볼륨 그룹(Volume Group) 및 논리 볼륨(Logical Volume) 관리

6.1 논리 볼륨(Logical Volume) 소개

논리 볼륨은 일반적인 스토리지 관리 방식보다 유연한 스토리지 관리 기능을 제공합니다. 논리 볼륨의 장점은 다음과 같습니다.

- 디스크 파티션의 구조와 상관없이 원하는 크기의 논리 볼륨을 생성할 수 있습니다. 단일 디스크 크기보다 큰 볼륨을 생성할 수 있습니다.
- 논리 볼륨으로 생성된 볼륨의 사이즈가 부족할 경우 볼륨을 확장할 수 있습니다. 이때 볼륨 내의 데이터를 그대로 유지한 상태에서 볼륨 확장이 가능합니다.
- 데이터를 유지한 상태에서 논리 볼륨을 구성하고 있는 디스크를 제거하는 것이 가능합니다.
- 논리 볼륨 생성 시 RAID를 적용한 볼륨을 생성할 수 있습니다.
- 스냅샷(Snapshot) 기능을 사용할 수 있습니다. 스냅샷을 통해 특정 시점의 데이터를 보존할 수 있습니다.

논리 볼륨의 구성은 다음과 같습니다.

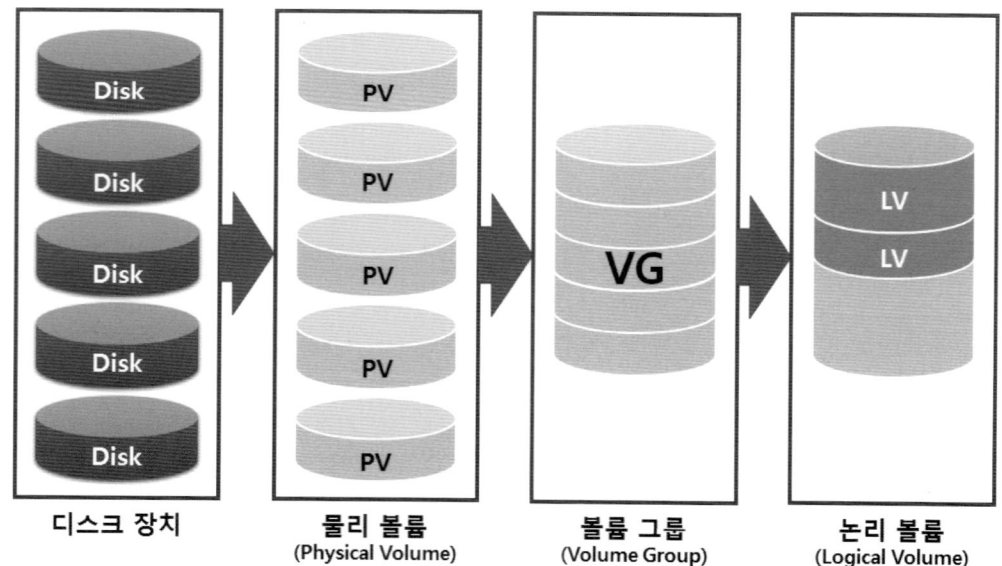

그림 6-1 논리 볼륨 구성

논리 볼륨을 구성 할 때 위의 그림과 같이 '물리 볼륨(Physical Volume) → 볼륨 그룹(Volume Group) → 논리 볼륨(Logical Volume)' 순서로 진행됩니다. 그럼 각 구성 단계에 대하여 알아보겠습니다.

1 물리 볼륨(Physical Volume)

물리 볼륨 생성은 논리 볼륨을 구성하기 위한 가장 기본적인 단계입니다. 디스크 전체 또는 일부를 파티션으로 지정하고 그 파티션으로 물리 볼륨을 생성합니다. 물리 볼륨은 볼륨 그룹(Volume Group)을 생성할 때 하나의 요소가 됩니다.

물리 볼륨 내에는 데이터 저장 영역 이외에 논리 볼륨의 메타데이터를 저장하는 영역이 있습니다. 기본으로 1개의 메타데이터가 저장되고, 설정에 따라 1개 이상의 메타데이터를 저장하여 논리 볼륨의 정보를 복구할 때 사용할 수 있습니다.

2 볼륨 그룹(Volume Group)

볼륨 그룹은 1개 이상의 물리 볼륨의 집합으로 구성되어 있습니다. 한 시스템에 여러 개의 볼륨 그룹을 생성할 수 있고 각 볼륨 그룹의 이름은 지정 할 수 있습니다. 사용할 수 있는 볼륨 그룹의 총 사이즈는 해당 볼륨 그룹에 포함된 물리 볼륨 사이즈의 합입니다.

볼륨 그룹 생성 시 PE(Physical Extent)의 크기를 지정할 수 있습니다. PE는 물리 확장이라고 부르며 볼륨 그룹에서 논리 볼륨 생성 또는 확장 시 사용할 수 있는 최소 단위를 의미합니다. 기본적으로 PE의 크기는 4MB로 설정되어 있습니다. PE의 크기 지정 방법은 볼륨 그룹 생성 부분에서 알아보도록 하겠습니다.

3 논리 볼륨(Logical Volume)

파일시스템에서 데이터를 저장할 수 있는 볼륨을 생성하는 단계가 논리 볼륨 생성 단계입니다. 논리 볼륨을 생성할 때 이름, 사이즈, 볼륨그룹을 지정합니다. 이름은 지정하지 않을 경우에 자동으로 지정되며, 볼륨 그룹은 반드시 지정하여 해당 볼륨 그룹에서 지정한 만큼의 사이즈를 할당 받습니다. 이 때 사이즈를 입력하는 방법은 MB, GB와 같은 단위 또는 PE의 개수를 지정할 수 있습니다. 논리 볼륨의 사이즈는 최대 볼륨 그룹의 크기만큼 지정할 수 있습니다. 만약 논리 볼륨을 생성할 때 볼륨 그룹에서 할당할 수 있는 사이즈를 넘어서면 생성되지 않습니다.

하지만 씬 프로비저닝(Thin Provisioning) 형태로 볼륨을 생성할 경우, 볼륨그룹의 크기보다 더 큰 사이즈의 논리 볼륨을 생성할 수 있습니다. 이를 가상화에서 오버 커밋(OverCommit)이라고 합니다.

또한 논리 볼륨 생성 시 성능향상 및 고가용성을 지원하기 위한 RAID 구성을 사용할 수 있습니다. RAID(Redundant Array of Independent [or Inexpensive] Disks)는 여러 개의 디스크를 묶어서 사용할 수 있는 기술을 의미합니다. 씬 프로비저닝과 RAID의 개념은 논리 볼륨 생성 부분에서 알아보도록 하겠습니다.

6.2 논리 볼륨(Logical Volume) 생성

논리 볼륨을 생성하기 위하여 '물리 볼륨 생성 → 볼륨 그룹 생성 → 논리 볼륨 생성'의 세 단계를 거쳐야 합니다. 지금부터 논리 볼륨을 구성하는 방법에 대해서 알아보도록 하겠습니다.

1 물리 볼륨을 생성하기 위한 파티션 생성

물리 볼륨은 파티션 단위로 생성합니다. 이 때 파티션은 x86시스템에서 일반적으로 사용하는 MBR 또는 GPT 방식의 파티션 중 어떤 방식을 사용해도 무관합니다.

먼저 시스템에 연결된 3개의 디스크 전체를 물리 볼륨으로 구성하기 위해 각각 MBR파티션 방식으로 파티셔닝 한 뒤, 한 개의 파티션에 전체 섹터를 할당하였습니다. 만약 디스크의 일부만 물리 볼륨으로 사용할 경우, 환경에 맞게 파티셔닝을 해야 합니다.

```
[root@nobreak ~]# fdisk -l /dev/sdb

Disk /dev/sdb: 21.5 GB, 21474836480 bytes, 41943040 sectors
Units = sectors of 1 * 512 = 512 bytes
Sector size (logical/physical): 512 bytes / 512 bytes
I/O size (minimum/optimal): 512 bytes / 512 bytes
Disk label type: dos
Disk identifier: 0x97d4dd57

   Device Boot      Start         End      Blocks   Id  System
/dev/sdb1            2048    41943039    20970496   ❶ 8e  Linux LVM
```

/dev/sdb, /dev/sdc, /dev/sdd 세 개의 디스크를 위의 예와 같이 각각 파티셔닝합니다. 파티셔닝 할 때 파티션 타입을 ❶과 같이 Linux LVM으로 설정합니다. 파티션 타입 설정은 fdisk 명령의 't' 명령을 사용하여 설정할 수 있습니다. 파티션 타입을 정확하게 설정하지 않을 경우, RAID 형태의 논리 볼륨 생성 할 때 정상적으로 사용할 수 없습니다.

논리 볼륨을 구성하기 위해 파티션 정보를 확인할 수 있는 명령은 lvmdiskscan입니다.

```
[root@nobreak ~]# lvmdiskscan
  /dev/sda1 [          1.00 GiB]
  /dev/sda2 [          1.00 GiB]
  /dev/sda3 [         18.00 GiB]
  /dev/sdb1 [         20.00 GiB]
  /dev/sdc1 [         20.00 GiB]
  /dev/sdd1 [         20.00 GiB]
  ❶ 0 disks
  ❷ 6 partitions
  ❸ 0 LVM physical volume whole disks
  ❹ 0 LVM physical volumes
```

lvmdiskscan 명령은 현재 시스템 내 전체 파티션 정보를 출력합니다.

❶의 disk는 파티션이 구성되지 않은 디스크를 의미합니다.

❷의 partition은 현재 파티션의 수를 의미합니다.

❸의 LVM physical volume whole disks는 디스크에 별도의 파티션을 구성하지 않고 디스크 전체를 물리 볼륨으로 구성한 디스크의 개수를 의미합니다.

❹의 LVM physical volume은 파티셔닝 후에 물리 볼륨으로 변환된 파티션의 수를 의미합니다. 일반적으로 파티셔닝 후에 물리 볼륨을 생성하는 방식을 사용합니다.

2 물리 볼륨(Physical Volume) 생성

이제 준비된 세 개의 파티션을 사용하여 물리 볼륨을 생성합니다. 물리 볼륨 생성에 사용하는 명령은 pvcreate입니다. 명령의 형식은 다음과 같습니다.

```
pcvreate partition1 partition2 ...
```

pvcreate 명령은 별도의 옵션을 필요로 하지 않고, 동시에 여러 파티션 장치를 지정하여 물리 볼륨으로 변환할 수 있습니다.

세 디스크의 파티션을 물리 볼륨으로 변환 후 다시 디스크의 상태를 확인합니다.

```
[root@nobreak ~]# pvcreate /dev/sdb1 /dev/sdc1 /dev/sdd1
❶ Physical volume "/dev/sdb1" successfully created.
  Physical volume "/dev/sdc1" successfully created.
  Physical volume "/dev/sdd1" successfully created.
[root@nobreak ~]# lvmdiskscan
     /dev/sda1 [        1.00 GiB]
     /dev/sda2 [        1.00 GiB]
     /dev/sda3 [       18.00 GiB]
     /dev/sdb1 [       20.00 GiB] ❷ LVM physical volume
     /dev/sdc1 [       20.00 GiB]    LVM physical volume
     /dev/sdd1 [       20.00 GiB]    LVM physical volume
     0 disks
❸ 3 partitions
     0 LVM physical volume whole disks
❸ 3 LVM physical volumes
```

❶ pvcreate 명령을 사용해서 /dev/sdb1, /dev/sdc1, /dev/sdd1이 물리 볼륨으로 변환합니다.

❷ lvmdiskscan 명령을 사용해서 볼륨 그룹을 구성하기 위한 각 파티션에 LVM physical volume 으로 표기된 것을 확인할 수 있습니다.

❸ 기존 6 partitions에서 3 partitions + 3 LVM physical volumes 로 표기 사항이 변경된 것을 확인 할 수 있습니다.

pvremove 명령을 사용하여 물리 볼륨을 삭제 할 수 있습니다. pvremove 명령으로 물리 볼륨을 삭제하려면 해당 물리 볼륨에 저장되어 있는 데이터가 없어야 합니다.

다음은 pvremove 명령의 형식입니다.

```
pvremove physical-volume1 physical-volume2 ...
```

다음은 pvremove 명령을 사용해서 물리 볼륨을 삭제한 예입니다.

```
[root@nobreak ~]# pvremove /dev/sdb1 /dev/sdc1 /dev/sdd1
❶ Labels on physical volume "/dev/sdb1" successfully wiped.
  Labels on physical volume "/dev/sdc1" successfully wiped.
  Labels on physical volume "/dev/sdd1" successfully wiped.
[root@nobreak ~]# lvmdiskscan
    /dev/sda1 [          1.00 GiB]
    /dev/sda2 [          1.00 GiB]
    /dev/sda3 [         18.00 GiB]
    /dev/sdb1 [         20.00 GiB]
    /dev/sdc1 [         20.00 GiB]
    /dev/sdd1 [         20.00 GiB]
    0 disks
❷ 6 partitions
    0 LVM physical volume whole disks
❸ 0 LVM physical volumes
```

❶ pvremove 명령을 사용하면 /dev/sdb1, /dev/sdc1, /dev/sdd1이 물리 볼륨에서 일반 파티션으로 변환됩니다.

❷ lvmdiskscan 명령을 사용하면 볼륨 그룹을 구성하기 위한 각각의 파티션에 LVM physical volume 표기가 삭제된 것을 확인할 수 있습니다.

❸ 3 partitions + 3 LVM physical volumes에서 6 partitions로 표기 사항이 변경 된 것을 확인 할 수 있습니다.

3 볼륨 그룹(Volume Group) 구성

볼륨 그룹 구성은 vgcreate 명령을 사용합니다. 형식은 다음과 같습니다.

```
vgcreate [option] volume-group-name physical-volume1 physical-volume2 ...
```

다음은 vgcreate 명령을 사용하여 볼륨 그룹을 생성한 예입니다.

```
[root@nobreak ~]# vgcreate vg_test /dev/sdb1 /dev/sdc1 /dev/sdd1
  Volume group "vg_test" successfully created
```

물리 볼륨 /dev/sdb1, /dev/sdc1, /dev/sdd1로 vg_test이라는 볼륨 그룹을 생성하였습니다.

vgcreate 명령을 사용하여 볼륨 그룹 생성 시 사용할 수 있는 옵션 중에는 '-s' 옵션이 있습니다. 이 옵션은 볼륨 그룹의 PE(Physical Extent) 크기를 지정할 때 사용합니다.

PE는 물리 볼륨을 분할하는 최소 단위로, 디스크 내에서 연속된 공간을 차지합니다. 볼륨 그룹을 생성할 때 PE의 크기를 지정하여 물리 볼륨을 분할하고, 이 후 논리 볼륨을 생성할 때 또는 논리볼륨의 크기를 변경할 때 PE 크기 단위로 할당 및 조정이 가능합니다. PE는 기본적으로 4MB 크기로 생성되고, vgcreate 명령의 '-s' 옵션을 사용하여 조정합니다. 지정 가능한 PE의 크기는 1~256MB입니다.

다음은 PE의 사이즈를 지정하여 볼륨그룹을 생성한 예입니다.

```
[root@nobreak ~]# vgcreate -s 10M vg_test /dev/sdb1 /dev/sdc1 /dev/sdd1
  Volume group "vg_test" successfully created
```

볼륨 그룹 vg_test를 생성하면서 PE의 크기를 10MB로 지정합니다.

vgremove 명령을 사용해서 볼륨 그룹을 삭제 할 수 있습니다. 볼륨 그룹을 삭제하려면 볼륨 그룹에서 할당한 논리 볼륨이 삭제되어야 합니다. vgremove의 명령 형식은 다음과 같습니다.

```
vgremove volume-group-name
```

다음은 vgremove 명령을 사용해서 볼륨 그룹을 삭제한 예입니다.

```
[root@nobreak ~]# vgremove vg_test
  Volume group "vg_test" successfully removed
```

4 논리 볼륨(Logical Volume) 생성

논리 볼륨은 볼륨 그룹에서 PE를 할당받아 생성할 수 있습니다. lvcreate 명령을 사용해서 논리 볼륨을 생성할 수 있습니다. 다음은 lvcreate 명령의 형식입니다.

```
lvcreate [option] volume-group-name
```

볼륨 그룹명은 논리 볼륨을 생성하기 PE를 할당 받기 위한 볼륨 그룹의 이름입니다.

옵션을 사용하여 생성할 논리 볼륨의 이름 및 크기 등을 지정할 수 있습니다. 주요 옵션은 다음과 같습니다.

옵션	설명
-l	생성할 논리 볼륨의 크기를 지정합니다. (PE개수 지정)
-L	생성할 논리 볼륨의 크기를 지정합니다. (사이즈 지정)
-n	생성할 논리 볼륨의 이름을 지정합니다.

표 6-1 lvcreate 명령의 기본 옵션

lvcreate 명령을 사용할 때 '-l' 옵션과 '-L' 옵션의 차이점에 주의하여야 합니다.

```
[root@nobreak ~]# lvcreate -l 100 -n testlv_1 vg_test ❶
  Logical volume "testlv_1" created.
[root@nobreak ~]# lvcreate -L 100 -n testlv_2 vg_test ❷
  Logical volume "testlv_2" created.
```

각각 ❶ '-l' 옵션과 ❷ '-L' 옵션을 사용하여 논리 볼륨을 생성합니다. 생성된 볼륨의 정보를 확인합니다.

```
[root@nobreak ~]# lvmdiskscan
  ❸/dev/vg_test/testlv_1 [       ❶ 400.00 MiB]
   /dev/sda1              [         1.00 GiB]
  ❹/dev/vg_test/testlv_2 [       ❷ 100.00 MiB]
   /dev/sda2              [         1.00 GiB]
   /dev/sda3              [        18.00 GiB]
   /dev/sdb1              [        20.00 GiB] LVM physical volume
   /dev/sdc1              [        20.00 GiB] LVM physical volume
   /dev/sdd1              [        20.00 GiB] LVM physical volume
   0 disks
   5 partitions
   0 LVM physical volume whole disks
   3 LVM physical volumes
```

lvmdiskscan 명령을 사용해서 ❶ 논리 볼륨과 ❷ 논리 볼륨의 사이즈가 다르다는 것을 알 수 있습니다. ❶ '-l' 옵션을 사용할 경우 PE의 개수가 100개이고 기본 PE의 크기가 4MB이므로 총 400MB 크기의 볼륨이 생성되었습니다. ❷ '-L' 옵션을 사용하여 볼륨의 사이즈를 지정하여 생성할 경우 마찬가지로 100이라는 값을 사용하였습니다. 이 값은 사이즈로 인식되며 지정한 사이즈인 100MB가 할당되었습니다. 사이즈를 지정할 경우 기본 단위는 MB이고 다른 단위를 지정하여 편리하게 사이즈를 지정할 수 있습니다.

❸과 ❹는 논리 볼륨의 경로입니다. 논리 볼륨이 생성되면 다음과 같은 경로를 가집니다.

```
/dev/volume-group-name/logical-volume-name
```

논리 볼륨의 파일을 확인하면 다음과 같습니다.

```
[root@nobreak ~]# ls -l /dev/vg_test/
total 0
lrwxrwxrwx. 1 root root 7 Feb  4 00:56 testlv_1 -> ../dm-0
lrwxrwxrwx. 1 root root 7 Feb  4 00:56 testlv_2 -> ../dm-1
[root@nobreak ~]# file /dev/dm-*
/dev/dm-0: block special
/dev/dm-1: block special
```

논리 볼륨 파일은 일반적인 파티션과 동일한 블록 장치 파일을 가리키는 심볼릭 링크 파일인 것을 알 수 있습니다. 논리 볼륨에 파일시스템을 생성하려면 논리 볼륨의 경로를 인자로 사용합니다.

lvremove 명령을 사용해서 논리 볼륨을 삭제 할 수 있습니다. lvremove 명령의 형식은 다음과 같습니다.

```
lvremove logical-volume-path
```

다음은 lvremove 명령을 사용해서 논리 볼륨을 삭제한 예입니다.

```
[root@nobreak ~]# lvremove /dev/vg_test/testlv_1
  Logical volume "testlv_1" successfully removed
[root@nobreak ~]# lvremove /dev/vg_test/testlv_2
  Logical volume "testlv_1" successfully removed
[root@nobreak ~]# lvmdiskscan
     /dev/sda1        [       1.00 GiB]
     /dev/sda2        [       1.00 GiB]
     /dev/sda3        [      18.00 GiB]
     /dev/sdb1        [      20.00 GiB] LVM physical volume
```

```
/dev/sdc1              [      20.00 GiB] LVM physical volume
/dev/sdd1              [      20.00 GiB] LVM physical volume
  0 disks
  3 partitions
  0 LVM physical volume whole disks
  3 LVM physical volumes
```

생성 되었던 논리 볼륨이 삭제된 것을 확인 할 수 있습니다.

일반적인 방법으로 생성되어 있는 논리 볼륨의 형태를 선형 논리 볼륨(Linear Logical Volume) 이라 합니다. 선형 논리 볼륨은 전체 물리 볼륨의 PE를 나열하고, 생성할 논리 볼륨에 순서대로 PE를 할당하는 방식입니다. 이를 그림으로 나타내면 다음과 같습니다.

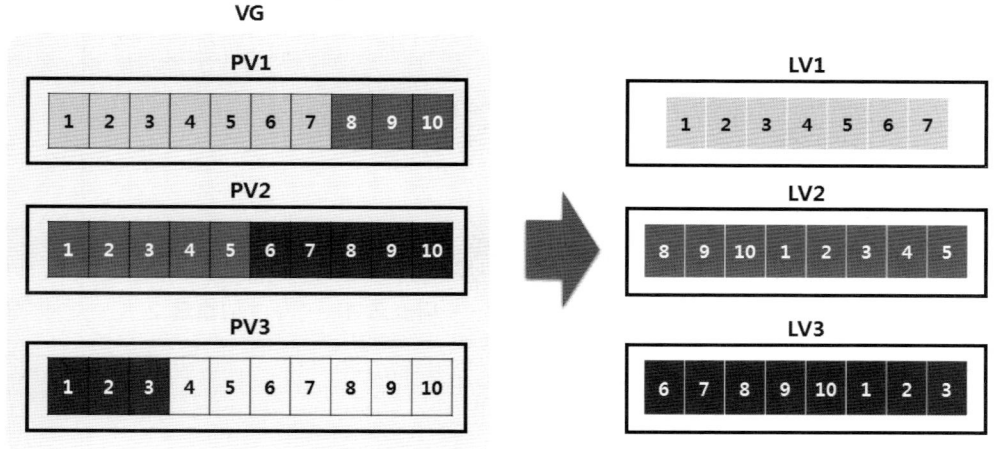

그림 6-2 선형 논리 볼륨 (Linear Logical Volume)

위의 그림은 각각 10개의 PE로 구성된 물리 볼륨이 세 개 포함된 볼륨그룹에서 세 개의 논리 볼륨을 생성한 상태를 나타냅니다. LV1처럼 논리 볼륨에 포함된 모든 PE를 한 개의 디스크에서 가져오는 경우도 있지만 LV2나 LV3처럼 한 개 이상의 물리 볼륨을 걸쳐서 PE를 가져오는 경우도 있습니다. 선형 볼륨의 경우 논리 볼륨 생성할 때 위의 그림처럼 사용 가능한 PE를 순차적으로 할당하는 방식입니다.

선형 논리 볼륨의 경우 사용하기 편리한 장점이 있지만 여러 개의 물리 볼륨을 사용하더라도 입출력 분산이 어렵기 때문에 성능을 향상시키기 어렵습니다. 또한 여러 물리 볼륨에서 PE를 가져오게 될 경우 어느 한 쪽의 물리 볼륨만 손상되어도 전체 볼륨이 손상되는 문제가 발생할 수 있습니다.

논리 볼륨에서는 이 문제점을 보완할 수 있는 RAID 형태의 논리 볼륨을 지원하고 있습니다.

1] 스트라이프 볼륨(Striped Volume)

스트라이프 볼륨은 스토리지의 사이즈와 성능을 중시하는 논리 볼륨 생성 방식입니다.

스트라이프 볼륨은 디스크의 배열 사용과 관련된 방식 중 RAID-0과 동작방식이 동일합니다. RAID-0의 동작 방식은 다음 그림과 같습니다.

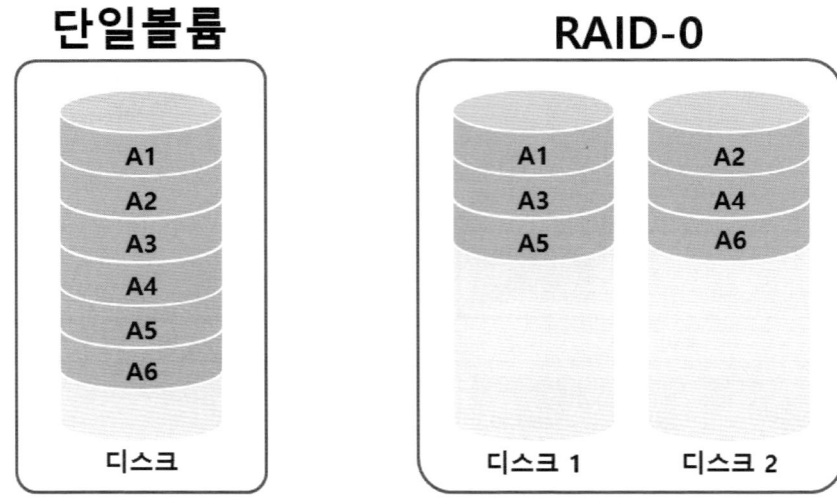

그림 6-3 RAID-0 동작방식

단일 볼륨에서 순차적으로 저장되는 데이터인 A1부터 A6의 데이터를 RAID-0 방식의 경우는 두 개의 디스크에 나누어 저장합니다. 이와 같이 연속된 데이터를 두 개의 디스크에 나누어 저장할 경우, 데이터의 입출력 속도가 증가합니다. 단일 볼륨에서는 A1부터 A6까지 데이터를 읽기 위하여 6번을 읽어야 한다면 RAID-0 방식은 디스크1에서 A1, A3, A5를 디스크2에서 A2, A4, A6를 나누어서 동시에 읽기 때문에 속도가 두 배정도 단축됩니다. 그리고 볼륨의 사이즈는 두 디스크 크기의 합과 동일합니다.

다음은 논리 볼륨의 동작방식을 나타낸 그림입니다.

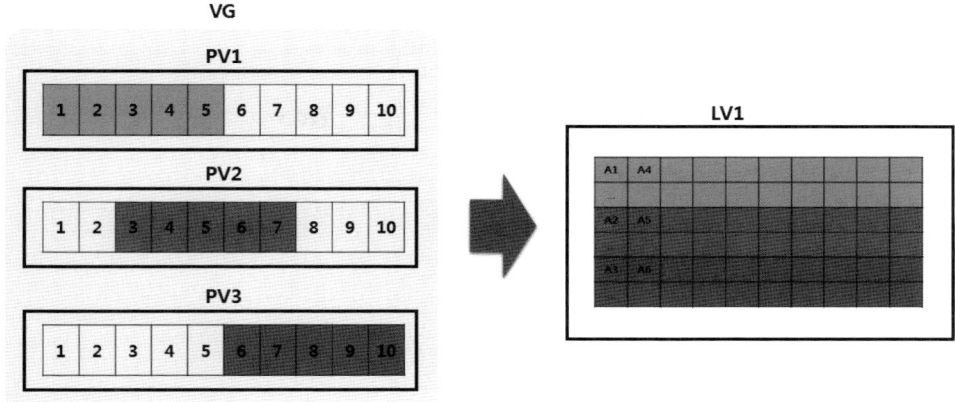

그림 6-4 스트라이프 볼륨 동작방식

스트라이프 볼륨과 RAID-0은 구성되는 방식이 다르기 때문에 형태는 다르지만, 동작방식은 동일합니다. 스프라이프 볼륨을 생성할 때에는 스트라이프의 단위 크기가 PE크기보다 작아야 합니다. 지정할 수 있는 스트라이프 단위의 범위는 4~512KB이고, PE의 크기를 초과할 수 없습니다.

스트라이프 볼륨을 설정하기 위한 lvcreate 명령의 옵션은 다음과 같습니다.

옵션	설명
-i	스트라이프 개수를 지정합니다.
-I	스트라이프 단위의 크기를 지정합니다.

표 6-2 lvcreate 스트라이프 볼륨 옵션

다음은 실제 스트라이프 볼륨을 생성하는 예입니다.

```
[root@nobreak ~]# lvcreate -n stripe_lv -L 500M ❶ -i 3 ❷ -I 64K vg_test
  Rounding size 500.00 MiB (125 extents) up to stripe boundary size 504.00 MiB
(126 extents).
  Logical volume "stripe_lv" created.
```

❶ '-i' 옵션은 스트라이프의 개수를 지정합니다. 이 옵션은 몇 개의 물리 볼륨에 걸쳐 스트라이프 할지를 결정합니다. 최소 2개 이상을 지정해야 하며 볼륨 그룹에 포함된 물리 볼륨 중 여유 공간이 있는 물리 볼륨 개수를 초과할 수 없습니다. 예를 들어 3개의 물리 볼륨이 포함된 볼륨 그룹에서는 스트라이프를 최대 3개 물리 볼륨까지 사용할 수 있습니다.

또는 볼륨그룹에 4개의 물리 볼륨이 포함되어 있는데 이중 2개의 물리볼륨에 여유 공간이 없다면 최대 2개의 물리볼륨까지 사용할 수 있습니다.

❷ '-I' 옵션은 스트라이프 단위를 지정합니다. 사용할 수 있는 스트라이프 단위의 크기를 단위를 포함하여 지정합니다.

스트라이프 볼륨은 여러 물리볼륨에 걸쳐 순차적으로 저장하기 때문에 파일입출력 성능을 향상시킬 수 있고, 사이즈를 효율적으로 사용할 수 있습니다. 하지만 스트라이프 된 물리 볼륨 하나만 손상되어도 전체 볼륨의 데이터가 손실되기 때문에 복구할 수 없는 문제점이 있습니다. 따라서 중요한 데이터를 보관하는 용도로 스트라이프 볼륨을 사용하는 것은 매우 위험할 수 있습니다.

2] 미러 볼륨

서비스를 제공하는 하드웨어에서 이상이 발생했을 때, 서비스가 중단되지 않고 정상적으로 서비스를 제공하며, 데이터의 손실이 발생하지 않도록 하는 기능을 내결함성(Fault Tolerance) 라고 합니다. 미러 볼륨은 이러한 내결함성을 중시한 논리 볼륨 방식입니다.

미러 볼륨은 RAID-1과 동일한 방식으로 동작합니다. RAID-1의 동작 방식은 아래 그림과 같습니다.

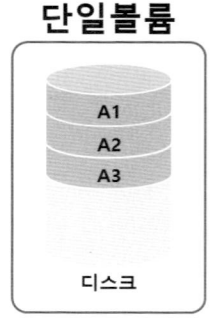
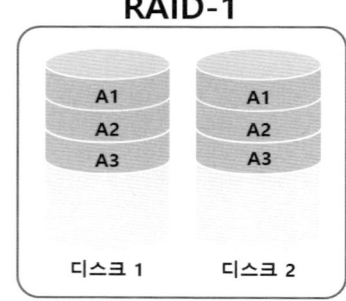

그림 6-5 RAID-1 동작방식

RAID-1을 구성하고 있는 디스크는 단일 볼륨과 같이 모든 데이터를 각 디스크에 전부 저장하고 있습니다. 따라서 여러 개의 디스크로 구성된 볼륨 중 한 디스크가 손상되더라도 다른 디스크에 전체 데이터가 남아있으므로, 정상적으로 서비스를 제공 할 수 있고, 손상된 디스크를 교체할 경우 다시 복사본을 생성하여 데이터의 손상을 예방할 수 있습니다. 이 방식은 더 많은 디스크를 사용할수록 안정성이 높아집니다.

하지만 RAID-1 방식의 경우 아무리 많은 디스크를 배열한다 하더라도 한 개의 디스크를 사용하는 것과 동일한 사이즈밖에 사용할 수 없습니다. 그리고 데이터를 기록할 때도 전체 디스크에 동일한 내용을 기록하기 때문에 성능 향상도 기대할 수 없습니다.

RAID-1 과 동일한 방식으로 동작하는 미러 볼륨의 동작 방식은 다음과 같습니다.

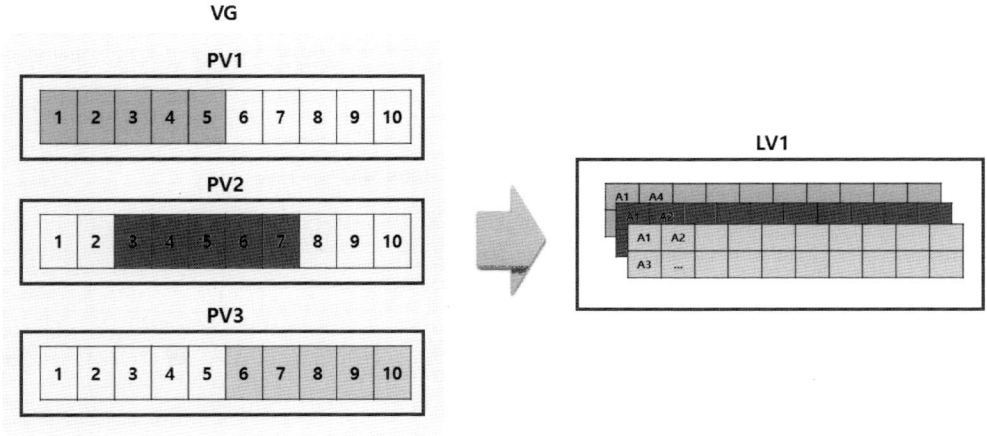

그림 6-6 미러 볼륨 동작방식

미러 볼륨으로 생성된 LV1은 각각 다른 물리 볼륨에서 동일한 크기의 PE를 할당받습니다. 그리고 중복을 생성하기 위해 각 물리 볼륨의 PE마다 동일한 데이터를 기록합니다. 이는 RAID-1 과 동일한 데이터 기록 방식입니다.

미러 볼륨 생성 시 사용하는 lvcreate 명령의 옵션은 다음과 같습니다.

옵션	설명
-m	생성할 미러(중복)의 개수를 지정합니다.

표 6-3 lvcreate 미러 볼륨 옵션

미러 볼륨을 생성 때 사용하는 옵션은 '-m' 옵션입니다. 미러 볼륨을 생성할 때 스트라이프 볼륨과 다르게 사용할 물리 볼륨의 개수 대신 중복 개수를 지정합니다.

만약 세 개의 물리 볼륨을 포함하고 있는 볼륨 그룹에서 세 개의 물리 볼륨 전체를 사용하는 미러 볼륨을 생성할 때에는 '-m' 옵션의 인자로 3이 아닌 2를 지정해야 합니다. '-m' 옵션의 인자는 최소한 2 이상 지정되어야 하며 구성하고자 하는 n개의 미러 볼륨을 생성할 경우 '-m'의 옵션의 인자는 n-1을 지정해야 합니다.

다음은 lvcreate 명령을 사용하여 미러 볼륨을 생성한 예입니다.

```
[root@nobreak ~]# lvcreate -n mirror_lv -L 100M ❶ -m 2 vg_test
  Logical volume "mirror_lv" created.
```

❶ '-m' 옵션에 중복 개수로 2를 사용하였으므로, 이 미러 볼륨은 2개의 중복을 생성하여 총 3개의 물리 볼륨에 데이터를 중복 기록합니다.

```
[root@nobreak ~]# lvcreate -n mirror_lv2 -L 100M ❶ -m 3 vg_test
  ❷ Insufficient suitable allocatable extents for logical volume mirror_lv2:
104 more required
```

사용할 수 있는 물리 볼륨 개수보다 ❶ 많은 중복을 지정하려고 할 경우 ❷ 오류가 발생합니다.

미러 볼륨은 내결함성을 제공하지만, 최소 필요 사이즈의 2배 이상의 사이즈가 소비된다는 단점이 있습니다.

3] RAID-5, RAID-6 볼륨

RAID-5 볼륨과 RAID-6 볼륨은 스트라이프 볼륨의 사이즈의 효율성으로 성능을 향상시킬 수 있고 미러 볼륨만큼은 아니지만 내결함성을 지원합니다.

RAID-5 볼륨과 RAID-6 볼륨은 이름에서 알 수 있듯이 각각 RAID-5와 RAID-6의 동작방식과 동일합니다. RAID-5, RAID-6 방식은 스트라이프 방식을 기반으로 패리티를 생성합니다. 먼저 RAID-5의 동작 방식은 아래 그림과 같습니다.

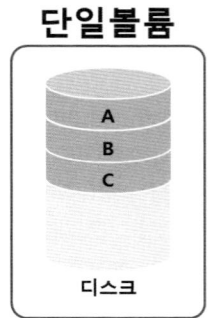
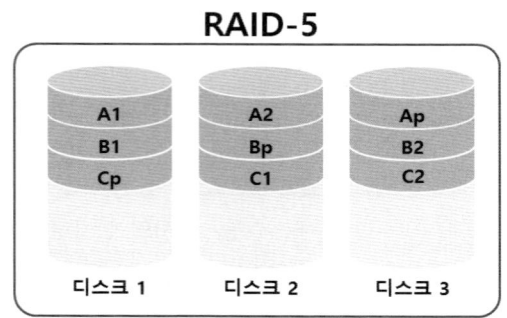

그림 6-7 RAID-5 동작방식

RAID-5 는 최소 3개 이상의 디스크를 필요로 합니다. 단일 볼륨에 저장되는 데이터를 RAID-5에서는 전체 디스크 중 하나를 제외한 디스크에 스트라이프 합니다. 그리고 제외된 마지막 디스크에는 스트라이프 된 데이터를 사용하여 계산된 패리티(Parity)라는 값이 저장됩니다.

패리티는 데이터 복구를 위하여 사용됩니다. 전체 디스크 중 한 디스크가 손상되었을 경우, 정상 동작하는 디스크의 스트라이프 된 데이터와 패리티 값을 통해 손상된 데이터를 계산할 수 있습니다. 따라서 전체 디스크 중 어느 디스크라도 한 개의 디스크가 손상될 경우 패리티를 사용하여 복구할 수 있습니다. 두 개 이상의 디스크가 손상될 경우에는 볼륨이 손상되어 데이터를 복구할 수 없습니다.

패리티를 사용하는 방식은 RAID-5 이전의 RAID-3, RAID-4 에서도 사용하였습니다. 이전 방식과 RAID-5의 차이점은 패리티 분산입니다. 손상된 데이터를 패리티를 통해 복구하는 과정은 많은 계산을 필요로 하기 때문에 시스템에 많은 부하가 걸리게 되고, 서비스 처리가 지연 될 수 있습니다. 이 때 패리티를 분산시키는 방식을 사용하면 즉시 복구해야 할 데이터의 양을 줄여 시스템의 부하를 줄일 수 있습니다.

RAID-5 볼륨의 동작 방식은 아래 그림과 같습니다.

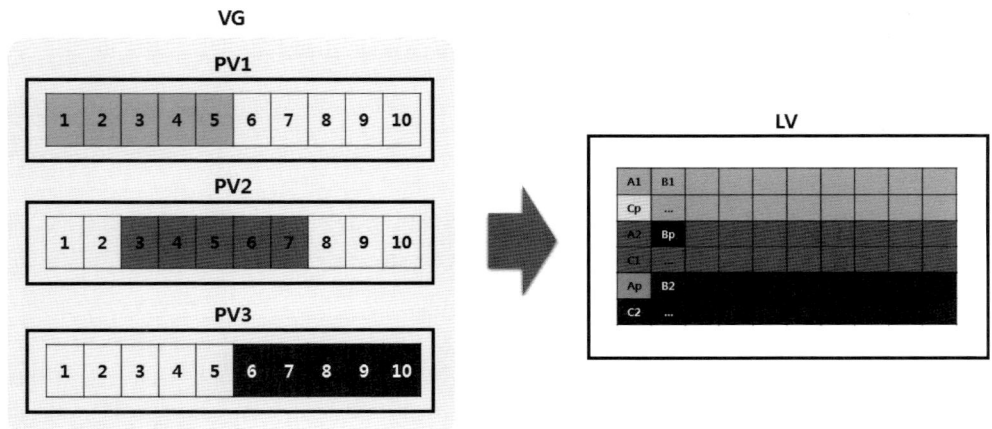

그림 6-8 RAID-5 볼륨 동작방식

RAID-5와 동일하게 각 물리 볼륨에서 스트라이프 단위크기만큼 스트라이프를 수행하고, 그 중 한 디스크는 패리티 데이터를 저장합니다.

RAID-6 볼륨은 RAID-5 볼륨의 구성방식과 거의 동일합니다. RAID-6 볼륨은 두 개의 패리티를 생성하여 물리 볼륨이 두 개까지 손상되어도 대응할 수 있습니다. 그리고 RAID-6 볼륨을 사용하기 위하여 PE를 할당할 수 있는 물리 볼륨이 최소 4개 이상 존재해야 합니다.

RAID-5, RAID-6 볼륨을 사용하기 위하여 필요한 lvcreate 명령의 옵션은 다음과 같습니다.

옵션	설명
-i	스트라이프 개수를 지정합니다.
-I	스트라이프 단위의 크기를 지정합니다.
--type	생성할 볼륨의 RAID 타입을 지정합니다. (raid5, raid6)

표 6-4 lvcreate RAID-5, RAID-6 볼륨 옵션

RAID-5, RAID-6 볼륨은 스트라이프 기반이므로, 스트라이프 볼륨 생성 시 사용하는 '-i' 옵션과 , '-I' 옵션을 사용할 수 있습니다.

다음은 lvcreate 명령을 사용해서 스트라이프 개수와 RAID 방식을 지정하여 RAID-5 볼륨을 생성한 예입니다.

```
[root@nobreak ~]# lvcreate ❶--type raid5 -L 100M ❷ -i 2 -I 64K -n raid5_lv vg_test
  Rounding size 100.00 MiB (25 extents) up to stripe boundary size 104.00 MiB (26 extents).
  Logical volume "raid5_lv" created.
```

옵션이 복잡해 보이지만 ❶의 '--type' 옵션이 추가된 것과, 스트라이프 개수 지정 시 패리티 볼륨에 사용되는 ❷에서 디스크 개수 1개를 제외한 개수를 입력하여야 한다는 점을 제외하면 명령어를 이해하는 것이 어렵지는 않습니다.

'--type' 옵션은 볼륨의 RAID 방식을 지정하는 옵션입니다. RAID-5나 RAID-6 이외에도 'raid0', 'raid1' 등의 타입을 지정할 경우, 스트라이프 볼륨이나 미러 볼륨 생성을 수행할 수 있습니다.

4] RAID-10 볼륨

위에서 학습한 논리 볼륨은 한 단계의 RAID를 적용한 방식입니다. 하지만 실제 RAID를 구성할 경우 성능, 사이즈, 내결함성 등의 요소를 복합적으로 고려하여 여러 단계의 RAID를 동시에 적용하는 경우가 많습니다. 이를 중첩 RAID(Nested RAID) 방식이라 합니다. 논리 볼륨은 중첩 RAID 중 RAID-10 볼륨을 지원합니다.

RAID-10 볼륨은 RAID-1 볼륨인 미러 볼륨을 먼저 구성하고, 생성된 미러 볼륨을 RAID-0 볼륨, 스트라이프 볼륨으로 연결하는 방식을 의미합니다. RAID-10 볼륨으로 구성할 경우 물리 볼륨의 단일 손상을 미러 볼륨을 통해 극복할 수 있고, 상위의 스트라이프 구성을 통해 성능 향상 및 사이즈 확장 효과를 얻을 수 있습니다. RAID-10 볼륨의 조건은 물리 볼륨의 수가 4개 이상 되어야 합니다.

RAID-10 볼륨의 동작 방식은 아래와 같습니다.

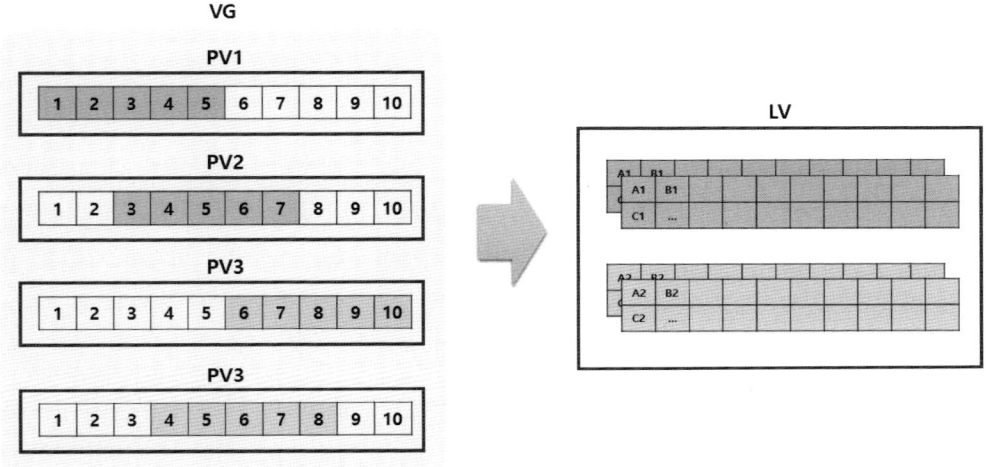

그림 6-9 RAID-10 볼륨 동작방식

PV1과 PV2로 구성된 미러 볼륨, PV3과 PV4로 구성된 미러 볼륨을 다시 스트라이프로 연결한 볼륨 구성입니다. 사이즈는 미러로 인해 전체 물리 볼륨사이즈의 반이 되었고, 성능은 스트라이프 구성을 사용하여 단일 볼륨의 두 배로 증가하였습니다. 또한 각 미러 볼륨에서 단일 물리 볼륨의 장애 발생 시 데이터가 손상되지 않습니다.

이렇게 RAID-10 볼륨을 구성하기 위한 lvcreate 명령의 사용 예는 다음과 같습니다. RAID-10을 테스트하기 위해 /dev/sde1 장치를 물리 볼륨으로 생성하여 미러 볼륨 그룹에 추가하였습니다.

```
[root@nobreak ~]# lvcreate ❶--type raid10 -L 100M ❷-i 2 ❸-m 1 -n raid10_lv
 vg_test
  Using default ❹stripesize 64.00 KiB.
  Rounding size 100.00 MiB (25 extents) up to stripe boundary size 104.00 MiB
(26 extents).
  Logical volume "raid10_lv" created.
```

RAID-10 볼륨을 생성하기 위하여 사용한 옵션들은 이전 명령의 옵션을 그대로 사용하고 있습니다.

❶ '--type' 옵션으로 타입을 선택하고 ❷ '-i' 옵션을 사용하여 스트라이프의 개수를 지정하고, ❸ '-m' 옵션을 사용하여 중복의 개수를 지정합니다. 위의 예에서는 스트라이프 개수 2, 중복 1이므로 2×2=4, 총 4개의 물리 볼륨을 사용하였습니다. ❹ '-I' 옵션을 사용하여 스트라이프 크기를 지정하지 않았기 때문에 기본 값인 64KB를 사용하고 있습니다.

5 씬 프로비저닝 구성

논리 볼륨을 생성할 때 논리 볼륨을 씬 프로비저닝으로 구성 할 수 있습니다. 씬 프로비저닝은 볼륨의 크기를 실제 디스크에 할당되는 크기가 아닌 가상의 크기를 사용하는 방식입니다. 씬 프로비저닝을 사용하여 논리 볼륨을 생성하면 볼륨 그룹에서 지정한 사이즈 전체를 바로 할당받지 않고 실제로 사용할 크기만큼만 사이즈를 할당받아 사용하다가, 특정 임계치에 도달하면 다시 볼륨의 사이즈를 증가시킵니다.

예를 들어 구글은 사용자마다 15GB의 구글 드라이브를 제공합니다. 만약 구글에서 제공하는 구글 드라이브의 스토리지 하나가 150GB를 제공한다면 이 스토리지는 10명의 사용자에게만 15GB씩 할당할 수 있습니다. 하지만 사용자에 따라 할당받은 15GB를 전부 사용하지 않고 1GB 정도만 사용하거나, 10GB이상을 사용할 수 있습니다.

이 경우, 사용자에게 처음부터 15GB를 전부 할당하지 않고, 일부만 할당하여 사이즈를 절약할 수 있습니다. 사용량이 할당된 사이즈에 거의 도달하게 되면 사이즈를 다시 증가시켜 추가로 사이즈를 할당합니다. 이 때 최대 사용할 수 있는 사이즈를 15GB로 설정합니다. 이와 같은 방식으로 150GB의 스토리지로 10명 이상의 사용자에게 구글 드라이브를 제공할 수 있습니다. 논리 볼륨의 씬 프로비저닝도 이와 동일한 원리입니다.

씬 프로비저닝 기능을 사용하기 위하여 기존의 논리 볼륨 구성 단계에서 한 단계를 추가해야 합니다. 기존의 '물리 볼륨 → 볼륨 그룹 → 논리 볼륨' 단계에서 '물리 볼륨 → 볼륨 그룹 → 씬 풀(Thin Pool) → 논리 볼륨' 단계로 씬 풀 생성 단계가 추가됩니다.

다음은 기존에 생성되어 있는 vg_test 볼륨그룹에 lvcreate 명령을 사용해서 씬 풀을 생성한 예입니다.

```
[root@nobreak ~]# lvcreate ❶-T ❷-L 100M vg_test/thinpool
  Using default stripesize 64.00 KiB.
  Logical volume "thinpool" created.
```

씬 풀을 생성할 때는 ❶의 '-T' 옵션을 추가하고, ❷의 '-L' 또는 '-l' 옵션 등을 사용하여 풀의 크기를 지정합니다. 생성될 풀의 이름을 '-n' 옵션으로 지정지 않고, 볼륨그룹명/씬풀명 형태로 지정합니다.

lvcreate 명령을 사용해서 볼륨 그룹에 씬 풀을 생성하면 씬 풀에서 다시 논리 볼륨을 생성할 수 있습니다.

```
[root@nobreak ~]# lvcreate - T ❶ -V 10T -n thin_lv vg_test/thinpool
  Using default stripesize 64.00 KiB.
  ❷ WARNING: Sum of all thin volume sizes (10.00 TiB) exceeds the size of
thin pool vg_test/thinpool and the size of whole volume group (79.98 GiB)!
  For thin pool auto extension activation/thin_pool_autoextend_threshold
should be below 100.
  Logical volume "thin_lv" created.
```

❶의 '-V' 옵션은 씬 프로비저닝 볼륨의 크기를 지정하는 옵션입니다. 씬 프로비저닝을 사용하기 때문에, 실제 볼륨 그룹이나 씬 풀의 크기보다 더 큰 논리 볼륨이 생성되는 것을 확인할 수 있습니다.

하지만 실제 구성된 스토리지 사이즈보다 더 큰 볼륨을 생성하였기 때문에, ❷처럼 경고가 출력됩니다. 실제 볼륨의 사용량이 전체 볼륨그룹이나 씬 풀 크기보다 커지지 않도록 사이즈 관리에 주의하여야 합니다.

6.3 논리 볼륨(Logical Volume) 요소 확인

논리 볼륨을 적절하게 구성하는 것도 중요하지만, 현재 볼륨의 상태를 파악하는 것 또한 매우 중요합니다.

논리 볼륨을 구성하는 물리 볼륨, 볼륨 그룹, 논리 볼륨은 각각 약어로 pv, vg, lv 로 표기 합니다. 물리 볼륨, 볼륨 그룹, 논리 볼륨을 관리하는 명령은 일정한 규칙으로 서로 비슷한 이름을 가지고 있습니다. 이번에는 물리 볼륨, 볼륨 그룹, 논리 볼륨의 상태를 확인할 수 있는 명령에 대하여 살펴보겠습니다.

1 물리 볼륨 상태 확인

물리 볼륨의 상태를 확인하기 위하여 pvdisplay 명령을 사용합니다.

다음은 pvdisplay 명령을 사용해서 물리 볼륨의 상태를 확인한 예입니다.

```
[root@nobreak ~]# pvdisplay
  --- Physical volume ---
  PV Name               /dev/sdb1
  VG Name               vg_test
  PV Size               20.00 GiB / not usable 3.00 MiB
  Allocatable           yes
  PE Size               4.00 MiB
  Total PE              5119
  Free PE               4852
  Allocated PE          267
  PV UUID               HZPKpB-hjpc-2yv0-WyKj-AZNu-543P-PD4pMJ

  --- Physical volume ---
  PV Name               /dev/sdc1
  VG Name               vg_test
  PV Size               20.00 GiB / not usable 3.00 MiB
...
```

pvdisplay 명령을 옵션이나 인자 없이 실행할 경우 전체 물리 볼륨의 정보를 출력합니다.

pvdisplay 명령을 사용할 때 옵션을 사용하여 출력 형식을 변경하거나, 간략하게 또는 상세하게 정보를 확인할 수 있습니다.

주요 옵션은 다음과 같습니다.

옵션	설명
-C	물리 볼륨에 대한 간략한 정보를 칼럼(Column) 형태로 출력합니다.
-c	물리 볼륨의 정보를 콤마(,) 로 구분하여 출력합니다.
-s	물리 볼륨의 사용가능 사이즈 정보만 출력합니다.
-m	각 물리 볼륨의 할당 정보를 표시합니다.

표 6-5 pvdisplay 옵션

다음은 pvdisplay 명령의 '-C' 옵션을 사용한 예입니다.

```
[root@nobreak ~]# pvdisplay -C
  PV         VG      Fmt  Attr PSize  PFree
  /dev/sdb1  vg_test lvm2 a--  20.00g 18.95g
  /dev/sdc1  vg_test lvm2 a--  20.00g 19.62g
  /dev/sdd1  vg_test lvm2 a--  20.00g 19.62g
  /dev/sde1  vg_test lvm2 a--  20.00g 19.94g
```

'-C' 옵션을 사용할 경우, 현재 물리 볼륨에 대한 일부 정보를 칼럼(Column) 형태로 정리하여 출력합니다.

다음은 pvdisplay 명령의 '-c' 옵션을 사용한 예입니다.

```
[root@nobreak ~]# pvdisplay -c
/dev/sdb1:vg_test:41940992:-1:8:8:-1:4096:5119:4852:267:HZPKpB-hjpc-2yv0-WyKj-
AZNu-543P-PD4pMJ
/dev/sdc1:vg_test:41940992:-1:8:8:-1:4096:5119:5023:96:QP5iYt-T460-zIcQ-6jCl-
NB21-Gvgr-PNhLFE
/dev/sdd1:vg_test:41940992:-1:8:8:-1:4096:5119:5023:96:1dGKz8-L4ch-cSfd-jFw0-
k7qN-lvuQ-ZbASu4
/dev/sde1:vg_test:41940992:-1:8:8:-1:4096:5119:5104:15:Y6YKY0-9rJf-SfWs-MdbK-
lnBf-tXUJ-Y6fg5w
```

'-c' 옵션을 사용할 경우 출력되는 정보를 콤마(,)로 구분하여 출력합니다. 이 옵션은 출력된 결과를 파싱(Parsing)할 때 유용하게 사용할 수 있습니다.

다음은 pvdisplay 명령의 '-s' 옵션을 사용한 예입니다.

```
[root@nobreak ~]# pvdisplay -s
  Device "/dev/sdb1" has a capacity of 18.95 GiB
  Device "/dev/sdc1" has a capacity of 19.62 GiB
  Device "/dev/sdd1" has a capacity of 19.62 GiB
  Device "/dev/sde1" has a capacity of 19.94 GiB
```

'-s' 옵션은 여유 공간에 대한 결과만 출력합니다.

다음은 pvdisplay 명령의 '-m' 옵션을 사용한 예입니다.

```
[root@nobreak ~]# pvdisplay -m
  --- Physical volume ---
  PV Name               /dev/sdb1
  VG Name               vg_test
  PV Size               20.00 GiB / not usable 3.00 MiB
  Allocatable           yes
  PE Size               4.00 MiB
  Total PE              5119
  Free PE               4852
  Allocated PE          267
  PV UUID               HZPKpB-hjpc-2yv0-WyKj-AZNu-543P-PD4pMJ

  --- ❶ Physical Segments ---
  Physical extent 0 to 99:
    Logical volume      /dev/vg_test/testlv_1
    Logical extents     0 to 99
  Physical extent 100 to 124:
    Logical volume      /dev/vg_test/testlv_2
    Logical extents     0 to 24
...
```

'-m' 옵션은 각 물리 볼륨 별로 할당된 정보를 출력합니다.

❶의 Physical Segment 항목에서 PE의 번호와 각 PE가 할당된 논리 볼륨에 대한 정보를 나타냅니다.

2 볼륨 그룹 상태 확인

볼륨 그룹의 상태를 확인하기 위하여 vgdisplay 명령을 사용합니다.

다음은 vgdisplay 명령을 사용해서 물리 볼륨의 상태를 확인한 예입니다.

```
[root@nobreak ~]# vgdisplay
  --- Volume group ---
  VG Name               vg_test
  System ID
  Format                lvm2
  Metadata Areas        4
  Metadata Sequence No  22
  VG Access             read/write
  VG Status             resizable
  MAX LV                0
  Cur LV                9
  Open LV               0
  Max PV                0
  Cur PV                4
  Act PV                4
  VG Size               79.98 GiB
  PE Size               4.00 MiB
  Total PE              20476
  Alloc PE / Size       474 / 1.85 GiB
  Free  PE / Size       20002 / 78.13 GiB
  VG UUID               okQqif-Yj07-dyas-Ynzj-FcGJ-qLo8-dLB2tF
```

pvdisplay 명령과 마찬가지로 현재 볼륨 그룹의 주요 정보를 출력하고 있습니다. 주요 옵션도 pvdisplay 명령과 유사 합니다.

옵션	설명
-C	볼륨 그룹에 대한 간략한 정보를 칼럼(Column) 형태로 출력합니다.
-c	볼륨 그룹의 정보를 콤마(,) 로 구분하여 출력합니다.
-s	볼륨 그룹의 사용가능 사이즈 정보만 출력합니다.
-v	볼륨그룹의 정보와 논리 볼륨, 물리 볼륨에 대한 정보를 출력합니다. (상세)

표 6-6 vgdisplay 옵션

다음은 '-v' 옵션을 제외한 나머지 옵션을 사용한 예입니다.

```
[root@nobreak ~]# vgdisplay -C
  VG      #PV #LV #SN Attr   VSize  VFree
  vg_test   4   9   0 wz--n- 79.98g 78.13g

[root@nobreak ~]# vgdisplay -c
vg_test:r/w:772:-1:0:9:0:-1:0:4:4:83869696:4096:20476:474:20002:okQqif-Yj07-
dyas-Ynzj-FcGJ-qLo8-dLB2tF

[root@nobreak ~]# vgdisplay -s
  "vg_test" 79.98 GiB [1.85 GiB  used / 78.13 GiB free]
```

pvdisplay 명령을 실행한 결과와 거의 동일합니다.

pvdisplay 명령의 '-m' 옵션 대신 '-v' 옵션이 존재합니다. 이 옵션은 전체 볼륨 그룹의 정보와 볼륨그룹 내에 생성된 논리 볼륨의 정보, 볼륨 그룹에 소속된 물리 볼륨의 정보까지 정보를 상세히 출력합니다.

다음은 '-v' 옵션을 사용한 예입니다.

```
[root@nobreak ~]# vgdisplay -v
  --- Volume group ---
  VG Name               vg_test
  System ID
  Format                lvm2
  Metadata Areas        4
  Metadata Sequence No  22
...

  --- Logical volume ---
  LV Path               /dev/vg_test/testlv_1
  LV Name               testlv_1
  VG Name               vg_test
  LV UUID               0KKbfI-uT89-NsHk-GmbW-N2hD-eFe5-gYdAXH
...
```

```
--- Physical volumes ---
PV Name               /dev/sdb1
PV UUID               HZPKpB-hjpc-2yv0-WyKj-AZNu-543P-PD4pMJ
PV Status             allocatable
Total PE / Free PE    5119 / 4852
...
```

3 논리 볼륨 상태 확인

논리 볼륨의 상태를 확인하기 위하여 lvdisplay 명령을 사용합니다.

다음은 lvdisplay 명령을 실행한 예입니다.

```
[root@nobreak ~]# lvdisplay
   --- Logical volume ---
   LV Path                /dev/vg_test/testlv_1
   LV Name                testlv_1
   VG Name                vg_test
   LV UUID                0KKbfI-uT89-NsHk-GmbW-N2hD-eFe5-gYdAXH
   LV Write Access        read/write
   LV Creation host, time nobreak.co.kr, 2017-02-04 00:56:26 +0900
   LV Status              available
   # open                 0
   LV Size                400.00 MiB
   Current LE             100
   Segments               1
   Allocation             inherit
   Read ahead sectors     auto
   - currently set to     8192
   Block device           253:0
...
```

다른 명령과 같이 전체 논리 볼륨에 대한 대략적인 정보를 확인할 수 있습니다.

lvdisplay 명령의 주요 옵션은 다음과 같습니다.

옵션	설명
-C	논리 볼륨에 대한 간략한 정보를 칼럼(Column) 형태로 출력합니다.
-c	논리 볼륨의 정보를 콤마(,) 로 구분하여 출력합니다.
-m	논리 볼륨별 할당 정보를 포함하여 출력합니다.

표 6-7 lvdisplay 옵션

'-C' 옵션과 '-c' 옵션의 실행 결과는 다음과 같습니다.

```
[root@nobreak ~]# lvdisplay -C
  LV        VG      Attr       LSize   Pool     Origin Data%  Meta%  Move Log Cpy%Sync Convert
  lvol0     vg_test -wi-------  80.00m
  mirror_lv vg_test rwi-a-r--- 100.00m                                         100.00
  raid10_lv vg_test rwi-a-r--- 104.00m                                         100.00
  raid5_lv  vg_test rwi-a-r--- 104.00m                                         100.00
  stripe_lv vg_test -wi-a----- 504.00m
  testlv_1  vg_test -wi-a----- 400.00m
  testlv_2  vg_test -wi-a----- 100.00m
  thin_lv   vg_test Vwi-a-tz--  10.00t thinpool         0.00
  thinpool  vg_test twi-aotz-- 100.00m                  0.00   0.98

[root@nobreak ~]# lvdisplay -c
  /dev/vg_test/testlv_1:vg_test:3:1:-1:0:819200:100:-1:0:-1:253:0
  /dev/vg_test/testlv_2:vg_test:3:1:-1:0:204800:25:-1:0:-1:253:1
  /dev/vg_test/stripe_lv:vg_test:3:1:-1:0:1032192:126:-1:0:-1:253:2
  /dev/vg_test/mirror_lv:vg_test:3:1:-1:0:204800:25:-1:0:-1:253:9
  /dev/vg_test/raid5_lv:vg_test:3:1:-1:0:212992:26:-1:0:-1:253:16
  /dev/vg_test/raid10_lv:vg_test:3:1:-1:0:212992:26:-1:0:-1:253:25
  /dev/vg_test/lvol0:vg_test:3:0:-1:0:163840:20:-1:0:-1:-1:-1
  /dev/vg_test/thinpool:vg_test:3:1:-1:0:204800:25:-1:0:-1:253:29
  /dev/vg_test/thin_lv:vg_test:3:1:-1:0:21474836480:2621440:-1:0:-1:253:30
```

'-m' 옵션은 조금 더 상세한 정보를 출력합니다.

```
[root@nobreak ~]# lvdisplay -m
  --- Logical volume ---
  LV Path                /dev/vg_test/testlv_1
  LV Name                testlv_1
  VG Name                vg_test
  LV UUID                0KKbfI-uT89-NsHk-GmbW-N2hD-eFe5-gYdAXH
  LV Write Access        read/write
  ...

  --- Segments ---
  Logical extents 0 to 99:
    Type                 linear
    Physical volume      /dev/sdb1
    Physical extents     0 to 99
```

볼륨의 기본적인 정보와 함께 PE를 할당받은 물리 볼륨과 논리 볼륨의 타입을 나타냅니다.

4 물리 볼륨, 볼륨 그룹, 논리 볼륨의 간단한 정보 확인

pvs, vgs, lvs 명령은 각각 pvdisplay, vgdisplay, lvdisplay 명령의 '-C' 옵션과 동일한 결과를 출력합니다. 각 요소에 대한 정보를 빠르게 확인할 수 있는 유용한 명령입니다.

각 명령의 실행 예는 아래와 같습니다.

```
[root@nobreak ~]# pvs
  PV         VG      Fmt  Attr PSize  PFree
  /dev/sdb1  vg_test lvm2 a--  20.00g 18.95g
  /dev/sdc1  vg_test lvm2 a--  20.00g 19.62g
  /dev/sdd1  vg_test lvm2 a--  20.00g 19.62g
  /dev/sde1  vg_test lvm2 a--  20.00g 19.94g

[root@nobreak ~]# vgs
  VG      #PV #LV #SN Attr   VSize  VFree
  vg_test   4   9   0 wz--n- 79.98g 78.13g
```

```
[root@nobreak ~]# lvs
  LV        VG      Attr       LSize   Pool     Origin Data%  Meta%  Move Log Cpy%Sync Convert
  lvol0     vg_test -wi-------  80.00m
  mirror_lv vg_test rwi-a-r--- 100.00m                                              100.00
  raid10_lv vg_test rwi-a-r--- 104.00m                                              100.00
  raid5_lv  vg_test rwi-a-r--- 104.00m                                              100.00
  stripe_lv vg_test -wi-a----- 504.00m
  testlv_1  vg_test -wi-a----- 400.00m
  testlv_2  vg_test -wi-a----- 100.00m
  thin_lv   vg_test Vwi-a-tz--  10.00t thinpool         0.00
  thinpool  vg_test twi-aotz-- 100.00m                  0.00   0.98
```

6.4 볼륨 그룹(Volume Group) 및 논리 볼륨(Logical Volume) 관리

볼륨 그룹은 사이즈를 유연하게 관리할 수 있습니다. 논리 볼륨을 추가로 생성하거나 사용 중인 논리 볼륨의 사이즈를 확장하기 위한 PE확보를 위해 볼륨 그룹의 사이즈를 증설할 필요가 있습니다. 또는 점검이 필요한 디스크 중 볼륨 그룹에 포함된 물리 볼륨이 존재하면 해당 물리 볼륨은 제거한 뒤 디스크를 점검해야 합니다.

논리 볼륨은 파일시스템을 생성한 뒤 사용 중인 논리볼륨의 사이즈가 부족할 경우 논리 볼륨과 파일시스템의 사이즈를 증가시킬 수 있습니다.

이제부터 볼륨 그룹과 논리 볼륨의 사이즈를 관리하는 방법에 대해서 알아보도록 하겠습니다.

1 볼륨 그룹 관리

볼륨 그룹은 물리 볼륨을 추가해서 확장하거나 제거해서 축소하는 것이 가능합니다. 확장은 아무런 제약이 없이 가능하지만 축소는 선행 단계를 완료한 뒤에 진행 할 수 있습니다.

1] 볼륨 그룹 확장

이미 구성된 볼륨 그룹에 추가로 사이즈를 확보하거나, RAID 구성을 위해 물리 볼륨을 추가할 수 있습니다. 이 때 사용하는 명령은 vgextend입니다.

vgextend 명령의 사용방법은 다음과 같습니다.

```
vgextend volume-group-name physical-volume1 physical-volume2 ...
```

vgcreate 명령과 형식이 동일합니다. 추가할 물리 볼륨은 1개 이상을 연이어 입력할 수 있습니다.

다음은 vgextend 명령을 사용해서 볼륨 그룹의 사이즈를 확장한 예입니다. 두 개의 물리 볼륨으로 구성된 볼륨 그룹에 새로운 물리 볼륨을 추가 합니다.

```
[root@nobreak ~]# vgs
  VG      #PV #LV #SN Attr   VSize  VFree
  vg_test   2   0   0 wz--n- 39.99g 39.99g
[root@nobreak ~]# pvs
  PV         VG      Fmt  Attr PSize  PFree
  /dev/sdb1  vg_test lvm2 a--  20.00g 20.00g
  /dev/sdc1  vg_test lvm2 a--  20.00g 20.00g
  /dev/sdd1          lvm2 ---  20.00g 20.00g
  /dev/sde1          lvm2 ---  20.00g 20.00g
[root@nobreak ~]# vgextend vg_test /dev/sdd1
  Volume group "vg_test" successfully extended
[root@nobreak ~]# pvs
  PV         VG      Fmt  Attr PSize  PFree
  /dev/sdb1  vg_test lvm2 a--  20.00g 20.00g
  /dev/sdc1  vg_test lvm2 a--  20.00g 20.00g
  /dev/sdd1  vg_test lvm2 a--  20.00g 20.00g
  /dev/sde1          lvm2 ---  20.00g 20.00g
```

/dev/sdd1 물리 볼륨을 vg_test 볼륨 그룹에 추가하였습니다. 추가된 물리 볼륨의 PE는 볼륨 그룹 설정에 따라 자동적으로 볼륨 그룹 내 다른 물리 볼륨과 동일하게 설정됩니다.

2] 볼륨 그룹 축소

볼륨 그룹 축소는 vgreduce 명령을 사용합니다. 볼륨 그룹 축소는 볼륨 그룹에서 물리 볼륨을 분리하여 진행합니다.

vgreduce 명령의 형식은 다음과 같습니다.

```
vgreduce volume-group-name physical-volume1 physical-volume2 ...
```

볼륨 그룹 축소는 확장과는 달리 준비 단계가 필요합니다. 볼륨 그룹에서 사용 중인 물리 볼륨의 데이터를 다른 물리 볼륨으로 이동시키지 않고 디스크를 제거할 경우, 데이터가 손상될 수 있습니다. 따라서 여분의 물리 볼륨에 데이터를 옮기는 과정이 선행되어야 합니다. 이 때 pvmove 명령을 사용합니다. pvmove 명령은 지정된 물리 볼륨의 데이터를 같은 볼륨 그룹 내의 다른 물리 볼륨으로 이동시키는 작업을 실행합니다.

pvmove 명령의 형식은 다음과 같습니다.

```
pvmove physical-volume
```

명령을 테스트하기 위해, 세 개의 물리 볼륨으로 구성된 볼륨 그룹에서 두 물리 볼륨에 스트라이프 된 논리 볼륨을 생성하고 그 중 한 물리 볼륨을 제거하여 볼륨 그룹을 축소합니다.

```
[root@nobreak ~]# lvs
  LV        VG      Attr       LSize Pool Origin Data%  Meta%  Move Log Cpy%Sync Convert
  stripe_lv vg_test -wi-a----- 1.00g

[root@nobreak ~]# lvdisplay -m /dev/vg_test/stripe_lv
  --- Logical volume ---
  LV Path                /dev/vg_test/stripe_lv
  LV Name                stripe_lv
...
  --- Segments ---
  Logical extents 0 to 255:
    Type                striped
    Stripes             2
    Stripe size         64.00 KiB
    Stripe 0:
      Physical volume   /dev/sdb1
      Physical extents  0 to 127
    Stripe 1:
      Physical volume   /dev/sdc1
      Physical extents  0 to 127
```

현재 논리 볼륨이 /dev/sdb1, /dev/sdb2 두 개의 물리 볼륨에 스트라이프 된 것을 확인할 수 있습니다. 만약 사용 중인 물리 볼륨을 제거하려고 할 경우 아래와 같은 경고가 표시됩니다.

```
[root@nobreak ~]# vgreduce vg_test /dev/sdc1
  Physical volume "/dev/sdc1" still in use
```

현재 볼륨 그룹에 제거하고자 하는 물리 볼륨의 데이터를 이동시킬 여분의 물리 볼륨이 있을 경우 pvmove 명령으로 제거할 물리 볼륨의 이름을 지정하여 데이터를 이동시킬 수 있습니다.

```
[root@nobreak ~]# pvmove /dev/sdc1
  /dev/sdc1: Moved: 50.78%
  /dev/sdc1: Moved: 100.00%
```

명령 실행 시 주기적으로 진행률을 표시하고, 100%에 도달하면 명령이 종료됩니다. 만약 여분의 물리 볼륨이 존재하지 않을 경우 아래와 같은 메시지가 출력되며 물리 볼륨 데이터 이전이 실행되지 않습니다.

```
[root@nobreak ~]# pvmove /dev/sdc1
  Insufficient suitable allocatable extents for logical volume : 128 more required
  Unable to allocate mirror extents for pvmove0.
  Failed to convert pvmove LV to mirrored
```

정상적으로 물리 볼륨의 데이터 이전이 성공하면 논리 볼륨의 정보에서 변경된 물리 볼륨 할당 정보를 확인할 수 있고, 제거하기 위한 물리 볼륨을 vgreduce 명령을 사용하여 제거할 수 있습니다.

```
[root@nobreak ~]# lvdisplay -m /dev/vg_test/stripe_lv
  --- Logical volume ---
  LV Path                /dev/vg_test/stripe_lv
  LV Name                stripe_lv
  ...
```

```
  --- Segments ---
  Logical extents 0 to 255:
    Type                    striped
    Stripes                 2
    Stripe size             64.00 KiB
    Stripe 0:
      Physical volume       /dev/sdb1
      Physical extents      0 to 127
    Stripe 1:
      Physical volume       /dev/sdd1
      Physical extents      0 to 127

[root@nobreak ~]# vgreduce vg_test /dev/sdc1
  Removed " /dev/sdc1 " from volume group " vg_test "
```

2 논리 볼륨 관리

논리 볼륨에 파일시스템을 생성하고 마운트 한 뒤 사용하다가 사이즈가 부족할 경우 사이즈를 확장할 수 있습니다.

1] 논리 볼륨 확장

논리 볼륨 확장에 사용하는 명령은 lvextend입니다. lvextend 명령의 형식은 다음과 같습니다.

```
lvextend [option] logical-volume-path
```

명령의 옵션에서 논리 볼륨의 이름과 논리 볼륨의 크기를 지정하여 논리 볼륨을 확장할 수 있습니다. 논리 볼륨 크기를 확장하는 옵션은 '-L' 또는 '-l' 옵션을 사용합니다.

볼륨 크기를 지정할 때는 두 가지를 주의해야 합니다. 첫 번째는 '-l' 옵션과 '-L' 옵션입니다. '-l' 옵션의 경우 뒤에 PE의 개수를 지정하며, '-L' 옵션의 경우 뒤에 사이즈(MB, GB 등)를 지정합니다. 두 번째는 기호의 지정입니다. PE의 개수 또는 사이즈를 지정할 때 '+' 기호를 추가하게 되면 현재 크기에서 지정한 크기만큼 사이즈가 추가됩니다. 기호를 추가하지 않으면 절대 값으로 인식하여 정확하게 그 값으로 크기가 변경됩니다. 만약 절대 값으로 크기를 변경할 때 현재 사이즈보다 작은 값을 지정하게 되면 명령이 실행되지 않습니다.

다음은 100MB 크기의 논리 볼륨을 생성하고, 논리 볼륨에 xfs 파일시스템을 생성한 뒤 마운트한 예입니다.

```
[root@nobreak ~]# lvs
  LV      VG      Attr       LSize   Pool Origin Data% Meta% Move Log Cpy%Sync Convert
  test_lv vg_test -wi-a----- 100.00m
[root@nobreak ~]# mkfs.xfs /dev/vg_test/test_lv
meta-data=/dev/vg_test/test_lv   isize=512    agcount=4, agsize=6400 blks
         =                       sectsz=512   attr=2, projid32bit=1
         =                       crc=1        finobt=0, sparse=0
data     =                       bsize=4096   blocks=25600, imaxpct=25
         =                       sunit=0      swidth=0 blks
naming   =version 2              bsize=4096   ascii-ci=0 ftype=1
log      =internal log           bsize=4096   blocks=855, version=2
         =                       sectsz=512   sunit=0 blks, lazy-count=1
realtime =none                   extsz=4096   blocks=0, rtextents=0
[root@nobreak ~]# mount -t xfs /dev/vg_test/test_lv /mnt
[root@nobreak ~]# df -h /mnt
Filesystem                   Size  Used Avail Use% Mounted on
/dev/mapper/vg_test-test_lv  97M   5.2M  92M   6%  /mnt
```

논리 볼륨을 확장하기 위하여 lvextend 명령을 실행한 뒤 변경된 정보를 확인합니다. 기존 논리 볼륨 100MB에서 50MB를 추가 합니다.

```
[root@nobreak ~]# lvextend -L +50M /dev/vg_test/test_lv
  Rounding size to boundary between physical extents: 52.00 MiB.
  Size of logical volume vg_test/test_lv changed from 100.00 MiB (25 extents) to 152.00 MiB (38 extents).
  Logical volume vg_test/test_lv successfully resized.

[root@nobreak ~]# lvs
  LV      VG      Attr       LSize   Pool Origin Data% Meta% Move Log Cpy%Sync Convert
  test_lv vg_test -wi-ao---- 152.00m
```

lvextend 명령 실행 결과와 lvs 명령을 통해 논리 볼륨의 크기가 약 150MB로 확장된 것을 확인할 수 있습니다. 정확하게 150MB가 할당되지 않는 것은 논리 볼륨 확장 시 PE 크기 단위로 확장/축소가 이루어지기 때문입니다.

이번에는 df 명령을 사용하여 볼륨에 생성된 파일시스템이 어떻게 변화하였는지 확인합니다.

```
[root@nobreak ~]# df -h /mnt
Filesystem                   Size  Used Avail Use% Mounted on
/dev/mapper/vg_test-test_lv  97M   5.2M  92M   6%  /mnt
```

논리 볼륨을 확장하였지만, 논리 볼륨 내에 있는 파일시스템의 크기는 이전과 동일하게 약 100MB인 것을 확인할 수 있습니다. 따라서 논리 볼륨의 크기는 확장되었으나 확장된 부분에는 파일 시스템을 생성하지 않았기 때문입니다. 이는 사람이 키가 크면 옷이 맞지 않는 것과 같습니다. 키가 커서 옷을 맞지 않으면 옷을 사거나 수선하듯이 파일 시스템도 확장하는 과정이 필요합니다.

파일 시스템을 확장하기 위하여 파일시스템 종류에 따라 다른 명령을 사용합니다. 현재 RHEL / CentOS / OL 에서 주로 사용하는 파일시스템은 xfs와 ext4입니다.

xfs는 xfs_growfs 명령을 사용하고 ext4파일시스템은 resize2fs 명령을 사용하여 파일시스템 을 확장합니다. 두 명령의 사용법은 다음과 같습니다.

xfs_growfs mount-point

resize2fs logical-volume-path

xfs 파일시스템의 경우 마운트 포인트를 인자로 지정하며, ext4 파일시스템의 경우 논리 볼륨 장치파일을 인자로 지정합니다. 명령을 실행하면 현재 논리 볼륨이 확장된 크기까지 자동으로 확장되기 때문에 변경할 파일시스템의 크기는 따로 지정하지 않습니다.

xfs 파일시스템으로 생성했던 논리 볼륨의 파일시스템을 재구성합니다.

```
[root@nobreak ~]# xfs_growfs /mnt
meta-data=/dev/mapper/vg_test-test_lv isize=512    agcount=4, agsize=6400 blks
         =                            sectsz=512   attr=2, projid32bit=1
         =                            crc=1        finobt=0 spinodes=0
data     =                            bsize=4096   blocks=25600, imaxpct=25
         =                            sunit=0      swidth=0 blks
naming   =version 2                   bsize=4096   ascii-ci=0 ftype=1
log      =internal                    bsize=4096   blocks=855, version=2
         =                            sectsz=512   sunit=0 blks, lazy-count=1
realtime =none                        extsz=4096   blocks=0, rtextents=0
```

```
data blocks changed from 25600 to 38912
[root@nobreak ~]# df -h /mnt
Filesystem                     Size  Used Avail Use% Mounted on
/dev/mapper/vg_test-test_lv    149M  5.3M  144M   4% /mnt
```

실행결과를 통해 변경된 파일시스템 블록의 정보와 변경된 사이즈를 확인할 수 있습니다.

ext4 파일시스템도 동일한 결과를 확인할 수 있습니다.

```
[root@nobreak ~]# lvextend -L +50M /dev/vg_test/test_lv
  Rounding size to boundary between physical extents: 52.00 MiB.
  Size of logical volume vg_test/test_lv changed from 152.00 MiB (38 extents)
 to 204.00 MiB (51 extents).
  Logical volume vg_test/test_lv successfully resized.
[root@nobreak ~]# resize2fs /dev/vg_test/test_lv
resize2fs 1.42.9 (28-Dec-2013)
Filesystem at /dev/vg_test/test_lv is mounted on /mnt; on-line resizing
required
old_desc_blocks = 1, new_desc_blocks = 2
The filesystem on /dev/vg_test/test_lv is now 208896 blocks long.

[root@nobreak ~]# df -h /mnt
Filesystem                     Size  Used Avail Use% Mounted on
/dev/mapper/vg_test-test_lv    194M  1.8M  181M   1% /mnt
```

150MB로 확장된 논리 볼륨을 ext4 파일시스템으로 변경한 후 다시 50MB 사이즈를 확장하였습니다. '논리볼륨 확장 → 파일시스템 확장'의 동일한 과정을 수행하여 약 논리 볼륨 및 파일시스템이 약 200MB 사이즈로 확장된 것을 확인할 수 있습니다.

논리 볼륨과 파일시스템을 확장하는 또 다른 방법은 lvextend 명령의 '-r' 옵션을 사용하는 방법입니다. 이 방법은 lvextend 명령 한 번으로 파일시스템 종류에 상관없이 논리 볼륨과 파일시스템을 동시에 확장시킬 수 있는 편리한 옵션입니다.

다음은 lvextend 명령에서 '-r' 옵션을 사용한 예입니다.

```
[root@nobreak ~]# lvextend -L +50M /dev/vg_test/test_lv -r
  Rounding size to boundary between physical extents: 52.00 MiB.
  Size of logical volume vg_test/test_lv changed from 204.00 MiB (51 extents)
to 256.00 MiB (64 extents).
  Logical volume vg_test/test_lv successfully resized.
resize2fs 1.42.9 (28-Dec-2013)
Filesystem at /dev/mapper/vg_test-test_lv is mounted on /mnt; on-line resizing
required
old_desc_blocks = 2, new_desc_blocks = 2
The filesystem on /dev/mapper/vg_test-test_lv is now 262144 blocks long.

[root@nobreak ~]# df -h /mnt
Filesystem                    Size  Used Avail Use% Mounted on
/dev/mapper/vg_test-test_lv   244M  2.1M  229M   1% /mnt
```

xfs_growfs 또는 resize2fs 명령을 사용하지 않고 한 번에 논리 볼륨 및 파일시스템의 사이즈가 재설정 되는 것을 확인할 수 있습니다. 파일시스템 확장은 데이터가 손실되지 않고 파일시스템의 크기만을 변경할 수 있습니다.

2] 논리 볼륨 축소

논리 볼륨 축소하는 명령은 lvreduce입니다. lvreduce 명령의 형식은 다음과 같습니다.

```
lvreduce [option] logical-volume-path
```

논리 볼륨 축소도 확장과 동일하게 논리 볼륨만 축소하는 것이 아니라, 논리 볼륨과 파일시스템을 모두 축소하여야 합니다. 하지만 논리 볼륨을 확장하는 것과 반대로 파일시스템을 먼저 축소하고, 그다음에 논리 볼륨을 축소해야 합니다.

파일시스템보다 논리 볼륨의 사이즈를 먼저 축소할 경우에 논리 볼륨의 축소된 영역에 데이터가 존재할 수 있기 때문에 파일시스템의 데이터가 유실될 수도 있습니다.

파일시스템 축소에는 제약사항이 있습니다. xfs 파일시스템은 파일시스템 축소 명령이 존재하지 않고, 논리 볼륨 축소 명령의 '-r' 옵션을 사용할 경우에도 축소를 지원하지 않습니다.

```
[root@nobreak ~]# lvreduce -L -10M /dev/vg_test/test_lv -r
  Rounding size to boundary between physical extents: 8.00 MiB.
fsadm: Xfs filesystem shrinking is unsupported
  fsadm failed: 1
  Filesystem resize failed.
```

따라서 파일시스템 축소는 ext4 파일시스템만 가능 합니다

파일시스템 축소에 사용하는 명령은 resize2fs입니다. 논리 볼륨 확장과는 달리 축소할 파일시스템의 사이즈를 지정해야 합니다. 명령의 형식은 다음과 같습니다.

> resize2fs logical-volume-path size

또는 lvreduce 명령의 '-r' 옵션을 사용하여 파일시스템 축소와 논리 볼륨 축소를 동시에 수행할 수 있습니다.

다음은 resize2fs 명령을 사용해서 파일 시스템의 사이즈를 축소한 예입니다. ext4 파일시스템을 50MB 축소합니다.

```
[root@nobreak ~]# resize2fs /dev/vg_test/test_lv 150M
resize2fs 1.42.9 (28-Dec-2013)
❶ Filesystem at /dev/vg_test/test_lv is mounted on /mnt; on-line resizing
required
resize2fs: On-line shrinking not supported
[root@nobreak ~]# ❷umount /mnt
[root@nobreak ~]# resize2fs /dev/vg_test/test_lv 150M
resize2fs 1.42.9 (28-Dec-2013)
❸ Please run 'e2fsck -f /dev/vg_test/test_lv' first.
```

먼저 resize2fs 명령을 논리 볼륨이 마운트 된 상태에서 실행한 결과, ❶처럼 온라인(On-line) 상태의 파일시스템 축소를 지원하지 않는다는 응답을 확인할 수 있습니다. 파일시스템 축소 할 때는 ❷처럼 반드시 파일시스템을 언마운트한 뒤 수행합니다.

파일시스템을 언마운트한 뒤, 다시 명령을 수행하였을 경우 또다시 다른 명령을 먼저 수행할 것을 알리는 경고가 발생하는 것을 확인할 수 있습니다.

❸ e2fsck 명령은 ext계열 파일시스템 체크 도구입니다. ext 파일시스템 축소 시 반드시 먼저 파일시스템의 오류를 체크하여야 합니다. '-f' 옵션은 강제실행옵션으로, 파일시스템의 에러가 발견되지 않은 상황이라도 무조건 검사를 수행하도록 지정하는 옵션입니다.

```
[root@nobreak ~]# e2fsck -f /dev/vg_test/test_lv
e2fsck 1.42.9 (28-Dec-2013)
Pass 1: Checking inodes, blocks, and sizes
Pass 2: Checking directory structure
Pass 3: Checking directory connectivity
Pass 4: Checking reference counts
Pass 5: Checking group summary information
/dev/vg_test/test_lv: 11/49400 files (9.1% non-contiguous), 11884/204800 blocks
```

e2fsck 명령 실행 후에는 정상적으로 파일시스템이 축소되는 것을 확인할 수 있습니다. 이어서 lvreduce 명령을 사용하여 논리 볼륨의 크기를 축소합니다.

```
[root@nobreak ~]# lvreduce -L 152M /dev/vg_test/test_lv
  ❶WARNING: Reducing active logical volume to 152.00 MiB.
  THIS MAY DESTROY YOUR DATA (filesystem etc.)
Do you really want to reduce vg_test/test_lv? [y/n]: y
  Size of logical volume vg_test/test_lv changed from 200.00 MiB (50 extents)
to  152.00 MiB (38 extents).
  Logical volume vg_test/test_lv successfully resized.
[root@nobreak ~]# mount /dev/vg_test/test_lv /mnt
[root@nobreak ~]# df -h
Filesystem                Size  Used Avail Use% Mounted on
/dev/sda3                  18G  3.8G   15G  21% /
devtmpfs                  898M     0  898M   0% /dev
tmpfs                     912M  196K  912M   1% /dev/shm
tmpfs                     912M  9.0M  903M   1% /run
tmpfs                     912M     0  912M   0% /sys/fs/cgroup
/dev/sda1                1014M  169M  846M  17% /boot
tmpfs                     183M   24K  183M   1% /run/user/0
/dev/mapper/vg_test-test_lv  ❷ 142M  1.6M  130M   2% /mnt
```

lvreduce 명령을 사용하여 논리 볼륨 축소를 수행하려고 할 때, ❶에서 파일시스템 손상에 대한 경고가 출력됩니다. 파일시스템 및 논리 볼륨 축소는 데이터 손상을 발생시킬 수 있는 작업이므로, 중요한 데이터는 축소 전 반드시 백업해 놓고 축소를 수행하여야 합니다.

논리 볼륨 축소 진행여부를 결정하고 진행하면 정상적으로 축소됩니다. 언마운트 했던 파일시스템을 다시 마운트하고 정보를 확인하여 ❷에서 약 150MB 정도로 논리 볼륨이 축소된 것을 확인할 수 있습니다.

파일시스템 축소와 논리 볼륨 축소를 각각 수행할 경우, 축소된 파일시스템의 크기보다 논리 볼륨을 더 작게 축소시켜 파일시스템을 손상시키는 상황이 발생될 수 있습니다. 따라서 파일시스템 축소 시 'lvreduce -r' 명령을 사용하여 파일시스템을 축소하는 것이 더 안전합니다.

```
[root@nobreak ~]# df -h /mnt
Filesystem                   Size  Used Avail Use% Mounted on
/dev/mapper/vg_test-test_lv  190M  1.6M  175M   1% /mnt
[root@nobreak ~]# lvreduce -L 150M -r /dev/vg_test/test_lv
  Rounding size to boundary between physical extents: 152.00 MiB.
❶ Do you want to unmount "/mnt"? [Y|n] Y
fsck from util-linux 2.23.2
/dev/mapper/vg_test-test_lv: 11/51200 files (0.0% non-contiguous), 12115/204800 blocks
resize2fs 1.42.9 (28-Dec-2013)
Resizing the filesystem on /dev/mapper/vg_test-test_lv to 155648 (1k) blocks.
The filesystem on /dev/mapper/vg_test-test_lv is now 155648 blocks long.

  Size of logical volume vg_test/test_lv changed from 200.00 MiB (50 extents) to 152.00 MiB (38 extents).
  Logical volume vg_test/test_lv successfully resized.
[root@nobreak ~]# df -h /mnt
Filesystem                   Size  Used Avail Use% Mounted on
❷/dev/mapper/vg_test-test_lv  144M  1.6M  132M   2% /mnt
```

논리 볼륨이 마운트 되어 있을 경우, ❶에서 언마운트의 수행 여부를 확인한 후 파일시스템 축소 및 논리 볼륨 축소를 수행합니다. ❷에서 축소 작업이 완료된 후에는 자동으로 다시 논리 볼륨을 마운트 합니다.

CHAPTER 7

Systemd

CHAPTER 7
Systemd

━ 학습목표
systemd의 개념과 특징에 대해서 이해할 수 있습니다.
systemd 유닛의 종류와 기능에 대해서 이해 할 수 있습니다.
systemctl을 사용하여 systemd 유닛을 관리할 수 있습니다.

━ 학습내용
7.1. systemd 소개
7.2. systemd 유닛
7.3. systemctl 사용

이번 장에서는 systemd에 대해서 알아보도록 하겠습니다. 리눅스에서 오랫동안 서비스와 프로세스를 관리해오던 init 프로세스를 RHEL7, CentOS7, OL7과 같은 최신 리눅스 버전에서는 더 이상 사용되지 않게 되었습니다. 대신 systemd라는 데몬 프로세스로 대체하게 됩니다. 리눅스 최신 버전에서는 이 systemd를 사용하여 서비스와 프로세스를 포함한 시스템의 전반적인 부분을 관리하고 있습니다.

systemd로 대체되면서 가장 크게 변경된 것 중 하나가 런 레벨(Run level)을 사용하지 않는다는 것입니다. 런 레벨은 시스템이 운영되는 상태를 나타냅니다. systemd에서는 런 레벨을 사용하여 시스템의 운영 상태를 나타내지 않고 타겟 유닛(Target Unit)을 사용하여 시스템을 운영 상태를 나타냅니다. 타겟 유닛은 systemd 유닛의 일종으로 systemd 유닛은 systemd를 사용하는 시스템에서 시스템을 관리하는데 사용하는 단위(Unit)입니다. systemd 유닛의 종류로는 서비스, 장치, 타겟 등 다양하게 존재하는데 이 모든 유닛들이 시스템을 관리하는데 사용됩니다.

systemctl 명령은 systemd 유닛을 관리하는 명령입니다. init 프로세스에서 서비스를 관리할 때 service 명령을 사용 했다면 systemd에서는 systemctl을 사용하고 있습니다. 오랫동안 리눅스를 사용하던 사용자들은 systemctl 명령어를 사용한다는 것이 다소 어색하고 불편할 수도 있습니다. 물론 systemd에서는 service 명령어도 사용 할 수 있도록 기능을 제공하고 있습니다. 하지만 service 명령어 사용을 계속 고수한다면 systemctl이 제공하는 고유 기능들은 사용할 수 없습니다. 따라서 앞으로 새로운 시스템을 관리한다면 반드시 systemctl 명령어를 숙지해야합니다

이 장에서는 다음과 같은 순서로 상세한 내용에 대해 다루어 보도록 하겠습니다.

7.1. systemd 소개

7.2. systemd 유닛

7.3. systemctl 사용

7.1 systemd 소개

systemd는 기존의 init 프로세스를 대체하며 최신 리눅스에 도입되고 있는 새로운 PID 1번 프로세스입니다. systemd는 시스템 관리, 로그 관리, 서비스 관리, 초기화 스크립트 관리 등의 시스템 관리의 전반적인 작업을 수행하고 있습니다.

현재 RHEL 계열은 물론 우분투 리눅스 계열에서도 systemd를 선택하여 사실상 대부분의 리눅스의 init을 대체 하게 되었습니다.

1 systemd 소개

systemd는 최신 리눅스에 새롭게 도입된 시스템 관리 데몬으로 PID 1번을 사용하며 시스템이 부팅될 때 최초로 실행되는 프로세스입니다. systemd가 실행되면 다른 프로세스들이 순차적으로 실행되면서 시스템 부팅이 완료됩니다. systemd의 마지막 'd'는 데몬을 의미하지만 명칭할 때 system daemon 또는 system d와 같이 사용하지 않고 글자 그대로 systemd를 사용합니다.

다음은 시스템에 동작중인 프로세스 목록 중 systemd의 상태를 확인하는 예입니다.

```
[root@nobreak ~]# ps -ef
UID         PID   PPID  C STIME TTY          TIME CMD
root          1      0  0 Feb08 ?        00:00:09 /usr/lib/systemd/systemd
...
```

systemd는 유닉스의 기본 철학인 '한 가지만 잘하자'를 무시하여 논란이 될 만큼 다양한 기능을 제공하고 있습니다. 시스템 관리, 로그 관리, 서비스 관리, 초기화 스크립트 관리 등 시스템의 모든 부분에 관여합니다. 현재 RHEL계열 리눅스인 RHEL7, CentOS7은 물론 오라클 리눅스나 데비안 계열의 우분투 리눅스에서도 systemd를 선택하여 사실상 대부분의 리눅스에서 사용하고 있습니다.

2 systemd 기능 및 특징

systemd는 init프로세스에 대한 호환성 제공부터, 병렬 처리 등 다양한 기능을 제공하고 있습니다. 이 다양한 기능에 대해서 알아보도록 하겠습니다.

1] init프로세스에 대한 호환성 제공

init프로세스에서 systemd로 대체되면서 systemd에서는 init 프로세스에서 사용하던 init 스크립트에 대한 호환성과 런 레벨(Run level)을 제한적으로 지원하고 있습니다.

① init프로세스에서 사용하던 서비스들은 대부분 스크립트 형태로 되어 있습니다. systemd로 대체되면서 서비스는 스크립트 형태로 제공되지 않고 systemd 유닛 중 하나인 서비스 유닛(Service Unit)으로 제공되고 있습니다. 만약 기존에 사용하던 init 스크립트를 실행해야 할 때는 systemd가 이를 인식하여 스크립트를 실행하도록 합니다. 때문에 실제로 init 스크립트를 실행할 때와 서비스 유닛을 사용할 때의 차이를 거의 느낄 수 없습니다.

② systemd에서는 런 레벨을 사용하지 않고 타겟 유닛(Target Unit)을 사용합니다. 모든 타겟 유닛은 모든 런 레벨과 직접적으로 연결되지 않지만 이전 버전에서 사용하던 런 레벨은 대부분 타겟 유닛으로 연결되어 있습니다. 따라서 오랫동안 사용해온 런 레벨과 유사하게 타겟 유닛을 이해할 수 있습니다

2] systemd 유닛 사용

systemd에서는 시스템을 관리할 때 systemd 유닛을 사용합니다. systemd 유닛의 유형은 서비스 유닛(Service Unit), 타겟 유닛(Target Unit), 자동마운트 유닛(Automount Unit), 마운트 유닛(Mount Unit), 장치 유닛(Device Unit), 경로 유닛(Path Unit), 범위 유닛(Scope Unit), 슬라이스 유닛(Slice Unit), 스냅샷 유닛(Snapshot Unit), 소켓 유닛(Socket Unit), 스왑 유닛(Swap Unit), 타이머 유닛(Timer Unit) 등이 있습니다. systemd 유닛에 대해선 뒤에서 자세히 학습하도록 하겠습니다.

3] 시스템 부팅 시 서비스 병렬 시작

systemd는 시스템이 부팅 될 때 최소한의 서비스만 실행하여 부팅 시간을 단축시킵니다. 그 이후 시스템에 필요한 서비스들은 병렬로 실행하게 됩니다. 이 때 사용되는 기능이 소켓(Socket)입니다. 각 서비스마다 소켓(Socket)이 대기하다가 메시지를 받게 되면 의존성에 따라 특정 서비스가 실행될 때 함께 실행되도록 합니다.

4] 사용자 요구에 맞게(On-demand) 서비스 실행

시스템에서 서비스를 실행할 때 버스 유닛(Bus Unit), 소켓 유닛(Socket Unit), 장치 유닛(Device Unit), 경로 유닛(Path Unit)들이 사용자의 요구에 따라 자동으로 실행됩니다. 예를 들어 사용자가 이동식 저장 장치를 시스템에 연결하면 장치 유닛이 자동으로 실행되어 사용자가 장치를 사용할 수 있도록 합니다.

5] 시스템 상태 스냅샷(Snapshot) 지원

시스템 상태 스냅샷을 사용하여 systemd의 특정 시점을 저장할 수 있습니다. 이는 모든 유닛의 현재 상태를 일시적으로 저장할 수 있고 다시 되돌릴 수 있습니다. 스냅샷을 생성하면 스냅샷 유닛(Snapshot Unit)이 생성되지만 이 스냅샷 유닛에 대한 파일은 디스크에 저장되지 않습니다. 따라서 스냅샷 유닛은 find 명령으로 찾을 수 없습니다.

6] 의존성 기반의 서비스 제어 로직 (Service Control Logic) 제공

systemd는 유닛 간의 의존성 관계가 존재합니다. 따라서 특정 유닛이 실행될 때 함께 실행될 수 있습니다. 이 관계로 인해 사용자가 임의로 실행할 수 없는 유닛도 존재합니다.

7] Upstart 대체

Upstart는 init프로세스에서 가장 최근의 부트 스크립트(Boot Script)를 처리하는 방식입니다. systemd는 Upstart를 완벽하게 대체합니다.

8] CGroup(Control Group)관리

CGroup은 비슷한 프로세스를 그룹화하여 제어하는 기능입니다. 이를 사용해서 사용자는 CPU시간, 메모리, 네트워크 대역폭 같은 자원을 시스템에서 실행 중인 프로세스끼리 할당할 수 있습니다.

9] systemctl을 사용한 사용자 정의 명령 미지원

systemctl 명령은 systemd 유닛을 관리하는 명령입니다. systemctl은 다양한 하위 명령을 제공하는데 이 때 자체적으로 제공되는 서브커맨드(subcommand) 외에 사용자가 사용하고 싶은 서브커맨드(subcommand)를 제작할 수 없습니다. 이전 버전의 리눅스에서는 iptables에 대한 init 스크립트 중 패닉(panic)모드를 실행하는 명령을 제작해서 사용할 수 있었지만 systemctl에서는 제작해서 사용할 수 없습니다.

10] systemd에 의해 실행된 서비스만 관리

systemd는 서비스를 시작할 때, 서비스의 주 PID(Main PID)를 저장하고 systemctl을 사용할 때 주 PID(Main PID)를 사용하여 서비스를 관리합니다. 따라서 사용자가 커맨드라인에서 임의로 데몬을 실행하면, 이 데몬은 systemd에 의해서 실행된 것이 아니기 때문에 주 PID(Main PID)가 저장되지 않고 이 데몬은 systemctl 명령으로 관리할 수 없습니다.

11] 시스템 셧다운(Shutdown) 시 실행중인 서비스만 중지

init 프로세스에선 시스템을 셧다운(Shutdown) 할 때 서비스의 상태에 상관없이 /etc/rc0.d 디렉토리에 있는 모든 링크 파일을 사용했습니다. systemd에선 시스템을 셧다운(Shutdown) 할 때 실행중인 서비스만 종료하기 때문에 셧다운(Shutdown) 속도가 빠릅니다.

12] 서비스에 대해서 5분의 timeout 적용

모든 서비스는 시스템이 프리징(freezing)상태가 되는 것을 막기 위해 기본 5분의 타임아웃(timeout)이 적용됩니다. 이 값은 초기 스크립트(Initscript)에 하드코딩 되어있어 수정할 수 없지만 서비스의 개별 설정 파일을 작성해서 서비스별로 타임아웃(timeout)을 관리할 수는 있습니다. 이 기능으로 부팅 시 동작하지 않은 서비스가 존재하면 5분정도의 시간이 소요될 수도 있습니다.

13] 소켓 기반 활성화(Socket-based activation)

systemd는 소켓(Socket) 유닛으로 서비스를 병렬로 실행합니다. 시스템 부팅 시 systemd는 모든 서비스에게 전달하기 위한 수신 대기 소켓(Socket)을 생성합니다. 그리고 서비스가 시작하자마자 생성된 소켓(Socket)을 서비스에게 전달합니다. 이 소켓(Socket)은 특정 서비스가 실행 될 때 의존성 관계에 있는 다른 서비스의 소켓(Socket)으로 메시지를 전달하여 서비스가 병렬로 실행되도록 합니다.

14] 버스 기반 활성화(Bus-based activation)

systemd는 버스 기반 활성화를 위하여 버스 서비스(Bus Service) 파일을 사용합니다. 버스 서비스(Bus Service) 파일을 사용하면 프로세스 간 통신을 쉽게 할 수 있습니다. systemd에서는 사용하는 버스 서비스(Bus Service)는 D-Bus 입니다.

15] 장치 기반 활성화(Device-based activation)

systemd는 장치 기반 활성화를 위하여 장치 유닛(Device Unit)을 사용합니다. 시스템에 하드웨어를 연결하게 되면 하드웨어에 대한 장치 유닛(Device Unit)이 생성되고 해당 장치를 관리 할 때 이 유닛을 사용합니다. 예를 들어 시스템에 두 번째 하드 디스크 장치를 추가하게 될 경우 dev-sdb.device 유닛이 생성되고 이 디스크를 파티셔닝하면 dev-sdb1.device 유닛이 생성됩니다.

16] 경로 기반 활성화(Path-based activation)

systemd는 경로 기반 활성화를 위하여 경로 유닛(Path Unit)을 사용합니다. 이 유닛은 systemd에 의해 모니터링 되는 파일시스템(File System)의 경로나 상태가 변경될 때 사용됩니다. 경로 유닛은 반드시 서비스 유닛과 함께 존재합니다.

17] 마운트 포인트와(Mount Point) 자동마운트 포인트(Automount Point) 관리

systemd는 마운트 포인트(Mount point)와 자동 마운트 포인트(Automount Point)를 관리하기 위해 마운트 유닛(Mount Unit)과 자동마운트 유닛(Automount Unit)을 사용합니다. 파일시스템이 마운트 포인트(Mount Point)에 마운트되면 마운트 유닛(Mount Unit)이 생성됩니다.

예를 들어 xfs로 포맷된 /dev/sdb1 파티션 장치가 /mnt/systemdunit 디렉토리에 마운트 되면 mnt-systemdunit.mount 유닛이 생성됩니다.

18] 통합 로그 관리

systemd는 통합 로그 관리 데몬인 systemd-journald를 사용합니다. journalctl 명령을 사용하여 시스템에서 발생한 저널(journal)을 전부 확인 할 수 있고, jounalctl에서 제공하는 옵션을 사용하면 좀 더 자세히 또는 특정 부분의 로그를 확인할 수 있습니다.

7.2 systemd 유닛

systemd에서는 systemd 유닛 단위로 시스템을 관리합니다. 이제부터 systemd 유닛이 저장되는 위치와 특징 그리고 파일이 어떻게 구성되어 있는지 알아보도록 하겠습니다.

1 systemd 유닛 파일 위치

systemd 유닛의 파일은 /etc/systemd/system, /run/systemd/system, /usr/lib/systemd/system 총 세 곳의 디렉토리에 저장됩니다.

1] /etc/systemd/system

시스템 관리자가 수동으로 생성 및 관리하는 유닛들이 저장되는 디렉토리입니다. init프로세스에선 시스템 부팅 시 서비스를 실행하려면 /etc/rc#.d(# : 런 레벨) 디렉토리에 링크 파일이 생성되어 있어야 합니다. systemd에서는 /etc/systemd/systemd 디렉토리에 타겟 이름으로 된 디렉토리가 존재해 부팅 시 해당 디렉토리를 참고하여 서비스를 실행합니다.

다음은 multi-user.target의 이름으로 된 디렉토리의 내용입니다.

```
[root@nobreak ~]# ls -l /etc/systemd/system/multi-user.target.wants/
total 0
lrwxrwxrwx. 1 root root 41 Feb 18 21:53 abrt-ccpp.service -> /usr/lib/systemd/system/abrt-ccpp.service
lrwxrwxrwx. 1 root root 37 Feb 18 21:52 abrtd.service -> /usr/lib/systemd/system/abrtd.service
lrwxrwxrwx. 1 root root 41 Feb 18 21:52 abrt-oops.service -> /usr/lib/systemd/system/abrt-oops.service
lrwxrwxrwx. 1 root root 43 Feb 18 21:52 abrt-vmcore.service -> /usr/lib/systemd/system/abrt-vmcore.service
...
```

2] /run/systemd/system

시스템이 런타임(runtime) 상태일 때 임시로 유닛파일을 저장하는 디렉토리입니다. 이 디렉토리에 생성되는 파일들은 /run 디렉토리 아래에 존재하기 때문에 시스템이 재부팅 되면 모두 삭제됩니다.

3] /usr/lib/systemd/system

사용자가 패키지를 특정 유닛이 포함된 패키지를 설치하면 저장되는 디렉토리입니다. 유닛 파일의 원본이라고 생각해도 됩니다. 사용자가 서비스를 '활성화(enable)' 시키면 이 디렉토리에 존재하는 파일이 /etc/systemd/system 디렉토리에 링크됩니다.

2 systemd 유닛 파일의 구성

systemd 유닛파일은 [Unit], [유닛의 유형], [Install]로 크게 3개의 섹션으로 나뉩니다.

[Unit]섹션은 유닛에 대한 일반적인 정보가 포함되어 있습니다. [유닛의 유형] 섹션은 systemd 유닛의 정보가 포함되어 있습니다. [Install] 섹션은 유닛에 대한 설치 정보를 포함하고 있습니다.

```
[Unit]
Description=CUPS Printer Service Spool

[Path]
PathExistsGlob=/var/spool/cups/d*

[Install]
WantedBy=multi-user.target
```

1] [Unit] 섹션

유닛의 유형과 별개로 유닛 자체의 일반적인 정보를 담고 있습니다. 유닛에 대한 설명, 유닛의 동작, 다른 유닛과의 의존성 등을 설정합니다. 다음은 [Unit] 섹션에서 자주 사용되는 옵션입니다.

옵션	설명
Description	유닛에 대한 설명이 있습니다.
Documentation	유닛에 대한 문서를 참고할 URI 리스트를 보여줍니다.
Requires	다른 유닛들에 대한 의존성 구성을 보여줍니다. Requires에 나열된 유닛들은 해당 유닛과 함께 실행됩니다. 나열된 유닛이 실패(fail) 또는 비활성화(disabled)되면 해당 유닛은 실행(active) 될 수 없습니다. 여러 개의 유닛을 입력할 때에는 공백으로 구분됩니다.

옵션	설명
After	유닛간 의존성 순서를 정의합니다. After에 지정된 유닛이 실행(Active) 된 후에 해당 유닛을 실행합니다. Requires옵션과 다르게 After옵션은 지정된 유닛을 함께 실행하지 않습니다. 여러 개의 유닛을 입력할 때에는 공백으로 구분합니다.
Before	유닛이 시작되는 순서를 정의합니다. 해당 유닛이 실행(Active)된 뒤에 Before에 지정된 유닛을 실행합니다. After 옵션과 반대의 의미입니다. 여러 개의 유닛을 입력할 때에는 공백으로 구분합니다.
Wants	Requires 옵션보다 약한 의존성을 구성합니다. Wants옵션에 나열된 유닛들은 해당 유닛과 함께 실행됩니다. Wants옵션에 지정된 유닛이 실패(fail) 또는 비실행(disabled) 되어도 해당 유닛은 영향이 없습니다. 여러 개의 유닛을 입력할 때에는 공백으로 구분합니다.
Conflicts	Requires 옵션과 정 반대의 옵션입니다. 해당 유닛을 실행(active)하면 Conflicts에 지정된 유닛은 비활성화(disabled) 됩니다. 여러 개의 유닛을 입력할 때에는 공백으로 구분합니다.

표 7-1 자주 사용되는 [Unit] 섹션의 옵션

2] [유닛의 유형] 섹션

유닛의 유형에 대한 정보를 저장하는 섹션입니다. 유닛의 유형에는 유닛의 이름이 지정됩니다. 만약 서비스 유닛일 경우 [Service], 소켓 유닛일 경우엔 [Socket]으로 된 섹션이 존재합니다.

3] [Install] 섹션

systemctl 서브커멘드(subcommand)인 enable과 disable 명령과 연관된 섹션입니다. systemctl enable과 disable은 init프로세스에서 사용하던 chkconfig 명령과 유사한 기능을 합니다. 관리자가 'systemctl enable UNIT' 명령을 입력하면 [Install]섹션의 옵션에 따라 링크파일이 생성되고, 시스템 부팅 시 해당 유닛 파일을 실행합니다. 'systemctl disable UNIT' 명령을 입력하면 생성되어 있던 링크 파일이 삭제되고 시스템 부팅 시 해당 유닛을 실행하지 않습니다.

옵션	설명
Alias	'systemctl enable'을 제외한 다른 명령어 사용 시 Alias 옵션에 등록된 별칭을 systemctl 명령의 인자로 사용 가능합니다. 마운트, 슬라이스, 스왑, 자동마운트 유닛은 Alias를 지원하지 않습니다. 여러 개의 이름을 입력할 때에는 공백으로 구분합니다.
RequiredBy	해당유닛이 활성화(enbaled)될 때, 링크파일이 생성되는 위치를 지정합니다. 이 옵션에 지정된 유닛이름 뒤에 .requiredby 가 추가된 디렉토리에 링크파일이 생성됩니다. 만약 RequiredBy에 multi-user.target 지정되어 있을 경우 해당 링크 파일은 /etc/systemd/system/multi-user.target.requiredby 디렉토리에 링크 파일이 생성됩니다.
WantedBy	해당유닛이 활성화(enbaled)될 때, 링크파일이 생성되는 위치를 지정합니다. 이 옵션에 지정된 유닛이름 뒤에 .wantedby 가 추가된 디렉토리에 링크파일이 생성됩니다. 만약 WantedBy에 multi-user.target 지정되어 있을 경우 해당 링크 파일은 /etc/systemd/system/multi-user.target.wantedby 디렉토리에 링크 파일이 생성됩니다.
Also	해당 유닛과 함께 링크 파일이 생성되거나 삭제되는 유닛의 목록을 지정합니다.
DefaultInstance	인스턴스화된 유닛에 대한 제한사항을 보여줍니다. 사용 가능한 기본 인스턴스를 지정합니다.

표 7-2 자주 사용되는 [Install] 섹션의 옵션

3 systemd 유닛의 종류

systemd 유닛은 systemd에서 시스템을 관리하기 위한 수단으로 사용됩니다. systemd 유닛의 유형은 서비스 유닛(Service Unit), 타겟 유닛(Target Unit), 자동마운트 유닛(Automount Unit), 마운트 유닛(Mount Unit), 장치 유닛(Device Unit), 경로 유닛(Path Unit), 범위 유닛(Scope Unit), 슬라이스 유닛(Slice Unit), 스냅샷 유닛(Snapshot Unit), 소켓 유닛(Socket Unit), 스왑 유닛(Swap Unit), 타이머 유닛(Timer Unit)이 존재합니다. 각 유닛들에 대해서 알아보도록 하겠습니다.

1] 서비스 유닛(Service Unit)

서비스 유닛은 이름이 .service로 끝나는 파일입니다. 서버 시스템에서 제공하는 서비스인 웹 서비스, 원격 접속 서비스, 메일 서비스 등 흔히 사용되는 서비스라는 용어가 있습니다. 이 유닛은 사용자 또는 다른 시스템에게 제공하는 서비스를 나타내는 유닛입니다. init 프로세스에선 서비스 파일이 스크립트 파일이지만 systemd에서는 유닛 파일로 되어 있습니다.

사용자가 systemctl을 사용하여 서비스를 시작하면 systemd는 해당 유닛 파일이 존재하는지 확인합니다. 만약 유닛 파일이 존재하지 않는다면 같은 이름으로 된 init 스크립트 파일을 찾아 실행합니다. 하지만 systemd가 모든 init 스크립트를 실행할 수 있는 것은 아닙니다.

서비스 유닛 파일에는 기본적으로 [Unit] 섹션과 [Install] 섹션이 존재하며, [Service] 섹션에 서비스 유닛에 대한 옵션 값들을 정의합니다.

옵션	설명

Type	Service 유닛의 유형을 지정합니다.
	• simple
	  – 기본값. ExecStart와 시작되는 프로세스가 main 프로세스입니다.
	  – 유닛이 시작될 때 systemd는 이 유닛이 시작되었다고 판단합니다.
	• forking
	  – ExecStart에 지정된 프로세스를 fork()로 호출합니다.
	  – 유닛이 시작될 때 fork() 호출된 유닛이 시작되었다고 판단합니다.
	  – 정통적인 UNIX방식의 데몬입니다.
	  – 프로세스 추적을 쉽게 하기 위해 PIDFile 옵션을 권장합니다.
	• oneshot
	  – simple과 유사합니다.
	  – 단일작업 수행에 적합합니다.
	  – 실행 이후 종료되어도 RemainAfterExit 옵션으로 활성상태 유지할 수 있습니다.
	• dbus
	  – D-bus에 지정된 BusName이 준비되면 유닛이 시작합니다.
	• notify
	  – simple과 동일합니다.
	  – 유닛이 시작되면 systemd에 시그널 전송합니다.

ExecStart	유닛이 시작될 때 실행할 명령이나 스크립트의 경로입니다. ExecStartPre는 ExecStart이전에 실행될 사용자 정의(custom) 명령어를 지정할 수 있습니다. ExecStartPost는 ExecStart이후에 실행될 사용자 정의(custom) 명령어를 지정할 수 있습니다.
ExecStop	유닛이 중지됐을 때 실행할 명령이나 스크립트입니다.
ExecReload	유닛이 재구성되었을 때 실행할 명령이나 스크립트입니다.
Restart	Restart옵션이 활성화 되면, 이미 중지되어 있는 유닛을 제외한 유닛이 종료되면 서비스를 재시작합니다.
RemainAfterExit	True로 세팅되었을 경우(기본 False), 서비스는 모든 프로세스가 종료되어도 실행(active) 상태인 것으로 간주합니다. 보통 Type=oneshot 함께 사용합니다.

표 7-3 자주 사용되는 [Service] 섹션의 옵션

다음은 sshd.service 유닛의 파일내용입니다.

```
[root@nobreak ~]# cat /usr/lib/systemd/system/sshd.service
[Unit]
Description=OpenSSH server daemon
Documentation=man:sshd(8) man:sshd_config(5)
After=network.target sshd-keygen.service
Wants=sshd-keygen.service

[Service]
Type=forking
PIDFile=/var/run/sshd.pid
EnvironmentFile=/etc/sysconfig/sshd
ExecStart=/usr/sbin/sshd $OPTIONS
ExecReload=/bin/kill -HUP $MAINPID
KillMode=process
Restart=on-failure
RestartSec=42s

[Install]
WantedBy=multi-user.target
```

2] 장치 유닛(Device Unit)

장치 유닛은 이름이 .device로 끝나는 파일입니다. 이 파일에는 sys/udev 장치 트리에 등록된 정보를 담고 있습니다. 쉽게 말하자면 하드웨어가 추가되거나 디스크를 파티셔닝 했을 때 디스크 이름 또는 파티션 장치 이름으로 된 장치 유닛이 생성됩니다. 예를 들어 /dev/sdb 디스크를 파티셔닝하여 /dev/sdb1을 생성하면 dev-sda1.device 유닛이 생성되고 이 유닛의 원본은 링크형태로 따로 존재합니다.

```
[root@nobreak ~]# systemctl status dev-sdb1.device
● dev-sdb1.device - VMware_Virtual_S 1
   Follow: unit currently follows state of
sys-devices-pci0000:00-0000:00:10.0-host0-target0:0:1-0:0:1:0-block-sdb-sdb1.device
   Loaded: loaded
   Active: active (plugged) since Thu 2017-02-09 15:57:46 KST; 3h 0min ago
   Device:
/sys/devices/pci0000:00/0000:00:10.0/host0/target0:0:1/0:0:1:0/block/sdb/sdb1
```

장치 유닛의 경우 유닛 파일에 [Device] 섹션이 따로 존재하지 않고, 대신 systemd가 'systemd'라는 udev tag가 표시된 모든 장치의 장치 유닛 파일을 동적으로 생성합니다.

3] 마운트 유닛(Mount Unit)

마운트 유닛은 이름이 .mount로 끝나는 파일입니다. 이 유닛은 마운트 포인트를 관리합니다. 사용자가 파일시스템이 생성된 파티션 장치를 마운트 포인트에 연결하면 마운트 유닛이 생성됩니다. 그리고 마운트를 해제하면 생성되었던 마운트 유닛은 제거됩니다.

```
[root@nobreak ~]# systemctl status mnt-mountunit.mount
● mnt-mountunit.mount - /mnt/mountunit
   Loaded: loaded (/etc/fstab; bad; vendor preset: disabled)
   Active: active (mounted) since Sun 2017-02-26 17:15:02 KST; 52s ago
    Where: /mnt/mountunit
     What: /dev/sdb1
     Docs: man:fstab(5)
           man:systemd-fstab-generator(8)
  Process: 546 ExecMount=/bin/mount /dev/sdb1 /mnt/mountunit -t xfs
(code=exited, status=0/SUCCESS)

Feb 26 17:15:02 nobreak.co.kr systemd[1]: Mounting /mnt/mountunit...
Feb 26 17:15:02 nobreak.co.kr systemd[1]: Mounted /mnt/mountunit.
```

/etc/fstab 파일에 마운트 정보를 등록한 뒤 시스템을 재부팅 하면 마운트 유닛 파일 생성됩니다. 마운트 유닛은 유닛 파일에서 [Mount]섹션에 정보가 저장되어 있습니다.

```
[root@nobreak ~]# cat /run/systemd/generator/mnt-mountunit.mount
# Automatically generated by systemd-fstab-generator

[Unit]
SourcePath=/etc/fstab
Documentation=man:fstab(5) man:systemd-fstab-generator(8)
Before=local-fs.target

[Mount]
What=/dev/sdb1
Where=/mnt/mountunit
Type=xfs
```

4] 자동마운트 유닛(Automount Unit)

자동마운트 유닛은 이름이 .automount로 끝나는 파일입니다. 이 유닛은 자동마운트 포인트를 관리합니다. 마운트 유닛처럼 /auto/mountpoint가 자동마운트 포인트일 경우 auto-mountpoint.automount 유닛이 생성되고, 자동마운트 유닛이 생성되면 같은 이름의 마운트 유닛도 함께 생성됩니다. 자동마운트 유닛에 대한 정보는 유닛 파일의 [Automount]섹션에 존재합니다.

5] 스왑 유닛(Swap Unit)

스왑 유닛은 이름이 .swap으로 끝나는 파일입니다. 스왑 유닛은 스왑 영역을 관리하는 유닛입니다. 스왑 영역을 활성화하면 스왑 영역으로 사용되는 파티션 장치 또는 파일 이름 뒤에 .swap 확장자가 추가된 유닛이 생성됩니다. 예를 들면 /dev/sdb2 파티션 장치로 스왑 영역을 생성하고 swapon 명령으로 활성화를 시키면 dev-sdb2.swap 유닛이 생성됩니다.

```
[root@nobreak ~]# swapon /dev/sdb2
[root@nobreak ~]# systemctl status dev-sdb2.swap
● dev-sdb2.swap - /dev/sdb2
   Loaded: loaded (/etc/fstab; bad; vendor preset: disabled)
   Active: active since Thu 2017-02-09 20:08:23 KST; 17s ago
     What: /dev/sdb2
     Docs: man:fstab(5)
           man:systemd-fstab-generator(8)
  Process: 440 ExecActivate=/sbin/swapon /dev/sdb2 (code=exited, status=0/SUCCESS)

[root@nobreak ~]# swapoff /dev/sdb2
[root@nobreak ~]# systemctl status dev-sdb2.swap
● dev-sdb2.swap - /dev/sdb
   Loaded: loaded (/etc/fstab; bad; vendor preset: disabled)
   Active: inactive (dead) since Thu 2017-02-09 20:09:18 KST; 1s ago
     What: /dev/sdb2
     Docs: man:fstab(5)
           man:systemd-fstab-generator(8)
  Process: 440 ExecActivate=/sbin/swapon /dev/sdb2 (code=exited, status=0/SUCCESS)
```

스왑 유닛은 유닛 파일의 [Swap] 섹션에 스왑 영역에 대한 정보가 저장되어 있습니다.

```
[root@nobreak ~]# cat /run/systemd/generator/dev-sdb2.swap
# Automatically generated by systemd-fstab-generator

[Unit]
SourcePath=/etc/fstab
Documentation=man:fstab(5) man:systemd-fstab-generator(8)

[Swap]
What=/dev/sdb2
```

6] 타겟 유닛(Target Unit)

타겟 유닛은 이름이 .target으로 끝나는 파일입니다. 타겟 유닛은 init 프로세스에서 런 레벨과 매핑되는 유닛입니다. 타겟 유닛 파일에는 [Target] 섹션이 존재하지 않습니다. 타겟 유닛은 뒤에서 다시 다루도록 하겠습니다.

```
[root@nobreak ~]# cat /usr/lib/systemd/system/multi-user.target
[Unit]
Description=Multi-User System
Documentation=man:systemd.special(7)
Requires=basic.target
Conflicts=rescue.service rescue.target
After=basic.target rescue.service rescue.target
AllowIsolate=yes
```

7] 경로 유닛(Path Unit)

경로 유닛은 이름이 .path로 끝나는 파일입니다. 이 유닛은 특정 파일시스템이나 디렉토리를 모니터링하기 위한 정보를 저장하고 있습니다. 이러한 정보는 유닛 파일의 [Path]섹션에 저장됩니다. 경로 유닛이 존재하면 같은 이름을 가진 서비스 유닛도 존재합니다. 예를 들면 cups.path 유닛이 존재하면 cups.service 유닛도 함께 존재합니다.

```
[root@nobreak ~]# ls /usr/lib/systemd/system/cups.*
/usr/lib/systemd/system/cups.path    /usr/lib/systemd/system/cups.service
```

다음은 cups.path 유닛 파일입니다. 현재 이 유닛은 /var/spool/cups/ 디렉토리에서 d로 시작하는 모든 파일을 모니터링 합니다.

```
[root@nobreak ~]# cat /usr/lib/systemd/system/cups.path
[Unit]
Description=CUPS Printer Service Spool

[Path]
PathExistsGlob=/var/spool/cups/d*

[Install]
WantedBy=multi-user.target
```

8] 타이머 유닛(Timer Unit)

타이머 유닛은 이름이 .timer로 끝나는 파일입니다. crontab 같은 주기적인 작업처럼 일정 주기마다 유닛을 실행 할 때 사용하는 유닛입니다. 타이머 유닛도 경로 유닛과 마찬가지로 같은 이름의 서비스 유닛이 존재합니다. Timer 유닛 파일에서 [Timer] 섹션에 설정된 주기마다 같은 이름의 서비스 유닛이 실행됩니다.

```
[root@nobreak ~]# cat /usr/lib/systemd/system/systemd-tmpfiles-clean.timer
[Unit]
Description=Daily Cleanup of Temporary Directories
Documentation=man:tmpfiles.d(5) man:systemd-tmpfiles(8)

[Timer]
OnBootSec=15min
OnUnitActiveSec=1d
```

systemd-tmpfiles-clean.timer 유닛은 시스템이 부팅된 후 15분 뒤에 한번 systemd-tmpfiles-clean.service 유닛을 실행하고 이후에는 하루에 한번 씩 실행합니다.

9] 스냅샷 유닛(Snapshot Unit)

스냅샷 유닛은 이름이 .snapshot으로 끝나는 파일입니다. 'systemctl snapshot' 명령으로 생성할 수 있고 특정 시점의 모든 유닛의 상태를 저장합니다. 스냅샷을 사용하기 위해 'systemctl isolate' 명령을 사용할 수 있습니다. 스냅샷 유닛을 제거하기 위하여 'systemctl delete' 명령을 사용합니다. 이 유닛은 파일 형태로 저장되지 않습니다.

10] 소켓 유닛(Socket Unit)

소켓 유닛은 이름이 .socket으로 끝나는 파일입니다. systemd에 의해 제어되는 IPC(Inter Process Communication), 네트워크 소켓, 파일 시스템의 파일 입출력(FIFO)에 대한 정보를 가지고 있습니다. 이 유닛의 정보는 유닛 파일의 [Socket] 섹션에 저장되고, 소켓 유닛은 같은 이름을 가진 서비스 유닛이 존재합니다.

```
[root@nobreak ~]# cat /usr/lib/systemd/system/iscsid.socket
[Unit]
Description=Open-iSCSI iscsid Socket
Documentation=man:iscsid(8) man:iscsiadm(8)

[Socket]
ListenStream=@ISCSIADM_ABSTRACT_NAMESPACE

[Install]
WantedBy=sockets.target
```

11] 범위 유닛(Scope Unit)

범위 유닛은 이름이 .scope로 끝나는 파일입니다. 이 유닛은 유닛 파일에 의해 구성되지 않고, 오직 systemd의 버스 인터페이스(bus interface)를 사용하여 계획적으로 생성됩니다. 범위 유닛은 시스템 프로세스 집합을 관리합니다. 서비스 유닛과 다르게 외부적으로 생성된 프로세스를 관리하고 자식 프로세스를 생성하지 않습니다.

이 유닛의 목적은 자원을 조직화하고 관리하기 위해 시스템 서비스 작업 프로세스들을 그룹화시키는 것입니다. 특정 범위 유닛의 상태를 확인하면 CGroup으로 여러 개의 프로세스가 그룹화된 것을 확인할 수 있습니다.

```
[root@nobreak ~]# systemctl status session-1.scope
● session-1.scope - Session 1 of user root
   Loaded: loaded (/run/systemd/system/session-1.scope; static; vendor preset: disabled)
   Drop-In: /run/systemd/system/session-1.scope.d
            └─50-After-systemd-logind\x2eservice.conf, 50-After-systemd-user-sessions\x2eservice.conf, 50-Description.conf, 50-SendSIGHUP.conf, 50-Slice.conf
```

```
    Active: active (running) since Thu 2017-02-09 20:04:27 KST; 34min ago
    CGroup: /user.slice/user-0.slice/session-1.scope
            ├─17822 gdm-session-worker [pam/gdm-password]
            ├─18675 /usr/bin/gnome-keyring-daemon --daemonize --login
            ├─19228 gnome-session --session gnome-classic
            ├─19235 dbus-launch --sh-syntax --exit-with-session
            ├─19236 /bin/dbus-daemon --fork --print-pid 4 --print-address 6
--session
            ├─19304 /usr/libexec/gvfsd
            ├─19309 /usr/libexec/gvfsd-fuse /run/user/0/gvfs -f -o big_writes
            ├─19401 /usr/bin/ssh-agent /bin/sh -c exec -l /bin/bash -c " env
GNOME_SHELL_SESSION_MODE=classi...
            ├─19413 /usr/libexec/at-spi-bus-launcher
            ├─19418 /bin/dbus-daemon --config-file=/etc/at-spi2/
accessibility.conf --nofork --print-address...
            ├─19423 /usr/libexec/at-spi2-registryd --use-gnome-session
...
```

12] 슬라이스 유닛(Slice Unit)

슬라이스 유닛은 이름이 .slice로 끝나는 파일입니다. 이 유닛파일에는 별도의 [Slice] 섹션을 가지고 있지 않습니다.

```
[root@nobreak ~]# cat /usr/lib/systemd/system/system.slice
[Unit]
Description=System Slice
Documentation=man:systemd.special(7)
DefaultDependencies=no
Before=slices.target
Wants=-.slice
After=-.slice
```

슬라이스 유닛은 프로세스 그룹의 자원을 계층적으로 관리하기 위한 개념입니다. 슬라이스 유닛은 CGroup 트리에 하나의 노드를 생성함으로써 자원을 관리합니다.

```
[root@nobreak ~]# systemctl status system.slice
● system.slice - System Slice
   Loaded: loaded (/usr/lib/systemd/system/system.slice; static; vendor preset: disabled)
   Active: active since Thu 2017-02-09 20:03:28 KST; 40min ago
     Docs: man:systemd.special(7)
   CGroup: /system.slice
           ├─udisks2.service
           │ └─12389 /usr/lib/udisks2/udisksd --no-debug
           ├─wpa_supplicant.service
           │ └─12352 /usr/sbin/wpa_supplicant -u -f /var/log/wpa_supplicant.log -c /etc/wpa_supplicant/wpa...
           ├─packagekit.service
...
```

프로세스들을 관리하는 유닛인 범위 유닛이나 서비스 유닛들은 특정 슬라이스 유닛에 할당될 수도 있습니다. 슬라이스 유닛은 프로세스에 자원을 제한하거나 할당하는 역할을 합니다.

7.3 systemctl 사용

systemctl은 systemd유닛을 관리하는 명령입니다. init 프로세스에서는 service 명령으로 서비스를 시작하거나 중지 또는 재시작과 같은 작업을 할 수 있었지만 systemd에서는 systemctl 명령을 사용하도록 변경되었습니다.

service 명령으로 시작한 서비스들은 시스템이 종료되면 중지됩니다. 따라서 시스템이 다시 부팅되도 해당 서비스는 중지 상태입니다. 이 때 시스템이 부팅되면서 서비스를 자동으로 실행 하도록 하는 명령이 chkconfig입니다. systemd에선 서비스는 systemd 유닛의 일부이기 때문에 서비스를 시작하거나 중지, 또는 활성화하기 위하여 systemctl을 사용합니다.

다음은 service 명령과 systemctl 명령을 비교한 표입니다.

동작	init	systemd
시작	service 서비스명 start	systemctl start 서비스명
중지	service 서비스명 stop	systemctl stop 서비스명
상태확인	service 서비스명 status	systemctl status 서비스명

동작	init	systemd
재시작	service 서비스명 restart	systemctl restart 서비스명
활성화	chkconfig 서비스명 on	systemctl enable 서비스명
비활성화	chkconfig 서비스명 off	systemctl disable 서비스명
활성화확인	chkconfig ―list 서비스명	systemctl status 서비스명

표 7-4 init프로세스와 systemd의 서비스 관리 명령 비교

1 시스템에서 존재하는 다수의 systemd 유닛 확인

systemctl에서 제공하는 다양한 서브커맨드(subcommand)를 사용하면 현재 시스템에 있는 유닛을 다양한 형태로 확인 할 수 있습니다. 일부 서브커맨드는 인자 없이 실행되고, 상황에 따라 옵션을 사용하여 좀 더 자세한 정보를 확인할 수 있습니다.

```
systemctl subcommand [option]
```

1] 유닛의 실행(active) 상태 확인

systemctl 명령의 서브커맨드 중에서 list-units를 사용하면 시스템에 존재하는 유닛 중 실행(active) 상태인 유닛을 확인할 수 있습니다.

```
[root@nobreak ~]# systemctl list-units
❶UNIT              ❷LOAD     ❸ACTIVE   ❹SUB      ❺JOB    ❻DESCRIPTION
...
boot.mount         loaded    active    mounted           /boot
brandbot.path      loaded    active    waiting           Flexible branding
session-1.scope    loaded    active    running           Session 1 of user root
abrt-ccpp.service  loaded    active    exited            Install ABRT ...
abrt-xorg.service  loaded    active    running           ABRT Xorg log ...
...
```

❶UNIT : 유닛의 이름을 나타냅니다.

❷LOAD : 시스템에 유닛의 설치 유무를 나타냅니다. loaded 또는 not-found가 표시됩니다.

- loaded : 시스템에 해당 유닛이 존재합니다.
- not-found : 해당 유닛이 시스템에 존재하지 않습니다.

❸ACTIVE : 유닛의 실행(active) 상태를 나타냅니다.

- active : 유닛이 실행 중인 상태입니다.
- inactive : 유닛이 실행 중이지 않은 상태입니다.

❹SUB : 유닛의 실행 상태를 세부적으로 나타냅니다.

- running : 유닛이 실행중인 상태입니다.
- exited : 유닛이 실행중이지만 systemd가 관리하지 않고 커널에서 관리합니다.
- waiting : 유닛이 특정 이벤트를 기다리는 상태입니다.
- mounted : 마운트 유닛이 마운트된 상태입니다.
- plugged : 장치 유닛이 연결된 상태입니다.
- dead : 실행중이지 않은 상태입니다.
- listening : 소켓 유닛이 대기 중인 상태입니다.

❺JOB : 유닛에 대기 중인 작업을 나타냅니다.

❻DESCRIPTION : 유닛에 대한 간단한 설명입니다.

'-t' 또는 '--type' 옵션을 추가하여 원하는 유닛의 유형을 선택할 수 있습니다.

```
[root@nobreak ~]# systemctl list-units -t service
UNIT                 LOAD      ACTIVE   SUB       JOB    DESCRIPTION
abrt-ccpp.service    loaded    active   exited           Install ABRT ...
abrt-oops.service    loaded    active   running          ABRT kernel ...
abrt-xorg.service    loaded    active   running          ABRT Xorg log ...
...
```

'-a' 또는 '--all' 옵션을 추가하면 not-found 또는 inactive 상태의 유닛도 출력합니다.

```
[root@nobreak ~]# systemctl list-units -a
UNIT                 LOAD        ACTIVE    SUB     JOB    DESCRIPTION
...
apparmor.service     not-found   inactive  dead           apparmor.service
tmp.mount            loaded      inactive  dead           Temporary ...
...
```

2] 유닛의 활성화(enabled) 상태 확인

systemctl 명령의 서브커맨드 중에서 list-unit-files를 사용하면 시스템에 존재하는 유닛들의 활성화(enabled) 또는 비활성화(disabled) 상태를 확인할 수 있습니다.

```
[root@nobreak ~]# systemctl list-unit-files
❶UNIT FILE                           ❷STATE
...
sys-fs-fuse-connections.mount        static
sys-kernel-config.mount              static
sys-kernel-debug.mount               static
tmp.mount                            disabled
brandbot.path                        disabled
cups.path                            enabled
abrt-xorg.service                    enabled
...
```

❶UNIT FILE : 유닛의 이름을 나타냅니다.

❷STATE : 유닛의 활성화 상태를 표시합니다.

- enabled : 부팅 시 해당 유닛을 실행합니다.
- disabled : 부팅 시 해당 유닛을 실행하지 않습니다.
- static : 사용자가 실행(active) 할 수 없고, 다른 유닛에 의해서 실행(active)됩니다.
- masked : 충돌을 막기 위해 해당 유닛이 시작되지 못하도록 마스킹합니다.

3] 소켓 유닛을 기다리는 파일 목록 확인

systemctl 명령의 서브커맨드 중에서 list-sockets를 사용하면 시스템에서 대기 중인 소켓 유닛을 확인할 수 있습니다. 이는 'systemctl list-units -t socket' 명령을 실행 할 때와 결과가 조금 다릅니다. list-units 서브커맨드로 대기 중인 소켓을 확인할 경우 LISTEN 필드에 출력되는 파일 이름을 확인할 수 없습니다.

```
[root@nobreak ~]# systemctl list-sockets
❶LISTEN                    ❷UNIT                         ❸ACTIVATES
/dev/log                   systemd-journald.socket       systemd-journald.service
/run/dmeventd-client       dm-event.socket               dm-event.service
/run/dmeventd-server       dm-event.socket               dm-event.service
/run/lvm/lvmetad.socket    lvm2-lvmetad.socket           lvm2-lvmetad.service
/run/lvm/lvmpolld.socket   lvm2-lvmpolld.socket          lvm2-lvmpolld.service
/run/systemd/initctl/fifo  systemd-initctl.socket        systemd-initctl.service
...
```

❶LISTEN : 소켓 유닛이 대기 중인 파일 경로입니다.

❷UNIT : 대기 중인 소켓 유닛 이름입니다.

❸ACTIVATES : 소켓 유닛과 관련된 서비스 유닛입니다.

2 유닛의 개별 상태 확인

systemd 유닛에 대해 개별적으로 상태를 확인하는 systemctl 명령의 서브커맨드에 대해서 알아보도록 하겠습니다. 이 서브커맨드를 사용하면 특정 유닛의 상태나 의존성 그리고 세부적인 정보도 확인할 수 있습니다.

명령의 형식은 아래와 같으며, 유닛이름에 확장자가 없으면 자동으로 서비스 유닛으로 지정됩니다.

```
systemctl subcommand unit-name [option]
```

1] 특정 유닛의 실행(active) 상태 확인

systemctl 명령의 서브커맨드 중에서 is-active를 사용하여 systemd 유닛의 실행(active)상태를 출력합니다.

```
[root@nobreak ~]# systemctl is-active sshd
active
[root@nobreak ~]# systemctl is-active httpd
unknown
```

active는 해당 유닛이 실행중인 상태를 의미하고, unknown은 실행중이지 않은 상태를 의미합니다.

2] 특정 유닛의 활성화(enabled) 상태 확인

systemctl 명령의 서브커맨드 중에서 is-enabled를 사용하여 systemd 유닛의 활성화 (enabled)상태를 출력합니다.

```
[root@nobreak ~]# systemctl is-enabled sshd
enabled
[root@nobreak ~]# systemctl is-enabled httpd
disabled
```

enabled는 활성화 상태를 의미하고, disabled는 비활성화 상태를 의미합니다.

3] 특정 유닛의 의존성 확인

systemctl 명령의 서브커맨드 중에서 list-dependencies를 사용하여 유닛 사이에 존재하는 의존성을 확인할 수 있습니다. 유닛 이름을 지정하지 않으면 default.target 부터 트리 구조로 의존성을 출력하며 특정 유닛을 지정하면 해당 유닛부터 의존성을 출력합니다. '--reverse' 옵션을 사용하여 역순으로도 확인 가능합니다.

```
[root@nobreak ~]# systemctl list-dependencies sshd
sshd.service
● ├─sshd-keygen.service
● ├─system.slice
● └─basic.target
●   ├─alsa-restore.service
●   ├─alsa-state.service
●   ├─firewalld.service
●   ├─microcode.service
...
```

4] 특정 유닛의 자세한 정보 확인

systemctl 명령의 서브커맨드 중에서 status를 사용하여 해당 유닛에 대한 정보를 자세히 확인할 수 있습니다.

```
[root@nobreak ~]# systemctl status sshd
● sshd.service - ❶OpenSSH server daemon
   Loaded: ❷loaded (/usr/lib/systemd/system/sshd.service; ❸enabled; vendor
preset: enabled)
   Active: ❹active (running) since Sun 2017-01-15 15:51:36 KST; 55s ago
     ❺Docs: man:sshd(8)
           man:sshd_config(5)
 ❻Main PID: 1568 (sshd)
 ❼CGroup: /system.slice/sshd.service
          └─1568 /usr/sbin/sshd -D

❽Jan 15 15:51:36 nobreak.co.kr systemd[1]: Started OpenSSH ...
Jan 15 15:51:36 nobreak.co.kr systemd[1]: Starting OpenSSH ...
Jan 15 15:51:36 nobreak.co.kr sshd[1568]: Server listenin...
Jan 15 15:51:36 nobreak.co.kr sshd[1568]: Server listening ...
```

❶ 유닛 파일의 [Unit]섹션에서 Description 옵션에 지정된 값입니다.

❷ 유닛 파일이 시스템에 로드되어 있는지 여부와 유닛 파일의 경로를 나타냅니다.

❸ 활성화(enabled) 또는 비활성화(disabled) 상태를 표시합니다.

❹ 유닛에 대한 실행(active)상태와 보조 상태까지 표시합니다.

❺ 유닛 파일의 [Unit]섹션에서 Documentation 옵션에 지정된 값입니다.

❻ 유닛 파일의 주 PID(Main PID)입니다.

❼ 유닛 파일의 Cgroup에 포함된 프로세스 목록입니다.

❽ 유닛 파일에 대한 로그입니다. 한 줄로 축약되어 있기 때문에 명령에 -l 옵션을 추가하면 축약되지 않은 로그를 확인 할 수 있습니다.

3 systemd 유닛 제어 명령

systemctl 명령을 사용하여 systemd 유닛을 제어 할 수 있습니다. 명령어 사용 형식은 다음과 같습니다.

```
systemctl subcommand unit-name
```

1] systemd 유닛 실행

systemctl 명령의 서브커맨드 중에서 start를 사용하여 systemd 유닛을 실행할 수 있습니다. 이는 중지(inactive)상태의 유닛을 실행(active)상태로 변경합니다.

```
[root@nobreak ~]# systemctl start httpd
[root@nobreak ~]# systemctl status httpd
● httpd.service - The Apache HTTP Server
   Loaded: loaded (/usr/lib/systemd/system/httpd.service; disabled; vendor preset: disabled)
   Active: active (running) since Thu 2017-02-09 17:08:38 KST; 37s ago
...
```

2] systemd 유닛 중지

systemctl 명령의 서브커맨드 중에서 stop을 사용하여 systemd 유닛을 중지할 수 있습니다. 이는 실행(active)상태의 유닛을 중지(inactive)상태로 변경합니다.

```
[root@nobreak ~]# systemctl stop httpd
[root@nobreak ~]# systemctl status httpd
● httpd.service - The Apache HTTP Server
   Loaded: loaded (/usr/lib/systemd/system/httpd.service; disabled; vendor preset: disabled)
   Active: inactive (dead)
...
```

3] systemd 유닛 활성화(enabled)

systemcl 명령의 서브커맨드 중에서 enable을 사용하여 systemd 유닛을 활성화할 수 있습니다. 이는 비활성화(disabled)상태의 유닛을 활성화(enabled)상태로 변경합니다. 유닛을 활성화(enabled)화면 시스템이 부팅될 때 유닛을 실행(active)합니다.

systemd 유닛을 활성화하면 유닛 파일의 원본 파일에 대한 링크파일이 /etc/systemd/system 디렉토리에 생성됩니다. /etc/systemd/system 디렉토리에 저장되는 정확한 위치는 [Install] 섹션의 WantedBy 또는 RequiredBy 옵션을 확인해야 합니다.

```
[root@nobreak ~]# systemctl enable httpd
Created symlink from /etc/systemd/system/multi-user.target.wants/httpd.service
to /usr/lib/systemd/system/httpd.service
[root@nobreak ~]# ls -l /etc/systemd/system/multi-user.target.wants/
httpd.service
lrwxrwxrwx. 1 root root 37 Feb  9 17:20
/etc/systemd/system/multi-user.target.wants/httpd.service ->
 /usr/lib/systemd/system/httpd.service
```

4] systemd 유닛 비활성화(disable)

systemctl 명령의 서브커맨드 중에서 disable을 사용하여 systemd 유닛을 비활성화 할 수 있습니다. 이는 활성화(enabled)상태의 유닛을 비활성화(disabled)상태로 변경합니다. 시스템이 종료되면 실행중인 모든 유닛들은 종료되기 때문에 비활성화 된 유닛들은 시스템이 부팅되면서 실행되지 않습니다.

활성화(enabled)된 유닛을 비활성화(disabled)하면 /etc/systemd/system 디렉토리에 생성되었던 링크 파일을 제거합니다.

```
[root@nobreak ~]# systemctl disable httpd
Removed symlink /etc/systemd/system/multi-user.target.wants/httpd.service.
```

5] systemd 유닛 재시작

systemctl 명령의 서브커맨드 중에서 restart를 사용하여 systemd 유닛을 재시작 할 수 있습니다. systemd 유닛과 관련된 파일이 수정되면 이를 반영하기 위해 유닛을 재시작해야 반영이 되는 경우가 있습니다. 또는 서비스 유닛이 정상적으로 동작하지 않을 때 재시작하여 문제를 해결할 수도 있습니다.

```
[root@nobreak ~]# systemctl restart httpd
[root@nobreak ~]# systemctl status httpd
● httpd.service - The Apache HTTP Server
   Loaded: loaded (/usr/lib/systemd/system/httpd.service; disabled; vendor preset: disabled)
   Active: active (running) since Thu 2017-02-09 17:31:32 KST; ❶6s ago
     Docs: man:httpd(8)
           man:apachectl(8)
```

```
    Main PID: 15407 (httpd)
...
```

❶ 해당 유닛이 실행(active) 상태일 경우 실행된 뒤의 경과된 시간을 나타냅니다. 유닛을 재시작 하면 유닛을 중지시켰다가 시작하기 때문에 주 PID(Main PID)가 변경되고 서비스 유닛을 사용하고 있는 사용자는 세션이 종료될 수도 있습니다.

6] systemd 유닛 다시읽기(reload)

systemctl 명령의 서브커맨드 중에서 reload를 사용하여 systemd 유닛을 다시 읽을 수 있습니다. systemd 유닛과 관련된 파일이 수정되면 이를 반영하기 위해 유닛을 재시작하지 않고 다시 읽는 방법도 있습니다. 이는 재시작과 다르게 유닛을 중지 시키지 않고 변경된 파일만 다시 읽기 때문에 주 PID(Main PID)가 변경되지 않고 사용자 세션이 끊어지지 않습니다. 따라서 유닛을 재시작하는 것보다 다시 읽기(reload) 명령을 사용하는 것이 서비스의 안정성 측면에서 유리 할 수 있습니다.

```
[root@nobreak ~]# systemctl reload httpd
[root@nobreak ~]# systemctl status httpd
● httpd.service - The Apache HTTP Server
   Loaded: loaded (/usr/lib/systemd/system/httpd.service; disabled; vendor preset: disabled)
   Active: active (running) since Thu 2017-02-09 17:31:32 KST; 9min ago
     Docs: man:httpd(8)
           man:apachectl(8)

  Main PID: 15407 (httpd)
...
```

7] systemd 유닛 마스킹(mask)

systemctl 명령의 서브커맨드 중에서 mask를 사용하여 systemd 유닛이 실행(active)되는 것을 막을 수 있습니다.

systemd에서는 유닛을 병렬로 실행하며 의존성으로 인해 사용자가 실행하지 않더라도 자동으로 시작되는 유닛들이 존재합니다. 하지만 충돌관계가 있는 유닛들이 함께 실행되면 시스템에 문제를 발생시킬 수도 있습니다.

이 문제를 예방하기 위해 충돌 관계에 있는 특정 유닛을 마스킹(mask)하면 해당 유닛은 [Install]섹션에 /etc/systemd/system 디렉토리에 마스킹(mask)한 유닛의 이름으로 된 링크 파일이 생성됩니다. 이 링크 파일은 /usr/lib/systemd/system 디렉토리에 위치한 파일이 아니라 /dev/null을 가리키기 때문에 systemd가 마스킹(mask)한 유닛을 실행(active)하려고 하면 에러 메시지가 출력됩니다.

유닛에 마스킹(mask)을 하기 전에는 유닛을 중지(inactive)시키고 비활성화(disabled) 상태로 변경해야 합니다.

```
[root@nobreak ~]# systemctl stop httpd
[root@nobreak ~]# systemctl disable httpd
Removed symlink /etc/systemd/system/multi-user.target.wants/httpd.service.
[root@nobreak ~]# systemctl mask httpd
Created symlink from /etc/systemd/system/httpd.service to /dev/null.
[root@nobreak ~]# systemctl status httpd
● httpd.service
   Loaded: masked (/dev/null; bad)
   Active: inactive (dead)
...
```

8] systemd 유닛 마스킹 해제(unmask)

systemctl 명령의 서브커맨드 중에서 unmask를 사용하여 systemd 유닛의 마스킹(mask)을 해제할 수 있습니다.

systemd 유닛의 마스킹을 해제하면 /etc/systemd/system 에 생성되었던 링크 파일이 삭제됩니다.

```
[root@nobreak ~]# systemctl unmask httpd.service
Removed symlink /etc/systemd/system/httpd.service.
```

CHAPTER 8

로그 관리

CHAPTER 8
로그 관리

― 학습목표

리눅스 시스템의 로그 아키텍처에 대해서 이해할 수 있습니다.
rsyslogd에 대해서 이해할 수 있습니다.
journalctl을 사용하여 로그를 확인할 수 있습니다.

― 학습내용

8.1. 로그 아키텍처 (Log Architecture)
8.2. rsyslogd
8.3. systemd-journald

이번 장에서는 리눅스 시스템의 로그(log) 기능에 대하여 학습하겠습니다.

로그(Log)를 쉽게 바꾸어 말하면 이벤트에 대한 기록입니다. 시스템에 특정 이벤트에 대한 기록이 있으면 문제가 발생한 시기와 이유를 확인할 수 있습니다.

로그는 운영적인 측면과 보안적인 측면에서 매우 중요한 용도로 사용될 수 있습니다. 운영적인 측면에서는 시스템에 장애가 발생했을 경우, 장애를 해결하기 위해 로그를 확인할 수 있습니다. 또한 로그는 시스템의 성능을 개선하는 용도로도 사용할 수 있습니다.

보안적인 관점에서는 사용자의 허가되지 않은 접근 시도에 대한 추적과 감사를 수행할 수 있고, 침해사고 발생 시 침해사고의 원인과 침입경로, 피해상황 등을 파악하는 중요한 단서가 될 수 있습니다.

리눅스 시스템 로그는 운영체제에서 자체적으로 생성 될 수도 있고, 응용프로그램에서 개별적으로 생성될 수도 있습니다. 유닉스 또는 리눅스 운영체제에서는 운영체제의 로그와 시스템의 각 모듈, 응용프로그램의 로그 등을 통합 관리하기 위하여 syslog를 사용합니다.

syslog는 오랫동안 로그 통합 관리 기능의 표준으로 사용되었습니다. syslog는 현재 시스템 내에서 발생한 로그뿐만 아니라 원격 시스템에서 전송된 로그도 함께 수집하여 저장할 수 있는 통합 로그 관리 기능입니다. 간단한 설정만으로도 Windows 시스템의 이벤트로그도 syslog를 통해 관리할 수 있습니다.

리눅스 시스템이 init프로세스에서 systemd로 바뀌면서 로그와 관련된 데몬도 변경되었습니다. 기존에 있던 syslog는 6.0 버전의 리눅스(RHEL6, CentOS6, OL6)부터 rsyslog에 의해서 처리 되도록 변경되었습니다. rsyslog는 syslog에 비해 성능과 보안성이 향상되었습니다.

최신 버전의 리눅스에서는 systemd가 사용되면서 rsyslog에 systemd-journal이 추가되었습니다. systemd-journal은 시스템에서 발생되는 모든 로그를 기록합니다. 또한 로그를 텍스트 형태로 저장하지 않고 바이너리 파일 형태로 저장합니다.

이번 장에서는 로그의 개념과, rsyslog 로그에 대한 설정, 마지막으로 systemd-journal을 통해 저장된 로그 데이터를 조회하는 방법에 대하여 학습하겠습니다.

여기에서는 다음과 같은 순서로 상세한 내용에 대해 다루어 보도록 하겠습니다.

8.1. 로그 아키텍처 (Log Architecture)

8.2. rsyslogd

8.3. systemd-journald

8.1 로그 아키텍처 (Log Architecture)

로그(Log)는 커널, 서비스, 애플리케이션 등 시스템에 발생한 이벤트를 분류하여 기록한 파일입니다. 로그를 기록함으로써 시스템에서 발생된 문제의 원인을 파악하거나 또는 인가되지 않은 접근으로부터 침입 경로를 조회할 수 있습니다. 특히 systemd에서는 systemd-journald를 통해서 시스템에서 발생한 모든 로그를 수집하고 데이터 형식으로 관리하기 때문에 원하는 내용의 로그를 쉽고 빠르게 검색할 수 있습니다.

1 로그 관리 데몬

systemd시스템에서 로그는 rsyslogd와 systemd-journald 두 데몬에 의해서 관리됩니다. 시스템에서 이벤트가 발생하면 모두 systemd-journald로 전달됩니다. systemd-journald는 부팅이 시작 되는 순간부터 로그를 수집합니다. 이후에 rsyslogd로 syslog를 전달하여 각 파일 별로 로그를 저장하게 됩니다.

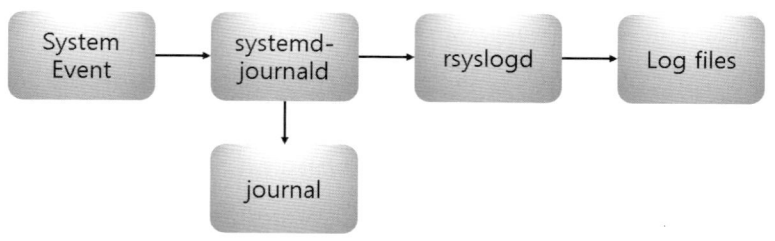

그림 8-1 로그 관리 데몬 흐름도

2 로그 파일 위치

로그를 수집하는 데몬에 따라 로그가 저장되는 위치는 다릅니다. 다음은 로그 파일이 저장되는 위치를 그림으로 나타낸 것입니다.

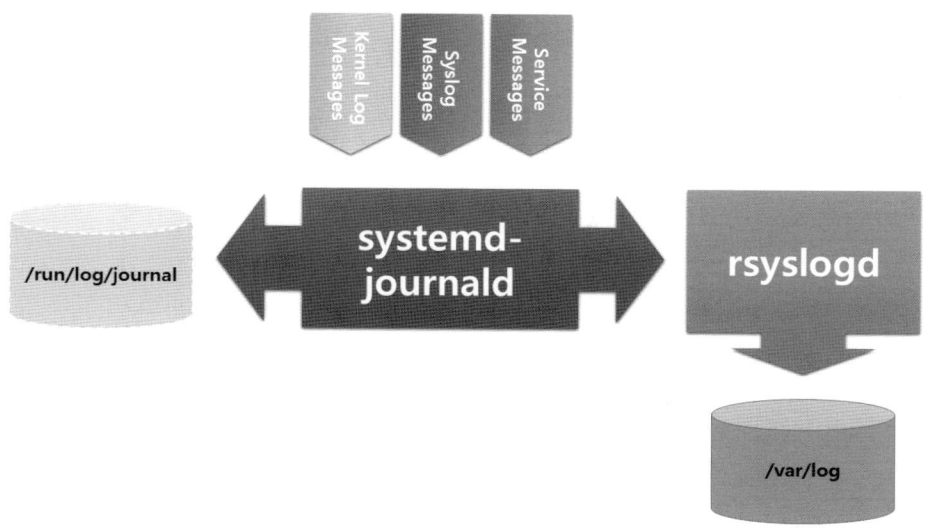

그림 8-2 로그 파일 저장 흐름도

커널에 의해 생성된 커널로그메시지(Kernel Log Message), syslog 형식으로 전달된 syslog 메시지, 시스템 운영 중 서비스에서 발생한 표준출력 및 에러에 대한 서비스 메시지(Service Message)는 전부 systemd-journald 데몬에게 전달됩니다. 이후 systemd-journald 데몬은 /run/log/journal 디렉토리에 모든 로그를 저장한 파일인 저널(journal) 데이터 파일을 생성하고, 저장한 로그 중에서 syslog 형태의 로그를 rsyslogd로 전달합니다. rsyslogd에 의해 수집되는 로그는 /var/log 디렉토리에 각 syslog에 해당하는 로그 파일들을 생성하고 저장합니다.

1] rsyslogd에 의해서 수집되는 로그의 파일 위치

rsyslogd에 의해서 수집되는 로그는 보통 syslog라고 부릅니다. rsyslogd는 /etc/rsyslog.conf 를 참고하여 /var/log 디렉토리에 로그의 종류별로 각각 텍스트파일로 저장합니다.

아래 표는 rsyslogd에 의해 수집된 로그가 저장되는 파일의 이름과 로그에 저장되는 내용을 나타냅니다.

파일	설명
/var/log/messages	대부분의 로그 기록 (인증, 메일, cron, 부팅, 디버깅과 관련된 로그를 제외)
/var/log/secure	인증과 관련된 로그를 기록
/var/log/maillog	메일과 관련된 로그를 기록

파일	설명
/var/log/cron	주기적인 작업과 관련된 로그를 기록
/var/log/boot.log	부팅과정에 발생된 로그를 기록

표 8-1 rsyslogd에 의해 처리되는 로그의 파일 위치

2] systemd-journald에 의해서 처리되는 저널(journal) 데이터 파일의 위치

systemd-journald에 의해서 수집되는 로그는 저널(journal) 데이터라고 부르며, /run/log/journal 디렉토리에 바이너리 파일 형태로 저장됩니다.

저널 데이터 파일이 저장되는 /run 디렉토리는 메모리 기반 파일시스템인 tmpfs로 마운트 되어 있으므로 시스템이 재부팅이 되면 저널 데이터 파일은 삭제됩니다.

```
[root@nobreak ~]# ls -lR /run/log/journal/
/run/log/journal/:
total 0
drwxr-s---+ 2 root systemd-journal 60 Feb  3 21:03
5c8a065bbad148e2af95de17b71eecce

/run/log/journal/5c8a065bbad148e2af95de17b71eecce:
total 8192
-rwxr-x---+ 1 root systemd-journal 8388608 Feb 16 13:52 system.journal
```

3 로그 파일의 순환

지정된 로그파일에 계속해서 로그를 저장하게 되면, 로그 파일의 크기가 과도하게 커질 수 있습니다. 파일이 과도하게 커질 경우 로그 파일을 읽어 오기 위해 보다 많은 메모리가 필요할 뿐 아니라 로그를 확인하고 분석하는 것도 매우 어렵습니다. 따라서 로그 파일의 크기가 커지지 않도록 제한할 필요가 있습니다.

로그 파일이 생성된 후 일정 기간이 지나거나 로그 파일의 크기가 일정 크기에 도달할 경우에 로그 파일을 백업하고, 새롭게 로그 파일을 생성하여 새롭게 로그를 저장하도록 해야 합니다. 백업된 파일도 일정 기간이 지나거나, 백업 파일의 개수가 많아질 경우 삭제하도록 설정해야 합니다. 이 과정을 로그 파일의 순환이라고 합니다.

로그 파일의 순환 과정은 'logrotate' 유틸리티를 사용하여 이루어집니다. 이 유틸리티는 사용자가 수동으로 실행하는 것이 아니라 cron작업에 의해 하루에 한 번씩 실행하도록 등록되어 있습니다.

logrotate가 실행 될 때 로그 파일의 크기가 너무 크거나 혹은 일정 기간이 지나면 현재 로그 파일 이름 뒤에 날짜가 추가되고, 날짜가 추가되기 전의 파일이름으로 된 새로운 빈 파일이 생성됩니다.

예를 들어 /var/log/messages 로그 파일이 2017년 1월 10일에 순환이 된다고 한다면 파일 이름이 /var/log/messages-20170110로 변경되고 다시 /var/log/messages 파일이 생성됩니다. 이후에 발생되는 syslog중 /var/log/messages파일과 관련된 로그들은 새로 생성된 파일에 저장됩니다.

```
[root@nobreak ~]# ls /var/log/messages*
/var/log/messages            /var/log/messages-20170106
/var/log/messages-20161211   /var/log/messages-20170115
```

logrotate는 /etc/logroate.conf 파일을 사용하여 설정할 수 있습니다. 이 파일의 내용은 다음과 같습니다.

```
[root@nobreak logrotate.d]# cat /etc/logrotate.conf
# see "man logrotate" for details
# rotate log files weekly
weekly ❶

# keep 4 weeks worth of backlogs
rotate 4 ❷

# create new (empty) log files after rotating old ones
create ❸

# use date as a suffix of the rotated file
dateext ❹

# uncomment this if you want your log files compressed
#compress ❺

# RPM packages drop log rotation information into this directory
include /etc/logrotate.d ❻
```

```
# no packages own wtmp and btmp -- we'll rotate them here
/var/log/wtmp {
    monthly
    create 0664 root utmp
        minsize 1M
    rotate 1
} ❼

/var/log/btmp {
    missingok
    monthly
    create 0600 root utmp
    rotate 1
} ❽

# system-specific logs may be also be configured here.
```

기본적인 logrotate 설정입니다. 각 항목의 의미는 다음과 같습니다.

번호	설명
❶	로그파일을 순환시킬 기간에 대한 설정입니다. (daily, weekly, monthly, yearly)
❷	순환된 로그 파일을 보관할 기간에 대한 설정입니다. ❶항목에서 설정한 기간 단위를 사용합니다.
❸	로그파일 순환 후 새로운 로그 파일을 생성합니다.
❹	순환된 파일의 파일명 변경 옵션입니다. (YYYYMMDD)
❺	순환된 파일을 압축하여 보관하는 옵션입니다.
❻	로그 순환에 대한 추가 설정 파일이 저장된 디렉토리입니다.
❼	사용자의 로그인/로그아웃 정보를 저장하는 wtmp 로그 파일의 순환 설정입니다.
❽	로그인 실패 기록을 저장하는 btmp 로그 파일의 순환 설정입니다.

이 설정 파일에는 wtmp, btmp 로그 파일에 대한 logrotate 설정은 포함되어 있으나, 기타 로그 파일에 대한 설정은 포함되어 있지 않습니다. 기타 순환시킬 로그 파일의 항목은 ❻번에 포함되어 있습니다.

❻ 항목이 지정하는 디렉토리에는 logrotate에 의해 순환되는 파일들의 추가 설정 파일이 저장됩니다. 이 파일들은 logrotate.conf 파일의 전역 설정이 적용되고, 각 설정 파일에서 순환시킬 로그 파일의 경로와 각 로그에 해당하는 개별 설정을 적용합니다.

전역 설정과 개별 설정이 서로 다른 설정 값을 저장할 경우, 전역 설정 대신 개별 설정이 적용됩니다.

```
[root@nobreak ~]# ls /etc/logrotate.d/
chrony  cups  iscsiuiolog  libvirtd  libvirtd.qemu  numad  ppp  psacct  samba
syslog  wpa_supplicant  yum
[root@nobreak ~]# cat /etc/logrotate.d/chrony
/var/log/chrony/*.log {
    missingok
    nocreate
    sharedscripts
    postrotate
        /usr/libexec/chrony-helper command cyclelogs > /dev/null 2>&1 || true
    endscript
}
```

로그 순환에 대하여 이해하기 위하여 새로운 파일을 생성하고 logrotate에 의해 순환되는 과정을 확인하겠습니다. 실제 시스템에 저장되는 로그 파일과 비슷하게 지속적으로 파일 크기가 증가하는 파일을 생성합니다.

```
[root@nobreak ~]# mkdir /var/log/testlog
[root@nobreak ~]# touch /var/log/testlog/testlog.log
[root@nobreak ~]# dd if=/dev/zero of=/var/log/testlog/testlog.log bs=512 count=10
10+0 records in
10+0 records out
5120 bytes (5.1 kB) copied, 0.000111561 s, 45.9 MB/s
[root@nobreak ~]# ls -l /var/log/testlog/
total 8
-rw-r--r--. 1 root root 5120 Feb 16 15:02 testlog.log
```

로그 파일을 저장할 디렉토리를 생성 후 /var/log/testlog/testlog.log 파일을 생성하였습니다. 생성된 파일에 dd 명령을 사용하여 약 5KB 정도 크기의 데이터를 추가하였습니다.

새롭게 생성한 로그파일의 순환을 설정하기 위하여 새로운 설정 파일을 생성합니다. 간단한 동작을 테스트하기 위하여 로그 파일이 일정 크기에 도달하면 로그 파일을 순환시키도록 설정합니다.

```
[root@nobreak ~]# cat /etc/logrotate.d/testlog
/var/log/testlog/testlog.log ❶ {
        size=3k ❷
        create 600 root sys ❸
        rotate 3 ❹
        nodateext ❺
}
```

❶은 순환시킬 로그 파일을 지정하는 부분입니다. 실습에 사용할 파일인 /var/log/testlog/testlog.log 파일을 지정합니다. 복수의 파일을 지정할 경우 "*" 과 같은 파일명 대체문자를 사용할 수 있습니다.

❷번은 로그파일의 순환 조건입니다. 'size=3k'는 로그 파일이 3KB 이상이 되었을 경우 로그 파일을 순환한다는 의미입니다. size 속성 값을 3KB로 지정하였다고 해서 순환된 모든 로그 파일의 크기가 정확하게 3KB 크기로 저장되는 것은 아닙니다. 로그 순환은 작업 스케줄러에 의해 하루에 한 번 실행되도록 설정되어 있기 때문에 logrotate 유틸리티가 실행되는 시점에서 로그 순환 조건을 판단합니다. 따라서 logrotate가 실행되기 전에 3KB가 초과 하면 순환되는 로그 파일의 크기는 4KB가 될 수도 있고 10KB가 될 수도 있습니다.

❸번은 로그 파일 순환 시 새로운 파일 생성에 대한 설정입니다. 로그 파일 순환은 기존 파일의 이름을 변경시키는 방법으로 수행됩니다. 이렇게 로그 순환을 실시할 경우 순환 이후에는 새로운 파일이 생성되어 로그를 저장합니다.
logrotate 옵션 중 copytruncate를 사용할 경우 이와 반대로 로그 내용을 옮길 새로운 파일을 생성 후, 로그 파일의 내용만 옮기는 방식으로 로그 순환을 수행할 수 있습니다. 하지만 순환시켜야 할 로그 데이터의 양이 많을 경우 파일 입출력에 대한 부하 때문에 시스템 성능이 저하될 수 있으므로 사용에 주의가 필요합니다.
create 옵션 뒷부분의 600은 생성될 파일의 권한 설정이고, 그 뒤는 각각 생성될 파일의 사용자와 사용자 그룹을 지정합니다.

❹번은 로그 파일을 순환시켜 저장할 로그 파일의 개수입니다. 위에서 지정된 값은 3이므로 로그 파일을 순환시켜 유지할 수 있는 파일은 3개입니다. 순환된 로그 파일이 3개가 넘어가면 가장 오래된 파일이 삭제되어 개수를 유지합니다.

❺번은 생성될 로그 파일의 이름과 관련된 설정입니다. 앞에서 확인한 /etc/logrotate.conf 파일의 설정 중 dateext 설정은 순환된 로그 파일의 이름 뒤에 로그파일을 순환한 날짜인 년/월/일을 붙이도록 설정합니다. 여기서 dateext 설정을 사용할 경우, 이름 중복의 문제로 정상적으로 로그가 순환되지 않을 수 있기 때문에, testlog 개별 설정에서 nodateext 옵션을 사용합니다. 이런 경우, 순환된 로그 파일 뒤에는 순환된 번호가 입력됩니다.

테스트에 사용할 로그 파일과 로그 설정 파일을 사용하여 로그 순환을 테스트할 수 있습니다. 로그 순환은 하루에 한 번 작업 스케줄러에 의해 실행됩니다.

```
[root@nobreak ~]# cat /etc/cron.daily/logrotate
#!/bin/sh

/usr/sbin/logrotate -s /var/lib/logrotate/logrotate.status /etc/logrotate.conf
❶
EXITVALUE=$?
if [ $EXITVALUE != 0 ]; then
    /usr/bin/logger -t logrotate "ALERT exited abnormally with [$EXITVALUE]"
fi
exit 0
```

❶로그를 순환시키는 'logrotate' 명령을 실행하는 부분입니다. logrotate 명령의 실행 형식은 다음과 같습니다.

```
logrotate [-s log-state-file] log-conf-file
```

-s 옵션은 로그 상태 파일(Log Sate File)을 지정하는 옵션입니다. 경우에 따라 이 옵션을 생략할 수 있고, 이 경우 /var/lib/logrotate.status 파일을 로그 상태 파일로 사용합니다. 이 파일은 현재 설정되어 있는 로그 순환설정에 따라 순환이 발생한 시간 정보를 포함하고 있습니다.

로그 설정 파일은 로그가 순환될 때 참고할 설정 파일입니다.

다음은 logrotate 명령을 수동으로 사용하여 로그 순환을 실시한 결과입니다.

```
[root@nobreak ~]# logrotate -s /var/lib/logrotate/logrotate.status /etc/
logrotate.conf
[root@nobreak ~]# ls -l /var/log/testlog/
total 8
-rw-------. 1 root sys       0 Feb 16 15:47 testlog.log
-rw-r--r--. 1 root root   5120 Feb 16 15:05 testlog.log.1
```

로그 순환 설정에 따라 기존 로그 파일의 이름이 testlog.log.1 로 바뀌어 순환되었고, 새로운 testlog.log 파일은 현재 크기가 0인 빈 파일로 생성된 것을 알 수 있습니다. 그리고 create 옵션의 설정에 따라 권한은 600으로, 사용자와 사용자그룹도 정확하게 설정되었습니다.

파일에 내용을 기록하고 logrotate 명령을 사용하여 로그를 순환시키는 과정을 여러 번 반복하면 순환 로그 설정 중 'rotate' 옵션의 동작을 확인할 수 있습니다. 여러 번 로그 순환을 반복하여도 로그 순환파일은 설정에 따라 최대 3개까지만 생성되는 것을 확인할 수 있습니다.

```
[root@nobreak ~]# dd if=/dev/zero of=/var/log/testlog/testlog.log bs=512 count=10
10+0 records in
10+0 records out
5120 bytes (5.1 kB) copied, 0.000114 s, 44.9 MB/s
[root@nobreak ~]# logrotate -s /var/lib/logrotate/logrotate.status /etc/logrotate.conf

...

[root@nobreak ~]# ls -l /var/log/testlog/
total 24
-rw-------. 1 root sys    0 Feb 16 15:51 testlog.log
-rw-------. 1 root sys 5120 Feb 16 15:51 testlog.log.1
-rw-------. 1 root sys 5120 Feb 16 15:50 testlog.log.2
-rw-------. 1 root sys 5120 Feb 16 15:50 testlog.log.3
```

지금까지 logrotate를 통한 로그 순환 설정 방법에 대하여 알아보았습니다. 조금 더 세부적인 로그 순환 설정이 필요할 경우, 설정에 필요한 더 많은 옵션들을 logrotate의 도움말 페이지에서 확인할 수 있습니다.

8.2 rsyslogd

rsyslogd는 유닉스나 리눅스 계열 시스템에서 로그를 기록하기 위한 표준 프로토콜인 syslog를 사용하여 로그를 저장하는 프로세스입니다. syslog에 비해 로그 전송 시 암호화 옵션 등을 사용할 수 있어 보안이 강화되었고, 로그 처리 및 저장 성능이 우수하다는 장점이 있습니다.

rsyslogd는 /etc/rsyslog.conf 파일을 사용하여 저장할 로그의 종류 및 우선순위를 설정할 수 있고, 수신한 로그를 /var/log 디렉토리의 각 파일로 전달합니다.

1 /etc/rsyslog.conf

/etc/rsyslog.conf 파일의 룰(Rule) 부분에는 rsyslogd에 의해 전달되는 로그의 규칙들이 정의되어 있습니다. 로그 규칙은 룰(Rule)부분에서 각 라인별로 하나의 로그 규칙이 정의됩니다. 규칙을 정의할 때 공백을 기준으로 앞부분을 필터(Filter)라 하고 뒷부분을 행동(Action)이라 합니다.

```
[root@nobreak ~]# cat /etc/rsyslog.conf

...
#### RULES ####
...
# Log anything (except mail) of level info or higher.
# Don't log private authentication messages!
❶*.info;mail.none;authpriv.none;cron.none              ❷/var/log/messages

# The authpriv file has restricted access.
authpriv.*                                              /var/log/secure

# Log all the mail messages in one place.
mail.*                                                  -/var/log/maillog

# Log cron stuff
cron.*                                                  /var/log/cron

# Everybody gets emergency messages
*.emerg                                                 :omusrmsg:*

# Save news errors of level crit and higher in a special file.
uucp,news.crit                                          /var/log/spooler

# Save boot messages also to boot.log
local7.*                                                /var/log/boot.log
...
```

❶ : 필터(Filter)부분입니다. 현재 기능(Facility)과 우선순위(priority) 형식으로 되어 있습니다.

❷ : 행동(Action)부분입니다. 필터에 해당하는 로그들이 저장되는 파일의 위치입니다.

2 필터(Filter)

필터(Filter)는 로그 메시지를 분류하기 위한 기준입니다. 필터 조건에 따라 로그 메시지가 처리되는 방식을 결정할 수 있습니다.

필터는 기능 및 우선순위 기반 필터 (Facility and Priority-Based Filter), 속성 기반 필터(Property-Based Filter), 표현 기반 필터(Expression-Based Filter) 세 가지 형식으로 분류됩니다.

기능 및 우선순위 기반 필터는 로그의 종류와 로그의 우선순위(Priority)를 기준으로 분류하는 방식이며 속성 기반 필터는 로그 메시지에 포함된 호스트 이름(hostname), 메시지(msg), 태그(syslogtag) 등의 속성을 기준으로 로그를 분류하는 방식입니다. 그리고 표현 기반 필터는 산술 및 문자열 연산 등을 사용한 복잡한 표현식을 사용하기 위해 스크립트를 작성하여 필터링 하는 방식입니다.

이 중, 가장 많이 사용되는 방식은 기능 및 우선순위 기반 필터 방식입니다. 여기서는 기능 및 우선순위 기반 필터에 대하여 알아보도록 하겠습니다.

기능 및 우선순위 기반 필터의 형식은 위의 /etc/rsyslog.conf 예제 파일에서 사용된 필터(Filter) 형식입니다. 마침표(.)를 기준으로 왼쪽이 기능, 오른쪽이 우선순위(Priority)입니다. 따라서 '기능.우선순위' 가 기본 형식입니다. 기능은 로그의 종류로 로그가 발생된 근원지를 말하며 우선순위는 로그의 위험도 즉 메시지의 심각수준이라고 이해할 수 있습니다.

이제 각각 기능과 우선순위에 들어갈 수 있는 값에 대해서 살펴보겠습니다.

기능(Facility)	설명
kern	커널 메시지
user	유저 레벨 메시지
mail	메일 관련 메시지
deamon	시스템 데몬 메시지
auth	보안 및 인가 메시지
syslog	syslogd에 의해 내부적으로 생성된 메시지
lpr	라인프린터 하위 시스템
news	네트워크 뉴스 하위 시스템
uucp	UUCP 하위 시스템
cron	스케줄 작업 메시지

기능(Facility)	설명
authpriv	보안 및 인가 메시지
ftp	FTP 데몬 메시지
local0-local7	사용자 정의 기능

표 8-2 기능(Facility)의 종류

기능 부분은 표 8-2 '기능(Facility)의 종류'에서 해당되는 기능의 이름을 사용하여 저장할 로그의 분류를 지정합니다. 기능 부분에 별표(*)로 표시되어 있다면 모든 기능의 로그를 의미합니다.

코드	우선순위(Priority)	설명
0	emerg	시스템 사용 불가
1	alert	즉시 조치를 취해야 할 상태
2	crit	치명적인 상태
3	err, error	에러 발생
4	warn, warning	경고 발생
5	notice	일반적이지만 중요
6	info	간단한 정보
7	debug	디버깅 메시지

표 8-3 우선순위(Priority) 종류

필터의 우선순위 부분에는 표 8-3 '우선순위(Priority) 종류'의 값을 사용할 수 있습니다. 중요도에 따라 0부터 7까지의 코드가 부여되어 있고, 이름이 지정되어 있습니다. 코드 값이 0에 가까울수록 시스템에 영향이 높은 로그 메시지로, 하드웨어 이상에 따른 즉각적인 시스템 중단 경고가 해당되고, 코드 값이 7에 가까운 로그 메시지는 일반적으로 사용자에게 표시되어야 할 필요는 없지만, 경우에 따라 문제해결(Troubleshooting)에 유용하게 사용될 수 있는 정보입니다.

필터에서 기능 부분 뒤의 우선순위가 지정되면 해당 우선순위뿐만 아니라, 상위의 우선순위까지 포함 됩니다.

예를 들어 필터 부분을 cron.err 로 입력하였을 경우, 주기적인 작업(cron) 관련 메시지에 대하여 err 이상의 우선순위를 가진 모든 로그(emerg, alert, crit, err)를 저장하겠다는 의미입니다. 이를 그림으로 표현하면 다음과 같습니다.

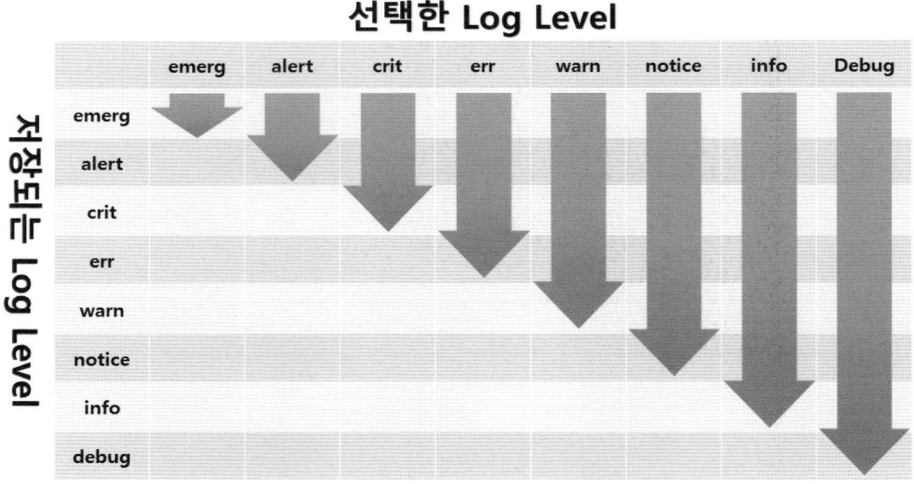

그림 8-3 rsyslog 필터(Filter)의 로그 우선순위(Priority) 별 저장범위

위의 표에서 예로 들었던 err을 선택하였을 경우 가장 상위인 emerg부터 선택한 우선순위 인 err까지 모든 로그가 포함되는 것을 확인할 수 있습니다.

만약 이 규칙을 따르지 않고 특정 우선순위의 로그 메시지만 저장 할 때에는 우선순위 앞에 등호 문자(=)를 함께 지정합니다. 반대로 특정 우선순위의 로그를 제외할 때에는 로그 우선순위 앞에 느낌표(!)를 함께 지정합니다.

예를 들면 cron.=err 과 같이 필터를 지정할 경우, rsyslog는 주기적인 작업에 대하여 err 우선순위의 로그만 저장하고, err 우선순위 이외의 로그에 대하여 동작하지 않습니다.

그리고 cron.err;cron.!crit와 같이 한 필터에서 세미콜론(;) 기호를 사용하여 같은 기능에 대하여 두 개의 우선순위를 지정하고, 그 중 하나에 '!' 기호를 사용하였을 경우, 주기적인 작업에 대하여 err이상의 로그를 저장하지만, 그 중 crit 우선순위가 제외되므로, emerg, alert, err 우선순위의 로그에 대해서만 동작합니다.

그리고 위의 /etc/rsyslog.conf 파일의 ❶과 같이 우선순위 부분에 none이 표시가 된 경우가 있습니다. 이 경우엔 해당 기능의 로그를 저장하지 않습니다. ❶은 필터의 제일 앞부분에 *.info로 모든 기능에 대하여 info 우선순위 이상의 로그를 /var/log/messages 파일에 저장하도록 지정하였지만, 이어서 지정된 필터에 의해 이메일관련, 인증관련, 주기적인 작업 관련 로그메시지는 전부 저장되지 않습니다.

3 행동(Action)

행동은 필터에 의해서 선택된 로그들이 처리되는 방법을 정의하는 부분입니다. 주로 파일에 메시지를 저장하거나, 시스템에 로그인된 사용자에게 메시지를 전달합니다.

1] 로그 파일에 저장

가장 일반적인 로그 처리 방법은 파일에 메시지를 저장하는 방법입니다.

```
[root@nobreak ~]# cat /etc/rsyslog.conf
...

authpriv.*                                      ❶ /var/log/secure
...

mail.*                                          ❷ -/var/log/maillog
...
```

필터에 의해 선택된 로그들을 파일에 저장하기 위해서 행동(Action) 부분에 파일의 경로를 입력합니다. /etc/rsyslog.conf 파일에서 ❶번이 로그 파일에 메시지를 저장하는 행동 부분입니다. 필터 부분에 복수의 필터 규칙이 지정되어 있을 경우, 전체 필터의 로그 메시지를 한 파일에 저장합니다.

일반적으로 syslog에 의해 발생된 로그는 바로 동기화가 이루어지지만 ❷번처럼 앞에 Dash(-) 기호가 추가 있는 경우 로그 메시지를 바로 동기화하지 않고 메모리 버퍼에 저장한 후, 디스크 자원에 여유가 있을 때 한꺼번에 저장합니다.

2] 사용자에게 전달

```
[root@nobreak ~]# cat /etc/rsyslog.conf
...

*.emerg                                         :omusrmsg:*
...
```

위의 예에서 omusrmsg는 사용자 메시지 출력 모듈입니다. 이 모듈은 로그인 된 사용자에게 선택된 로그 메시지를 전달합니다.

사용자 메시지 출력 모듈은 ':omusrmsg:' 뒤에 메시지를 전달할 사용자를 지정합니다. *로 표시된 경우 모든 사용자를 의미하고, 다수의 사용자를 지정할 경우, 사용자 이름 사이에 콤마(,)를 사용하여 지정할 수 있습니다.

위의 예에선 모든 사용자에게 emerg 우선순위 이상의 모든 메시지를 전달합니다.

3] 기타 로그 메시지 전달 방식

로그 메시지는 파일, 사용자 이외의 다른 경로로도 로그 메시지를 전달할 수 있습니다. 자주 사용되는 경로에는 아래와 같은 종류들이 있습니다.

종류	설명
콘솔 및 터미널	사용자가 로그인한 콘솔이나 원격으로 연결된 사용자의 터미널을 지정하여 로그 메시지를 전달합니다. (/dev/console, /dev/tty*)
원격 시스템	로그 메시지를 수신할 수 있는 원격 시스템으로 로그를 전달합니다. 전달 대상은 @192.168.0.100 과 같이 @ 기호 뒤 IP를 입력하여 지정합니다.
Discard	로그 메시지를 전달하지 않고 폐기합니다. 사용자에게 불필요하게 전달되는 로그 메시지를 제거하기 위한 용도로 사용됩니다. 틸드(~) 기호를 사용합니다.

표 8-4 rsyslog 행동 유형

8.3 systemd-journald

systemd-journald는 시스템이 부팅이 시작할 때부터 발생하는 모든 이벤트를 수집해서 구조화된 바이너리 형태의 저널 데이터로 저장합니다. 이 저널 데이터는 구조화되어 있어 인덱싱을 통해 사용자가 원하는 내용을 쉽고 자세하게 찾을 수 있다는 장점이 있습니다.

저널 데이터는 바이너리 형태의 파일이기 때문에 syslog와는 달리 cat이나 tail 같은 파일을 읽는 명령으로 조회할 수 없습니다. 저널 데이터를 조회하기 위하여 journalctl 명령을 사용합니다.

저널 데이터는 /run/log/journal에 위치하고 있기 때문에 시스템이 재부팅 되면 저널 데이터는 삭제됩니다. 저널 데이터를 영구적으로 보관하기 위해서는 별도의 설정이 필요합니다.

이제 저널 데이터를 조회할 수 있는 journalctl 명령의 사용법과, 저널 데이터를 영구적으로 저장하는 설정에 대하여 알아보도록 하겠습니다.

1 journalctl 사용

journalctl 명령을 사용하여 저널 데이터를 조회할 수 있습니다.

다음은 journactl 명령의 사용법입니다.

```
journalctl [option] [argument]
```

journalctl 명령은 옵션에 따라 지정해야할 인자가 존재할 수 있습니다. 다양한 옵션을 사용하여 저널 데이터를 다양한 방법으로 확인할 수 있습니다.

1] 기본 사용

journalctl 명령을 옵션이나 인자를 사용하지 않고 실행할 경우 현재 저장된 저널 데이터를 순차적으로 출력합니다. 출력은 시간 순으로 출력되므로, 가장 먼저 출력되는 데이터는 시스템이 부팅 될 때 발생하는 이벤트입니다.

```
[root@nobreak ~]# journalctl
-- Logs begin at Fri 2017-02-03 21:03:21 KST, end at Fri 2017-02-17 10:10:52 KST. --
Feb 03 21:03:21 nobreak.co.kr systemd-journal[88]: Runtime journal is using 8.0M (max allowed 91.1M, try
Feb 03 21:03:21 nobreak.co.kr kernel: Initializing cgroup subsys cpuset
Feb 03 21:03:21 nobreak.co.kr kernel: Initializing cgroup subsys cpu
Feb 03 21:03:21 nobreak.co.kr kernel: Initializing cgroup subsys cpuacct
Feb 03 21:03:21 nobreak.co.kr kernel: Linux version 3.10.0-514.el7.x86_64 (builder@kbuilder.dev.centos.o
Feb 03 21:03:21 nobreak.co.kr kernel: Command line: BOOT_IMAGE=/vmlinuz-3.10.0-514.el7.x86_64 root=UUID=
Feb 03 21:03:21 nobreak.co.kr kernel: Disabled fast string operations
...
```

각 라인 별로 하나의 저널 데이터를 출력합니다. 각 저널 데이터는 맨 앞에 로그가 발생한 날짜/시간 정보를 표시합니다. 이 형식은 syslog의 형식과 동일합니다.

journalctl 명령으로 출력되는 데이터에서 err 우선순위 이상의 로그의 메시지는 빨간색으로 표시되고, warning이나 notice의 경우에는 굵은 글씨로 표시됩니다.

2] 우선순위를 지정하여 저널(journal) 데이터 출력

journalctl 명령 실행 시 '-p' 옵션을 사용하여 특정 우선순위를 지정하여 로그를 출력할 수 있습니다. /etc/rsyslog.conf 파일의 설정과 같이 특정 우선순위를 지정할 경우 가장 상위의 우선순위인 emerg부터 지정한 우선순위의 저널 데이터까지 출력합니다.

만약 우선순위의 범위를 지정하려면 시작과 끝을 지정하면 됩니다. 예를 들어 alert 우선순위부터 err 우선순위까지 범위를 지정하는 경우 '-p alert.err'와 같이 '시작.끝'을 지정합니다.

```
[root@nobreak ~]# journalctl -p err
-- Logs begin at Fri 2017-02-03 21:03:21 KST, end at Fri 2017-02-17 10:40:01 KST. --
Feb 03 21:03:21 nobreak.co.kr kernel: sd 0:0:0:0: [sda] Assuming drive cache: write through
Feb 03 21:03:21 nobreak.co.kr kernel: sd 0:0:1:0: [sdb] Assuming drive cache: write through
...

[root@nobreak ~]# journalctl -p alert..err
-- Logs begin at Fri 2017-02-03 21:03:21 KST, end at Fri 2017-02-17 10:40:01 KST. --
Feb 03 21:03:21 nobreak.co.kr kernel: sd 0:0:0:0: [sda] Assuming drive cache: write through
Feb 03 21:03:21 nobreak.co.kr kernel: sd 0:0:1:0: [sdb] Assuming drive cache: write through
...
```

3] 최근에 발생한 저널(journal) 데이터 출력

journalctl 명령의 기본 출력 방식은 먼저 기록된 저널 데이터부터 출력합니다. 만약 최근의 저널 데이터부터 역순으로 로그를 조회하고 싶을 경우 '-r' 옵션을 사용합니다.

```
[root@nobreak ~]# journalctl -r
-- Logs begin at Fri 2017-02-03 21:03:21 KST, end at Fri 2017-02-17 11:00:16
KST. --
Feb 17 11:00:16 nobreak.co.kr nm-dispatcher[70639]: req:1 'dhcp4-change'
[ens33]: start running ordered
Feb 17 11:00:16 nobreak.co.kr nm-dispatcher[70639]: req:1 'dhcp4-change'
[ens33]: new request (4 scripts
Feb 17 11:00:16 nobreak.co.kr systemd[1]: Started Network Manager Script
Dispatcher Service.
```

저널 데이터의 출력 결과의 상단의 기록 시작 시간을 나타내는 부분인 "Logs begin at Fri 2017-02-03 21:03:21 KST"와 첫줄에 출력된 저널 데이터의 기록 시간을 비교하면 역순으로 출력된 것을 알 수 있습니다.

최근에 저장된 저널 데이터부터 일정 개수의 저널 데이터를 조회할 경우에 '-n' 옵션을 사용합니다. '-n' 옵션 뒤에 숫자를 입력하여 출력할 저널 데이터의 개수를 지정할 수 있습니다.

```
[root@nobreak ~]# journalctl -n 3
-- Logs begin at Fri 2017-02-03 21:03:21 KST, end at Fri 2017-02-17 11:12:20
KST. --
Feb 17 11:12:20 nobreak.co.kr systemd[1]: Started Network Manager Script
Dispatcher Service.
Feb 17 11:12:20 nobreak.co.kr nm-dispatcher[70828]: req:1 'dhcp4-change'
[ens33]: new request (4 scripts
Feb 17 11:12:20 nobreak.co.kr nm-dispatcher[70828]: req:1 'dhcp4-change'
[ens33]: start running ordered
```

'-n' 옵션 뒤에 숫자를 입력하지 않을 경우, 기본 값으로 10이 지정됩니다.

4] 저널(journal) 데이터 모니터링

저널 데이터는 시스템의 모든 로그 메시지를 수집하므로, 실시간으로 저널 데이터를 조회하면 콘솔로 전달되지 않는 로그 메시지도 모니터링 할 수 있습니다. 실시간으로 저널 데이터를 모니터링하기 위한 옵션은 '-f'입니다.

```
[root@nobreak ~]# journalctl -f
-- Logs begin at Fri 2017-02-03 21:03:21 KST. --
Feb 17 11:23:46 nobreak.co.kr dbus-daemon[525]: dbus[525]: [system] Activating
via systemd: service name='org.freedesktop.nm_dispatcher' unit='dbus-
org.freedesktop.nm-dispatcher.service'
Feb 17 11:23:46 nobreak.co.kr dhclient[69171]: bound to 192.168.100.130 --
renewal in 748 seconds.
...
```

'-f' 옵션을 사용하면 최근에 발생한 저널 데이터 10개 출력 후 포그라운드(foreground) 상태로 출력 대기 상태를 유지합니다. tail 명령의 '-f' 옵션과 동일합니다.

5] 특정 날짜의 저널(journal) 데이터 조회

저널 데이터는 시스템 부팅된 시점에서 현재까지 수집된 이벤트를 저장하고 있습니다. 시스템이 부팅된 후 오랜 시간이 경과했을 경우 저널 데이터도 그 기간 동안 누적됩니다. journalctl 명령을 사용하여 누적된 저널 데이터에서 저널 데이터가 기록된 시점을 지정하여 저널 데이터를 조회할 수 있습니다.

```
[root@nobreak ~]# journalctl --since ' 2017-02-15 '
-- Logs begin at Fri 2017-02-03 21:03:21 KST, end at Fri 2017-02-17 12:01:02
KST. --
Feb 16 13:45:37 nobreak.co.kr systemd[1]: Time has been changed
Feb 16 13:45:37 nobreak.co.kr NetworkManager[619]: <info>  [1487220337.5596]
audit: op="sleep-control" a
Feb 16 13:45:37 nobreak.co.kr systemd[1]: Stopping LSB: Bring up/down
networking...
...
```

지정된 시점부터의 저널 데이터를 조회할 때는 '--since' 옵션을 사용합니다. 시작시점을 지정할 때 'YYYY-MM-DD hh:mm:ss' 형식을 사용합니다. 시간정보를 지정하지 않을 경우 자동으로 00:00:00 로 지정됩니다.

특정 시점을 지정하는 방식 이외에도 today, tomorrow, yesterday와 같이 상대적인 시점을 지정하는 방식도 사용가능합니다.

6] 특정 기간의 저널(journal) 데이터 조회

'--since' 옵션을 사용할 경우 지정된 시점부터 현재시점까지 모든 저널 데이터를 출력합니다. 특정 기간의 저널 데이터를 출력할 경우 '--until' 옵션을 함께 사용합니다. 시점을 지정하는 방식은 '--since' 옵션과 동일합니다.

```
[root@nobreak ~]# journalctl --since '2017-02-16 13:45:00' --until '2017-02-16 13:45:40'
-- Logs begin at Fri 2017-02-03 21:03:21 KST, end at Fri 2017-02-17 12:10:01 KST. --
Feb 16 13:45:37 nobreak.co.kr systemd[1]: Time has been changed

Feb 16 13:45:37 nobreak.co.kr NetworkManager[619]: <info>  [1487220337.5596] audit: op="sleep-control" a

...

Feb 16 13:45:39 nobreak.co.kr systemd[1]: Stopped LSB: Bring up/down networking.
Feb 16 13:45:39 nobreak.co.kr systemd[1]: Starting LSB: Bring up/down networking...
```

7] 저널(journal) 데이터의 출력(output) 설정

journalctl 명령은 기본적으로 syslog와 동일한 형태로 저널 데이터를 출력합니다. 저널 데이터의 각 메시지를 더 자세하게 조회하기 위해서 또는 출력된 저널 데이터의 각 메시지를 파싱(parsing) 처리하기 위해서 출력 형식을 변경할 수 있습니다.

```
journalctl -o [output-type]
```

출력 형식을 지정할 때는 '-o' 옵션을 사용합니다. 주로 사용되는 출력 형식(output type)은 다음 표와 같습니다.

형식	설명
short	기본 출력형식으로, syslog와 동일한 형식으로 출력합니다.
verbose	short 형식에서 출력되지 않는 전체 정보를 출력합니다.
json	전체 정보를 한 줄로 만들어진 json 파일로 출력합니다.
json-pretty	정렬되어 보기 편리한 json 파일로 출력합니다.

표 8-5 journalctl의 출력 유형(ouput type)

8] 특정 저널(journal) 데이터 검색

저널 데이터에서 원하는 메시지를 찾기 위해 로그 메시지의 정보를 사용할 수 있습니다.

```
[root@nobreak ~]# journalctl -o verbose
-- Logs begin at Fri 2017-02-17 13:37:23 KST, end at Fri 2017-02-17 13:55:05
KST. --
Fri 2017-02-17 13:37:23.524963 KST [s=13e16cbed2384d2d8e3a1afef9c489ea;i=1;b=0
0214153034e4361b926a8a8a70
...
    _PID=88 ❶
    _UID=0 ❷
    _GID=0 ❸
    _COMM=systemd-journal ❹
    _SYSTEMD_UNIT=systemd-journald.service ❺
...
```

journalctl 명령의 출력 형식을 verbose, json, json-pretty로 지정하면 일반 syslog 형태의 메시지에서 조회할 수 없는 정보가 출력됩니다. 이러한 정보들을 사용하여 전체 저널 데이터에서 원하는 정보를 저장하고 있는 저널 데이터를 선별할 수 있습니다.

검색에 주로 사용되는 정보는 다음과 같습니다.

번호	항목	설명
❶	_PID	로그를 발생시킨 프로세스의 PID
❷	_UID	로그를 발생시킨 사용자의 UID
❸	_GID	로그를 발생시킨 그룹의 GID

번호	항목	설명
❹	_COMM	로그를 발생시킨 명령
❺	_SYSTEMD_UNIT	로그를 발생시킨 서비스의 유닛 명

표 8-6 저널(journal) 데이터 검색 정보

journalctl 명령 사용 시 각 항목과 검색하고자 하는 값을 지정하여 검색을 수행합니다.

```
[root@nobreak ~]# journalctl _PID=1
-- Logs begin at Fri 2017-02-17 13:37:23 KST, end at Fri 2017-02-17 14:20:01
KST. --
Feb 17 13:37:23 nobreak.co.kr systemd[1]: Started dracut cmdline hook.
Feb 17 13:37:23 nobreak.co.kr systemd[1]: Starting dracut pre-udev hook...
```

필요에 따라 검색 조건을 동시에 여러 개 사용할 수 있습니다. 서로 다른 검색조건을 사용할 경우 모든 조건을 만족하는(AND) 메시지만 출력하고, 같은 검색조건에 서로 다른 값을 사용할 경우 두 조건 중 하나를 만족하는(OR) 메시지를 출력합니다. 예를 들어 다음과 같이 사용할 수 있습니다.

```
journalctl _UID=0 _COMM=systemd-journal
⇒ UID가 0이고, 실행된 명령이 systemd-journal인 조건을 모두 만족하면 출력
journalctl _PID=100 _PID=200
=> PID가 100이거나 200인 조건 중 하나를 만족하면 출력
```

2 저널(journal) 데이터의 영구적 저장

저널 데이터가 저장되는 파일은 /run/log/journal 디렉토리에 존재하기 때문에 시스템이 재부팅되면 삭제됩니다. 저널 데이터를 영구적으로 저장하기 위해서는 임시 파일시스템이 아닌 위치에 로그를 저장할 수 있는 디렉토리를 생성하고 기존의 저널 데이터가 저장되던 경로인 /run/log/journal 디렉토리와 동일하게 설정하여야 합니다.

1] 설정방법

① 기존 디렉토리 설정 값 확인

저널 데이터를 저장하기 위해 새롭게 생성할 디렉토리의 설정은 기존의 저널 데이터가 저장되고 있는 디렉토리의 설정과 동일해야 합니다. 따라서 디렉토리의 권한 및 소유권 정보를 확인합니다.

```
[root@nobreak ~]# ls -ld /run/log/journal/
drwxr-sr-x. 3 root systemd-journal 60 Jan 17 14:13 /run/log/journal/
```

/run/log/journal의 사용자는 root이고, 사용자 그룹은 systemd-journal입니다. 그리고 권한 정보에서 setgid 확장권한이 설정되어 있습니다. 이 정보를 확인하고, 저널 데이터를 영구적으로 저장할 디렉토리에 동일하게 설정합니다.

② 저널(journal) 데이터 저장 디렉토리 생성 및 설정 변경

일반적으로 로그 파일들이 저장되는 /var/log 디렉토리에 저널(journal) 데이터를 저장할 새로운 디렉토리를 생성하고 설정을 변경합니다.

```
[root@nobreak ~]# mkdir /var/log/journal
[root@nobreak ~]# chown root:systemd-journal /var/log/journal/
[root@nobreak ~]# chmod g+s /var/log/journal/
[root@nobreak ~]# systemctl restart systemd-journald
```

기존의 /run/log/journal 디렉토리와 같이 소유권을 변경하고, 확장권한인 setgid를 설정합니다. 변경된 디렉토리를 인식할 수 있도록 systemd-journald 데몬을 재시작합니다.

저널 데이터를 영구적으로 저장하기 위하여 2가지 조건을 만족해야 합니다.

첫째, 저널 데이터의 파일의 크기가 현재 파일시스템 전체 사이즈의 10%를 초과하면 안 됩니다.

둘째, 현재 파일시스템의 여유 공간 중 15%를 초과하면 안 됩니다.

이 설정은 /etc/systemd/journal.conf 파일에서 변경할 수 있습니다.

2] journalctl boot-id

저널 데이터를 영구적으로 저장하도록 설정한 뒤 systemd-journald를 재시작하면 즉시 /var/log/journal 디렉토리에 저널 데이터가 저장되고 시스템이 재부팅되어도 유지됩니다.

시스템을 재부팅 하게 되면 새로운 부트 번호(boot-id)가 생성됩니다. journalctl 명령의 '--list-boots' 옵션을 사용하여 시스템 재부팅으로 인해 분리된 저널 데이터를 각각 조회할 수 있습니다.

```
[root@nobreak ~]# journalctl --list-boots
-1 00214153034e4361b926a8a8a70d7861 Fri 2017-02-17 13:37:23 KST—Fri 2017-02-17 15:21:18 KST
 0 9d40df62411b499b80659f47cceca727 Fri 2017-02-17 15:21:36 KST—Fri 2017-02-17 15:22:34 KST
```

'--list-boots' 옵션을 사용하여 어느 부트 번호(boot-id)가 어느 시간대의 저널 데이터를 저장하고 있는지 확인할 수 있습니다. 특정 부트 번호(boot-id)에 해당하는 저널 데이터를 조회하는 방법은 다음과 같습니다.

```
[root@nobreak ~]# journalctl -b 9d40df62411b499b80659f47cceca727
-- Logs begin at Fri 2017-02-17 13:37:23 KST, end at Fri 2017-02-17 15:30:01 KST. --
Feb 17 15:21:36 nobreak.co.kr systemd-journal[90]: Runtime journal is using 8.0M (max allowed 91.1M, try
Feb 17 15:21:36 nobreak.co.kr kernel: Initializing cgroup subsys cpuset
```

'-b' 옵션을 사용하여 부트 번호(boot-id)를 지정합니다. '-b' 옵션 대신 '--boot' 옵션 또는 '_BOOT_ID정보'를 사용하여 저널 데이터를 조회할 수 있습니다.

CHAPTER 9

리눅스 부트 프로세스

CHAPTER 9
리눅스 부트 프로세스

― 학습목표
리눅스 시스템의 부팅 과정에 대해서 이해 할 수 있습니다.
systemd의 타겟 유닛(Target Unit)에 대해서 이해 할 수 있습니다.
root 계정의 패스워드를 복구할 수 있습니다.
파일시스템 문제를 해결할 수 있습니다.

― 학습내용
9.1 리눅스 부팅 절차
9.2 systemd 타겟 유닛
9.3 root 패스워드 복구
9.4 파일시스템 문제 복구

이번 장에서는 리눅스 부팅 프로세스에 대해서 알아보도록 하겠습니다.

systemd의 부팅과정은 init 프로세스의 부팅과정과 유사하지만 최초로 실행되는 프로세스가 init 프로세스가 아닌 systemd가 시작된다는 점에서 init 프로세스의 부팅과정과 차이점이 있습니다. init 프로세스와 systemd의 부팅과정의 각 단계에 대해서 설명하고, 각 단계에서 어떤 작업을 진행하는지 살펴봄으로써 init 프로세스와 systemd의 부팅 과정의 차이점을 알아보도록 하겠습니다.

systemd에선 런 레벨(Run LeveL) 대신 타겟 유닛(Target Unit)을 사용합니다. 따라서 타겟 유닛과 매핑되는 런 레벨에 대해서 살펴보고, 시스템이 런타임(Runtime) 상태일 때 타겟 유닛을 변경하는 방법과 기본으로 설정된 타겟 유닛을 변경하는 방법, 그리고 부팅 시 타겟 유닛을 지정하는 방법 등에 대해서 알아보도록 하겠습니다.

init 프로세스에서는 싱글 모드로 접근하여 root 패스워드를 복구 했습니다. 하지만 systemd에서는 램 디스크(Ram Disk) 초기화 과정을 중지하여 root 패스워드를 복구해야 합니다. 이 방법은 init 프로세스에서 사용하는 방법과 매우 다르기 때문에 반드시 숙지하고 있어야 합니다.

마지막으로는 파일시스템 테이블 파일인 /etc/fstab 파일에 올바르지 않은 값을 입력한 경우에 발생되는 문제점과 문제해결(Troubleshooting)에 대해서 알아보도록 하겠습니다.

여기에서는 다음과 같은 순서로 상세한 내용에 대해 다루어 보도록 하겠습니다.

9.1 리눅스 부팅 절차

9.2 systemd 타겟 유닛

9.3 root 패스워드 복구

9.4 파일시스템 문제 복구

9.1 리눅스 시스템 부팅 절차

리눅스 시스템 부팅 시 문제가 발생 되면 이를 해결하기 위하여 어느 단계에서 문제가 발생하였고 어떤 문제가 발생되었는지를 정확하게 진단해야 빠르게 해결할 수 있습니다. 따라서 부팅 과정을 이해하고 있는 것은 매우 중요합니다.

그러나 기존에 사용하던 init 프로세스의 부팅하는 순서와 systemd에서 부팅 순서는 약간 상이 합니다. 커널을 메모리에 적재하는 부분까지는 동일하나 그 이후에 실행하는 첫 번째 프로세스가 다릅니다. init 프로세스의 경우에는 init 프로세스를 PID 1번 프로세스로 제일 먼저 실행하지만 systemd에서는 systemd를 PID 1번 프로세스로 제일 먼저 실행합니다. 이후 과정에서도 init 프로세스의 경우에는 런 레벨(Run Level)을 실행하며 systemd의 경우에는 타겟 유닛(Target Unit)을 실행합니다.

먼저 init 프로세스의 부팅절차에 대해서 알아보고 다음으로 systemd 부팅 절차에 대해서 알아보도록 하겠습니다.

1 init 프로세스 부팅 절차

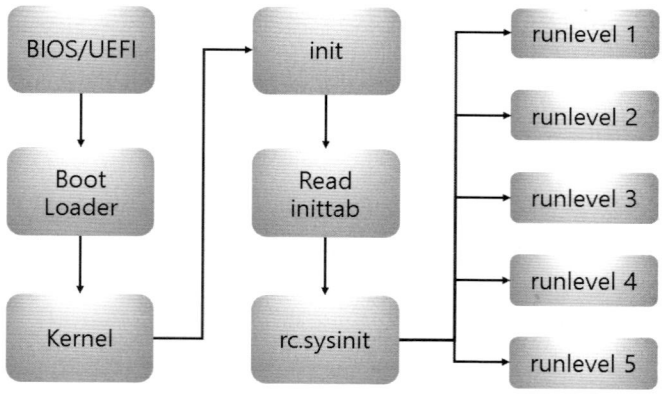

그림 9-1 init 프로세스 부팅 절차

1] BIOS/UEFI

시스템에 전원이 공급되면 시스템 펌웨어인 BIOS나 UEFI가 특정 프로그램으로 하드웨어를 점검하는 POST(Power On Self Test)를 진행합니다. 이 때 정상적으로 연결되지 않은 하드웨어가 존재하거나 또는 손상된 하드웨어가 발견되면 시스템이 부팅되지 않습니다.

하드웨어에 이상이 없다면 시스템에 연결된 장치 중 부팅이 가능한 장치에서 MBR 파티션의 첫 번째 섹터인 512byte를 읽어 부트 로더(Boot Loader)를 찾습니다. 그리고 부트 로더(Boot Loader)를 메모리에 적재한 뒤 시스템의 제어권을 부트 로더(Boot Loader)에게 전달합니다.

2] 부트 로더(Boot Loader)

부트 로더(Boot Loader)가 메모리에 적재되면 /boot/grub2/gurb.cfg, /etc/default/grub, /etc/grub.d 디렉토리에 존재하는 파일들을 메모리에 적재하고, 부팅 가능한 커널의 목록을 화면에 출력합니다.

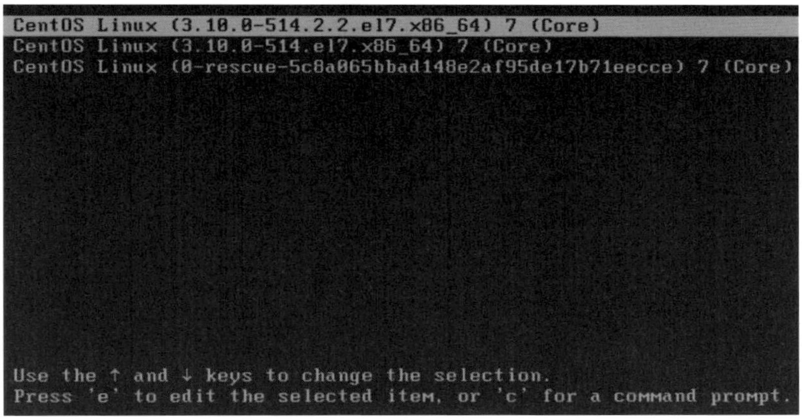

그림 9-2 CentOS7 부트 로더(Boot Loader) 커널 목록

부팅 가능한 커널 목록에서 약 5초간 사용자 입력이 없으면 자동으로 가장 위에 있는 커널 항목이 실행됩니다.

이 화면에서 'e'키를 누르면 /boot/grup2/grub.cfg 파일의 내용이 출력되고 설정 값을 변경하여 변경된 값으로 커널을 실행할 수 있습니다. 이 단계에서 root 패스워드를 복구하기 위한 램 디스크(Ram Disk)초기화 중단(Break)이나 시스템 부팅 시 타겟 유닛(Target Unit)을 지정할 수 있습니다.

부팅하려는 커널 목록을 선택하면 /boot 디렉토리에 vmlinuz로 시작하는 커널 파일을 메모리에 적재시키고 시스템 제어권을 커널에게 전달합니다.

3] 커널(Kernel)

커널이 메모리에 적재되면 /boot 디렉토리에 존재하는 initramfs 압축파일을 해제합니다. initramfs 파일을 해제하면서 램 디스크 초기화를 진행하고, 루트 파일 시스템은 /sysroot에 임시로 마운트됩니다. initramfs 파일은 /sysroot에 압축을 해제하고 필요한 파일들을 메모리에 적재시키는데, 이 때 init 프로세스를 사용하는 시스템은 init 프로세스를 실행합니다. 그리고 시스템 제어권을 init 프로세스에게 전달합니다.

4] init

init 프로세스에는 PID 1번이 할당되고 필요한 모든 프로세스를 실행합니다. 그 뒤 /etc/initab 파일에 등록된 정보를 토대로 런 레벨이 결정되고, /etc/rc.d/rc.sysinit 파일을 실행하여 스왑이나 네트워크 설정을 초기화 합니다. 마지막으로 /etc/initab 파일에 지정된 런 레벨을 실행하고 사용자에게 로그인 화면을 출력해줍니다.

2 systemd 부팅 절차

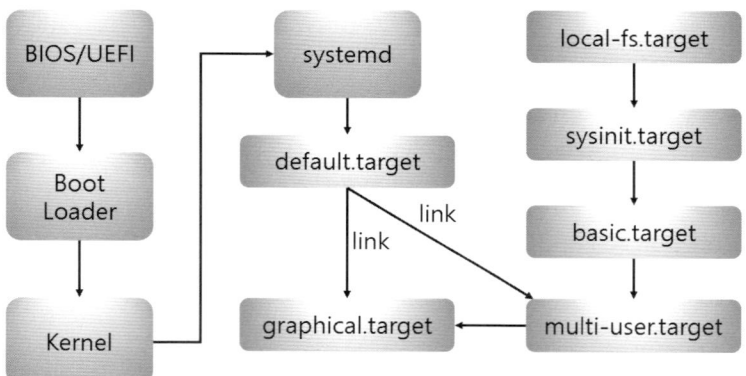

그림 9-3 systemd 부팅 절차

1] systemd

systemd의 부팅절차는 init프로세스와 마찬가지로 커널을 메모리에 적재시키는 부분까지 동일합니다. 그리고 initramfs 파일을 해제하고 systemd를 실행하여 메모리에 적재시킵니다.

systemd는 default.target을 활성화하고 의존성 관계에 있는 유닛들을 모두 활성화합니다.

2] default.target

default.target의 유닛 파일자체는 multi-user.target 또는 graphical.target으로 연결된 심볼릭 링크 파일입니다. default.target은 가장 먼저 실행되어 어떤 타겟 유닛으로 부팅을 진행할지를 정합니다.

```
[root@nobreak ~]# ls -l /etc/systemd/system/default.target
lrwxrwxrwx. 1 root root 40 Feb 10 10:08 /etc/systemd/system/default.target ->
/usr/lib/systemd/system/graphical.target
```

3] graphical.target

graphical.target은 GUI(Graphic User Interface)를 지원하는 다중 사용자 모드입니다. init 프로세스의 런 레벨 5와 매핑되며, 사용자 편의를 위해 runlevel5.target 으로도 사용할 수 있습니다.

시스템이 부팅될 때 graphical.target 단계에서는 /etc/systemd/system/graphical.target.wants 내에 존재하는 유닛들을 실행합니다.

graphical.target은 유닛 파일의 Requires 옵션과 After 옵션에 multi-user.target이 지정되어 있습니다. 따라서 graphical.target이 활성화되기 전에 multi-user.target이 먼저 활성화되어야 합니다.

```
[root@nobreak ~]# cat /usr/lib/systemd/system/graphical.target
[Unit]
Description=Graphical Interface
Documentation=man:systemd.special(7)
Requires=multi-user.target
Wants=display-manager.service
Conflicts=rescue.service rescue.target
After=multi-user.target rescue.service rescue.target display-manager.service
AllowIsolate=yes
```

4] multi-user.target

multi-user.target은 커맨드 라인을 제공하는 다중 사용자 모드입니다. init 프로세스의 runlevel 3과 매핑되며 사용자 편의를 위해 runlevel3.target으로도 사용할 수 있습니다.

시스템이 부팅될 때 multi-user.taregt 단계에서는 /etc/systemd/system/multi-user.target.wants 내에 존재하는 유닛들을 실행합니다.

multi-user.target은 유닛 파일의 Requires 옵션과 After 옵션에 basic.target이 지정되어 있습니다. 따라서 multi-user.target이 활성화되기 전에 basic.target이 활성화되어야 합니다.

```
[root@nobreak ~]# cat /usr/lib/systemd/system/multi-user.target
[Unit]
Description=Multi-User System
Documentation=man:systemd.special(7)
Requires=basic.target
Conflicts=rescue.service rescue.target
After=basic.target rescue.service rescue.target
AllowIsolate=yes
```

5] basic.target

basic.target은 firewalld, microcode, SELinux, 커널 메시지와 관련된 서비스를 시작하거나 모듈을 로드(Load)합니다.

시스템이 부팅될 때 basic.target 단계에서는 /etc/systemd/system/basic.target.wants 디렉토리에 존재하는 유닛들을 존재합니다.

basic.target은 유닛 파일의 Requires 옵션과 After 옵션에 sysinit.target 이 지정되어 있습니다. 따라서 basic.target 이 활성화되기 전에 sysinit.target이 활성화되어야 합니다.

```
[root@nobreak ~]# cat /usr/lib/systemd/system/basic.target
[Unit]
Description=Basic System
Documentation=man:systemd.special(7)

Requires=sysinit.target
After=sysinit.target
Wants=sockets.target timers.target paths.target slices.target
After=sockets.target paths.target slices.target
```

6] sysinit.target

sysinit.target은 시스템 마운트, 스왑, 커널의 추가 옵션을 실행하는 서비스를 시작합니다.

시스템이 부팅될 때 sysinit.target 단계에서는 /etc/systemd/system/sysinit.target. wants 디렉토리에 존재하는 유닛들을 실행합니다.

sysinit.target은 유닛 파일의 After 옵션에 local-fs.target이 지정되어 있습니다. 따라서 sysinit.target 이 활성화되기 전에 local-fs.target 이 활성화되어야 합니다.

```
[root@nobreak ~]# cat /usr/lib/systemd/system/sysinit.target
[Unit]
Description=System Initialization
Documentation=man:systemd.special(7)
Conflicts=emergency.service emergency.target
Wants=local-fs.target swap.target
After=local-fs.target swap.target emergency.service emergency.target
```

7] local-fs.target

local-fs.target은 /etc/fstab에 등록된 마운트 정보로 파일시스템을 마운트 합니다.

local-fs.target은 유닛 파일의 After 옵션에 local-fs-pre.target이 지정되어 있습니다. 따라서 local-fs.target 이 활성화 되기 전에 local-fs-pre.target이 활성화되어야 합니다.

```
[root@nobreak ~]# cat /usr/lib/systemd/system/local-fs.target
[Unit]
Description=Local File Systems
Documentation=man:systemd.special(7)
DefaultDependencies=no
Conflicts=shutdown.target
After=local-fs-pre.target
OnFailure=emergency.target
OnFailureJobMode=replace-irreversibly
```

다음은 bootup(7) 매뉴얼 페이지에 서술되어 있는 부팅 시 타겟 유닛(Target Unit)의 관계 도입니다.

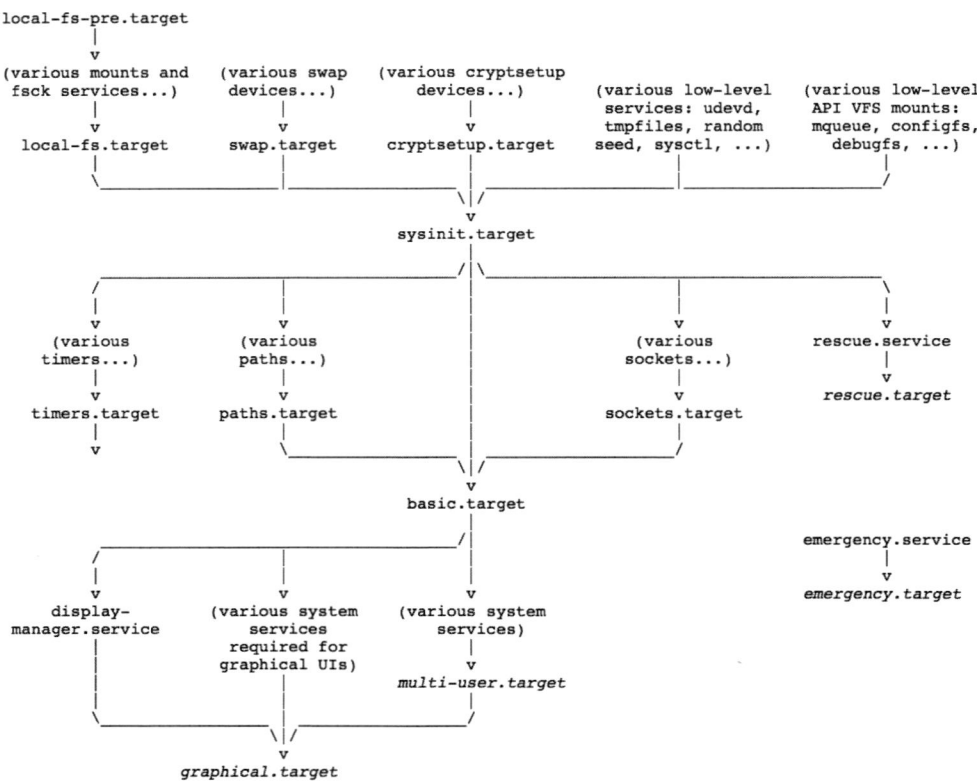

그림 9-4 부팅 시 타겟 유닛(Target Unit) 구조

위의 그림에서 local-fs.target 부터 sysinit.target 순으로 내려오는 것을 확인할 수 있습니다.

3 systemd 종료

systemd에서 시스템을 종료할 때 시스템에 등록된 모든 서비스를 종료하지 않고 실행중인 서비스만 종료합니다. 따라서 절차도 간단하고 빠르게 종료됩니다.

시스템을 종료 할 때는 poweroff.target을 사용하고 시스템을 재부팅할 때는 reboot.target을 사용합니다.

사용 방법은 다음과 같습니다.

```
[root@nobreak ~]# systemctl poweroff
```

시스템을 재부팅하려면 systemctl reboot 명령을 입력합니다.

```
[root@nobreak ~]# systemctl reboot
```

다음은 systemd에서 시스템을 종료할 때의 타겟 유닛 구조입니다.

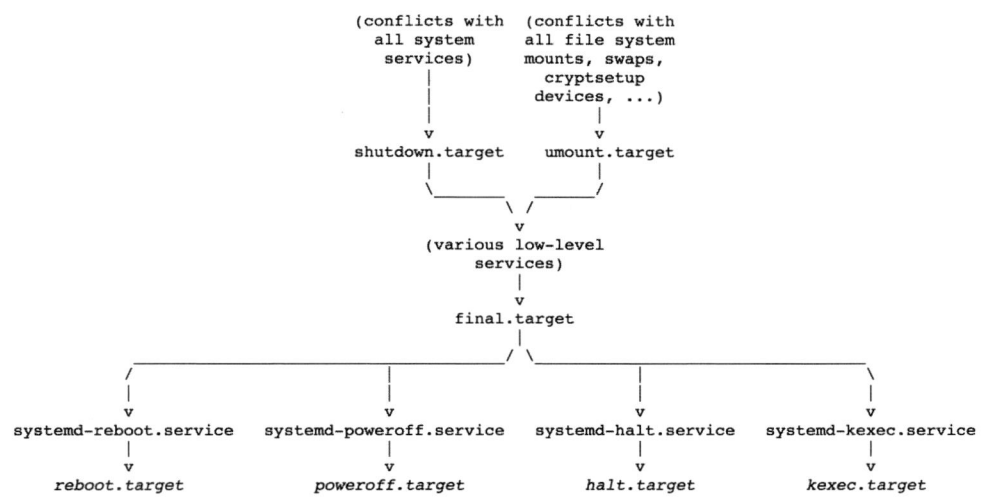

그림 9-5 systemd 종료 시 target 구조

9.2 systemd 타겟 유닛 (Target Unit)

타겟 유닛은 유닛을 그룹화 시키고 시스템 부팅 시 유닛의 동기화 포인트로 사용됩니다. systemd 부팅 절차에서 default.target 부터 sysinit.target 까지 각 타겟 유닛의 이름 뒤에 .wants 또는 .requires 가 추가된 디렉토리가 존재합니다. 이 디렉토리에 아래에는 유닛들의 링크 파일이 생성되어 있어 해당 타겟 유닛 단계가 되었을 때 해당 유닛들을 전부 실행합니다. 타겟 유닛의 경우 유닛 파일에 [Target]섹션이 별도로 존재하지 않기 때문에 별도의 옵션은 없습니다.

다음은 시스템에 로드(Load)된 타겟 유닛들입니다.

```
[root@nobreak ~]# systemctl list-units -t target
UNIT                    LOAD   ACTIVE SUB    DESCRIPTION
basic.target            loaded active active Basic System
bluetooth.target        loaded active active Bluetooth
cryptsetup.target       loaded active active Encrypted Volumes
getty.target            loaded active active Login Prompts
graphical.target        loaded active active Graphical Interface
local-fs-pre.target     loaded active active Local File Systems (Pre)
local-fs.target         loaded active active Local File Systems
multi-user.target       loaded active active Multi-User System
network-online.target   loaded active active Network is Online
network.target          loaded active active Network
nfs-client.target       loaded active active NFS client services
nss-user-lookup.target  loaded active active User and Group Name Lookups
paths.target            loaded active active Paths
remote-fs-pre.target    loaded active active Remote File Systems (Pre)
remote-fs.target        loaded active active Remote File Systems
slices.target           loaded active active Slices
sockets.target          loaded active active Sockets
sound.target            loaded active active Sound Card
swap.target             loaded active active Swap
sysinit.target          loaded active active System Initialization
timers.target           loaded active active Timers
```

1 systemd 타겟 유닛(Target Unit)과 런 레벨(Run Level)

systemd에서는 런 레벨을 사용하지 않고, 타겟 유닛을 사용합니다. systemd에는 런 레벨과 같은 기능을 하도록 매핑되는 타겟 유닛이 존재합니다. 하지만 타겟 유닛과 모든 런 레벨이 매핑되는 것은 아닙니다.

다음 표는 런 레벨과 매핑되는 타겟 유닛을 나타냅니다.

Runlevel	target 유닛	설명
0	poweroff.target	시스템을 셧다운(shutdown)하고 종료(poweroff)
1	rescue.target	복구 쉘(rescue shell)
2	multi-user.target	커맨드 환경의 다중사용자 모드
3	multi-user.target	커맨드 환경의 다중사용자 모드

Runlevel	target 유닛	설명
4	multi-user.target	커맨드 환경의 다중사용자 모드
5	graphical.target	그래픽 환경의 다중사용자 모드
6	reboot.target	시스템을 셧다운(shutdown)하고 재부팅(reboot)

표 9-1 런 레벨(Run Level)과 타겟 유닛(Target Unit) 비교

/usr/lib/systemd/systemd 디렉토리에는 runlevel#.target(# : 런 레벨) 파일이 존재합니다. 이 파일은 링크파일이고 실제 가리키는 원본 파일은 아래의 예와 위의 표에서 확인할 수 있습니다.

```
[root@nobreak ~]# cd /usr/lib/systemd/system
[root@nobreak system]# ls -l runlevel*.target
lrwxrwxrwx. 1 root root 15 Jan 17 11:14 runlevel0.target -> poweroff.target
lrwxrwxrwx. 1 root root 13 Jan 17 11:14 runlevel1.target -> rescue.target
lrwxrwxrwx. 1 root root 17 Jan 17 11:14 runlevel2.target -> multi-user.target
lrwxrwxrwx. 1 root root 17 Jan 17 11:14 runlevel3.target -> multi-user.target
lrwxrwxrwx. 1 root root 17 Jan 17 11:14 runlevel4.target -> multi-user.target
lrwxrwxrwx. 1 root root 16 Jan 17 11:14 runlevel5.target -> graphical.target
lrwxrwxrwx. 1 root root 13 Jan 17 11:14 runlevel6.target -> reboot.target
```

2 사용자가 사용 가능한 타겟 유닛

타겟 유닛은 부팅 시점의 유닛의 동기화 포인트로 사용됩니다. 따라서 모든 타겟 유닛을 실행하여 사용자가 시스템을 사용할 수 있는 것은 아닙니다. 사용자가 시스템을 사용하려면 쉘이 실행되어야 하는데 모든 타겟 유닛에서 쉘이 실행되는 것이 아니기 때문입니다.

만약 사용자가 sysinit.target으로 전환하려고 하면 전환되지 않습니다. 따라서 사용자가 전환할 수 있는 타겟 유닛은 제한적입니다.

이제부터 사용자가 사용 가능한 타겟 유닛에 대해서 알아보도록 하겠습니다.

1] emergency.target

emergency.target 은 가능한 최소한의 환경을 제공하는 긴급 쉘(emergency shell)을 제공합니다. 긴급 쉘에 접근하기 위하여 root 사용자의 비밀번호를 입력해야 합니다.

시스템이 부팅되는 도중 문제가 발생하면 일정 시간이 지난 뒤 rescue.target으로 자동으로 전환되어 복구 쉘(rescue shell)에서 문제해결(Troubleshooting)을 진행합니다. 하지만 rescue.target을 사용할 수 없거나 rescue.target이 활성화 되기 전에 문제가 발생하면 부팅 시 emergency.target을 지정하여 긴급 쉘(emergency shell)에서 문제해결(Troubleshooting)을 진행합니다.

긴급 쉘에서는 루트 파일 시스템(/)이 읽기 전용(read-only)로 마운트 되어 있고, 다른 파일 시스템은 마운트 되어 있지 않습니다. 또한 네트워크 인터페이스를 활성화하지 않고 최소한의 서비스만 활성화되어 있습니다. 따라서 파일의 내용을 수정해야할 때는 루트 파일시스템(/)을 읽기-쓰기(read-write)로 다시 마운트한 뒤에 진행해야 합니다.

2] rescue.target

rescue.target은 단일 사용자 환경을 제공하는 복구 쉘(rescue shell)을 제공하고, 복구 쉘에 접근하기 위해서는 root 사용자의 비밀번호를 입력해야 합니다.

rescue.target은 시스템 부팅 시 부팅을 완료할 수 없는 상황에서 사용할 수 있으며, 그림 9-5 부팅 시 타겟 유닛(Target Unit) 구조에서 sysinit.target과 rescue.service이 활성화 되어야 rescue.target이 활성화 되는 것을 확인할 수 있습니다.

rescue.target에서는 루트 파일 시스템(/)이 읽기-쓰기(read-write)로 마운트 되어 있고, 모든 파일시스템을 마운트하려고 시도하며 시스템에서 중요한 서비스를 시작합니다. 네트워크 인터페이스는 비 활성화되어 있고, 여러 명의 사용자가 시스템에 로그인 할 수 없도록 제한하는 단일 사용자 모드입니다.

3] multi-user.target

multi-user.target은 CLI(Command Line Interface)환경을 제공하여 쉘에서 명령어를 입력할 수 있습니다. 루트 파일 시스템(/)과 파일 시스템 테이블인 /etc/fstab 파일에 등록된 모든 파일시스템이 마운트 되어 있고, 시스템에 등록된 대부분의 서비스가 실행된 상태입니다. 네트워크 인터페이스가 활성화되어 있고 여러 명의 사용자가 접근할 수 있는 다중 사용자 모드를 지원합니다. multi-user.target 환경에서는 그래픽 도구를 사용할 수 없습니다.

4] graphical.target

graphical.target은 GUI(Graphic User Interface)환경을 제공하여 그래픽 도구와 터미널 프로그램을 사용하여 쉘을 사용할 수 있습니다.

graphical.target이 활성화 되기 전에 multi-user.target이 먼저 활성화 되며, multi-user.target환경과 거의 동일합니다.

graphical.target은 기본적으로 제공되는 타겟 유닛(Target Unit)이 아니기 때문에 'Server with GUI' 그룹 패키지 또는 'GNOME Desktop' 그룹 패키지를 설치해야 사용할 수 있습니다.

3 타겟 유닛 제어

사용자는 시스템을 관리하면서 원하는 타겟 유닛으로 전환할 수 있습니다. 타겟 유닛을 전환할 때에는 systemctl 명령의 서브커맨드를 사용합니다.

타겟 유닛을 전환할 때에는 사용자가 사용가능한 타겟 유닛을 인자로 지정해야 합니다. 시스템 부팅 시 동기화 포인트로 사용되는 타겟 유닛을 지정할 경우 쉘이 실행되지 않기 때문에 시스템을 사용할 수 없습니다.

1] 현재 사용 중인 런 레벨에 해당하는 타겟 유닛 확인

who 명령의 '-r' 옵션을 사용하면 현재 사용하고 있는 타겟 유닛이 런 레벨 형태로 출력됩니다.

다음 예는 run-level 5와 매핑되는 graphical.target을 사용하고 있습니다.

```
[root@nobreak ~]# who -r
         run-level 5   2017-02-11 15:51
```

2] default.target에 연결된 타겟 유닛 확인

default.target은 시스템 부팅이 완료되고 사용자가 실제로 사용하는 타겟 유닛을 결정합니다. default.target은 자체 유닛파일이 존재하지 않고 링크로 연결된 파일이기 때문에 현재 default.target에 어떤 타겟 유닛이 링크되어 있는지 확인하려면 'ls -l' 명령으로도 확인할 수 습니다. 하지만 'systemctl get-default' 명령을 사용하면 더 간단하게 확인할 수 있습니다.

```
systemctl get-default
```

다음은 현재 default.target에 연결된 타겟 유닛을 확인하는 예입니다.

```
[root@nobreak ~]# systemctl get-default
graphical.target
```

3] default.target 설정

default.target에 타겟 유닛을 지정하기 위하여 'ln -s' 명령으로 multi-user.target 또는 graphical.target을 인자로 지정하여 링크를 연결할 수도 있지만 'systemctl set-default' 명령으로 쉽게 default.target에 링크 파일을 연결할 수 있습니다.

```
systemctl set-default target-unit
```

target-unit에는 여러 개의 타겟 유닛을 지정할 수 있지만 일반적으로 지정하는 타겟 유닛은 multi-user.target이나 graphical.target입니다. 다른 타겟 유닛의 경우 동기화 포인트로 사용되고, emergency.target 또는 rescue.target은 문제해결 용도로 사용하기 때문입니다.

```
[root@nobreak ~]# systemctl set-default multi-user.target
❶ Removed symlink /etc/systemd/system/default.target.
❷ Created symlink from /etc/systemd/system/default.target to /usr/lib/
systemd/system/multi-user.target.
```

❶ 기존의 default.target 파일이 삭제됩니다.

❷ multi-user.target 파일이 default.target 파일로 링크됩니다.

default.target에 multi-user.target이 지정되면 시스템이 부팅될 때 커맨드 환경으로 부팅이 완료됩니다.

4] 현재 사용 중인 타겟 유닛을 런타임(runtime) 상태에서 변경

시스템을 재부팅 하지 않고 런타임 상태에서 타겟 유닛을 전환할 수 있습니다.

사용하는 명령의 형식은 다음과 같습니다.

```
systemctl isolate target-unit
```

다음은 런타임 상태에서 multi-user.target으로 타겟 유닛을 전환하는 예입니다.

```
[root@nobreak ~]# systemctl isolate multi-user.target
```

서브커맨드 isolate로 대부분의 타겟 유닛으로 전환할 수 있지만 동기화 포인트로 사용되는 타겟 유닛은 사용하지 않습니다. 동기화 포인트로 사용되는 타겟 유닛으로 전환할 경우 쉘이 실행되지 않기 때문입니다. 따라서 실제로는 emergency.target, rescue.target, multi-user.target, graphical.target을 주로 사용합니다.

5] 시스템 부팅 과정 중 타겟 유닛 지정

시스템이 부팅되는 도중 타겟 유닛을 지정하여 원하는 타겟 유닛으로 부팅할 수 있습니다.

① 부트 로더(Boot Loader) 커널항목에서 카운터 중단

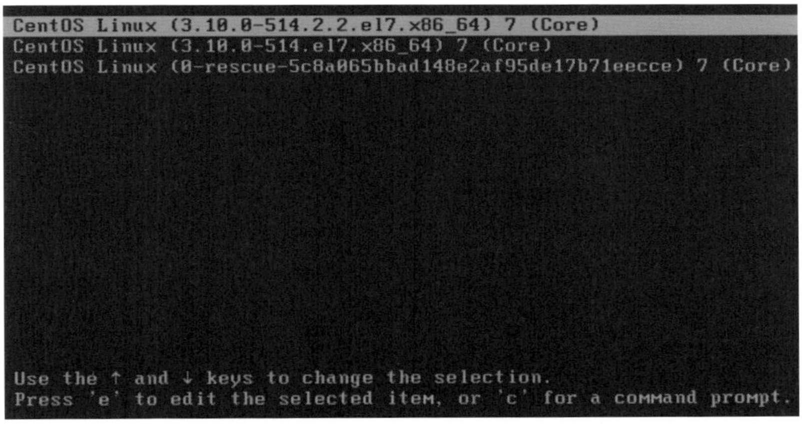

그림 9-6 부트 로더(Boot Loader) 커널 항목

부트 로더(Boot Loader)의 카운터는 간단히 방향키를 이동하여 중지시킵니다.

② 부팅 할 커널 목록에서 'e' 키를 눌러 편집 모드로 진입 합니다.

③ linux16 으로 시작하는 줄의 제일 마지막에 'systemd.unit=target-unit'을 입력 합니다.

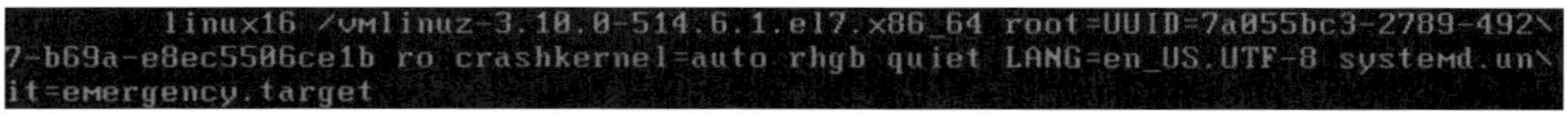

그림 9-7 systemd.unit 추가

④ Ctrl + X를 눌러 시작 합니다.

9.3 root 패스워드 복구

systemd 시스템에서 root 패스워드를 복구 할 때 램 디스크 초기화 단계에서 진행합니다. 램디스크 초기화 단계에선 루트 파일 시스템이 /sysroot에 임시로 마운트 되어 있습니다. 또한 읽기전용(read-only) 으로 마운트 되어 있기 때문에 읽기-쓰기(read-write)로 다시 마운트 해야 합니다.

1 부트 로더(Boot Loader)에서 부팅할 커널 항목 선택

부트 로더(Boot Loader) 단계에서 일정 시간동안 입력이 없을 경우 자동으로 첫 번째 항목이 선택 되므로, 이 단계에서 카운트를 중지시키고 부팅할 커널항목에 커서를 이동시킵니다. 방향키로 선택항목을 변경하여 카운트를 중지시킬 수 있습니다.

그림 9-8 부트 로더(Boot Loader) 커널 항목

2 선택된 커널 항목 편집

선택된 커널 항목에서 'e'키를 누르게 되면 실행할 커널의 설정 값을 수정할 수 있습니다. 아래의 그림과 같은 화면에서 linux16으로 시작하는 라인의 마지막에 램 디스크 초기화를 중단하는 옵션인 rd.break를 입력한 후 키보드에서 'Ctrl+X'를 입력합니다.

```
linux16 /vmlinuz-3.10.0-514.6.1.el7.x86_64 root=UUID=7a055bc3-2789-492
7-b69a-e8ec5506ce1b ro crashkernel=auto rhgb quiet LANG=en_US.UTF-8 rd.break
```

그림 9-9 rd.break 추가

3 루트 파일 시스템 읽기쓰기(read-write)로 다시 마운트

rd.break를 추가하고 Ctrl+X를 입력하면 switch_root# 쉘로 진입합니다.

램 디스크 초기화 단계에서는 루트 파일 시스템이 /sysroot에 읽기전용(read-only)로 마운트 되어 있기 때문에 읽기쓰기(read-write)로 다시 마운트 합니다.

```
switch_root# mount | grep -w '/sysroot'
/dev/sda1 on /sysroot type xfs (ro,realtime,attr2,inode64,noquota)
switch_root# mount -o remount,rw /sysroot
switch_root# chroot /sysroot
```

mount 명령과 grep을 사용하여 /sysroot가 읽기전용 마운트 되어 있는 상태를 확인할 수 있습니다. mount명령의 '-o' 옵션을 사용하여 remount,rw를 인자로 지정하면 읽기전용에서 읽기-쓰기로 다시 마운트됩니다.

4 root 패스워드 지정

chroot 명령은 루트 디렉토리를 변경하는 명령입니다. /sysroot를 루트 디렉토리로 변경하면 다시 본 쉘로 접근합니다. 이 때 passwd 명령으로 패스워드를 변경합니다.

```
sh-4.2# passwd
Changing password for user root.
New password: 패스워드입력
Retype new password: 패스워드입력
passwd: all authentication tokens updated successfully.
```

5 자동 레이블(label) 부여 파일 생성

SELinux를 사용하면 파일마다 레이블(label)이 부여됩니다. 하지만 chroot 명령을 사용하여 루트 디렉토리를 변경하게 되면 파일에 대한 레이블정보가 전부 제거됩니다.

따라서 파일에 대한 레이블을 재지정해야 하는데, 많은 파일을 사용자가 개별적으로 지정할 수 없습니다. 이 때 /.autorelabel 파일을 빈파일로 생성하면 시스템이 부팅 될 때 이 파일을 발견하고 파일에 대한 레이블을 자동으로 부여합니다. 파일에 대한 레이블이 종료되면 해당 파일은 삭제되며 root 패스워드가 복구됩니다.

```
sh-4.2# touch /.autorelabel
sh-4.2# exit
switch_root# exit
```

9.4 파일시스템 문제 복구

/etc/fstab 파일은 파일시스템의 마운트 정보를 등록하여 시스템이 부팅되면서 파일시스템을 자동으로 마운트 시켜주는 파일입니다. 이 파일이 손상되거나 내용 유효하지 않은 내용이 입력되면 시스템은 정상적으로 부팅되지 않습니다. 대부분의 경우에 복구 쉘(rescue shell)로 진입하지만 경우에 따라서 긴급 쉘(emergency shell)을 실행해야 할 수도 있습니다.

이제부터 /etc/fstab 파일에서 각 필드에 잘못된 값을 입력한 경우 발생되는 문제점과 해결방법에 대해서 알아보도록 하겠습니다.

1 유효하지 않은 UUID 값 또는 존재하지 않은 파티션 이름을 지정할 경우

/etc/fstab의 첫 번째 필드는 파일시스템의 UUID 또는 파일시스템 파티션 장치명이 지정됩니다. 해당 필드에 잘못된 UUID나 잘못된 장치명을 지정하면 시스템 부팅 시 해당 이름으로 된 장치 유닛(Device Unit)을 찾지 못하고, 결국 시스템은 복구 쉘로 진입합니다.

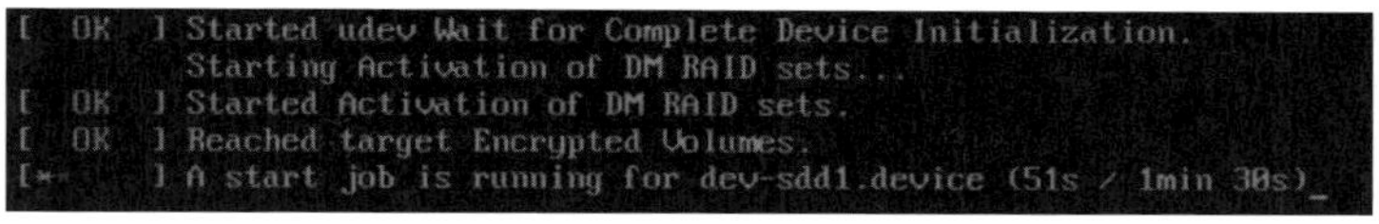

```
[  OK  ] Started udev Wait for Complete Device Initialization.
         Starting Activation of DM RAID sets...
[  OK  ] Started Activation of DM RAID sets.
[  OK  ] Reached target Encrypted Volumes.
[*     ] A start job is running for dev-sdd1.device (51s / 1min 30s)
```

그림 9-10 장치 유닛 찾는 중

root 사용자의 비밀번호를 입력하면 복구 쉘로 진입합니다.

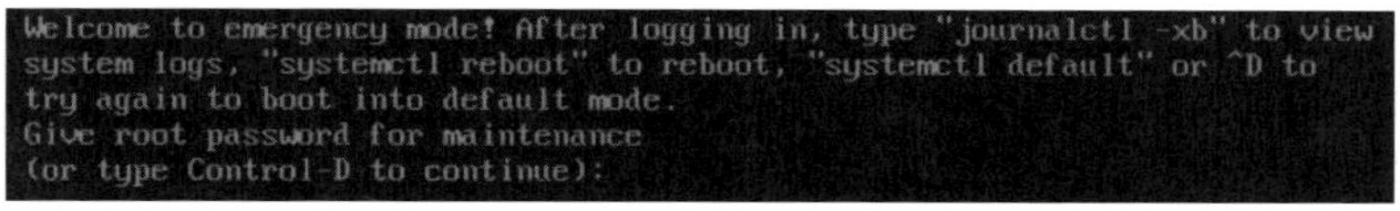

```
Welcome to emergency mode! After logging in, type "journalctl -xb" to view
system logs, "systemctl reboot" to reboot, "systemctl default" or ^D to
try again to boot into default mode.
Give root password for maintenance
(or type Control-D to continue):
```

그림 9-11 rescue shell 진입

복구 쉘로 진입하면 /etc/fstab 파일의 내용을 확인합니다.

```
[root@nobreak ~]# cat /etc/fstab
/dev/sda1       /               xfs     defaults        0       0
/dev/sdd1       /mnt/test       xfs     defaults        0       0

[root@nobreak ~]# blkid
/dev/sda1: UUID="96e1f1a4-fbff-434a-89aa-0103ed858865" TYPE="xfs"
/dev/sdb1: UUID="b0ad1562-16db-456d-8935-64c69faa62d7" TYPE="xfs"
```

blkid 명령을 사용하면 현재 파일시스템이 생성된 파티션의 UUID와 장치명을 알 수 있습니다. /etc/fstab에 지정된 값과 blkid 출력 값을 비교합니다. 만약 잘못된 부분이 존재하면 해당 부분을 수정하고 다시 시스템을 재부팅하면 정상적으로 부팅이 완료됩니다.

2 존재하지 않은 마운트 포인트를 지정할 경우

/etc/fstab의 두 번째 필드는 마운트 포인트의 경로를 지정합니다. 해당 필드에 존재하지 않는 마운트 포인트를 지정하면 시스템이 부팅되면서 마운트 포인트를 자동으로 생성합니다. 따라서 복구 쉘로 진입하지 않고 부팅이 정상적으로 완료됩니다.

3 파일시스템 유형이 일치하지 않을 경우

/etc/fstab의 세 번째 필드는 파일시스템의 유형을 지정합니다. 파티션에 생성한 파일시스템의 유형과 해당 필드에 지정한 파일시스템 형식이 일치하지 않으면 부팅 시 복구 쉘로 진입 합니다.

복구 쉘에 진입하면 root 패스워들 입력하고 /etc/fstab 파일을 확인합니다.

```
[root@nobreak ~]# cat /etc/fstab
/dev/sda1       /               xfs     defaults        0       0
/dev/sdb1       /mnt/test       ext4    defaults        0       0

[root@nobreak ~]# blkid
/dev/sda1: UUID="96e1f1a4-fbff-434a-89aa-0103ed858865" TYPE="xfs"
/dev/sdb1: UUID="b0ad1562-16db-456d-8935-64c69faa62d7" TYPE="xfs"
```

blkid 명령을 사용하면 파티션에 생성된 파일시스템의 유형을 확인할 수 있습니다. 위에서는 /etc/fstab에 지정한 파일시스템과 실제 생성된 파일 시스템 유형이 다릅니다.

잘못된 부분을 수정하고 시스템을 재부팅하면 정상적으로 부팅이 완료됩니다.

4 잘못된 마운트 옵션을 지정할 경우

/etc/fstab의 네 번째 필드는 마운트 옵션을 지정합니다. 해당 필드에 잘못된 옵션이나 존재하지 않은 옵션을 지정하면 시스템이 부팅 될 때 복구 쉘로 진입합니다.

복구 쉘에 진입하면 root 패스워들 입력하고 /etc/fstab 파일을 확인합니다.

```
[root@nobreak ~]# cat /etc/fstab
/dev/sda1       /               xfs     defaults        0       0
/dev/sdb1       /mnt/test       xfs     default         0       0
```

위의 예에선 defaults를 입력해야 하지만 default를 입력했기 때문에 시스템 부팅 도중 문제가 발생합니다. 해당 부분을 수정하고 시스템을 재부팅하면 정상적으로 부팅이 완료됩니다.

대부분의 사용자는 모든 마운트의 옵션을 파악하고 있지 않기 때문에 해당 필드에 잘못된 옵션을 지정하고 찾는 일은 어려울 수 있습니다.

CHAPTER 10

소프트웨어 패키지

CHAPTER 10
소프트웨어 패키지

학습목표
패키지의 개념에 대하여 이해할 수 있습니다.
RPM, YUM을 사용하여 패키지를 관리할 수 있습니다.

학습내용
10.1 RPM(Redhat Package Manager)을 사용하여 패키지 관리
10.2 YUM(Yellowdog Updater Modified)을 사용하여 패키지 관리

과거 리눅스에서 특정 소프트웨어를 설치하기 위하여 아카이브 파일이나 압축파일로 되어 있는 파일에서 원본 소스 파일을 추출하고 해당 파일을 컴파일하여 별도로 설치해야 하는 번거로운 작업 과정을 거쳐야 했습니다. 그렇기 때문에 소프트웨어를 좀 더 쉽게 설치할 수 있는 방법이 필요했습니다. 이 때 등장한 것이 바로 소프트웨어 패키지(Software Package)입니다.

소프트웨어 패키지(Software Package)는 특정 서비스를 운영하기 위해 필요로 하는 프로그램 또는 도구를 쉽게 설치하고 관리할 수 있도록 하나의 패키지로 묶어서 제공하는 것을 말합니다. 한글이나 MS 오피스가 포함된 ISO 파일이나 응용 프로그램 설치 파일을 예로 들 수 있습니다.

리눅스에서 사용하는 소프트웨어 패키지(Software Package)는 레드햇(RedHat) 계열의 리눅스에서 사용하는 방식과 데비안(Debian)계열의 리눅스에서 사용하는 방식, 이렇게 2가지 방식이 있습니다. 하지만 이 장에서는 데비안 계열의 방식은 다루지 않고, 레드햇 계열의 소프트웨어 패키지에 대해서만 학습합니다.

레드햇 계열의 소프트웨어 패키지(Software Package)를 RPM(Redhat Package Manager) 패키지라고 합니다. RPM 패키지는 rpm이라고 하는 저수준의 도구와 yum이라고 하는 고수준의 도구로 설치하거나 관리합니다. 이번 장에서 각 도구의 사용방법과 특징에 대해서 알아보도록 하겠습니다.

여기에서는 다음과 같은 순서로 상세한 내용에 대해 다루어 보도록 하겠습니다.

10.1 RPM(Redhat Package Manager)을 사용하여 패키지 관리

10.2 YUM(Yellowdog Updater Modified)을 사용하여 패키지 관리

10.1 RPM(Redhat Package Manager)을 사용하여 패키지 관리

RPM은 패키지를 관리하는 도구로서, 리눅스 사용자들이 보다 쉽게 소프트웨어 설치를 할 수 있도록 레드햇(RedHat)에서 개발한 방식입니다. RPM 패키지는 사용자가 번거로운 과정을 거치지 않더라도 간단한 명령을 사용하여 패키지를 설치할 수 있는 편리함을 제공합니다. 또한 패키지와 관련된 파일의 이름과 기타 정보들을 쉽게 확인할 수 있고 패키지를 제거하거나 업데이트할 때도 편리하게 사용할 수 있습니다.

다음은 RPM 패키지 파일의 형식입니다.

```
httpd - 2.4.6 - 40.el7.centos . x86_64 .rpm
  ❶      ❷        ❸           ❹      ❺
```

패키지 이름의 각 부분의 의미는 다음과 같습니다.

❶ 패키지이름 : 설치 및 동작에 사용하는 명칭입니다.

❷ 버전정보 : 프로그램이 만들어진 버전 정보로 높을수록 최근에 만들어진 버전입니다.

❸ 릴리즈정보 : 패키지를 사용할 수 있는 리눅스 배포판의 버전이 명시됩니다.

❹ 아키텍처 정보 : 지원하는 CPU 아키텍쳐의 정보입니다.

❺ 파일확장자 : RPM 패키지의 파일 확장자는 .rpm입니다.

RPM은 패키지를 쉽게 설치할 수 있도록 도와주지만 사용 빈도가 낮아지고 있습니다. RPM은 저수준의 도구로서 직접 패키지 파일을 소유하고 있거나, RPM파일의 네트워크 위치를 지정하여야 패키지 설치가 가능합니다. 또한 패키지 파일을 소유하고 있다 하더라도 종속성으로 인해서 패키지 설치가 진행되지 않거나, 설치가 완료되어도 정상적으로 실행되지 않을 수 있습니다. 근래에 RPM은 설치에 사용하기 보다는 패키지에 대한 정보를 수집하거나 관리하는데 주로 사용 되고 있습니다. 패키지 설치는 RPM보다는 YUM이라는 패키지 관리 도구를 주로 사용하고 있습니다. YUM에 대해서는 뒷부분에서 다시 알아보도록 하겠습니다.

종속성 이란?

의존성이라고도 합니다. 어떠한 패키지를 사용하기 위해 특정 패키지 또는 라이브러리 파일을 필요로 하기 때문에, 사전에 설치가 되어 있어야 함을 의미합니다.

rpm 명령을 사용해서 패키지를 확인하는 방법은 다음과 같습니다.

```
rpm -q [query-option] [query-argument]
```

rpm 명령의 '-q' 옵션은 쿼리 옵션(query option)으로 패키지에게 쿼리를 전송할 때 사용합니다. 쿼리 옵션(query option) 함께 사용할 수 있는 몇 가지 옵션이 있습니다.

rpm 명령의 쿼리 옵션(query option)과 함께 사용할 수 있는 옵션은 다음과 같습니다.

쿼리 옵션	내용
-a	모든 패키지 확인
-f	해당 파일이나 디렉토리가 포함된 패키지 확인
-c	설정 파일 확인
-d	문서 파일 확인
-i	자세한 정보 확인
-l	파일 목록 확인
-s	파일 상태 확인
-R	종속성 패키지 확인

표 10-1 rpm 명령의 쿼리 옵션(query option)의 옵션

위의 표의 옵션을 쿼리 옵션인 '-q' 옵션과 함께 사용하여 사용자가 원하는 패키지를 검색할 수 있습니다.

다음은 '-a' 옵션을 사용한 예입니다.

```
[root@nobreak ~]# rpm -q -a
cups-filters-libs-1.0.35-15.el7.x86_64
libical-0.48-6.el7.x86_64
gnome-packagekit-3.8.2-10.el7.x86_64
urw-fonts-2.4-16.el7.noarch
setup-2.8.71-4.el7.noarch
python-blivet-0.18.34-1.el7.noarch
...
```

'-a' 옵션은 시스템에 설치된 모든 패키지의 이름과 버전 정보를 출력합니다. 이 옵션을 사용할 때는 패키지 이름을 별도로 지정하지 않습니다. grep 명령을 함께 사용하여 특정 패키지의 설치유무를 확인할 수도 있습니다.

다음은 '-f' 옵션을 사용한 예입니다.

```
[root@nobreak ~]# rpm -q -f /var/www/html
httpd-2.4.6-45.el7.centos.x86_64
```

'-f' 옵션은 패키지가 설치될 때 생성되는 파일을 출력합니다. 파일의 경로를 입력하여 관련된 패키지 정보를 확인할 수 있습니다. 파일을 지정하지 않거나 파일을 잘못 지정할 경우 정보를 확인할 수 없습니다.

이번에는 특정 패키지를 확인 할 때 사용하는 옵션에 대해서 알아보겠습니다.

다음은 '-c' 옵션을 사용한 예입니다.

```
[root@nobreak ~]# rpm -q -c httpd
/etc/httpd/conf.d/autoindex.conf
/etc/httpd/conf.d/userdir.conf
/etc/httpd/conf.d/welcome.conf
/etc/httpd/conf.modules.d/00-base.conf
/etc/httpd/conf.modules.d/00-dav.conf
/etc/httpd/conf.modules.d/00-lua.conf
/etc/httpd/conf.modules.d/00-mpm.conf
...
```

'-c' 옵션은 패키지에 포함된 파일 중에서 설정파일(Configuration File)을 출력합니다.

다음은 '-d' 옵션을 사용한 예입니다.

```
[root@nobreak ~]# rpm -q -d httpd
/usr/share/doc/httpd-2.4.6/ABOUT_APACHE
/usr/share/doc/httpd-2.4.6/CHANGES
/usr/share/doc/httpd-2.4.6/LICENSE
/usr/share/doc/httpd-2.4.6/NOTICE
/usr/share/doc/httpd-2.4.6/README
...
```

'-d' 옵션은 패키지와 관련된 도움말 페이지를 포함하여 모든 문서관련 파일(Documentation File)을 출력합니다.

다음은 '-l' 옵션을 사용한 예입니다.

```
[root@nobreak ~]# rpm -q -l httpd
/etc/httpd/conf.d/autoindex.conf
/etc/httpd/conf.d/userdir.conf
/etc/httpd/conf.d/welcome.conf
/etc/httpd/conf.modules.d/00-base.conf
/etc/httpd/conf.modules.d/00-dav.conf
...
/usr/share/doc/httpd-2.4.6/ABOUT_APACHE
/usr/share/doc/httpd-2.4.6/CHANGES
/usr/share/doc/httpd-2.4.6/LICENSE
/usr/share/doc/httpd-2.4.6/NOTICE
/usr/share/doc/httpd-2.4.6/README
...
```

'-l' 옵션은 패키지에 포함된 모든 파일을 출력합니다.

다음은 '-s' 옵션을 사용한 예입니다.

```
[root@nobreak ~]# rpm -q -s httpd
normal      /etc/httpd
normal      /etc/httpd/conf
normal      /etc/httpd/conf.d
normal      /etc/httpd/conf.d/README
normal      /etc/httpd/conf.d/autoindex.conf
normal      /etc/httpd/conf.d/userdir.conf
...
```

'-s' 옵션은 패키지안의 파일들의 상태를 출력합니다. 파일의 상태는 정상(normal), 설치되지 않음(not installed), 교체됨(replaced) 중 하나로 표시됩니다.

다음은 '-i' 옵션을 사용한 예입니다.

```
[root@nobreak ~]# rpm -q -i httpd
Name         : httpd
Version      : 2.4.6
Release      : 40.el7.centos
Architecture: x86_64
Install Date:
Group        : System Environment/Daemons
Size         : 9806197
License      : ASL 2.0
Signature    : RSA/SHA256, Mon 21 Nov 2016 03:14:03 AM KST, Key ID 24c6a8a7f4a80eb5
Source RPM   : httpd-2.4.6-40.el7.centos.src.rpm
...
```

'-i' 옵션은 패키지의 상세 정보를 출력합니다. 이 옵션을 사용하여 패키지 이름과 관련된 정보를 확인할 수 있습니다.

마지막으로 확인해 볼 정보는 패키지 설치 시 필요한 종속성과 관련된 정보입니다.

```
[root@nobreak ~]# rpm -q -R httpd
/etc/mime.types
system-logos >= 7.92.1-1
httpd-tools = 2.4.6-40.el7.centos
/usr/sbin/useradd
systemd-units
rpmlib(FileDigests) <= 4.6.0-1
rpmlib(FileCaps) <= 4.6.1-1
rpmlib(PayloadFilesHavePrefix) <= 4.0-1
rpmlib(CompressedFileNames) <= 3.0.4-1
...
```

'-R' 옵션은 지정된 패키지의 종속성을 출력합니다. 지정된 패키지가 설치되기 위해서 함께 설치되어야 할 패키지 목록을 확인할 수 있습니다. 저수준 도구인 rpm 명령을 사용하여 패키지를 설치할 때는 '-R' 옵션을 사용하여 필요한 패키지가 무엇인지 확인하고 해당 패키지들을 함께 설치해야 패키지를 문제없이 설치할 수 있습니다.

10.2 YUM(Yellowdog Updater Modified)을 사용하여 패키지 관리

YUM(Yellowdog Updater Modified)은 RPM 기반의 패키지 설치, 제거 그리고 업데이트를 관리하는 도구로서, 듀크 대학교의 Linux@DUKE 프로젝트의 일부분으로 개발되었습니다. YUM 이전에 있었던 Yellowdog Updater (YUP) 도구를 대체하며, 듀크 대학교 물리학부에서 사용되었던 RPM 패키지 관리를 위하여 개발되었습니다.

YUM은 고수준 도구로서 RPM과 달리 패키지의 종속성을 해결하여 패키지 더 쉽게 설치할 수 있습니다. RPM으로 패키지를 설치할 경우 하나의 패키지를 설치하기 위해 필요한 패키지들을 다운 받거나 설치해야 하는데 YUM은 이러한 과정을 자동으로 실행합니다.

또한 YUM은 리포지토리(Repository)라고 불리는 저장소에 패키지들을 저장하고 관리하기 때문에 업데이트도 쉽게 진행할 수 있습니다.

1 YUM 저장소(리포지토리, repository)

YUM 저장소는 패키지들을 저장해놓은 하나의 서버를 의미합니다. YUM은 저장소에 접근해서 원하는 패키지에 대한 정보를 받아오거나 패키지를 다운로드 받아 설치합니다. yum 명령을 사용하여 YUM저장소에 접근하려면 YUM저장소의 정보를 저장하고 있는 설정 파일이 필요합니다.

YUM 저장소에 연결할 수 있도록 설정한 파일을 리포지토리(repository) 파일 혹은 리포파일(repo file) 이라 합니다. 이 파일은 /etc/yum.repos.d 디렉토리에 저장되어 있어야하며 파일의 이름은 반드시 '.repo'라는 확장자를 사용해야 합니다. 따라서 리포지토리 파일을 확인하려면 해당 위치의 파일을 확인하고, 새로운 YUM저장소에 연결하는 파일을 생성할 때에도 같은 위치에 확장자명을 정확히 입력해서 생성하여야 합니다.

다음은 리포지토리 파일 중 일부를 출력한 내용입니다.

```
[root@nobreak yum.repos.d]# cat CentOS-Base.repo
...
❶[base]
❷name=CentOS-$releasever - Base
❸mirrorlist=http://mirrorlist.centos.org/?release=$releasever&arch=$basearch&repo=os&infra=$infra
❹#baseurl=http://mirror.centos.org/centos/$releasever/os/$basearch/
```

```
❺gpgcheck=1
❻gpgkey=file:///etc/pki/rpm-gpg/RPM-GPG-KEY-CentOS-7
...
```

❶은 리포리스트 파일의 id를 지정합니다. '[ ]' 안에 지정하며 YUM 저장소를 구별하기 위해 지정합니다.

❷는 YUM 저장소의 이름입니다. YUM 리포지토리 파일을 관리하기 위한 용도로 사용하며 YUM 서버의 특징을 나타내는 단어를 간략하게 적어주는 것이 좋습니다.

❸은 YUM 저장소의 미러(mirror) 서버 목록입니다. 패스트(fast) 미러 플러그인은 하나의 리포지토리 파일에 한 개 이상의 미러 서버를 지정한 리포지토리 파일을 사용하도록 설계되었습니다.

❹는 YUM 저장소의 주소를 지정합니다. baseurl에 지정된 값이 'http://'로 시작할 경우 네트워크를 통해 접근 할 수 있는 YUM 저장소를 사용합니다. 만약 baseurl에 지정된 값이 'file://'로 시작할 경우 로컬에 존재하는 시스템에 마운트된 운영체제의 이미지파일을 지정하여 YUM 저장소로 사용할 수 있습니다. 외부와 통신이 되지 않는 네트워크 환경에 구성된 시스템에서 이 방법을 사용할 수 있습니다.

❺는 gpgkey의 사용유무를 체크합니다. gpgcheck 값에 1을 지정할 경우 gpgkey를 사용하며, 0을 지정할 경우 gpgkey를 사용하지 않습니다.

❻은 gpgkey 파일의 경로를 지정합니다. gpgkey란, 저장소에 있는 패키지를 다운로드 받기 위해 필요한 키 값이 저장된 파일입니다. 패키지 파일을 제공하는 YUM저장소에서 gpgkey를 체크할 경우, YUM 리포지토리 파일에 정확한 gpgkey를 지정하지 않으면 패키지를 다운로드 할 수 없습니다. gpgcheck 항목을 1로 설정하면 gpgkey 항목을 추가한 후, 키 값이 저장된 파일의 위치를 지정하여야 합니다.

추가로 YUM 리포지토리 파일에 enabled 속성이 추가될 수 있습니다. 이 값이 1로 지정될 경우 해당 YUM 리포지토리 파일을 사용하며 0으로 지정될 경우 사용하지 않습니다.

리포지토리 파일은 YUM을 이용한 패키지 관리에 꼭 필요한 부분이므로 정확한 형식에 맞게 설정해야 합니다. 정확한 형식으로 작성 되지 않으면 YUM 자체가 저장소에 접근을 할 수 없습니다. 따라서 리포지토리 파일을 수정하거나 작성한 뒤에는 'yum repolist all' 명령을 사용하여 설정한 리포지토리 파일이 정확하게 인식되는지 확인합니다.

```
[root@nobreak ~]# yum repolist all
Loaded plugins: fastestmirror, langpacks
Loading mirror speeds from cached hostfile
 * base: mirror.oasis.onnetcorp.com
 * extras: mirror.oasis.onnetcorp.com
 * updates: mirror.oasis.onnetcorp.com
repo id                          repo name              status
...
!base/7/x86_64                   CentOS-7 - Base        enabled: 9,363
...
```

첫 번째 필드의 repo id는 리포지토리 파일에서 '[ ]'안에 지정했던 이름 자체가 될 수도 있고 위의 예처럼 지정했던 이름이 포함된 형태일 수도 있습니다. repo name은 리포지토리 파일에서 name으로 지정했던 값이고 status는 현재 리포지토리 파일의 활성화 유무와 사용할 수 있는 패키지 개수를 나타냅니다.

2 YUM 패키지 정보 확인

YUM 리포지토리 파일을 생성하고 YUM 저장소에 연결했다면 yum 명령을 사용하여 패키지 정보들을 확인할 수 있습니다.

다음은 yum 명령의 형식은 다음과 같습니다.

```
yum subcommand [argument]
```

서브커맨드는 YUM 저장소에 저장되어있는 패키지 목록을 보거나 또는 패키지의 정보를 확인 할 수 있는 명령들이 존재합니다. 또한 서브커맨드마다 지정해야 하는 인자가 존재할 수도 있고 인자를 지정하지 않아도 됩니다.

다음은 yum 명령을 사용하여 패키지의 정보를 확인하는 예입니다.

```
[root@nobreak ~]# yum info httpd
Loaded plugins: fastestmirror, langpacks
Loading mirror speeds from cached hostfile
Installed Packages
```

```
Name        : httpd
Arch        : x86_64
Version     : 2.4.6
Release     : 40.el7.centos
Size        : 9.4 M
Repo        : installed
From repo   : base
Summary     : Apache HTTP Server
URL         : http://httpd.apache.org/
License     : ASL 2.0
Description : The Apache HTTP Server is a powerful, efficient, and extensible
            : web server.
```

info 라는 서브커맨드를 사용해서 해당 패키지의 상세 정보를 확인할 수 있습니다. 패키지의 이름, 버전, 릴리즈버전, 아키텍처뿐만 아니라 패키지파일의 크기와 설치 유무와 같은 정보가 제공됩니다.

다음은 yum 명령을 사용하여 특정 파일과 관련된 패키지 확인 방법입니다.

```
[root@nobreak ~]# yum provides /etc/ssh/sshd_config
Loaded plugins: fastestmirror, langpacks
Loading mirror speeds from cached hostfile
 * base: mirror.oasis.onnetcorp.com
 * extras: mirror.oasis.onnetcorp.com
 * updates: mirror.oasis.onnetcorp.com
openssh-server-6.6.1p1-31.el7.x86_64 : An open source SSH server daemon
Repo        : base
Matched from:
Filename    : /etc/ssh/sshd_config
```

provides 서브커맨드를 사용하면 인자로 지정된 파일과 관련된 패키지를 확인할 수 있습니다. 위의 예는 /etc/ssh/sshd_config 파일과 관련된 패키지를 출력합니다. 이 파일은 openssh-server 패키지와 관련이 있습니다.

다음은 yum 명령을 사용하여 패키지와 관련된 키워드를 사용하여 검색하는 방법입니다.

```
[root@nobreak ~]# yum search apache
Loaded plugins: fastestmirror, langpacks
Loading mirror speeds from cached hostfile
 * base: mirror.oasis.onnetcorp.com
 * extras: mirror.oasis.onnetcorp.com
 * updates: mirror.oasis.onnetcorp.com
=========================== N/S matched: apache ===========================
ant-apache-bcel.noarch : Optional apache bcel tasks for ant
ant-apache-bsf.noarch : Optional apache bsf tasks for ant
ant-apache-log4j.noarch : Optional apache log4j tasks for ant
ant-apache-oro.noarch : Optional apache oro tasks for ant
ant-apache-regexp.noarch : Optional apache regexp tasks for ant
ant-apache-resolver.noarch : Optional apache resolver tasks for ant
ant-apache-xalan2.noarch : Optional apache xalan2 tasks for ant
...
  Name and summary matches only, use "search all" for everything.
```

search는 패키지를 검색할 때 키워드를 사용하여 검색하는 서브커맨드입니다. search 서브커맨드만 사용할 경우 이름과 요약(Summary)만 매치시켜 출력하며, 패키지 정보에 포함된 설명(Description) 내용에서도 키워드를 매치시키기 위하여 서브커맨드로 'search all'을 사용합니다.

다음은 yum 명령을 사용하여 패키지 목록을 확인하는 예입니다.

```
[root@nobreak ~]# yum list
❶all         ❷available   ❸extras    ❹installed  ❺obsoletes  ❻recent
❼updates
```

list 서브커맨드는 현재 연결된 모든 YUM 저장소의 패키지 목록을 출력합니다. list 서브커맨드 뒤에는 별도로 존재하는 또 다른 서브커맨드를 조합하여 사용할 수 있습니다. list 뒤에 사용할 수 있는 서브커맨드는 다음과 같습니다.

❶ all : 모든 패키지 목록 확인

❷ available : 현재 등록된 저장소에서 설치 가능한 패키지 목록 확인

❸ extras : 현재 등록된 저장소에서 설치 가능한 설정파일이 없는 패키지 확인

❹ installed : 이미 설치된 패키지 확인

❺ obsoletes : 시스템에 설치된 패키지 중 저장소에서 폐기된 패키지 목록 확인

❻ recent : 최근에 저장소에 추가된 패키지 목록 확인

❼ update : 현재 등록된 저장소에서 업데이트 가능한 모든 패키지 목록 확인

```
[root@nobreak ~]# yum list
Loaded plugins: fastestmirror, langpacks
Loading mirror speeds from cached hostfile
 * base: mirror.navercorp.com
Installed Packages
❶                                              ❷                              ❸
GConf2.x86_64                                   3.2.6-8.el7                    @anaconda
GeoIP.x86_64                                    1.5.0-11.el7                   @anaconda
ModemManager.x86_64                             1.6.0-2.el7                    @anaconda
...
Cython.x86_64                                   0.19-3.el7                     base
ElectricFence.i686                              2.2.2-39.el7                   base
ElectricFence.x86_64                            2.2.2-39.el7                   base
...
```

list 서브커맨드를 단독으로 사용할 경우 패키지의 이름, 버전, 저장소 이름을 확인할 수 있습니다.

❶ 필드에는 패키지의 이름을 나타냅니다. 이름 뒤에 아키텍처를 표시합니다.

❷ 필드에는 패키지의 버전과 이 패키지를 사용할 수 있는 리눅스 배포판의 정보를 나타냅니다.

❸ 필드에는 해당 패키지를 포함하고 있는 YUM 저장소를 나타냅니다. 이 값은 쉘에서 'yum repolist all' 명령을 사용했을 때 출력되는 첫 번째 'repo id'를 나타냅니다. 앞에 '@' 문자가 추가된 패키지는 현재 시스템에 설치된 패키지를 의미합니다.

3 YUM 패키지 설치

yum 명령을 사용하여 패키지를 설치 할 때 install 서브커맨드를 사용합니다. yum 명령으로 패키지를 설치할 때 설치하려는 패키지의 종속성을 자동으로 해결하여 패키지를 설치합니다. 따라서 몇 개의 패키지가 함께 설치될 수도 있습니다.

다음은 install 서브커맨드의 형식입니다.

```
yum [-y] install package-name
```

패키지 설치하기 전에 설치되는 패키지의 정보와 종속성을 해결하기 위해 설치되는 패키지 목록을 출력하며 진행할지를 물어봅니다.

이 때 '-y' 옵션은 설치과정 중에 발생되는 모든 대화형 질문에 대하여 'y'로 응답합니다.

다음은 '-y' 옵션을 사용하지 않고 패키지를 설치한 예입니다.

```
[root@nobreak ~]# yum install httpd
Loaded plugins: fastestmirror, langpacks
Loading mirror speeds from cached hostfile
Resolving Dependencies
--> Running transaction check
---> Package httpd.x86_64 0:2.4.6-40.el7.centos will be installed
--> Finished Dependency Resolution

Dependencies Resolved

================================================================================
 Package         Arch          Version                    Repository       Size
================================================================================
Installing:
 httpd           x86_64        2.4.6-40.el7.centos        base             2.7 M

Transaction Summary
================================================================================
Install  1 Package

Total download size: 2.7 M
Installed size: 9.4 M
Is this ok [y/d/N]:
```

패키지 설치를 진행할 때 패키지를 설치할 것인지, 설치하지 않을 것인지, 다운로드만 진행할 것인지를 물어봅니다. 이 때 'y'를 입력하면 설치가 진행되고, 'd'는 다운로드만 진행하며 'N'은 설치를 진행하지 않겠다는 의미입니다.

만약 이미 설치된 패키지를 다시 설치하려고 하면 다음과 같은 메시지가 출력됩니다.

```
[root@nobreak ~]# yum install httpd
Loaded plugins: fastestmirror, langpacks
Loading mirror speeds from cached hostfile
Package httpd-2.4.6-40.el7.centos.x86_64 already installed and latest version
Nothing to do
```

install 서브커맨드 뒤에는 패키지 이름만 인자로 지정할 수 있는 것은 아닙니다. rpm 패키지 파일을 수동으로 다운받아서 설치할 수도 있으며 특정 rpm을 저장하고 있는 YUM 저장소의 주소를 지정하여 패키지를 설치할 수도 있습니다. 이 때도 마찬가지로 현재 연결된 YUM 저장소에서 종속성을 해결하여 패키지를 설치합니다.

다음은 로컬에 저장된 rpm 패키지 파일을 지정하여 패키지를 설치합니다.

```
[root@nobreak ~]# yum install /root/centos-release-openstack-mitaka-1-5.el7.noarch.rpm
```

다음은 특정 YUM 저장소의 주소를 지정하여 패키지를 설치합니다.

```
[root@nobreak ~]# yum install http://ftp.daumkakao.com/centos/7.3.1611/cloud/x86_64/openstack-mitaka/centos-release-openstack-mitaka-1-5.el7.noarch.rpm
```

4 YUM 패키지 업데이트

yum 명령을 사용하여 패키지를 업데이트 할 때 update 서브커맨드를 사용합니다.

```
yum [-y] update [package-name]
```

update 서브커맨드로 패키지 또는 커널을 업데이트 할 수 있습니다. update 서브 커맨드가 실행되면 시스템에 설치된 패키지와 YUM 저장소에 저장된 패키지의 버전정보를 비교합니다. 만약 시스템에 설치된 패키지 버전이 상위 버전이거나 같은 버전일 경우 업데이트를 진행하지 않으며 YUM 저장소의 저장된 패키지 버전이 상위 버전일 경우 업데이트를 진행합니다. 리눅스에선 하나의 소프트웨어 패키지에 대해서 다수의 버전을 설치할 수 없습니다. 따라서 패키지가 업데이트되면 이전 버전의 패키지는 삭제되고 최신 버전의 패키지가 설치됩니다.

다음은 특정 패키지를 지정하지 않고 update 서브커맨드를 사용한 예입니다.

```
[root@nobreak ~]# yum update
Loaded plugins: fastestmirror, langpacks
Loading mirror speeds from cached hostfile
Resolving Dependencies
--> Running transaction check
---> Package ModemManager.x86_64 0:1.1.0-6.git20130913.el7 will be updated
---> Package ModemManager.x86_64 0:1.1.0-8.git20130913.el7 will be an update
---> Package ModemManager-glib.x86_64 0:1.1.0-6.git20130913.el7 will be updated
---> Package ModemManager-glib.x86_64 0:1.1.0-8.git20130913.el7 will be an update
...
```

update 서브커맨드의 인자로 특정 패키지를 지정하지 않을 경우 시스템에 설치된 모든 패키지와 YUM 저장소에 저장된 모든 패키지의 버전을 비교합니다. 그리고 YUM 저장소의 버전이 높은 패키지들은 업데이트를 진행합니다.

보통 리눅스의 마이너(minor)버전이 업그레이드되면 약 2~3천개의 패키지가 업데이트 될 수도 있습니다. 따라서 마이너 버전이 업그레이드 되었을 때 계획 없이 모든 패키지를 업데이트하면 시스템에 많은 부하가 걸릴 수도 있습니다. 따라서 가급적 시스템의 서비스를 이용하는 시간이 적을 때 진행하는 것이 좋습니다.

다음은 특정 패키지를 업데이트하는 예입니다.

```
[root@nobreak ~]# yum update httpd
Loaded plugins: fastestmirror, langpacks
Loading mirror speeds from cached hostfile
No packages marked for update
```

더 이상 업데이트 할 수 없는 패키지에 대해서 업데이트를 시도할 경우에 업데이트를 할 수 없다는 메시지가 출력됩니다.

yum 명령을 사용하여 패키지를 업데이트할 때 커널을 제외한 모든 패키지는 기존 패키지의 파일을 자동으로 제거하고 새로운 패키지의 파일을 설치합니다.

커널을 업데이트할 때 문제가 발생하면 부팅을 진행할 수 없습니다. 따라서 이전 버전의 커널을 삭제하지 않고 그대로 보존하며, 부트 로더(Boot Loader)에 커널 목록이 하나 추가됩니다. 이는 업데이트된 커널이 문제가 발생했을 때 되돌리기 위함입니다.

5 YUM 패키지 제거

yum 명령을 사용하여 패키지를 제거 할 때 remove 서브커맨드를 사용합니다. yum 명령으로 패키지를 제거할 때는 종속성으로 설치된 패키지들은 삭제하지 않습니다. 이는 다른 서로 다른 패키지가 동일한 패키지에 대해서 종속성을 가질 수 있기 때문입니다.

다음은 remove 서브 커맨드의 형식입니다.

```
yum [-y] remove package-name
```

다음은 httpd 패키지를 삭제하는 예입니다.

```
[root@nobreak ~]# yum remove httpd
Loaded plugins: fastestmirror, langpacks
Resolving Dependencies
--> Running transaction check
---> Package httpd.x86_64 0:2.4.6-40.el7.centos will be erased
--> Finished Dependency Resolution

Dependencies Resolved

================================================================================
 Package      Arch        Version                  Repository          Size
================================================================================
Removing:
 httpd        x86_64      2.4.6-40.el7.centos      @base              9.4 M

Transaction Summary
================================================================================
Remove  1 Package

Installed size: 9.4 M
Is this ok [y/N]:
```

remove 서브커맨드를 사용하여 패키지를 제거할 때도 대화형 메시지가 출력됩니다. 이를 생략하기 위해선 '-y' 옵션을 추가합니다.

6 YUM 그룹 패키지

YUM은 패키지의 그룹이라는 개념을 이용하여 보다 편리한 패키지 설치를 제공하고 있습니다. 패키지 그룹은 특정 기능에 필요한 여러 개의 패키지들을 그룹화한 것입니다.

패키지 그룹을 설치하기 위한 명령의 형식은 다음과 같습니다.

```
yum groups subcommand [argument]
```

다음의 groups 패키지에서 사용하는 서브커맨드입니다.

```
[root@nobreak ~]# yum groups
info    install  list    remove   summary
```

패키지그룹 정보를 확인하는 info, 패키지그룹 목록을 확인하는 list, 패키지그룹 설치 혹은 제거에 사용하는 install과 remove 서브커맨드를 사용할 수 있습니다.

패키지그룹 목록을 확인하는 list 서브커맨드의 예는 다음과 같습니다.

```
[root@nobreak ~]# yum groups list
Loaded plugins: langpacks, product-id, subscription-manager
There is no installed groups file.
Maybe run: yum groups mark convert (see man yum)
Available environment groups:
Minimal Install
Infrastructure Server
...
Available Groups:
Compatibility Libraries
Console Internet Tools
...
Done
```

패키지그룹의 경우 단일 패키지의 목록을 조회하는 'yum list' 명령과 달리 패키지의 버전 및 패키지를 설치할 수 있는 저장소에 대한 정보는 표시되지 않습니다. 패키지그룹 목록에는 패키지그룹의 이름만 확인 가능합니다.

info 서브커맨드는 특정 패키지그룹에 대한 자세한 정보를 출력합니다.

다음은 info 서브커맨드의 예 입니다.

```
[root@nobreak ~]# yum groups info 'Web Server'
Loaded plugins: fastestmirror, langpacks
There is no installed groups file.
Maybe run: yum groups mark convert (see man yum)
Loading mirror speeds from cached hostfile

Group: Web Server
 Group-Id: web-server
 ❶ Description: Allows the system to act as a web server, and run Perl and
Python web applications.
 Mandatory Packages: ❷
   httpd
 Default Packages: ❷
   +crypto-utils
   +httpd-manual
   +mod_fcgid
   +mod_ssl
 Optional Packages: ❸
   certmonger
....
```

사용 예에서 조회한 'Web Server' 패키지그룹은 웹서버를 구성하기 위해 필요한 패키지를 그룹화한 패키지입니다. info 서브명령을 사용해 조회되는 정보는 다음과 같습니다.

❶ Description : 지정된 패키지그룹에 대한 설명이 표시됩니다.

❷ Mandatory Packages, Default Packages : 해당 그룹에 속해있는 패키지를 출력합니다. 패키지그룹 설치 시 기본적으로 설치되는 패키지 목록입니다.

❸ Optional Packages : 필요 시 추가적으로 설치해서 사용할 패키지 이름들을 확인할 수 있습니다.

다음은 패키지그룹의 설치 예입니다. 'Web Server'라는 패키지그룹을 설치합니다.

```
[root@nobreak ~]# yum groups install 'Web Server'
========================================================================
 Package              Arch       Version                 Repository  Size
========================================================================
Installing for group install "웹 서버":
 crypto-utils         x86_64     2.4.1-42.el7            base        78 k
 httpd-manual         noarch     2.4.6-40.el7.centos     base        1.3 M
 mod_fcgid            x86_64     2.3.9-4.el7             base        79 k
 mod_ssl              x86_64     1:2.4.6-40.el7.centos   base        103 k

Transaction Summary
========================================================================
Install  4 Packages

Total download size: 1.6 M
Installed size: 6.1 M
Is this ok [y/d/N]:
```

'yum groups install' 명령을 실행하여 지정된 패키지그룹에 포함된 패키지들을 한 번에 설치할 수 있습니다. 'yum install'과 마찬가지로 '-y' 옵션을 사용하여 설치과정 중 대화형 메시지를 나타내지 않고 바로 진행할 수 있습니다. 동일한 방식으로 다른 서브커맨드를 사용하여 패키지그룹 업데이트나 제거도 간편하게 수행할 수 있습니다.

7 패키지 설치 기록

yum 명령을 사용하여 패키지를 설치, 업데이트, 제거와 같은 작업은 모두 로그파일에 기록됩니다. 시스템 관리자는 이 내역을 통해 패키지와 관련된 문제가 발생할 경우 문제해결을 위한 참고자료로 사용할 수 있습니다.

패키지 관련 기록은 두 가지 방식으로 확인할 수 있습니다.

첫 번째는 로그파일을 참고하는 방식입니다. YUM과 관련된 로그는 /var/log/yum.log 파일에 저장됩니다.

두 번째는 YUM 관련된 로그 정보를 간단하게 확인할 수 있도록 지원되는 history 서브커맨드를 사용하는 방식입니다. 'yum history' 명령을 사용해 YUM 작업의 기록을 조회할 수 있습니다.

로그 메시지를 사용할 경우 패키지 설치 시점, 패키지 설치 작업을 수행한 사용자 등 상세한 정보를 단계별로 조회할 수 있습니다. 이에 비해 'yum history' 명령은 yum 명령을 사용한 기록을 바탕으로 yum 패키지 관리 작업에 대한 정보를 명령어 단위로 표시합니다.

두 명령을 비교하기 위하여 다음과 같이 수행합니다.

```
[root@nobreak ~]# tail -4 /var/log/yum.log
Jan 15 16:34:01 Erased: httpd-manual-2.4.6-40.el7.centos.noarch
Jan 15 16:34:01 Erased: 1:mod_ssl-2.4.6-40.el7.centos.x86_64
Jan 15 16:34:01 Erased: crypto-utils-2.4.1-42.el7.x86_64
Jan 15 16:34:01 Erased: mod_fcgid-2.3.9-4.el7.x86_64
[root@nobreak ~]# yum history
Loaded plugins: fastestmirror, langpacks
ID     | Login user            | Date and time    | Action(s)  | Altered
-------------------------------------------------------------------------------
    13 | root <root>           | 2017-01-15 16:34 | Erase      |     4
    12 | root <root>           | 2017-01-15 16:33 | Install    |     4
    11 | root <root>           | 2017-01-15 16:15 | Erase      |     4
history list
```

yum 명령을 사용하여 패키지를 관리한 기록을 확인하는 두 가지방법의 차이는 다음과 같습니다.

로그 파일에 남은 기록은 시스템의 동작을 전부 순차적으로 기록합니다. 따라서 패키지그룹을 설치하거나 제거할 경우, 그 패키지그룹에 해당하는 모든 패키지를 설치했거나 제거한 기록이 하나씩 저장됩니다.

'yum history' 명령으로 기록을 확인할 경우 설치 또는 제거작업의 내역이 명령어 단위로 출력되는 것을 확인할 수 있습니다.

CHAPTER 11

네트워크 관리

CHAPTER 11 네트워크 관리

── **학습목표**

네트워크 정보를 확인할 수 있습니다.
네트워크 설정을 할 수 있습니다.
호스트 이름을 설정할 수 있습니다.

── **학습내용**

11.1 네트워크 정보 확인
11.2 네트워크 관리자(NetworkManager) 소개
11.3 네트워크 관리자(NetworkManager) 도구 활용
11.4 호스트명(hostname) 설정

대부분의 리눅스 시스템은 네트워크를 기반으로 서비스를 제공합니다. 네트워크를 연결하기 위해서는 물리적으로 네트워크 케이블을 연결하고 시스템 내에서 IP주소와 게이트웨이(Gateway) 그리고 DNS 주소 등 네트워크 관련 설정을 해야 합니다. 이번 장에서는 네트워크 정보를 확인하고 설정하는 방법에 대해서 학습합니다.

먼저 네트워크 정보를 확인하는 방법에 대해서 알아봅니다. 현재 시스템의 IP주소, 게이트웨이, DNS 주소와 같은 네트워크 정보를 확인하는 명령들과, 이어서 네트워크 관리자(NetworkManager)에 대해서 학습합니다.

네트워크 관리자(NetworkManager)는 RHEL7, CentOS7, OL7과 같은 최신 리눅스 에서 사용하는 기본 네트워크 서비스입니다. 이전 리눅스 에서도 네트워크 관리자는 존재하긴 했으나 여러 가지 문제점으로 인해 잘 사용하지 않았습니다. 문제점들이 해결된 현재는 최신 리눅스들의 기본 네트워크 관리 서비스로 자리 잡았습니다.

실무 환경에서는 호불호에 따라 기존에 사용하던 레거시(Legacy) 네트워크 서비스를 여전히 사용할 수 있습니다.

그래서 네트워크 관리자를 다루기에 앞서 기존의 레거시(Legacy) 네트워크 관리에 대해서 진행하고 그 다음으로 네트워크 관리자를 소개합니다.

또한, 네트워크 관리자에서 제공하는 관리도구 사용법에 대해서 학습합니다. 커맨드라인에서 사용할 수 있는 도구인 nmcli와 커맨드 환경에서도 사용자가 쉽게 사용할 수 있는 nmtui, 그리고 마지막으로 그래픽 도구인 nm-connection-editor에 대해서 학습합니다.

마지막으로 시스템의 이름인 호스트이름(hostname)에 대해서 학습합니다. 호스트이름을 변경하는 방식은 기존에 사용하던 레거시(Legacy) 방식과 systemd가 사용되면서 함께 소개된 hostnamectl이 있습니다. 여기에서는 hostnamectl 명령을 사용해서 호스트이름을 설정하는 방법에 대해서 알아봅니다.

여기에서는 다음과 같은 순서로 상세한 내용에 대해 다루어 보도록 하겠습니다.

11.1 네트워크 정보 확인

11.2 네트워크 관리자(NetworkManager) 소개

11.3 네트워크 관리자(NetworkManager) 도구 활용

11.4 호스트명(hostname) 설정

11.1 네트워크 정보 확인

리눅스에서 네트워크를 사용하기 위하여 시스템에 네트워크 정보가 사전에 파일 또는 명령어를 이용한 방식으로 등록되어 있어야 합니다. 네트워크가 구성되어 있는 시스템의 네트워크 정보를 변경하려면 현재 사용 중인 네트워크 정보를 확인해야 합니다.

> **NOTE**
>
> 엔터프라이즈 리눅스 최신 버전 (RHEL7, CentOS7 , OL7) 등에서는 네트워크 관련 명령 체계가 기존의 6 버전과는 현격하게 달라졌습니다.
> 이는 엔터프라이즈 리눅스 시스템이 클라우드를 지원하기 위해서 불가피하게 네트워크 명령 체계를 변경한 것으로 더 이상 레거시(Legacy) 명령을 지원하지 않거나, 제한적입니다.

1 IP 정보 확인

시스템에서 IP를 확인할 때는 ip 또는 ifconfig 명령을 사용합니다.

1] ip 명령 사용

ip 명령은 라우팅, 장치에 대한 설정을 조정하거나 보여주는 명령입니다. ip 명령의 형식은 다음과 같습니다.

```
ip [subcommand1] [subcommand2]... [argument]
```

ip 명령은 다양한 서브커맨드(subcommand)를 제공합니다. 서브커맨드 중 첫 번째 위치의 address는 주소에 대한 명령임을 지정합니다. 그리고 두 번째 서브커맨드인 show는 정보를 확인할 때, add 또는 delete 등은 주소를 추가하거나 수정할 때 사용할 수 있습니다.

ip 명령 중 IP주소를 확인하기 위한 명령의 형식은 다음과 같습니다.

```
ip address show [interface-name]
```

위 명령 형식 중 interface-name 에는 네트워크 인터페이스(Interface)의 이름을 입력합니다. 특정 인터페이스를 지정하지 않으면 시스템에 존재하는 모든 인터페이스에 해당하는 정보가 출력됩니다. 다음은 현재 시스템에서 사용하는 ens33 이름의 인터페이스에 설정된 IP 정보입니다.

```
[root@nobreak ~]# ip address show ens33
2: ens33: <BROADCAST,MULTICAST,❶UP,LOWER_UP> mtu 1500 qdisc pfifo_fast state UP qlen 1000
    link/ether 00:0c:29:72:db:fa brd ff:ff:ff:ff:ff:ff
  ❷inet 172.16.91.110/24 brd 172.16.91.255 scope global ens33
       valid_lft forever preferred_lft forever
  ❸inet6 fe80::8db4:3cd4:7c33:d7c8/64 scope link
       valid_lft forever preferred_lft forever
```

ip 명령은 서브커맨드를 입력할 때 전체를 완벽하게 입력하지 않고 겹치지 않는 일부 부분까지만 입력해도 정상으로 인식합니다. 위의 명령은 'ip a s ens33'을 실행해도 같은 결과가 출력됩니다. 이 명령에서 확인할 수 있는 주요 정보는 다음과 같습니다.

❶ 해당 인터페이스가 활성화 되어 있습니다. 활성화 되어 있지 않으면 해당 위치에 UP이라는 글자와 아래에 네트워크 정보가 출력되지 않습니다.

❷ IPv4의 주소와 broadcast 주소를 확인할 수 있습니다. 해당 인터페이스가 네트워크 정보를 동적(dynamic)방식으로 할당 받는 경우에 dynamic 단어를 추가로 확인할 수 있습니다. 현재는 네트워크 정보가 정적(static)으로 설정되어 있습니다.

❸ IPv6의 주소에 대한 정보를 확인할 수 있습니다. IP주소가 설정 되지 않은 경우에는 link 정보만 위와 같이 출력됩니다.

2 ifconfig 명령 사용

ifconfig 명령은 전통적으로 리눅스시스템에서 네트워크 인터페이스를 구성하거나 확인하기 위한 용도로 사용해 온 명령입니다. 또한 네트워크 인터페이스를 활성화 또는 비활성화 시키거나 네트워크 설정을 변경할 수도 있습니다.

ifconfig 명령의 형식은 다음과 같습니다.

```
ifconfig [interface-name]
```

ifconfig 명령을 사용하면 인터페이스에 설정된 정보를 확인할 수 있습니다. interface-name에는 ip 명령과 같이 인터페이스의 이름을 입력하면 특정 인터페이스에 지정된 네트워크 정보를 확인할 수 있고 지정하지 않으면 모든 인터페이스에 대한 정보가 출력됩니다. 다음은 ens33 인터페이스에 설정된 네트워크 정보를 확인하기 위한 명령의 사용 예입니다.

```
[root@nobreak ~]# ifconfig ens33
ens33: flags=4163<❶UP,BROADCAST,RUNNING,MULTICAST>  mtu 1500
        ❷inet 172.16.91.110  netmask 255.255.255.0  broadcast 172.16.91.255
        ❸inet6 fe80::8db4:3cd4:7c33:d7c8  prefixlen 64  scopeid 0x20<link>
        ether 00:0c:29:72:db:fa  txqueuelen 1000  (Ethernet)
        ❹RX packets 19550  bytes 29428065 (28.0 MiB)
        RX errors 0  dropped 0  overruns 0  frame 0
        ❺TX packets 4602  bytes 287226 (280.4 KiB)
        TX errors 0  dropped 0 overruns 0  carrier 0  collisions 0
```

실행결과에서 확인할 수 있는 주요 정보는 다음과 같습니다.

❶ UP : 해당 인터페이스가 활성화 되어 있습니다. 활성화 되어 있지 않으면 해당 위치에 UP이라는 글자와 아래에 네트워크 정보가 출력되지 않습니다.

❷ IPv4 주소와 넷마스크 그리고 브로드캐스트 정보가 출력됩니다.

❸ IPv6에 대한 네트워크 정보가 출력됩니다.

❹ 수신한 네트워크 패킷 통계 정보입니다.

❺ 발신한 네트워크 패킷 통계 정보입니다.

ifconfig 명령을 사용하여 네트워크 설정을 변경할 수 있지만, 변경된 설정이 영구적으로 적용되지 않습니다. 네트워크 설정을 영구적으로 변경하기 위해서는 네트워크 인터페이스 설정 파일을 수정하거나, 네트워크 관리자(NetworkManager) 서비스를 사용하여 설정하는 방식을 사용하여야 합니다.

최신 리눅스 에서는 설치 옵션에 따라 ifconfig 도구가 설치되지 않을 수 있습니다. 기본 네트워크 관리를 네트워크 관리자(NetworkManager)가 담당하게 되면서, ifconfig 등의 레거시(Legacy) 관리 도구는 'net-tools' 패키지로 별도로 설치하도록 변경되었습니다. net-tools 패키지에는 ifconfig, netstat, route 등 네트워크 관련 도구가 포함되어 있습니다.

3 라우팅 테이블 확인

라우팅은 네트워크를 통해 데이터를 전송할 때 데이터를 보낼 경로를 선택하는 과정입니다. 한 시스템에 서로 다른 네트워크로 연결된 여러 개의 네트워크 인터페이스가 존재할 경우, 데이터를 전송할 때 어떤 네트워크 인터페이스로 전송하여야 할지 결정하여야 합니다.

이런 상황에서 데이터 전송의 경로를 결정하는 기준이 라우팅 테이블입니다. 라우팅 테이블은 IP의 라우팅 경로에 대한 정보를 담고 있습니다. 이 정보는 ip 명령의 route 서브커맨드로 확인 할 수 있습니다.

라우팅 경로를 확인하기 위한 ip 명령의 형식은 다음과 같습니다.

```
ip route
```

ip 명령의 route 서브커맨드를 사용하여 라우팅 테이블을 확인할 수 있습니다. ip route 명령을 사용한 결과는 다음과 같습니다.

```
[root@nobreak ~]# ip route
❶default via 172.16.91.2 dev ens33  proto static  metric 100
❷172.16.91.0/24 dev ens33  proto kernel  scope link  src 172.16.91.100
metric 100
❸192.168.122.0/24 dev virbr0  proto kernel  scope link  src 192.168.122.1
```

각 정보의 의미는 다음과 같습니다.

❶ 기본경로인 게이트웨이입니다. 172.16.91.2 주소를 기본 게이트웨이로 지정하였고, 게이트웨이로 전달할 패킷은 ens33 인터페이스로 전달합니다.

❷ 기본경로를 제외한 나머지는 개별 라우팅 규칙입니다. 이 라우팅 규칙은 172.16.91.100 IP에서 에서 172.16.91.0/24 네트워크로 전송되는 패킷은 ens33 인터페이스를 통해서 전달합니다.

❸ 또 다른 인터페이스인 192.168.122.1에서 192.168.122.0/24 네트워크로 전송되는 패킷은 virbr0 인터페이스를 통해서 전달합니다.

4 네트워크 연결 확인

네트워크를 구성한 후, 네트워크가 정상적으로 연결되었는지 확인하거나, 외부 목적지로 연결 시 연결경로를 테스트할 수 있습니다.

네트워크 연결 확인에 사용되는 명령은 ping으로, 다른 호스트에게 ICMP 요청 패킷을 전달한 후 응답을 통해 호스트 간 연결 상태를 점검할 수 있습니다. 경로 확인에 사용되는 명령은 traceroute 또는 tracepath 명령으로, 목적지에 ICMP 요청 시 IP 프로토콜의 헤더를 조작하여 목적지까지 도달하기 위한 네트워크 경로의 중간 지점을 확인할 수 있는 도구입니다.

1] traceroute 명령 사용

traceroute는 목적지까지 가는 라우터 경로를 출력하는 명령입니다. 만약 네트워크가 정확하게 설정이 되어 있지 않거나 잘못된 주소를 입력하게 되면 결과가 출력되지 않을 수 있습니다. traceroute의 경우에는 root 사용자만이 사용가능한 옵션들이 존재합니다. traceroute 명령의 형식은 다음과 같습니다.

```
traceroute [option] destination
```

목적지로는 호스트이름, IP주소 등을 사용할 수 있습니다.

```
[root@nobreak ~]# traceroute google.co.kr
traceroute to google.co.kr (172.217.27.67), 30 hops max, 60 byte packets
 1  gateway (192.168.0.1)  1.303 ms  1.215 ms  1.623 ms
 2  121.162.199.254 (121.162.199.254)  6.155 ms  6.093 ms  5.987 ms
 3  118.33.0.201 (118.33.0.201)  4.071 ms  5.504 ms  7.806 ms
 4  112.188.69.65 (112.188.69.65)  2.995 ms  2.930 ms  2.848 ms
 5  112.188.53.9 (112.188.53.9)  5.052 ms  5.116 ms  5.028 ms
...
```

2] tracepath 명령 사용

tracepath는 traceroute와 같은 기능을 하는 명령으로, traceroute에 비해 결과 값을 조금 더 간결하게 출력합니다. tracepath 명령의 형식은 다음과 같습니다.

```
tracepath [option] destination
```

traceroute 명령과 마찬가지로 목적지로 호스트이름, IP주소 등을 사용할 수 있습니다.

```
[root@nobreak ~]# tracepath google.co.kr
 1?: [LOCALHOST]                                      pmtu 1500
 1:  gateway                                          1.835ms
 1:  gateway                                          1.816ms
 2:  121.162.199.254                                  5.048ms
 3:  118.33.0.201                                     5.784ms
 4:  112.188.69.65                                    9.750ms
 5:  112.188.53.9                                     3.146ms
 6:  112.174.59.41                                    2.232ms
...
```

3] ping 명령 사용

ping 명령으로 지정된 호스트에게 ICMP 패킷을 주고받아 호스트 간 네트워크 연결을 확인할 수 있습니다. ping 명령의 형식은 다음과 같습니다.

```
ping [option] destination
```

목적지로는 호스트이름, IP주소 등을 사용할 수 있습니다.

```
[root@nobreak ~]# ping google.co.kr
PING google.co.kr (172.217.25.227) 56(84) bytes of data.
64 bytes from nrt12s14-in-f227.1e100.net (172.217.25.227): icmp_seq=1 ttl=52 time=33.0 ms
64 bytes from nrt12s14-in-f227.1e100.net (172.217.25.227): icmp_seq=2 ttl=52 time=50.5 ms
64 bytes from nrt12s14-in-f227.1e100.net (172.217.25.227): icmp_seq=3 ttl=52 time=79.1 ms
64 bytes from nrt12s14-in-f227.1e100.net (172.217.25.227): icmp_seq=4 ttl=52 time=33.3 ms
64 bytes from nrt12s14-in-f227.1e100.net (172.217.25.227): icmp_seq=5 ttl=52 time=34.7 ms
```

ping 명령은 옵션을 별도로 지정하지 않으면 계속해서 ICMP 패킷을 전송합니다. 전송하려는 ICMP 패킷의 개수를 지정하려면 '-c' 옵션을 사용하고 뒤에 전송할 패킷의 개수를 지정합니다.

11.2 네트워크 관리자(NetworkManager) 소개

네트워크 관리자(NetworkManager)는 네트워크와 관련된 모든 설정을 관리하고 모니터링 하는 서비스입니다. 서비스 이름은 NetworkManager이며, systemd에서는 systemd 유닛의 일부기이 때문에 systemctl로 제어합니다.

1 네트워크 관리자(NetworkManager)

네트워크 관리자(NetworkManager)는 RHEL6, CentOS6, OL6와 같은 이전 버전의 리눅스 에도 존재했습니다. 이 네트워크 관리자는 네트워크 설정을 동적으로 변경시켜 네트워크 설정이 자주 변경되는 시스템에서 유리하다는 장점이 있습니다. 하지만 처음에는 이 특징 때문에 대부분의 시스템 관리자들에게 환영받지 못했습니다. 당시 사용하던 기술들은 네트워크 설정을 자주 변경할 필요가 없었고, 관리자가 설정했던 네트워크 정보를 네트워크 관리자가 자동으로 변경했기 때문입니다. 그래서 대부분의 관리자는 네트워크 관리자 서비스를 중지하고 네트워크 서비스를 통해서만 네트워크를 설정하고 관리했습니다.

최근에는 네트워크 관리자가 RHEL7, CentOS7, OL7과 같은 최신 리눅스 에서 기본 네트워크 관리 서비스로 사용됩니다. 이는 최근 기술 트렌드인 오픈스택, 가상화, 컨테이너 같은 기술에서 NFV(Network Functions Virtualization, 네트워크 기능 가상화) 또는 SDN(Software Defined Networking, 소프트웨어 정의 네트워킹)과 같은 기능으로 수시로 네트워크 설정을 변경해야 하기 때문입니다.

최신 리눅스 에서 네트워크 관리자가 표준 네트워크 관리도구로 지정된 것도 시간이 좀 흘렀지만, 아직도 네트워크 관리자에 익숙해지지 않은 관리자들은 기존의 방식인 레거시(Legacy)방식을 고수하여 사용하기도 합니다.

네트워크 관리자는 다음의 3가지 유형의 관리 도구를 제공합니다.

도구이름	설명
nmcli	커맨드라인 도구
nmtui	텍스트 유저 인터페이스 도구
nm-connection-editor	그래픽 도구

표 11-1 네트워크 관리자(NetworkManager) 관리 도구

네트워크 관리자는 네트워크 별칭, IP주소, 정적 라우팅, DNS 정보, VPN 연결과 다수의 연결 매개 변수를 구성할 수 있습니다. 그리고 D-Bus API를 제공하여 어플리케이션 간 네트워크 통신을 좀 더 원활하게 해줍니다.

1] 네트워크 관리자(NetworkManager)설치

최신 리눅스 에서는 기본적으로 네트워크 관리자가 설치되어 있지만 관리자에 의해서 제거될 수 있습니다. 네트워크 관리자를 사용할 수 없을 경우, yum을 사용하여 다시 네트워크 관리자 패키지를 설치할 수 있습니다.

```
[root@nobreak ~]# yum -y install NetworkManager
```

네트워크 관리자를 설치한 뒤에 서비스를 확인합니다. 네트워크 관리자의 서비스명은 NetworkManager.service로 동일합니다.

```
[root@nobreak ~]# systemctl status NetworkManager
● NetworkManager.service - Network Manager
   Loaded: loaded (/usr/lib/systemd/system/NetworkManager.service; enabled;
vendor preset: enabled)
   Active: active (running) since Sat 2017-02-18 22:14:43 KST; 49min ago
     Docs: man:NetworkManager(8)
 Main PID: 739 (NetworkManager)
   CGroup: /system.slice/NetworkManager.service
           ├─739 /usr/sbin/NetworkManager --no-daemon
           └─844 /sbin/dhclient -d -q -sf /usr/libexec/nm-dhcp-helper -pf
/var/run/dhclient-ens33.pid -lf ...

Feb 18 22:53:42 nobreak.co.kr dhclient[844]: DHCPACK from 172.16.91.254
(xid=0x5b56842d)
Feb 18 22:53:42 nobreak.co.kr NetworkManager[739]: <info>  [1487426022.9278]
dhcp4 (ens33):    address 1...135
...
```

네트워크 관리자는 /etc/sysconfig/network-scripts 디렉토리에 설정파일을 저장합니다. 이는 레거시(Legacy) 방식과 동일한 위치입니다. 'ifcfg-' 로 시작하는 파일이 네트워크 설정 파일입니다.

```
[root@nobreak ~]# ls /etc/sysconfig/network-scripts/ifcfg-*
/etc/sysconfig/network-scripts/ifcfg-ens33  /etc/sysconfig/network-scripts/
ifcfg-lo
```

2] 인터페이스 이름

이전 리눅스에 익숙한 사용자에게 친숙한 인터페이스 이름은 eth0, eth1과 같은 ethX 형식입니다.(X는 숫자) 하지만 최신 리눅스 에서는 인터페이스 이름이 eth0와 같은 형식을 사용하지 않고 인터페이스의 유형에 의해서 결정된 이름이 사용됩니다.

기존에 ethX 방식을 사용했을 때는 인터페이스를 물리적으로 제거했다가 인터페이스의 슬롯을 변경하거나, 인터페이스를 다른 순서로 연결하였을 때 인터페이스 이름이 변경될 수도 있었습니다. 이로 인한 네트워크 문제가 발생되지 않도록 하기 위하여 네트워크 관리자에서는 인터페이스 유형에 따라 이름이 결정되도록 변경되었습니다. 기존의 eth 대신 인터페이스 장치 유형, 어댑터 유형, 번호 순으로 조합된 이름이 지정됩니다.

이름 명명에 사용되는 규칙은 다음과 같습니다.

분류	설명
장치 유형	en(이더넷), wl(WLAN), ww(WWAN)
어댑터 유형	o(on-board), s(hot-plug-slot) p(PCI위치), b(BCMA bus core), ccw(CCW bus group)

표 11-2 인터페이스 이름 명명 규칙

다음은 ifconfig 명령을 사용하여 현재 시스템에 존재하는 인터페이스들을 확인한 결과입니다. 현재 시스템에는 1개의 네트워크 인터페이스가 연결되어 있습니다.

```
[root@nobreak ~]# ifconfig
ens33: flags=4163<UP,BROADCAST,RUNNING,MULTICAST>  mtu 1500
        inet 172.16.91.135  netmask 255.255.255.0  broadcast 172.16.91.255
        inet6 fe80::1764:741b:ef0e:f211  prefixlen 64  scopeid 0x20<link>
        ether 00:0c:29:dd:63:1c  txqueuelen 1000  (Ethernet)
        RX packets 25  bytes 3411 (3.3 KiB)
        RX errors 0  dropped 0  overruns 0  frame 0
        TX packets 40  bytes 6171 (6.0 KiB)
        TX errors 0  dropped 0  overruns 0  carrier 0  collisions 0
```

```
lo: flags=73<UP,LOOPBACK,RUNNING>  mtu 65536
        inet 127.0.0.1  netmask 255.0.0.0
        inet6 ::1  prefixlen 128  scopeid 0x10<host>
        loop  txqueuelen 1  (Local Loopback)
        RX packets 0  bytes 0 (0.0 B)
        RX errors 0  dropped 0  overruns 0  frame 0
        TX packets 0  bytes 0 (0.0 B)
        TX errors 0  dropped 0 overruns 0  carrier 0  collisions 0

virbr0: flags=4099<UP,BROADCAST,MULTICAST>  mtu 1500
        inet 192.168.122.1  netmask 255.255.255.0  broadcast 192.168.122.255
        ether 52:54:00:74:7c:92  txqueuelen 1000  (Ethernet)
        RX packets 0  bytes 0 (0.0 B)
        RX errors 0  dropped 0  overruns 0  frame 0
        TX packets 0  bytes 0 (0.0 B)
        TX errors 0  dropped 0 overruns 0  carrier 0  collisions 0
```

인터페이스의 이름인 ens33을 통해 이더넷 인터페이스가 핫플러그슬롯(hot-plug-slot)에 연결되어 있고 33번의 ID를 가지고 있다는 것을 확인할 수 있습니다. 그리고 네트워크 인터페이스가 1개 연결되어 있으나 lo 와 virbr0 두 개의 인터페이스가 추가로 표시되는 것을 확인할 수 있습니다.

lo는 Localhost Loopback의 의미로써 시스템 자신을 가리키는 용도로 사용되므로 IPv4 주소체계에서 자신을 가리키는 127.0.0.1 IP를 할당받고 있습니다. virbr0는 Virtual Bridge 장치 중 0번 장치라는 의미로, 호스트 시스템과 KVM(커널기반 가상머신)으로 구성한 가상머신 간 통신을 위한 용도로 사용되는 가상 인터페이스 장치입니다.

> **NOTE**
>
> KVM(Kernel Virtual Machine)은 커널기반 가상머신으로 리눅스 기반 커널에서 CPU의 가상화 기반으로 구동되는 가상화 기능으로 vmware나 윈도우 hyper-v 같은 가상화 제품과 유사한 솔루션입니다.

만약 관리자가 레거시(Legacy) 방식으로 인터페이스 이름을 사용하고 싶을 경우 부트로더 설정을 변경하여 기존의 명명방식을 사용하도록 설정하여야 합니다. /etc/default/grub 파일의 GRUB_CMDLINE_LINUX 에 'net.ifnames=0 biosdevname=0'를 추가합니다. 그리고 부트로더 설정 파일을 갱신(grub2-mkconfig)하고 재부팅하여 설정을 적용합니다.

```
[root@nobreak ~]# grep "GRUB_CMDLINE_LINUX" /etc/default/grub
GRUB_CMDLINE_LINUX="crashkernel=auto net.ifnames=0 biosdevname=0 rd.lvm.lv=cl/
root rd.lvm.lv=cl/swap rhgb quiet"
[root@nobreak ~]# grub2-mkconfig -o /boot/grub2/grub.cfg
[root@nobreak ~]# reboot
```

부팅이 완료되면 인터페이스 이름이 변경된 것을 확인 할 수 있습니다.

```
[root@nobreak ~]# ifconfig
eth0: flags=4163<UP,BROADCAST,RUNNING,MULTICAST>  mtu 1500
        inet 172.16.91.110  netmask 255.255.255.0  broadcast 172.16.91.255
        inet6 fe80::dd45:cdf7:a320:f069  prefixlen 64  scopeid 0x20<link>
        ether 00:0c:29:dd:63:1c  txqueuelen 1000  (Ethernet)
        RX packets 1  bytes 342 (342.0 B)
        RX errors 0  dropped 0  overruns 0  frame 0
        TX packets 33  bytes 5121 (5.0 KiB)
        TX errors 0  dropped 0 overruns 0  carrier 0  collisions 0
```

이와 같이 설정을 변경한 후 /etc/sysconfig/network-script/ifcfg-ens33 파일을 확인하여야 합니다. 만약 변경 전 인터페이스 이름이 ens33이 아니었을 경우에 파일 이름이 다를 수 있으므로, 변경 전 인터페이스 이름을 참고하여 파일을 확인하여야 합니다.

이 파일은 기존 인터페이스 이름에 맞는 네트워크 인터페이스에 대한 설정을 저장하고 있는 파일입니다. 파일 내부에는 네트워크 연결 설정과 설정을 적용할 인터페이스의 정보를 인터페이스 이름으로 지정하고 있습니다. 해당 인터페이스와 설정 파일을 매핑할 때 UUID 값이 아닌 인터페이스 이름으로만 연결 했다면 설정 값을 변경해야 합니다.

```
[root@nobreak ~]# cat /etc/sysconfig/network-scripts/ifcfg-ens33
...
UUID="079af5ea-5a06-4c10-82a5-711af6bef194"
DEVICE="ens33"
...
```

현재 시스템에서 명명한 인터페이스 이름 형식은 ethX 형식인데, 설정 파일을 확인하면 ens33이라는 새로운 방식으로 명시되어 있습니다. 이 상태에서 network 서비스를 재시작 하게 되면 서비스가 동작하지 않을 수 있습니다. 현재 인터페이스 이름이 ens33에서 eth0 로 바뀌었기 때문에 설정 파일의 DEVICE에 지정된 ens33 인터페이스를 찾을 수 없기 때 문입니다. 따라서 DEVICE에 지정된 ens33을 eth0로 변경해야 합니다.

2 레거시(Legacy) 네트워크 구성

네트워크 관리자에 익숙하지 않은 관리자들은 기존의 네트워크 서비스를 사용할 수 있습 니다. 기존의 네트워크 서비스를 사용하기 위하여 네트워크 관리자를 중지하고 비활성화 시켜야합니다. 먼저 레거시 네트워크 정보에 대해서 살펴보고 기존 방식을 통해 레거시 네 트워크를 사용하는 방법에 대해서 학습하겠습니다.

1] 설정 파일

네트워크 관리자와 마찬가지로 /etc/sysconfig/network-scripts 디렉토리에 있는 설정 파일을 사용합니다. 기존에는 이 설정 파일을 편집기로 수정한 뒤에 네트워크 서비스를 재 시작하여 네트워크 정보를 수정하였습니다.

2] 레거시(Legacy) 네트워크 사용

만약에 관리자가 네트워크 관리자를 사용하지 않고 기존의 레거시 네트워크 사용을 사용 하고 싶다면 네트워크 관리자를 중지 및 비활성화 한 뒤에 마스킹하여야 합니다. 이후 네 트워크 서비스를 시작 및 활성화합니다.

```
[root@nobreak ~]# systemctl stop NetworkManager
[root@nobreak ~]# systemctl disable NetworkManager
Removed symlink /etc/systemd/system/multi-user.target.wants/NetworkManager.servi
ce.
Removed symlink /etc/systemd/system/dbus-org.freedesktop.NetworkManager.service.
Removed symlink /etc/systemd/system/dbus-org.freedesktop.nm-dispatcher.service.
[root@nobreak ~]# systemctl mask NetworkManager
Created symlink from /etc/systemd/system/NetworkManager.service to /dev/null.
[root@nobreak ~]# systemctl start network
```

```
[root@nobreak ~]# systemctl enable network
network.service is not a native service, redirecting to /sbin/chkconfig.
Executing /sbin/chkconfig network on
```

네트워크 관리자 서비스와 관련되어 ifcfg 설정파일 항목 중에 NM_CONTROLLED 항목이 있을 수 있습니다. 이 항목은 네트워크 관리자를 사용하여 파일의 관리 여부를 지정하는 항목입니다. 네트워크 관리자 대신 네트워크 서비스를 사용하여 네트워크를 관리하려고 할 경우, 해당 항목의 값을 'no' 로 변경하여야 합니다.

3] 레거시(Legacy) 네트워크 설정

레거시 네트워크 정보를 추가하거나 수정하기 위해서는 ip 명령을 사용하거나 ifcfg파일을 수정하여야 합니다. 먼저 ifcfg 파일을 수정하는 방법에 대해서 학습합니다.

① ifcfg 파일 수정

레거시 방식으로 네트워크 정보를 설정 할 때에는 /etc/sysconfig/network-scripts 디렉토리에 위치한 ifcfg 파일을 수정해야 합니다.

```
[root@nobreak ~]# cat /etc/sysconfig/network-scripts/ifcfg-ens33
TYPE="Ethernet"
BOOTPROTO="dhcp"
DEFROUTE="yes"
PEERDNS="yes"
PEERROUTES="yes"
IPV4_FAILURE_FATAL="no"
IPV6INIT="yes"
IPV6_AUTOCONF="yes"
IPV6_DEFROUTE="yes"
IPV6_PEERDNS="yes"
IPV6_PEERROUTES="yes"
IPV6_FAILURE_FATAL="no"
IPV6_ADDR_GEN_MODE="stable-privacy"
NAME="ens33"
UUID="079af5ea-5a06-4c10-82a5-711af6bef194"
DEVICE="ens33"
ONBOOT="yes"
```

이 중 BOOTPROTO 항목은 네트워크 관련 정보를 설정하기 위한 방식을 지정합니다. 사용할 수 있는 방식은 bootp, dhcp와 none이 있습니다. 이 중 dhcp와 none을 주로 사용합니다.

dhcp는 동적(dynamic)으로 IP를 할당하는 방식이며, none은 정적(static) 방식으로 할당하는 방식입니다.

BOOTPROTO 값이 dhcp일 경우에는 IP 정보 및 네트워크 정보를 DHCP서버에서 동적으로 받아오기 때문에 입력해야 할 값이 줄어듭니다. 하지만 BOOTPROTO 값이 none일 경우에는 네트워크를 구성하기 위한 기본적인 정보인 IP주소, 넷마스크, 게이트웨이, DNS 서버 주소와 같은 네트워크 정보를 수동으로 입력해야 합니다.

ifcfg 파일에서 네트워크 정보를 설정할 수 있는 주요 항목은 다음과 같습니다.

속성	설명
IPADDR	IPv4 주소 값 지정
NETMASK	서브넷(Subnet) 지정
PREFIX	넷마스크(Netmask)의 접두사(prefix)표현. NETMASK 속성과 중복 불가
GATEWAY	게이트웨이 지정
DNS1	DNS 정보 입력. 뒤의 숫자는 DNS 우선순위 구분

표 11-3 정적 네트워크 설정 시 추가할 ifcfg 속성

ifcfg 파일을 수정하여 네트워크 정보를 변경한 후, 네트워크 서비스를 재시작합니다.

```
[root@nobreak ~]# systemctl restart network
```

② ip 명령을 사용하여 인터페이스에 IP 주소 추가

네트워크 인터페이스는 하나 이상의 IP주소를 할당할 수 있습니다. 네트워크 서비스를 사용할 경우 네트워크 인터페이스에 하나 이상의 IP 주소를 할당하기 위해서는 ip 명령을 사용하여야 합니다.

ip 명령의 서브커맨드 중 address 서브커맨드와 add 명령을 사용하여 인터페이스에 IP주소를 추가할 수 있습니다. 명령의 형식은 다음과 같습니다.

```
ip address add ip/netmask dev interface-name
```

IP주소와 서브넷 정보를 CIDR prefix 형태로 입력하고, interface-name에 인터페이스 이름을 입력합니다. 이 명령을 사용하여 인터페이스에서 사용하던 기존의 IP 주소를 변경하지 않고 보조 IP를 추가할 수 있습니다.

```
[root@nobreak ~]# ip address add 172.16.91.120/24 dev ens33
[root@nobreak ~]# ip address show ens33
2: ens33: <BROADCAST,MULTICAST,UP,LOWER_UP> mtu 1500 qdisc pfifo_fast state UP qlen 1000
    link/ether 00:0c:29:dd:63:1c brd ff:ff:ff:ff:ff:ff
    inet 172.16.91.110/24 brd 172.16.91.255 scope global ens33
       valid_lft forever preferred_lft forever
    inet 172.16.91.120/24 scope global secondary ens33
       valid_lft forever preferred_lft forever
    inet6 fe80::1764:741b:ef0e:f211/64 scope link
       valid_lft forever preferred_lft forever
```

11.3 네트워크 관리자(NetworkManager) 도구 활용

최신 리눅스는 네트워크 관리자를 기본 네트워크 관리자로 사용합니다. 리눅스의 최신 기능들이 네트워크 관리자를 기준으로 동작하도록 변경되고 있으므로, 네트워크 관리자의 개념 및 설정 방식을 이해하여야 합니다.

네트워크 관리자를 이해하기 위해서는 연결(Connection)과 장치(Device)의 개념을 이해해야 합니다. 기존에는 네트워크 인터페이스에 직접 네트워크 설정을 적용하는 방식을 사용하였습니다. 하지만 네트워크 관리자는 연결과 장치로 구분하여 설정하는 방식을 도입하였습니다. 연결은 IPv4, IPv6 등의 주소 및 네트워크 설정, 무선 연결 정보 등의 네트워크 설정 등의 정보를 저장하고, 장치는 여러 연결 중 사용할 연결을 선택하고 활성화하여 사용합니다. 이런 방식을 사용하면 네트워크 환경의 변화가 빈번하게 발생하는 환경에서 네트워크 설정을 빠르게 변경할 수 있는 장점이 있습니다.

이제 네트워크 관리자를 관리할 수 있도록 제공되는 명령에 대해서 학습하겠습니다.

1 nmcli 사용

nmcli(Network Manger Command Line Interface)는 네트워크 관리자가 제공하는 가장 강력한 커맨드 라인 도구입니다. 다양한 서브커맨드를 가지고 있어, 처음 사용하는 사용자는 어렵게 느껴질 수도 있지만, 배시 쉘의 자동완성 기능의 도움을 사용하여 손쉽게 사용하실 수 있습니다.

ip 명령의 서브커맨드와 마찬가지로 nmcli의 서브커맨드도 겹치는 부분이 없으면 줄여서 사용할 수 있습니다. 예를 들어 'nmcli connection'과 'nmcli con'은 동일하게 실행됩니다.

1] 네트워크 연결(Connection) 목록 확인

네트워크 관리자는 여러 개의 연결을 생성할 수 있습니다. 이 연결은 ifcfg 파일과 매핑되며 각각 서로 다른 네트워크 정보를 가지고 있다가 활성화 시켜 사용할 수 있습니다. 하지만 하나의 인터페이스에는 동시에 하나의 연결만 활성화 시킬 수 있습니다. 연결이 활성화될 때 연결되는 인터페이스는 ifcfg 파일의 DEVICE 값에 정의되어 있습니다.

네트워크 관리자를 사용할 경우, 시스템에 존재하는 네트워크 연결을 확인하려면 nmcli 명령과 connection show 서브커맨드를 사용합니다. 명령의 형식은 다음과 같습니다.

```
nmcli connection show [option] [connection-name]
```

이 중 인터페이스와 매핑되어 활성화되어 있는 연결만 확인하려면 '--active' 옵션을 추가합니다. 명령의 사용 예는 다음과 같습니다.

```
[root@nobreak ~]# nmcli connection show
❶NAME    ❷UUID                                   ❸TYPE           ❹DEVICE
ens33    079af5ea-5a06-4c10-82a5-711af6bef194    802-3-ethernet  ens33
virbr0   0a331f13-0d6a-40a8-89ac-890ceb19f805    bridge          virbr0
```

각 항목의 의미는 다음과 같습니다.

❶ NAME : 연결의 이름을 나타냅니다. ifcfg 파일의 NAME 속성 값과 같습니다.

❷ UUID : 연결의 고유 ID값입니다. ifcfg 파일의 UUID 속성 값과 같습니다.

❸ TYPE : 연결의 통신 방식입니다. ifcfg 파일의 TYPE 속성 값과 같습니다.

❹ DEVICE : 연결과 매핑된 인터페이스의 이름입니다. ifcfg 파일의 DEVICE 속성 값과 같습니다.

nmcli 명령의 'connection show' 서브커맨드는 뒤에 연결의 이름을 인자로 입력하여 해당 연결에 설정되어 있는 값을 자세히 확인할 수 있습니다.

```
[root@nobreak ~]# nmcli connection show ens33
connection.id:                          ens33
connection.uuid:                        079af5ea-5a06-4c10-82a5-711af6bef194
connection.stable-id:                   --
connection.interface-name:              ens33
connection.type:                        802-3-ethernet
...
IP4.ADDRESS[1]:                         192.168.100.135/24
IP4.GATEWAY:                            192.168.100.2
IP4.DNS[1]:                             192.168.100.2
...
```

이 연결 정보는 ifcfg 파일을 토대로 출력하며 소문자로 표시되어 있는 부분은 사용자가 수정 가능한 부분이며 대문자로 표시된 부분은 실제 시스템에서 사용하는 정보입니다. 이 정보는 사용자가 직접 수정할 수 없습니다.

다음은 위의 연결 정보 결과 중 네트워크 주요 정보 속성에 대한 설명입니다.

속성	설명
connection.id	연결의 이름
connection.uuid	연결의 고유 ID
connection.interface-name	연결과 매핑된 인터페이스
connection.type	연결의 유형
connection.autoconnect	부팅 시 연결과 인터페이스의 자동매핑(yes, no)
ipv4.method	IP정보의 동적 및 정적 설정(auto, manual) ifcfg 파일의 BOOTPROTO 값(dhcp, none)을 참조해서 반영
ipv4.dns	DNS 주소
ipv4.addresses	IP주소와 넷마스크 정보
ipv4.gateway	게이트웨이 주소

표 11-4 연결의 자세한 정보

2] 연결 생성

연결을 생성하기 위해서 nmcli 명령의 'connection add' 서브커맨드를 사용합니다. 이 명령을 사용하여 연결을 구성하면 /etc/sysconfig/network-scripts에 ifcfg파일이 생성됩니다. 이 명령의 형식은 다음과 같습니다.

```
nmcli connection add [subcommand1] [argument1] [subcommand2] [argument2]...
```

연결 생성 시 속성과 값을 사용하여 생성되는 연결의 설정을 구성합니다. 다음은 dynamic이름을 가진 연결을 생성하는 사용 예입니다.

```
[root@nobreak ~]# nmcli connection add ❶type ethernet ❷con-name dynamic
❸ifname ens33 ❹autoconnect yes
Connection 'dynamic' (10f95ec2-7d6c-4b28-9601-5836bf689720) successfully
added.
```

각 항목별 설명은 다음과 같습니다.

❶ 연결의 유형을 지정합니다. 기본 네트워크 통신 유형은 ethernet입니다.

❷ 연결의 이름을 지정합니다. /etc/sysconfig/network-scripts 디렉토리에 ifcfg-dynamic 파일이 생성됩니다.

❸ 연결과 매핑되는 인터페이스를 지정합니다.

❹ 부팅 시 연결이 인터페이스와 자동으로 매핑될지를 결정합니다. 기본 설정 값은 yes이고, 값이 no로 세팅될 경우 부팅 시 이 연결과 인터페이스의 연결은 끊어집니다.

생성된 연결의 정보는 nmcli명령의 connection show 서브커맨드로 확인합니다. 명령의 형식은 다음과 같습니다.

```
nmcli connection show
```

'nmcli connection show' 명령의 사용 예는 다음과 같습니다.

```
[root@nobreak ~]# nmcli connection show
NAME     UUID                                  TYPE            DEVICE
ens33    079af5ea-5a06-4c10-82a5-711af6bef194  802-3-ethernet  ens33
virbr0   0a331f13-0d6a-40a8-89ac-890ceb19f805  bridge          virbr0
dynamic  10f95ec2-7d6c-4b28-9601-5836bf689720  802-3-ethernet  --
```

생성된 dynamic 연결은 현재 인터페이스와 매핑되지 않았기 때문에 DEVICE 필드에 '--'로 표시됩니다. 만약 dynamic 연결이 활성화되면, 같은 ens33 네트워크 인터페이스를 사용하는 ens33 연결은 더 이상 ens33 장치를 사용할 수 없으므로 DEVICE 필드가 '--'로 표시됩니다. 하나의 인터페이스 당 하나의 연결만 활성화 할 수 있기 때문입니다.

/etc/sysconfig/network-scripts 디렉토리를 확인하면 연결 생성 시 입력한 con-name 인자 값이 'ifcfg-' 뒤에 추가되어 파일이 생성된 것을 확인할 수 있습니다.

```
[root@nobreak ~]# ls /etc/sysconfig/network-scripts/ifcfg-*
/etc/sysconfig/network-scripts/ifcfg-dynamic   /etc/sysconfig/network-scripts/ifcfg-lo
/etc/sysconfig/network-scripts/ifcfg-ens33
```

이 파일의 BOOTPROTO 값을 확인해보면 dhcp로 지정되어 있는 것을 확인할 수 있습니다. 연결을 생성할 때 IP를 지정하지 않으면 동적으로 네트워크 정보를 할당받는 파일을 생성합니다.

```
[root@nobreak ~]# grep "BOOTPROTO" /etc/sysconfig/network-scripts/ifcfg-dynamic
BOOTPROTO=dhcp
```

다음은 연결을 생성할 때 IP주소와 게이트웨이를 지정하여 정적 연결을 생성합니다.

```
[root@nobreak ~]# nmcli connection add type ethernet con-name static ifname ens33 ❶ip4 172.16.91.120/24 ❷gw4 172.16.91.2
Connection 'static' (8b750c1d-4a1c-4ebd-a292-93e7183b2964) successfully added.
```

각 항목의 의미는 다음과 같습니다.

❶ IP주소와 넷마스크의 접두사(prefix)를 입력합니다.

❷ 게이트웨이의 주소를 입력합니다.

동적으로 생성한 연결과 같이 /etc/sysconfig/network-scripts 디렉토리에 ifcfg-static 파일이 생성되며 이 파일의 BOOTPROTO는 none으로 설정됩니다.

```
[root@nobreak ~]# grep "BOOTPROTO" /etc/sysconfig/network-scripts/ifcfg-static
BOOTPROTO=none
```

이 연결의 경우 DNS 주소가 빠져있기 때문에 도메인 네임을 이용한 네트워크 통신은 할 수 없습니다. 이 경우에는 modify 서브커맨드나 ifcfg 파일을 수정하여 DNS주소를 추가해야합니다.

3] 연결설정 삭제

연결을 삭제하기 위하여 nmcli 명령의 'connection delete' 서브커맨드를 사용하고 인자로 연결의 이름을 입력합니다. 명령의 형식은 다음과 같습니다.

```
nmcli connection delete connection-name
```

다음은 dynamic 이름의 연결을 삭제하는 사용 예입니다.

```
[root@nobreak ~]# nmcli connection show
NAME     UUID                                  TYPE           DEVICE
ens33    079af5ea-5a06-4c10-82a5-711af6bef194  802-3-ethernet ens33
virbr0   0a331f13-0d6a-40a8-89ac-890ceb19f805  bridge         virbr0
dynamic  10f95ec2-7d6c-4b28-9601-5836bf689720  802-3-ethernet --
static   dfa08913-1644-438c-825b-08c3dd3c7751  802-3-ethernet --
[root@nobreak ~]# nmcli connection delete dynamic
Connection 'dynamic' (10f95ec2-7d6c-4b28-9601-5836bf689720) successfully deleted.
[root@nobreak ~]# nmcli connection show
NAME     UUID                                  TYPE           DEVICE
ens33    079af5ea-5a06-4c10-82a5-711af6bef194  802-3-ethernet ens33
virbr0   0a331f13-0d6a-40a8-89ac-890ceb19f805  bridge         virbr0
static   dfa08913-1644-438c-825b-08c3dd3c7751  802-3-ethernet --
```

이때 /etc/sysconfig/network-scripts 디렉토리에 있는 ifcfg-dynamic 파일도 삭제됩니다.

```
[root@nobreak ~]# ls /etc/sysconfig/network-scripts/ifcfg-*
/etc/sysconfig/network-scripts/ifcfg-ens33  /etc/sysconfig/network-scripts/ifcfg-static
/etc/sysconfig/network-scripts/ifcfg-lo
```

4] 연결설정 수정

연결을 수정하기 위하여 nmcli 명령의 'connection modify' 서브커맨드를 사용합니다. 명령의 형식은 다음과 같습니다.

```
nmcli connection modify connection-name subcommand argument
```

modify 서브커맨드에 대한 인자로 연결 이름을 입력하고 그 뒤에 수정하고자 하는 속성과 값을 입력합니다.

이전에 생성한 static 연결에는 DNS 주소가 설정되어 있지 않습니다.

다음은 'nmcli connection modify' 명령을 실행하여 연결에 DNS를 추가하는 예입니다.

```
[root@nobreak ~]# nmcli connection show static
...
ipv4.method:                            manual
ipv4.dns:
...

[root@nobreak ~]# grep "^DNS" /etc/sysconfig/network-scripts/ifcfg-static
```

해당 연결은 정적 설정으로 생성되었고 DNS 주소는 지정되어 있지 않습니다. ifcfg-static 파일에도 DNS 속성에 지정된 값은 없습니다.

```
[root@nobreak ~]# nmcli connection modify static ipv4.dns 8.8.8.8
[root@nobreak ~]# nmcli connection reload
[root@nobreak ~]# nmcli connection up static
```

modify 서브커맨드에 연결의 이름을 인자로 입력하고, 다음으로 연결의 속성과 지정할 값을 입력합니다. 그 다음 네트워크 관리자의 설정을 다시 읽는 'connection reload' 서브커맨드로 ifcfg-static 파일에도 실제로 반영합니다.

```
[root@nobreak ~]# nmcli connection show static
...
ipv4.dns:                               8.8.8.8
...

[root@nobreak ~]# grep "^DNS" /etc/sysconfig/network-scripts/ifcfg-static
DNS1=8.8.8.8
```

5] 설정 활성화 및 비활성화

연결을 활성화하거나 비활성화 하기 위하여 nmcli 명령의 'connection up' 서브커맨드와 'connection down' 서브커맨드를 사용합니다. 명령 마지막에 연결이름을 인자로 입력하여 원하는 연결을 활성화하거나 비활성화 할 수 있습니다. 주의할 점은 하나의 인터페이스 당 하나의 연결만 활성화 할 수 있기 때문에 항상 연결에 매핑된 인터페이스를 확인하고 실행해야 합니다. 명령의 형식은 다음과 같습니다.

```
nmcli connection { up | down } connection-name
```

다음은 현재 연결 상태 목록입니다.

```
[root@nobreak ~]# nmcli connection show
NAME    UUID                                    TYPE            DEVICE
ens33   079af5ea-5a06-4c10-82a5-711af6bef194    802-3-ethernet  ens33
virbr0  0a331f13-0d6a-40a8-89ac-890ceb19f805    bridge          virbr0
static  dfa08913-1644-438c-825b-08c3dd3c7751    802-3-ethernet  --

[root@nobreak ~]# nmcli connection show static
...
connection.interface-name:              ens33
...
```

현재 ens33 연결이 활성화되어 ens33 인터페이스에 연결되어 있습니다. 그리고 static 연결에 매핑된 인터페이스는 ens33인 것을 확인할 수 있습니다. 이때 static 연결을 활성화 시키면 ens33 연결은 자동으로 비활성화 되고 static 연결이 활성화 됩니다.

```
[root@nobreak ~]# nmcli connection up static
Connection successfully activated (D-Bus active path: /org/freedesktop/NetworkManager/ActiveConnection/8)
[root@nobreak ~]# nmcli connection show
NAME    UUID                                    TYPE            DEVICE
static  dfa08913-1644-438c-825b-08c3dd3c7751    802-3-ethernet  ens33
virbr0  0a331f13-0d6a-40a8-89ac-890ceb19f805    bridge          virbr0
ens33   079af5ea-5a06-4c10-82a5-711af6bef194    802-3-ethernet  --
```

활성화 된 연결에 대한 자세한 정보를 확인하면 대문자로 표시된 속성을 확인할 수 있습니다. 이 정보는 비활성화 되면 다시 사라집니다.

```
[root@nobreak ~]# nmcli connection show   static
...
IP4.ADDRESS[1]:                           172.16.91.120/24
IP4.GATEWAY:                              172.16.91.2
IP4.DNS[1]:                               8.8.8.8
IP6.ADDRESS[1]:                           fe80::ae57:999d:9f11:4b1/64
IP6.GATEWAY:
```

6] 동적 연결을 정적 연결로 변경

동적 연결을 정적으로 연결하기 위하여 IP주소, 넷마스크, 게이트웨이, DNS 주소 등 이 4가지 정보는 반드시 지정해야 되는 속성입니다. 이전에 레거시(Legacy) 방식으로 설정할 때 ifcfg 파일을 편집하여 설정하는 방법에 대해서 알아보았습니다.

네크워크 관리자에서도 레거시 방식을 사용할 수 있습니다. 이때는 네트워크 서비스를 재시작하는 것보다 'nmcli connectioin up' 명령으로 해당 연결을 활성화하는 것이 더 편리합니다. 이 때 활성화한 연결의 ifcfg 파일에서 수정한 정보가 반영됩니다.

이제는 nmcli 명령을 사용하여 동적 연결을 정적 연결로 변경하는 방법에 대해서 학습합니다.

```
[root@nobreak ~]# nmcli connection show ens33
...
ipv4.method:                              auto
ipv4.dns:
ipv4.dns-search:
ipv4.dns-options:                         (default)
ipv4.dns-priority:                        0
ipv4.addresses:
ipv4.gateway:                             --
...
```

현재 ens33 연결은 동적으로 IP주소를 할당 받는 방식입니다. 따라서 DNS주소, IP주소, 넷마스크, 게이트웨이에 대한 정보가 존재 하지 않습니다. nmcli connection modify를 사용하여 하나씩 입력합니다. ipv4.addresses를 입력할 때에는 뒤에 넷마스크의 접두사(prefix)를 함께 입력합니다. 각 설정 명령의 순서는 상관없습니다.

```
[root@nobreak ~]# nmcli connection modify ens33 ipv4.addresses 172.16.91.110/24
[root@nobreak ~]# nmcli connection modify ens33 ipv4.gateway 172.16.91.2
[root@nobreak ~]# nmcli connection modify ens33 ipv4.dns 8.8.8.8
[root@nobreak ~]# nmcli connection modify ens33 ipv4.method manual
[root@nobreak ~]# nmcli connection reload
[root@nobreak ~]# nmcli connection up ens33
```

ipv4.method를 manual로 지정하실 때에는 반드시 ipv4.addresses 값이 설정되어야 합니다.

```
[root@nobreak ~]# nmcli connection show ens33
...
ipv4.method:                            manual
ipv4.dns:                               8.8.8.8
ipv4.dns-search:
ipv4.dns-options:                       (default)
ipv4.dns-priority:                      0
ipv4.addresses:                         172.16.91.110/24
ipv4.gateway:                           172.16.91.2
...
```

2 nmtui 사용

nmtui(NetworkManger Text User Interface)는 텍스트 상자 형식의 설정 도구를 사용하여 터미널에서 사용자가 쉽게 네트워크 설정을 하도록 도와주는 도구입니다. 일일이 명령을 입력할 필요 없이 키보드를 이용해 항목을 선택하고 설정 값을 입력하는 방식으로 설정을 수행합니다.

nmtui는 네트워크 관리자와 함께 기본적으로 제공되는 도구이지만, 설치가 되어 있지 않다면 NetworkManger-tui 패키지를 설치하여 사용할 수 있습니다.

```
[root@nobreak ~]# yum -y install NetworkManager-tui
```

nmtui를 실행하려면 커맨드 라인에서 nmtui를 입력합니다.

```
[root@nobreak ~]# nmtui
```

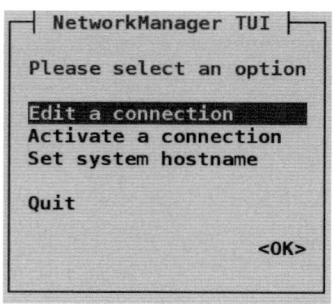

그림 11-1 nmtui 진입화면

nmtui를 실행하면 처음에 4가지 옵션 목록을 확인할 수 있습니다.

옵션	설명
Edit a connection	연결의 추가, 삭제, 수정
Activate a connection	연결의 활성화와 비활성화
Set system hostname	시스템의 호스트이름 설정
Quit	종료

표 11-5 nmtui 진입 옵션 목록

Edit a connection을 선택하고 OK를 눌러 연결을 편집합니다.

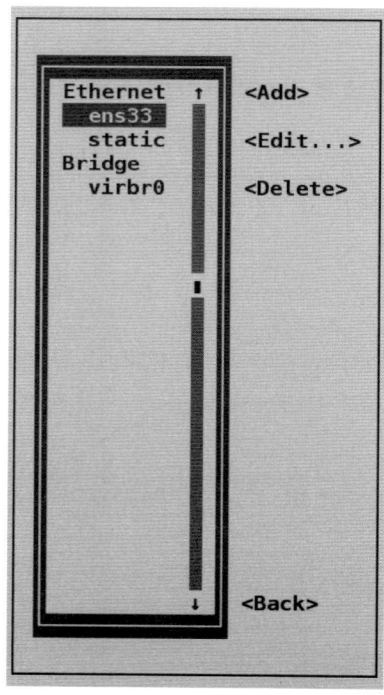

그림 11-2 Edit a connection

연결을 추가하려면 Add, 지정된 연결을 편집하려면 Edit, 지정된 연결을 삭제하려면, Delete를 선택하고 Enter를 입력합니다. 다음은 연결을 추가하기 위해 Add를 선택하고 설정하는 상태입니다.

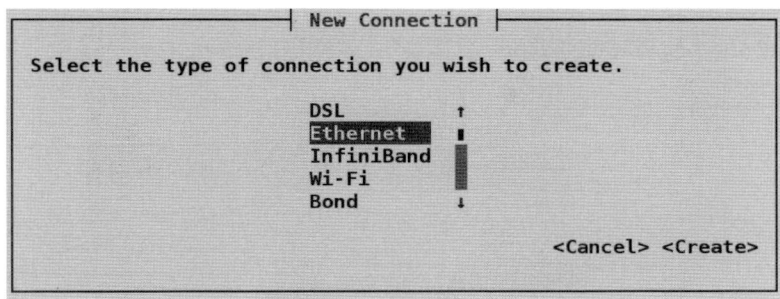

그림 11-3 nmtui 연결 추가

Add를 선택하면 연결의 유형을 선택합니다. 연결 유형에 맞는 인터페이스 종류를 선택합니다. 여기서는 Ethernet을 선택하고 Create를 선택합니다.

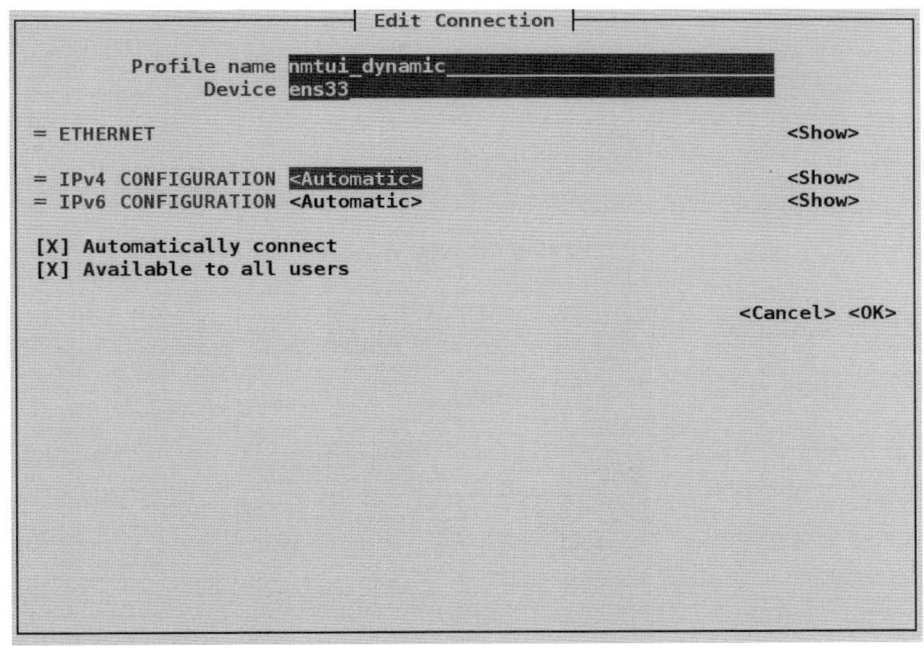

그림 11-4 nmuti 동적 연결 추가

Profile name은 연결의 이름으로 사용자가 임의의 이름을 지정할 수 있습니다. Device에서는 매핑할 인터페이스를 지정합니다. 현재 인터페이스 목록 중에서 선택하는 방식이 아닌 직접 이름을 입력하는 방식을 사용하므로, 인터페이스의 이름을 정확하게 입력하여야 합니다.

IPv4 CONFIGURATION은 네트워크 정보에 대한 정보를 입력하는 부분입니다. 이 항목이 'Automatic'으로 되어 있으면 동적 연결을 의미합니다. 정적 연결을 생성하기 위하여 Automatic을 Manual 로 변경합니다. 이때 네트워크 구성에 필요한 정보인 IP Addresses, Gateway, DNS Servers에 정보를 입력합니다. Addresses는 넷마스크의 접두사(prefix)를 함께 입력하여야 합니다.

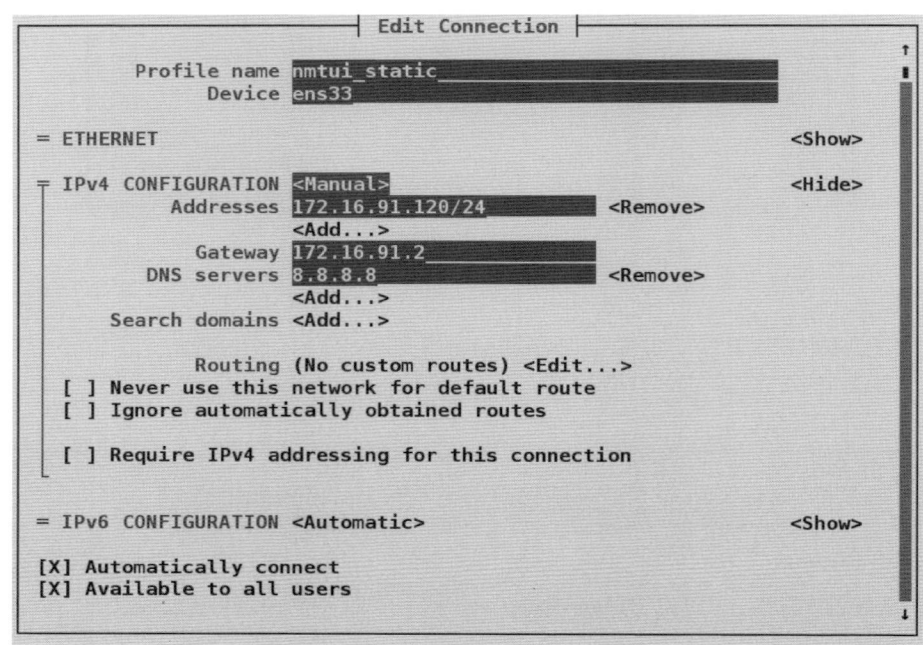

그림 11-5 nmtui 정적 연결 추가

연결을 편집하려면 이전 메뉴에서 연결을 지정하고 Edit를 선택한 뒤 Enter를 입력합니다. 정적 연결을 추가할 때와 같은 화면이 출력됩니다.

연결을 추가한 뒤 연결을 활성화 하려면 다시 처음 메뉴에서 'Activate a connection' 항목을 선택합니다. 왼쪽에서 활성화하고자 하는 연결을 선택하고 Activate를 선택합니다. 만약 해당 연결이 활성화되어 있다면 Active 대신 Deactivate가 출력되고, Deactivate를 실행하여 연결을 비활성화할 수 있습니다.

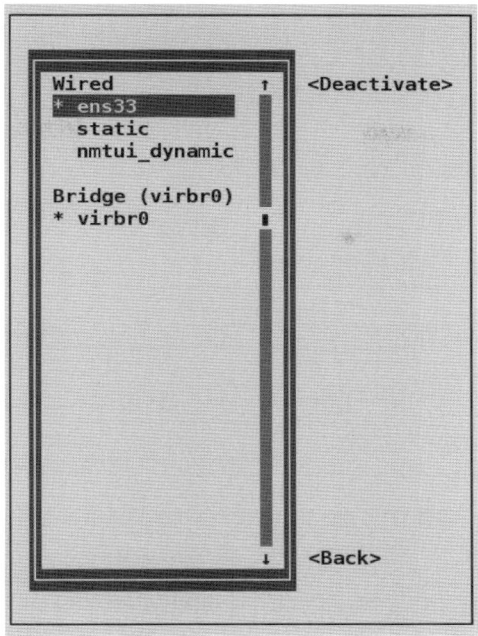

그림 11-6 nmtui 연결 활성화

3 nm-connection-editor 사용

nm-connection-editor는 네트워크 관리자가 제공하는 그래픽 도구입니다. 이 도구를 사용하기 위하여 GNOME 쉘이 설치되어 있어야 하며 graphical.target으로 부팅되어야 합니다. 이 도구는 그래픽 도구이기 때문에 사용자가 마우스와 키보드로 쉽게 네트워크 설정을 할 수 있습니다. nm-connection-editor를 실행하려면 커맨드 라인에서 nm-connection-editor 명령을 입력합니다.

```
[root@nobreak ~]# nm-connection-editor
```

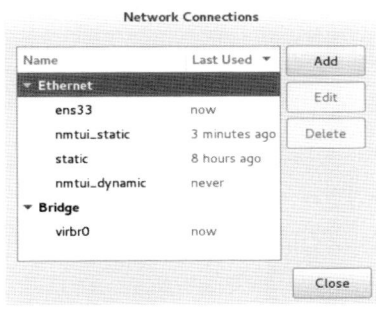

그림 11-7 nm-connection-editor 실행

nm-connection-editor를 실행하면 처음 보이는 화면에는 연결의 유형별로 목록화 되어 있습니다. 오른쪽 버튼에는 연결을 추가하기 위한 Add, 연결을 편집하기 위한 Edit, 연결을 삭제하기 위한 Delete, 도구를 종료하기 위한 Close 버튼이 있습니다.

연결을 추가하기 위해 Add 버튼을 클릭합니다.

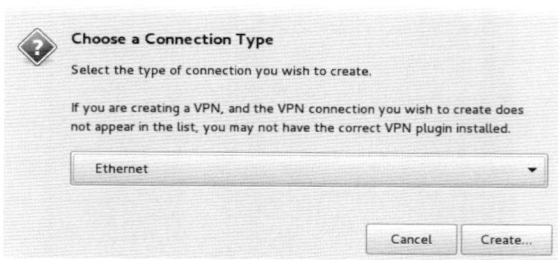

그림 11-8 nm-connection-editor 연결 유형 설정

Add 버튼을 선택하면 연결의 유형을 선택하기 위한 화면이 나타납니다. 이 화면의 드롭다운 메뉴를 클릭하면 선택할 수 있는 유형의 목록이 화면에 나타납니다. 유형을 선택하고 Create 버튼을 클릭합니다.

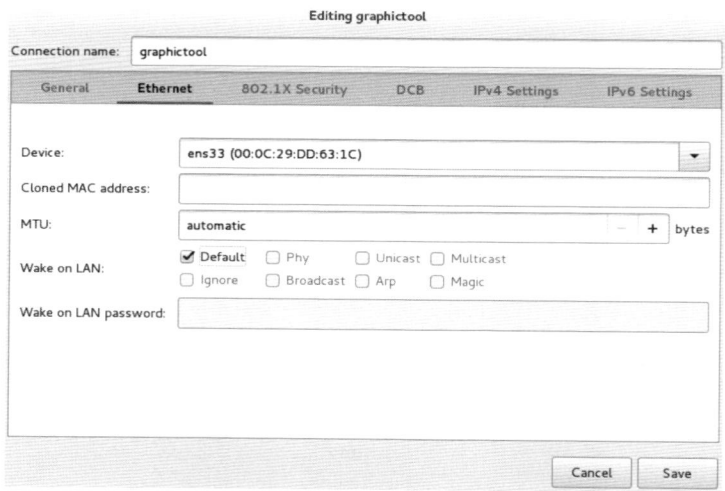

그림 11-9 nm-connection-editor 연결 Ethernet 정보 편집

Create 버튼을 클릭하고 나오는 화면은 연결을 편집(Edit)하는 화면과 같습니다. 상단의 Connection name 부분에 연결의 이름을 지정합니다. 위의 그림은 graphictool 이라는 이름을 가진 연결을 생성(또는 편집)하는 화면입니다.

편집할 수 있는 목록으로 General, Ethernet 802.1X Security, DCB, IPv4 Settings, IPv6 Settings이 있습니다. 먼저 Ethernet 목록에서는 인터페이스에 대한 정보를 설정합니다. Device에서 연결과 매핑할 인터페이스를 지정합니다. 인터페이스 이름 뒤에 표시되는 괄호 안의 글자는 인터페이스의 MAC주소를 의미합니다.

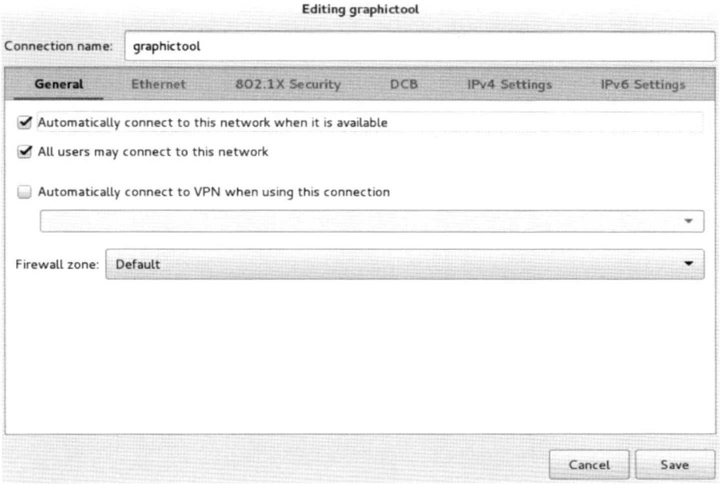

그림 11-10 nm-connection-editor 연결 General 정보 편집

General 목록에서는 연결이 부팅 할 때 인터페이스에 자동으로 연결할지를 결정합니다. 또한 이 연결을 모든 사용자가 사용할 수 있도록 설정하거나 이 연결에 관련되는 방화벽 영역(Firewall zone)도 선택할 수 있습니다. 방화벽과 관련한 내용은 14장 '방화벽 관리'에서 다루도록 합니다.

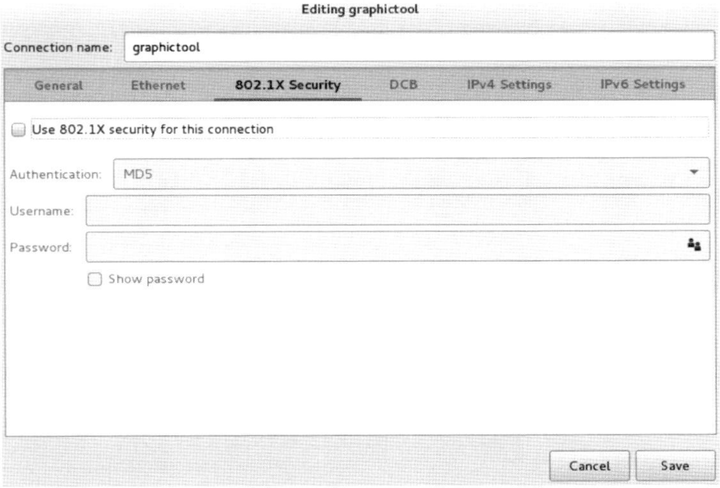

그림 11-11 nm-connection-editor 연결 802.1X Security 설정

802.1X Security 목록에서는 물리적 네트워크에서 논리적 네트워크에 대한 접근을 제어할 수 있습니다. 접근 제어를 사용하기 위하여 Use 802.1X security for this connection의 체크박스에 체크를 하고 인증 방법을 선택합니다. 인증 방법에 따라 입력하는 항목은 다릅니다.

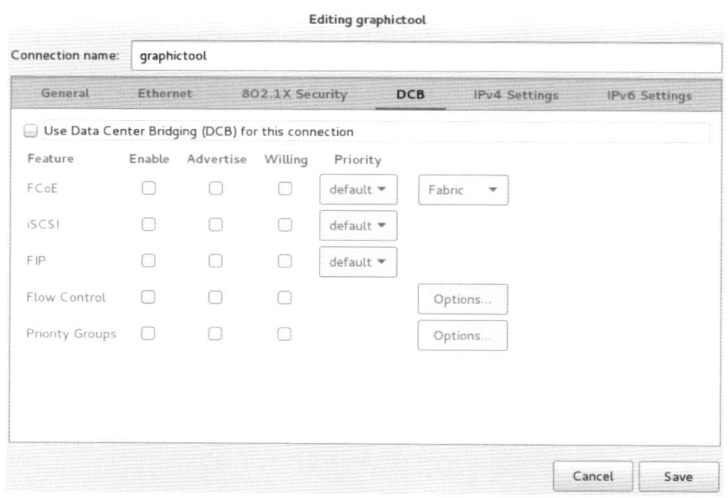

그림 11-12 nm-connection-editor 연결 DCB 설정

DCB 목록에서는 데이터 센터 브릿지(Data Center Bridging)를 설정할 수 있습니다. DCB는 데이터센터 환경에서 사용하기 위한 확장된 LAN프로토콜의 집합입니다.

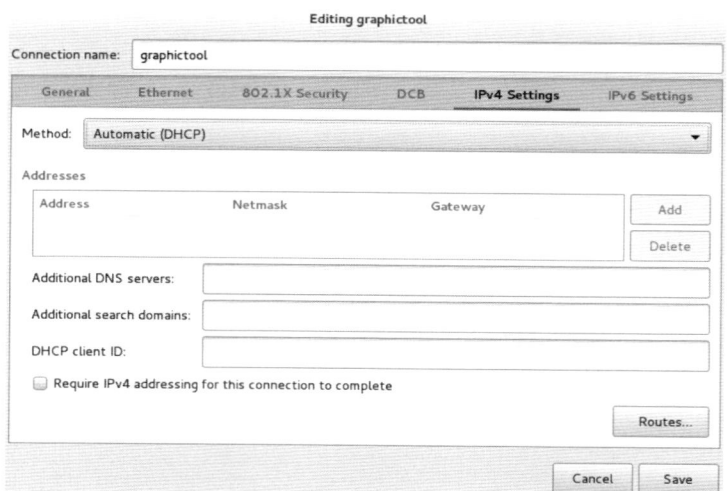

그림 11-13 nm-connection-editor 연결 IPv4 설정

IPv4 Settings 목록에서 IPv4 정보를 설정할 수 있습니다. 마찬가지로 IPv6 Settings 목록에서는 IPv6 정보를 설정할 수 있습니다.

IPv4 Settings 목록에서 메소드(Method)를 결정할 수 있습니다. 메소드(Method) 항목에서 Automatic (DHCP)을 선택하면 IP정보를 DHCP서버에서 할당받습니다. Manual을 선택하면 Addresses의 Add 버튼이 활성화 되고 IP정보를 정적으로 설정할 수 있습니다.

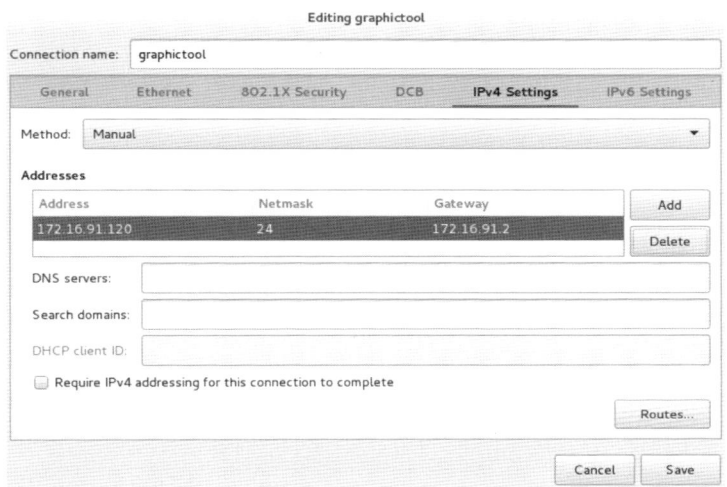

그림 11-14 nm-connection-editor IPv4 Manual 방식

정적 연결 구성 시 Address, Netmask, Gateway, DNS servers에 정적으로 지정할 네트워크 정보를 입력한 후에 Save 버튼을 클릭하여 연결을 저장합니다.

11.4 호스트이름(hostname) 설정

사용자는 다른 시스템과 통신하려면 대상 시스템의 IP주소를 알고 있어야 하지만, 많은 호스트의 숫자로 된 IP를 구분해서 외우는 것은 매우 어렵습니다. 따라서 IP주소 대신 의미 있는 단어의 형태로 주소를 입력하고, 입력한 주소를 다시 IP주소로 변환하는 방식을 사용합니다.

DNS(Domain Name System) 서비스는 시스템의 IP주소와 이름을 지정하여 매핑시키는 서비스이며, 이 때 매핑시키는 이름을 정규화 된 도메인 이름(Full Qualified Domain Name)이라고 합니다. FQDN은 호스트 이름(Host name)과 도메인 이름(Domain name)으로 구성됩니다.

FQDN을 사용하여 사용자는 다른 시스템의 IP주소를 쉽게 찾을 수 있습니다. 예를 들어 사용자가 구글의 홈페이지에 접속할 때 IP주소가 아닌 www.google.co.kr과 같은 주소로 접속하는 것과 같습니다. 이 주소가 FQDN 입니다.

시스템의 호스트이름을 확인하는 기본 명령은 hostname입니다. 호스트이름은 시스템의 이름을 나타냅니다. 이 이름은 FQDN의 일부로 사용될 수 있습니다.

```
[root@nobreak ~]# hostname
nobreak.co.kr
```

hostname 명령 뒤에 인자를 입력하여 호스트이름을 변경할 수 있지만 시스템이 재부팅되면 다시 이전의 호스트이름으로 변경됩니다. 재부팅이 되어도 호스트이름이 변경되지 않도록 영구적으로 설정하는 방법은 hostnamectl 명령을 사용하는 방법과 네트워크 관리자 도구를 사용하는 방법이 있습니다. 기존에는 /etc/sysconfig/network 파일의 속성 값을 변경하여 호스트이름을 지정했습니다. 여기에서는 hostnamectl 명령을 사용하여 호스트 이름을 변경하는 방법에 중점을 두고 진행합니다.

호스트이름의 분류를 먼저 살펴보고, 다음으로 호스트이름을 설정하는 방법에 대해서 살펴봅니다.

1 호스트이름 분류

호스트 이름은 static, transient, pretty 세 가지 방식으로 분류됩니다.

분류	설명
static 호스트이름	사용자가 지정한 정적인 호스트이름 /etc/hostname 파일에 저장
transient 호스트이름	커널이 유지 관리하는 동적 호스트 이름 static 호스트이름보다 우선순위가 낮음 DHCP, mDNS로 변경될 수 있음
pretty 호스트이름	자유형식의 UTF8로 인코딩된 호스트이름 길이와 문자에 대한 제한의 거의 없음 특수문자 표현 가능

표 11-6 호스트이름 분류

호스트이름이 static과 transient 두 가지 방식으로 설정되어 있다면 static 호스트이름이 지정됩니다.

2 hostnamectl 명령 사용

기존의 호스트이름 설정 방식은 /etc/sysconfig/network 파일을 직접 수정하여 HOST-NAME 속성 값을 수정하는 방식이었습니다.

```
[root@linux ~]# grep "HOSTNAME" /etc/sysconfig/network
HOSTNAME=linux.nobreak.co.kr
```

하지만 systemd에서는 더 이상 이 방법을 사용하지 않고 hostnamectl 명령을 사용하여 호스트 이름을 변경합니다.

1] 호스트이름 정보 확인

hostnamectl 명령으로 호스트이름의 정보를 확인 하려면 hostnamectl 또는 'hostnamectl status' 를 입력합니다.

```
[root@nobreak ~]# hostnamectl
   Static hostname: n/a
Transient hostname: nobreak.co.kr
         Icon name: computer-vm
           Chassis: vm
        Machine ID: 4d8ff474a6a9414dbf5e35568b23222b
           Boot ID: f6c1a5da66a544bb946f1cfcacf6d755
    Virtualization: vmware
  Operating System: CentOS Linux 7 (Core)
       CPE OS Name: cpe:/o:centos:centos:7
            Kernel: Linux 3.10.0-514.el7.x86_64
      Architecture: x86-64
```

이 명령으로 시스템에서 지정된 호스트이름에 대한 정보와 시스템에 대한 정보를 간략하게 확인할 수 있습니다. 현재는 transient 호스트이름이 지정되어 있고, static 호스트이름은 설정되지 않았기 때문에 /etc/hostname파일은 존재하지 않습니다.

```
[root@nobreak ~]# cat /etc/hostname
cat: /etc/hostname: No such file or directory
```

2] 호스트이름 변경

호스트이름을 변경하려면 'hostnamectl set-hostname' 명령을 사용합니다. 인자로는 FQDN형식을 입력합니다. 특수문자가 포함이 되지 않으면 static 호스트이름으로 설정됩니다.

```
[root@nobreak ~]# hostnamectl set-hostname nobreak.co.kr
[root@nobreak ~]# hostnamectl
   Static hostname: nobreak.co.kr
         Icon name: computer-vm
           Chassis: vm
        Machine ID: 4d8ff474a6a9414dbf5e35568b23222b
           Boot ID: f6c1a5da66a544bb946f1cfcacf6d755
    Virtualization: vmware
  Operating System: CentOS Linux 7 (Core)
       CPE OS Name: cpe:/o:centos:centos:7
            Kernel: Linux 3.10.0-514.el7.x86_64
      Architecture: x86-64
```

/etc/hostname 파일을 확인해보면 set-hostname의 인자로 입력한 nobreak.co.kr을 확인할 수 있습니다.

```
[root@nobreak ~]# cat /etc/hostname
nobreak.co.kr
```

만약 호스트 이름에 특수문자를 포함 시키면 자동으로 Pretty 호스트이름이 설정됩니다.

```
[root@nobreak ~]# hostnamectl set-hostname "nobreak's linux"
[root@nobreak ~]# hostnamectl
   Static hostname: nobreakslinux
   Pretty hostname: nobreak's linux
         Icon name: computer-vm
           Chassis: vm
        Machine ID: 4d8ff474a6a9414dbf5e35568b23222b
```

```
         Boot ID: f6c1a5da66a544bb946f1cfcacf6d755
  Virtualization: vmware
Operating System: CentOS Linux 7 (Core)
    CPE OS Name: cpe:/o:centos:centos:7
          Kernel: Linux 3.10.0-514.el7.x86_64
    Architecture: x86-64
```

이 명령을 실행한 뒤 /etc/hostname을 확인해보면 특수문자가 제거된 이름으로 호스트 이름이 지정된 것을 확인할 수 있습니다.

```
[root@nobreak ~]# cat /etc/hostname
nobreakslinux
```

만약 Static 호스트이름을 보존한 상태에서 Pretty 호스트이름을 추가하려면 '--pretty' 옵션을 사용합니다.

```
[root@nobreak ~]# hostnamectl set-hostname "nobreak's linux" --pretty
[root@nobreak ~]# hostnamectl
   Static hostname: nobreak.co.kr
   Pretty hostname: nobreak's linux
         Icon name: computer-vm
           Chassis: vm
        Machine ID: 4d8ff474a6a9414dbf5e35568b23222b
           Boot ID: f6c1a5da66a544bb946f1cfcacf6d755
    Virtualization: vmware
  Operating System: CentOS Linux 7 (Core)
      CPE OS Name: cpe:/o:centos:centos:7
            Kernel: Linux 3.10.0-514.el7.x86_64
      Architecture: x86-64
```

이 명령을 실행한 뒤에는 /etc/hostname 파일은 유지됩니다.

```
[root@nobreak ~]# cat /etc/hostname
nobreak.co.kr
```

3] static 호스트이름 제거

호스트이름을 제거하는 명령은 hostnamectl set-hostname을 사용합니다. 이 때 인자로 ""를 입력하면 static 호스트이름이 삭제됩니다.

```
[root@nobreak ~]# hostnamectl set-hostname ""
[root@nobreak ~]# hostnamectl
    Static hostname: n/a
 Transient hostname: localhost
         Icon name: computer-vm
           Chassis: vm
        Machine ID: 4d8ff474a6a9414dbf5e35568b23222b
           Boot ID: f6c1a5da66a544bb946f1cfcacf6d755
    Virtualization: vmware
  Operating System: CentOS Linux 7 (Core)
       CPE OS Name: cpe:/o:centos:centos:7
            Kernel: Linux 3.10.0-514.el7.x86_64
      Architecture: x86-64
```

/etc/hostname 파일도 삭제 된 것을 확인할 수 있습니다.

```
[root@nobreak ~]# cat /etc/hostname
cat: /etc/hostname: No such file or directory
```

여기까지 네트워크 및 호스트 이름 관리에 대하여 학습하였습니다. 기존 방식에 변경된 부분이 많은 만큼 최신 리눅스 에서 주 네트워크 관리 기능으로 자리 잡은 네트워크 관리자의 개념과 사용법에 대하여서 반드시 숙지해야 합니다.

CHAPTER 12

OpenSSH (Open Secure Shell)

CHAPTER 12

OpenSSH(Open Secure Shell)

학습목표

OpenSSH(Open Secure Shell) 동작 방식을 이해할 수 있습니다.
키 기반 인증을 사용할 수 있습니다.
원격 파일 전송이 가능합니다.

학습내용

12.1 OpenSSH(Open Secure Shell) 소개
12.2 OpenSSH(Open Secure Shell) 설정 파일
12.3 OpenSSH(Open Secure Shell) 키 기반 인증
12.4 원격 파일 전송

관리자가 시스템을 관리 할 때 직접 서버에서 접속하는 방식과 외부에서 네트워크를 통해 접속하는 방식이 있습니다.

직접 서버에서 작업 하는 경우는 서버의 모니터와 키보드를 직접 연결하여 사용하는 방식과 콘솔 연결(콘솔케이블을 통한 연결 방식 , IP콘솔을 이용한 연결방식)방식으로 나누어집니다.

외부에서 네크워크를 통해 원격 접속할 때 사용하는 방식은 과거에는 텔넷(telnet)이나 리모트쉘(rsh)을 사용했으며, 근래에는 보안쉘(SSH)를 이용한 방식을 주로 사용하고 있습니다.

과거에 사용하던 텔넷과 같은 통신은 암호화 하지 않은 평문전송방식으로 공격자가 중간에서 데이터를 엿보거나 가로채서 변조하는 공격을 할 수 있어 안전하지 않습니다.

보안쉘(SSH)를 이용하면 데이터에 대한 암호화를 지원하여 보다 안전한 통신을 할 수 있습니다.

SSH는 암호키를 사용하여 시스템 간 통신할 때 데이터를 암호화합니다. 따라서 중간에 데이터를 가로채거나 변조하는 행위가 어려워 최근의 리눅스 시스템들은 SSH를 기본으로 사용하고 있습니다.

SSH는 SSH Communication Security에서 제작한 SSH와 BSD 라이센스로 제작한 OpenSSH가 있습니다.

이 장에서는 일반적으로 리눅스에 설치 운영되고 있는 OpenSSH의 배경과 원리를 설명하고 SSH를 이용하여 시스템에 원격 접속하는 방법에 대해서 학습합니다.

또한, OpenSSH 서비스의 설정 파일에 대해서 학습합니다. 설정 파일의 내용을 확인하고 구성하는 방법에 대해서 학습합니다.

마지막으로 원격으로 파일을 전송하는 방법에 대해서 학습합니다. 텔넷과 마찬가지로 리모트복사(rcp) 또는 ftp 명령은 데이터의 암호화를 제공하지 않습니다. 그래서 SSH의 원리를 이용한 scp 또는 sftp를 사용하여 데이터를 암호화해서 안전하게 전송할 수 있습니다.

이번 장에서는 다음과 같은 순서로 상세한 내용에 대해 다루어 보도록 하겠습니다.

12.1 OpenSSH(Open Secure Shell) 소개

12.2 OpenSSH(Open Secure Shell) 설정 파일

12.3 OpenSSH(Open Secure Shell) 키 기반 인증

12.4 원격 파일 전송

12.1 OpenSSH(Open Secure Shell) 소개

관리자는 시스템에 원격으로 접속하여 시스템을 좀 더 효율적으로 관리할 수 있습니다. OpenSSH는 시스템을 원격에서 접속할 때 사용하는 서비스입니다. OpenSSH가 등장하게 된 배경과 특징에 대해서 알아봅니다.

1 OpenSSH 배경

SSH 프로토콜을 사용하여 시스템으로 원격 접속 할 수 있게 도와주는 서비스는 두 종류 (SSH Communications Security사 개발 SSH , BSD 라이센스로 개발된 OpenSSH)가 있습니다.

SSH Communications Security의 SSH는 상용화 서비스이고 소스 코드는 공개되어 있지만 여러 가지 제약이 있었습니다. OpenSSH는 BSD 라이센스로 개발되었고 오픈 소스로 개발되어 있기 때문에 자유롭게 사용할 수 있습니다.

현재 RHEL7, CentOS7, OL7과 같은 엔터프라이즈 리눅스에는 OpenSSH가 설치되어 있습니다. 따라서 우리는 OpenSSH에 대해서 학습하도록 합니다. OpenSSH를 간략하게 SSH로 표기하여 사용하도록 하겠습니다. 단, 반드시 OpenSSH를 써야할 경우에는 OpenSSH라고 명시합니다.

2 원격 접속에 사용되는 도구

이전에는 시스템에 원격 접속할 때 텔넷(telnet)이나 리모트쉘(rsh)과 같은 도구들이 자주 사용되었습니다. 하지만 이 도구들은 시스템에 접속을 시도할 때부터 데이터를 전달하고 접속을 중단할 때까지 모든 전송이 평문 전송(Plain Text)으로 이루어집니다. 이 과정에서 사용자의 패스워드 같은 데이터를 중간에서 가로채거나 변조 할 수 있기 때문에 보안성이 매우 떨어집니다.

따라서, SSH는 모든 데이터를 암호화해서 전송합니다. 그래서 사용자는 시스템에 원격 접속할 때 보다 안전하게 사용할 수 있습니다.

이와 관련한 도구들은 ssh, ssh-keygen, scp 등이 있으며 이와 관련한 사항은 뒤에서 다루어 보도록 하겠습니다.

3 SSH 연결 과정

SSH는 데이터를 암호화 할 때 비대칭키 암호화와 대칭키 암호화 알고리즘을 사용합니다.

비대칭키 암호화 알고리즘은 데이터를 암호화하고 복호화할 때 사용하는 키가 다른 암호화 알고리즘을 의미합니다. 이 때 사용하는 키가 공개키(Public Key)와 개인키(Private Key)입니다. 공개키는 외부에 공개된 키로 누구나 공개키를 가지고 있어도 됩니다. 공개키는 데이터를 암호화하여 전달하며 공개키와 쌍으로 이루어진 개인키를 이용하여 암호화된 데이터를 복호화 하는데 사용합니다.

개인키는 절대로 공개 돼서는 안되는 키로 해당 시스템에만 존재해야 하는 키 입니다. 이 개인키는 데이터를 암호화해서 전달하거나 한 쌍을 이루는 공개키로 암호화된 데이터를 복호화 하는데 사용합니다.

대칭키 암호화 알고리즘은 데이터를 암호화와 복호화 할 때 사용하는 키가 같은 암호화 알고리즘을 의미합니다. 이 때 사용하는 키를 비밀키(Secret Key)라고 합니다.

다음은 server.nobreak.co.kr 시스템의 user02로 처음 원격 접속하는 예 입니다. 클라이언트가 서버에 접속 할 때 서버의 공개키가 클라이언트에 저장되어 있지 않으면 SSH서버의 공개키를 저장하기 위한 메시지가 출력됩니다. 이 때 no를 입력하면 접속이 이루어지지 않고 yes를 하게 되면 서버의 공개키를 클라이언트에 저장합니다.

```
[root@nobreak ~]# ssh user02@server.nobreak.co.kr
The authenticity of host 'server.nobreak.co.kr (172.16.91.129)' can't be established.
ECDSA key fingerprint is 18:4d:ff:d1:91:ae:46:7e:22:ee:69:63:3c:2f:f9:73.
Are you sure you want to continue connecting (yes/no)? yes
Warning: Permanently added 'server.nobreak.co.kr,172.16.91.129' (ECDSA) to the list of known hosts.
user02@server.nobreak.co.kr's password:
```

파일이 저장되는 위치는 접속을 시도한 사용자의 홈 디렉토리 아래 .ssh/known_hosts 파일에 저장됩니다.

```
[root@nobreak ~]# cat /root/.ssh/known_hosts
server.nobreak.co.kr,172.16.91.129 ecdsa-sha2-nistp256 AAAAE2VjZHNhLXNoYTItbml
zdHAyNTYAAAAIbmlzdHAyNTYAAABBBGd9Ot0RhK6wq6Eft9NI6KuWzSKtFxK7U/npLsmTtJzDQ1oHx
PMOLz38DAgkvtwwIF4APOwdG0pScaR0BdAidJI=
```

이 파일의 내용은 서버에서 제공한 공개키 파일의 내용과 같습니다. 파일의 내용을 살펴보면 IP주소 뒤에서 ecdsa 암호화 알고리즘을 사용하는 것을 확인할 수 있습니다. 서버에서 이 공개키 파일의 내용을 확인하고 싶을 경우 /etc/ssh/ 디렉토리에서 확인합니다.

```
[root@nobreak ~]# ls /etc/ssh/ssh_host_ecdsa_key*
/etc/ssh/ssh_host_ecdsa_key   /etc/ssh/ssh_host_ecdsa_key.pub

[root@nobreak ~]# cat /etc/ssh/ssh_host_ecdsa_key.pub
ecdsa-sha2-nistp256 AAAAE2VjZHNhLXNoYTItbmlzdHAyNTYAAAAIbmlzdHAyNTYA
AABBBCu0kzRrk/r935Dwc/fuHQoRnegUdKdPyNHNC2NwmSlYZc7jaz/G/IDDrdFt0gS/
FHcOJwXGC7ZgEU1vFdO4E/I=
```

/etc/ssh 디렉토리에는 sshd 서비스와 관련된 파일들이 저장됩니다. 그 중 'ssh_host_'로 시작하는 파일은 암호화 키 파일입니다. 현재 ecdsa 암호화 알고리즘을 사용하고 있으므로 ssh_host_ecdsa_key를 포함한 파일 목록을 확인합니다.

뒤에 '.pub' 확장자가 추가된 파일이 서버의 ecdsa 암호화 알고리즘의 공개키 파일입니다. 이 파일의 내용을 확인하면 클라이언트의 known_hosts에 저장된 파일의 내용과 동일함을 확인할 수 있습니다.

서버의 공개키를 저장한 뒤 클라이언트는 Diffie-Hellman 알고리즘을 사용해 난수(Random) 데이터를 생성하여 대칭키 암호화를 위한 비밀키(Secret Key)를 생성합니다. 이 비밀키를 다시 서버의 공개키로 암호화하여 서버에게 전달합니다. 서버는 서버의 공개키로 암호화된 비밀키를 복호화하여 클라이언트에서 생성한 비밀키를 얻게 됩니다. 이 비밀키를 사용하여 클라이언트와 서버는 데이터를 암호화 하여 통신합니다.

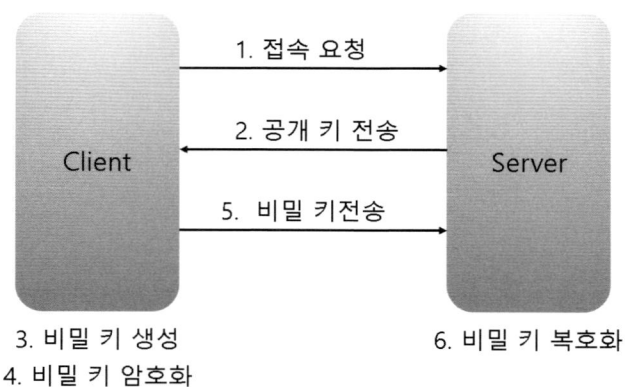

그림 12-1 SSH 연결 과정

이 과정을 조금 더 상세하게 그림으로 표현하면 다음과 같습니다.

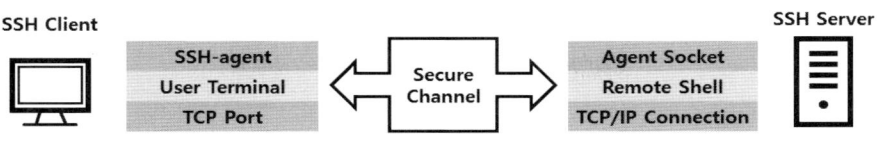

그림 12-2 SSH 연결 과정

클라이언트와 서버는 SSH를 통해 암호화 된 통신을 수행합니다. SSH 연결을 사용하는 에이전트, 또는 SSH를 사용한 리모트 쉘 연결, 특정 포트 연결을 SSH를 터널링(Tunneling)하여 다른 서버로 연결하는 방식 등을 사용할 수 있습니다.

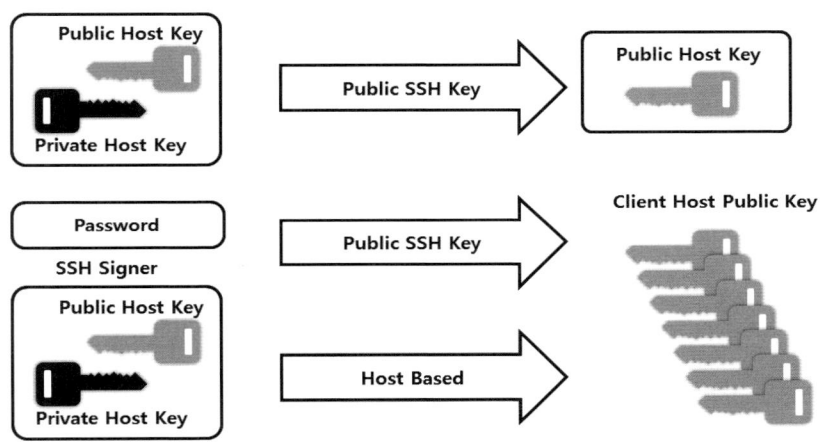

그림 12-3 SSH 사용자 인증 프로토콜

SSH 인증 프로토콜입니다. 인증 과정에 키를 사용할 경우 클라이언트의 키를 서버로 복사하는 과정이 진행되고, 이후 인증 과정에 클라이언트의 키를 사용합니다. 서버는 각 사용자의 공개키를 각 사용자별로 보관하고 있습니다.

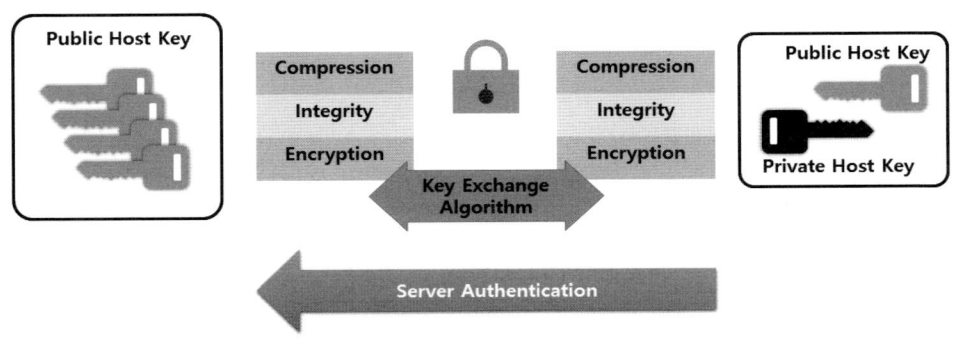

그림 12-4 SSH 전송 프로토콜

SSH 인증을 통과한 사용자는 서버와 클라이언트 간 암호화 된 통신을 수행할 수 있습니다. 클라이언트와 서버 간 SSH 버전 및 사용가능한 암호화 알고리즘에 대하여 협상(Negotiation)한 후, 인증과정에 주고받은 대칭키를 사용하여 암호화된 통신을 수행합니다.

4 ssh 명령 사용

클라이언트에서 SSH를 사용하여 원격 접속 할 때 ssh 명령을 사용합니다. ssh 명령을 사용할 때에는 사용자의 아이디와 패스워드를 기본적으로 알고 있어야 합니다.

서버의 설정에 따라 패스워드 인증방식이 거부되고 키 기반인증만 허용되는 경우도 존재합니다. 다음은 ssh 명령의 사용 형식입니다.

```
ssh [user-name]@address
```

user-name 에는 접속하고자 하는 사용자 이름을 지정합니다. address 에는 접속하려는 시스템의 DNS 이름 또는 IP주소를 입력합니다.

1] 기본 사용

ssh 명령 다음에 인자로 접속할 IP주소 또는 DNS 이름 같은 시스템의 주소를 입력합니다.

```
[user01@nobreak ~]$ ssh server.nobreak.co.kr
user01@server.nobreak.co.kr's password:
```

위의 예는 사용자를 지정하지 않았습니다. 사용자를 지정하지 않으면 클라이언트에 로그인된 사용자와 동일한 UID를 가진 사용자를 서버에서 검색합니다. 서버에 동일한 UID를 가진 사용자가 없으면 접속되지 않습니다.

2] 사용자 지정

ssh 명령을 사용할 때 사용자를 지정하는 방식이 가장 많이 사용하는 유형입니다. 사용자를 지정한 후, '@' 뒤에 시스템의 IP 나 DNS 이름을 입력합니다.

아래 예는 클라이언트의 루트 사용자가 서버의 user01 사용자로 원격 접속하는 과정입니다.

```
[root@nobreak ~]# ssh user01@server.nobreak.co.kr
user01@server.nobreak.co.kr's password:
Last failed login: Tue Feb 21 18:23:10 KST 2017 from 172.16.91.110 on
ssh:notty
There were 3 failed login attempts since the last successful login.
[user01@server ~]$
```

로그인에 성공하면 로그인이 성공하기 까지 로그인을 실패한 횟수가 출력됩니다. 현재 로그인하기 전까지 3번의 로그인 시도가 있었다는 메시지를 확인할 수 있습니다.

3] X11 포워딩

ssh를 사용하여 시스템에 원격 접속할 경우 그래픽 도구를 사용할 수 없습니다.

```
[root@nobreak ~]# ssh user01@server.nobreak.co.kr
user01@server.nobreak.co.kr's password:
Last login: Tue Feb 21 18:36:47 2017 from 172.16.91.110
[user01@server ~]$ firefox google.co.kr
Error: no display specified
```

하지만 OpenSSH는 X11 포워딩이라는 기능을 제공하는데 이 기능을 사용하여 시스템에 원격 접속해도 그래픽 도구를 사용할 수 있습니다. ssh 명령에 –X 옵션을 추가합니다.

```
[root@nobreak ~]# ssh -X user01@server.nobreak.co.kr
user01@server.nobreak.co.kr's password:
Last login: Tue Feb 21 18:36:14 2017 from 172.16.91.110
[user01@server ~]$ firefox google.co.kr &
```

firefox 명령으로 웹 브라우저를 실행해 google 사이트에 접속합니다.

그림 12-5 X11 포워딩

브라우저 상단에 그래픽 도구가 실행되고 있는 시스템의 이름이 출력됩니다.

4] 원격으로 명령 실행

ssh 명령으로 원격 접속을 하지 않고 원격으로 접속할 시스템에 명령을 실행할 수 있습니다. ssh 명령으로 접속하는 명령어 뒤에 실행할 명령을 입력합니다.

```
[root@nobreak ~]# ssh user01@server.nobreak.co.kr hostname
user01@server.nobreak.co.kr's password:
server.nobreak.co.kr
[root@nobreak ~]#
```

server.nobreak.co.kr 시스템의 user01 사용자로 인증한 뒤 hostname이라는 명령을 실행한 결과 값을 화면에 출력합니다.

12.2 OpenSSH(Open Secure Shell) 설정 파일

OpenSSH 설정 파일은 /etc/ssh 디렉토리에 존재합니다. 이 디렉토리에서 OpenSSH의 클라이언트 설정이나 서버 설정 그리고 암호화 알고리즘에 따른 암호키를 확인할 수 있습니다.

각 파일이 가지는 기능에 대해서 살펴보고 OpenSSH 서버 설정에 대해서 알아보도록 합니다.

1 OpenSSH의 구성 파일 위치

OpenSSH의 구성 파일들은 /etc/ssh 디렉토리에 존재합니다.

```
[root@nobreak ~]# ls /etc/ssh/
moduli          ssh_host_ecdsa_key        ssh_host_ed25519_key.pub
ssh_config      ssh_host_ecdsa_key.pub    ssh_host_rsa_key
sshd_config     ssh_host_ed25519_key      ssh_host_rsa_key.pub
```

디렉토리 내에 존재하는 파일의 목록을 보면 위와 같습니다. 다음 파일들에 대한 설명은 표 12-1 과 같습니다.

파일 이름	설명
moduli	Diffie-Hellman 알고리즘에 사용되는 파라미터가 포함되어 있음
ssh_config	OpenSSH 클라이언트 설정에 필요한 파일
sshd_config	OpenSSH 서버 설정에 필요한 파일
ssh_host*key	*대신 암호화 알고리즘 이름으로 대체 해당 알고리즘의 개인키
ssh_host*key.pub	*대신 암호화 알고리즘 이름으로 대체 해당 알고리즘의 공개키

표 12-1 OpenSSH의 구성 파일들

2 OpenSSH 서버 설정

/etc/ssh/sshd_config 파일이 OpenSSH 서버의 설정을 다루는 파일입니다. 이 파일을 수정하면 sshd 서비스를 재시작 해야 합니다. 이 파일에서 몇 개의 키워드와 값만 살펴보도록 합니다.

1] 기본 연결 설정

이 값들은 '#'으로 시작하므로 주석이지만 기본값으로 적용되어 있는 값입니다.

```
❶ #Port 22
❷ #ListenAddress 0.0.0.0
#ListenAddress ::

# The default requires explicit activation of protocol 1
❸ #Protocol 2
```

❶ SSH에서 사용할 포트를 의미합니다. SSH는 기본 22번 포트를 사용합니다.

❷ sshd 서비스가 대기할 주소입니다. '0.0.0.0'은 모든 주소에 대해서 대기한다는 의미입니다.

❸ SSH버전을 선택합니다. 버전 1 또는 버전 2를 선택할 수 있고 Protocol 2로 설정하면 버전 2만 허용한다는 의미입니다.

2] 키 파일 관련 설정

```
# HostKey for protocol version 1
#HostKey /etc/ssh/ssh_host_key
❶# HostKeys for protocol version 2
HostKey /etc/ssh/ssh_host_rsa_key
#HostKey /etc/ssh/ssh_host_dsa_key
HostKey /etc/ssh/ssh_host_ecdsa_key
HostKey /etc/ssh/ssh_host_ed25519_key

# Lifetime and size of ephemeral version 1 server key
#KeyRegenerationInterval 1h
❷ #ServerKeyBits 1024
```

❶ OpenSSH 에서 사용할 암호화 알고리즘의 키 파일을 선택합니다. 현재 rsa, ecdsa, ed25519 암호화 알고리즘을 사용하는 키 파일을 생성하여 /etc/ssh 디렉토리에 저장하도록 설정되어 있습니다.

❷ 키 파일 생성 시에 비트 수를 지정할 수 있습니다. (최소 512) 이 값은 현재 1024로 설정되어 있습니다.

3 로그 관련 설정

```
# Logging
# obsoletes QuietMode and FascistLogging
#SyslogFacility AUTH
❶ SyslogFacility AUTHPRIV
❷ #LogLevel INFO
```

❶ 로그 파일 생성 시에 해당 로그 파일의 종류를 지정합니다. AUTHPRIV는 인증 관련 로그입니다. 이 로그는 /var/log/secure에서 확인할 수 있습니다.

❷ 로그 파일 생성 시 로그의 우선순위를 지정합니다.

4 인증 관련 설정

```
❶ #LoginGraceTime 2m
❷ #PermitRootLogin yes
❸ PasswordAuthentication yes
```

❶ 로그인 실패 시에 연결을 끊는 시간을 설정할 수 있습니다.

❷ 루트 사용자로 원격 접속을 시도 할 때 허용 여부를 설정합니다. 보통 루트 사용자로 원격 로그인하는 설정은 막아둡니다. 이 값이 without-password 일 경우 키 기반 인증의 루트 사용자 접근은 허용합니다.

❸ 원격 로그인 인증 시 패스워드 인증 사용 유무를 결정합니다. 이 값을 no로 하게 되면 키 기반 인증만 사용할 수 있습니다. 하지만 키 기반 인증 사용자를 등록할 때 이 값이 no로 설정되어 있으면 키 기반 인증등록을 진행할 수 없습니다.

12.3 OpenSSH(Open Secure Shell) 키 기반 인증

ssh를 사용하여 시스템에 원격으로 접속 할 때 기본적으로 사용자 아이디와 패스워드를 알고 있어야 합니다. 하지만 키 기반 인증은 사용자의 암호를 알고 있지 않아도 원격 접속 할 수 있는 인증방법입니다. 물론 키 기반 인증을 위하여 키를 등록하려면 해당 사용자의 패스워드를 알아야 합니다.

이 인증방식은 오픈스택 같은 클라우드 서비스에서 사용하는 방법입니다. 클라우드 서비스를 통해 가상머신을 할당 받을 때 가상머신에 접속하기 위해선 패스워드 인증보다 키 기반 인증을 사용합니다. 패스워드 인증은 사용자의 아이디와 패스워드만 알고 있으면 누구든 접속 가능하기 때문에 보안성이 떨어질 수 있지만 키 기반 인증은 인증할 수 있는 키를 가지고 있는 사용자만 접속할 수 있기 때문입니다.

비유하자면 아파트 현관문의 잠금장치가 비밀번호 키로 되어 있는 경우와 물리적인 열쇠로 되어 있는 경우를 생각해보면 됩니다. 도둑이 아파트 잠금장치의 비밀번호를 알고 있으면 들어올 수 있지만 열쇠로 되어 있는 아파트는 그 열쇠를 따로 복사하거나 강제로 뜯지 않는 이상 그 아파트에 접근할 수 없습니다. SSH의 키 기반 인증은 열쇠로 되어 있는 아파트의 잠금장치와 유사합니다. 이제부터 SSH의 키 기반 인증에 대해서 학습하도록 합니다.

1 키 파일 생성

키 파일을 생성하기 위해서 ssh-keygen 명령을 사용합니다.

다음은 ssh-keygen 명령의 형식입니다.

```
ssh-keygen [option] [argument]
```

이 명령을 사용하면 사용자의 홈 디렉토리 하위 디렉토리인 .ssh에 인증을 위한 개인키와 공개키 한 쌍이 생성됩니다. 이 명령은 대화형으로 진행됩니다.

```
[root@nobreak ~]# ssh-keygen
Generating public/private rsa key pair.
❶Enter file in which to save the key (/root/.ssh/id_rsa):
❷Enter passphrase (empty for no passphrase):
Enter same passphrase again:
Your identification has been saved in /root/.ssh/id_rsa.
Your public key has been saved in /root/.ssh/id_rsa.pub.
The key fingerprint is:
1a:fa:6d:43:07:ce:69:a1:c0:f0:e2:9b:66:d3:89:72 root@nobreak.co.kr
The key's randomart image is:
+--[ RSA 2048]----+
|                 |
| .               |
| +               |
| . + o           |
| . . ..+S+       |
| . ..o* .        |
| =...o .         |
|. E o. .o        |
| = . ....        |
+-----------------+
```

❶ 키가 저장되는 위치와 이름을 지정할 수 있습니다. 기본 값으로 사용자의 홈 디렉토리 아래의 .ssh디렉토리에 개인 키인 id_rsa 파일과 공개키인 id_rsa.pub 파일이 생성됩니다.

❷ passphrase를 입력할 수 있습니다. 입력 값에 Enter를 입력하면 키 기반인증 시 키 파일만으로 인증합니다. passphrase에 특정 값을 입력하면 이 키를 사용해서 사용자를 인증할 때 passphrase값을 입력해야 인증이 완료됩니다.

ssh-keygen 명령을 사용할 때 '-t' 옵션을 주어 암호화 알고리즘을 지정할 수 있습니다. ecdsa암호화 알고리즘의 암호 키를 생성하고 싶다면 'ssh-keygen -t ecdsa'를 입력합니다.

```
[root@nobreak ~]# ssh-keygen -t ecdsa
Generating public/private ecdsa key pair.
Enter file in which to save the key (/root/.ssh/id_ecdsa):
```

2 키 파일 복사

키 파일 중 공개키를 접속하고자 하는 시스템에 전달합니다. ssh-copy-id 명령을 사용하며 옵션을 주지 않을 경우 자동으로 사용자의 홈 디렉토리의 .ssh 디렉토리에서 id_rsa.pub 파일을 전송합니다.

다음은 ssh-copy-id 명령의 형식입니다.

```
ssh-copy-id [option] [argument] [user-name]@address
```

'-i' 옵션을 사용하면 다른 위치에 저장되어 있는 공개키 파일을 지정하여 전송할 수 있습니다. 키 파일을 전송할 때 전송하려는 시스템의 사용자의 아이디와 패스워드를 알고 있어야 합니다.

```
[root@nobreak ~]# ssh-copy-id user02@server.nobreak.co.kr
/usr/bin/ssh-copy-id: INFO: attempting to log in with the new key(s), to
filter out any that are already installed
/usr/bin/ssh-copy-id: INFO: 1 key(s) remain to be installed -- if you are
prompted now it is to install the new keys
user02@server.nobreak.co.kr's password:

Number of key(s) added: 1

Now try logging into the machine, with:   "ssh 'user02@server.nobreak.co.kr'"
and check to make sure that only the key(s) you wanted were added.

[root@nobreak ~]# ssh user02@server.nobreak.co.kr
Last login: Mon Feb 20 23:59:19 2017
[user02@server ~]$
```

키가 전송된 뒤에 원격 접속을 하면 패스워드를 입력하는 프롬프트가 출력되지 않는 것을 확인할 수 있습니다.

3 키 파일 확인

명령을 실행하면 id_rsa.pub 파일이 접속하려는 시스템으로 전송되는데 이 때 파일 자체가 전송되는 것이 아니라 파일의 내용인 키 값이 전송됩니다. 이 키 값은 접속하려는 시스템의 사용자의 홈 디렉토리에 .ssh 디렉토리의 authorized_keys 파일에 저장됩니다.

```
[user02@server ~]$ cat /home/user02/.ssh/authorized_keys
ssh-rsa AAAAB3NzaC1yc2EAAAADAQABAAABAQCwqEGCCILsgWW/NqgqqP4vFIEEIBGqkJXzqymdu1
Sy20CrR/xn0+0H6yrBsh4aIMAVILQ7iZPaD1vFxUC8LtyBfCxSy9ydfYUURUB7gMnxAQCp//fmbw
vPQeKdaDkJFS165Fz+l0DCnVhLnCLga6622bhoqssvbvXHe260vHV6bmBKhLytXTvAay0fuVn4c1
GgUSXFqyEYw3WN62D6czwEQeexbQzfkQz3jrt7sKXMW7CwL40ZYkP7f40sjvQdp1sFQpUjtd7qX
J+IpxLhL7vqJavXDje/ruUAP605r0dTx8baVLQ4cOiGmJsy0J75WLil0FPfnWFUDVIx11xcQU7l
root@nobreak.co.kr
```

이 파일의 내용과 이 공개키를 전송한 시스템에서의 id_rsa.pub 파일의 키 내용이 일치해야 합니다.

```
[root@nobreak ~]# cat /root/.ssh/id_rsa.pub
ssh-rsa AAAAB3NzaC1yc2EAAAADAQABAAABAQCwqEGCCILsgWW/NqgqqP4vFIEEIBGqkJXzqymdu1
Sy20CrR/xn0+0H6yrBsh4aIMAVILQ7iZPaD1vFxUC8LtyBfCxSy9ydfYUURUB7gMnxAQCp//fmbw
vPQeKdaDkJFS165Fz+l0DCnVhLnCLga6622bhoqssvbvXHe260vHV6bmBKhLytXTvAay0fuVn4c1
GgUSXFqyEYw3WN62D6czwEQeexbQzfkQz3jrt7sKXMW7CwL40ZYkP7f40sjvQdp1sFQpUjtd7qX
J+IpxLhL7vqJavXDje/ruUAP605r0dTx8baVLQ4cOiGmJsy0J75WLil0FPfnWFUDVIx11xcQU7l
root@nobreak.co.kr
```

12.4 원격 파일 전송

SSH를 사용하여 시스템 간 원격으로 파일을 전송할 수 있습니다. 소개할 명령은 scp와 sftp입니다.

1 scp(Secure Copy) 명령 사용

scp는 rcp를 대체 하기 위한 명령입니다. rcp는 텔넷과 마찬가지로 평문 전송이기 때문에 보안성이 떨어집니다. scp는 ssh를 이용하여 원격으로 파일이 전송되기 때문에 데이터 전송 시 암호화 됩니다.

명령어 형식은 cp 명령과 같습니다. cp 명령과 다른 점은 인자를 지정할 때 다른 시스템의 디렉토리나 파일을 지정할 수 있다는 점입니다.

다음은 scp 명령의 형식입니다.

```
scp [option] source1 source2 .. destination
```

다른 시스템의 파일의 위치를 지정할 때는 '[user-name]@address:path' 형식을 사용합니다. 이는 ssh 명령을 사용하는 형식과 같습니다. 디렉토리를 전송할 때는 cp 명령과 마찬가지로 '-r' 옵션을 추가합니다.

1] 로컬에서 원격으로의 전송

이 예는 nobreak 시스템의 /root/fileA 를 server.nobreak.co.kr 시스템의 user02사용자의 홈 디렉토리로 복사합니다.

```
[root@nobreak ~]# cat /root/fileA
Secure Copy is Success
[root@nobreak ~]# scp /root/fileA user02@server.nobreak.co.kr:/home/user02
user02@server.nobreak.co.kr's password:
fileA                                      100%    23     0.0KB/s   00:00
```

복사가 성공한 뒤에 server.nobreak.co.kr 시스템에서 확인합니다.

```
[user02@server ~]$ cat /home/user02/fileA
Secure Copy is Success
```

2] 원격에서 로컬로 전송

server.nobreak.co.kr의 user02 사용자의 홈 디렉토리에 존재하는 dirA 디렉토리를 복사하는 예 입니다.

```
[user02@server ~]$ ls /home/user02/dirA/
fileA   fileB
```

server.nobreak.co.kr 시스템의 user02 사용자 홈 디렉토리에서 dirA 디렉토리를 확인합니다.

```
[root@nobreak ~]# scp -r user02@server.nobreak.co.kr:/home/user02/dirA /root
user02@server.nobreak.co.kr's password:
fileA                                         100%   23     0.0KB/s   00:00
fileB                                         100%   15     0.0KB/s   00:00
[root@nobreak ~]# ls dirA/
fileA  fileB
```

전송이 완료되면 전송된 파일을 확인할 수 있습니다.

2 sftp(Secure File Transfer Protocol) 명령 사용

sftp는 기존에 사용하던 ftp방식과 유사하게 사용하는 파일 전송 방식으로 SSH에서 사용하는 암호화 방식을 함께 사용해 좀 더 안전하게 파일을 주고받을 수 있도록 도와주는 도구입니다. sftp 명령을 사용하는 방법은 ssh 명령을 사용하는 것과 동일합니다.

다음은 sftp 명령의 형식입니다.

```
sftp [user-name]@address
```

server.nobreak.co.kr 시스템의 user02 사용자와 파일을 주고받기 위해 연결한 예입니다.

```
[root@nobreak ~]# sftp user02@server.nobreak.co.kr
user02@server.nobreak.co.kr's password:
Connected to server.nobreak.co.kr.
sftp> pwd
Remote working directory: /home/user02
```

명령을 실행하고 사용자의 패스워드를 입력하면 'sftp>' 와 같은 프롬프트가 나타납니다. 이 때 pwd 명령을 입력하면 현재 어떤 위치의 디렉토리에 있는지 확인할 수 있습니다.

```
sftp> ls -l
drwxrwxr-x    2 user02    user02          30 Feb 21 01:32 dirA
-rw-rw-r--    1 user02    user02          34 Feb 21 22:36 share.txt
sftp> cd dirA/
sftp> pwd
Remote working directory: /home/user02/dirA
sftp> mkdir sftp
sftp> ls
fileA   fileB   sftp
```

'sftp>' 프롬프트에서 쉘에서 사용하는 디렉토리의 목록을 확인하거나 이동할 때 사용하는 명령을 사용할 수 있습니다. 클라이언트에 있는 파일을 서버로 전송하려면 put 명령을 서버에 있는 파일을 클라이언트로 다운 받으려면 get을 사용합니다.

```
[root@nobreak ~]# ls /root/sftp/
sftp.txt
```

현재 클라이언트의 /root/sftp 디렉토리에는 sftp.txt 파일이 존재합니다. 이 파일을 server.nobreak.co.kr 시스템의 /home/user02/dirA 디렉토리로 전송합니다.

```
sftp> put /root/sftp/sftp.txt /home/user02/dirA/
Uploading /root/sftp/sftp.txt to /home/user02/dirA/sftp.txt
/root/sftp/sftp.txt                              100%   18     0.0KB/s   00:00
sftp> ls /home/user02/dirA/
/home/user02/dirA/fileA
/home/user02/dirA/fileB
/home/user02/dirA/sftp
/home/user02/dirA/sftp.txt
```

다음은 sftp를 사용하여 접근한 서버의 /home/user02/dira/sftp/fileA를 클라이언트로 전송합니다.

```
sftp> get /home/user02/dirA/fileA /root/sftp
Fetching /home/user02/dirA/fileA to /root/sftp/fileA
/home/user02/dirA/fileA                          100%   23     0.0KB/s   00:00
```

클라이언트 시스템에서 확인하면 파일이 전송된 것을 알 수 있습니다.

```
[root@nobreak ~]# ls /root/sftp/
fileA  sftp.txt
```

표 12-2는 sftp 프롬프트에서 사용할 수 있는 명령을 정리한 것입니다.

명령	설명
ls PATH	디렉토리 내용 확인
cd PATH	디렉토리 이동
mkdir PATH	디렉토리 생성
rmdir PATH	디렉토리 제거
put LOCAL [REMOTE]	클라이언트의 파일을 원격으로 전송
get REMOTE [LOCAL]	원격의 파일을 클라이언트로 전송

표 12-2 sftp 프롬프트에서 사용 가능한 명령

CHAPTER 13

NTP 서버 관리

CHAPTER 13
NTP 서버 관리

학습목표

NTP의 개념에 대해 이해합니다.
chrony 서비스의 역할과 사용법을 학습합니다.
시간 설정 방법에 대해서 학습합니다.

학습내용

13.1 NTP 소개
13.2 chrony 서비스
13.3 수동 시간 설정

모든 IT 기반 시스템에서는 정확한 시간정보를 유지하는 것이 매우 중요합니다. 시스템의 시간 정보는 다양한 용도로 사용되기 때문에 시간 정보가 맞지 않는 경우는 비정상적으로 동작하거나, 시스템 분석 시 분석결과에 영향을 끼칠 수도 있습니다.

예를 들어 시스템 운영 시 미묘한 시간의 차이로 인해 시스템의 장애가 발생되는 경우가 종종 있으며, 침해사고가 발생한 여러 시스템을 조사할 때 각 시스템간의 시간 정보가 일치되지 않을 경우, 침해사고의 발생순서 및 인과관계 등을 파악하기가 어렵습니다. 또, 암호화 하거나, 일부 보안 인증방식의 경우 인증서버와 클라이언트 간 시간정보가 차이 날 경우 인증이 거절됩니다. 따라서 시스템의 시간 정보를 정확하게 일치 시키는 것은 매우 중요한 일이라고 할 수 있습니다.

시간정보를 정확하게 교정할 수 있는 방법 중 하나로 GPS(Global Positioning System)을 사용한 방식이 있습니다. GPS의 신호의 시간 정보를 수신하여 시간정보를 동기화 할 경우, 수 ms(millisecond) 이내의 범위에서 시간정보를 정확하게 교정할 수 있습니다. 하지만 시스템별로 GPS를 수신할 수 있는 장비 및 신호를 수신할 수 있는 환경이 갖추어져야하는 제약이 있습니다.

시간 정보를 교정할 수 있는 또 다른 방법은 NTP(Network Time Protocol) 서버를 사용하여 시간정보를 교정하는 방식입니다. NTP는 시스템 간의 네트워크를 통해 시간을 동기화 할 때 사용하는 네트워크 프로토콜입니다. 이 방식은 별도의 장비가 없어도 NTP서버와 네트워크로 연결되어 있는 상태에서 서버로부터 정확한 시간 정보를 획득할 수 있습니다. 리눅스 시스템은 NTP서버에 정기적으로 연결하여 시간정보를 동기화함으로써 시스템의 정확한 시간 정보를 유지할 수 있습니다.

리눅스 시스템의 시간 정보를 관리하기 위하여 NTP 시간 동기화 방식 및 NTP서버 추가/삭제 등의 설정을 수행하고, 직접 명령어를 사용해서 시간을 설정하는 방법을 사용하여 시스템의 시간 정보를 수정 할 수도 있습니다.

이번 장에서는 다음과 같은 순서로 상세한 내용에 대해 다루어 보도록 하겠습니다.

13.1 NTP 소개

13.2 chrony 서비스

13.3 수동 시간 설정

13.1 NTP 소개

NTP는 컴퓨터의 시스템의 시간을 동기화할 때 사용하는 프로토콜로써 델라웨어 대학의 데이비드 L. 밀스 교수에 의해 개발되었습니다. 인터넷에 연결되어 있는 시스템은 NTP 프로토콜을 사용하여 인터넷 상의 NTP서버와 시간 동기화 할 수 있습니다. NTP서버는 정확한 시간정보를 제공하기 위해 원자시계 등으로부터 정확한 시간정보를 제공받고 있습니다.

NTP 서버와 연결하기 위해서는 NTP서버의 주소가 필요합니다. NTP서버의 목록은 www.pool.ntp.org에서 확인할 수 있습니다. NTP 서버들은 모두 UTC(협정 세계시, Coordinated Universal Time)를 제공합니다. UTC는 영국 그리니치를 시간의 기준으로 계산하는 GMT(그리니치 평균시, Greenwich Mean Time)를 기반으로 표준화된 국제표준시 규격입니다.

1 NTP 동작 방식

NTP 서버를 통해 시간정보를 동기화 시키는 과정은 다음 그림과 같습니다.

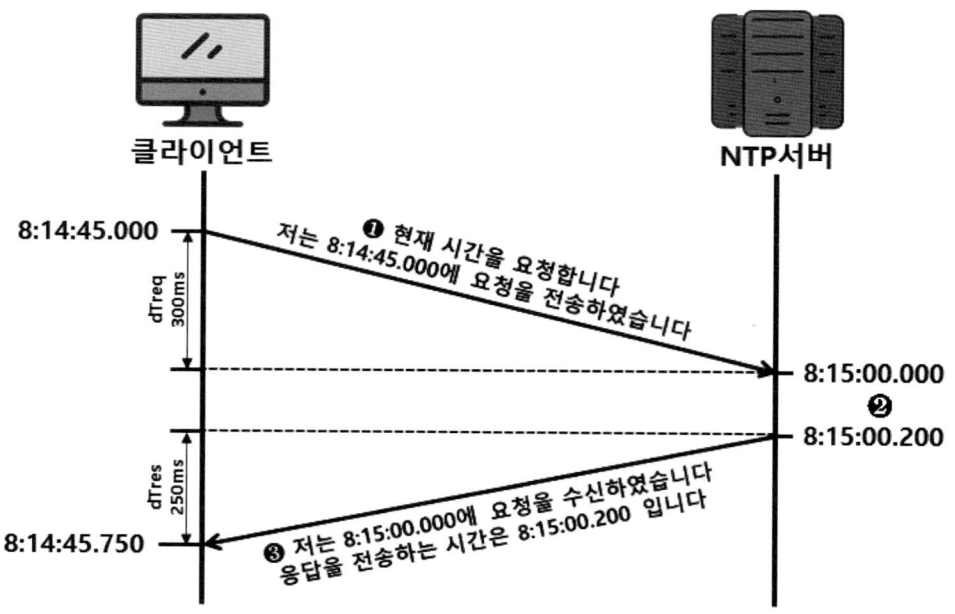

그림 13-1 NTP서버 시간 동기화 과정

각 과정에 대한 설명은 다음과 같습니다.

❶ 시간정보를 동기화시키고자 하는 클라이언트 NTP서버로 정확한 시간정보 요청을 전송합니다. 이 때 자신이 가지고 있는 정확하지 않은 시간 정보를 함께 전송합니다.

❷ NTP서버는 요청을 수신 후 응답을 준비합니다.

❸ NTP서버는 요청을 전송받은 정확한 시간정보와, 요청 수신 후 응답하는 정확한 시간정보를 포함한 정보를 응답합니다.

수신 받은 시간정보를 그대로 현재 클라이언트에 적용할 경우, 응답 데이터 전송에 소요된 시간(dTres) 만큼의 오차가 발생합니다. 따라서 요청 후 응답 수신하기까지 걸린 시간과 서버에서 요청 수신 후 응답하기까지 지연된 시간(❷)을 참고하여 전송지연시간을 계산하여 보정합니다.

그림 13-1 'NTP서버 시간 동기화 과정'에서 시스템은 부정확한 시간 정보를 사용하여 8시 14분 45초에 시간정보를 요청합니다. 그리고 요청 데이터가 전송되는 데 300ms(0.3초)의 시간이 소요되었습니다. 서버는 요청 수신 후 200ms 후 응답을 송신하고, 응답 데이터가 전송되는데 250ms가 소요되었습니다. 하지만 시간정보를 요청한 클라이언트는 각 단계에 정확하게 얼마나 시간이 소요되었는지 알 수 없습니다.

따라서 클라이언트는 자신이 가지고 있는 정보를 사용하여 전송에 걸린 시간 정보를 파악합니다. 클라이언트는 요청을 전송하고 750ms 후에 시간정보를 수신하였고, 수신한 시간정보에는 서버가 요청 후 응답하기까지 걸린 시간이 포함되어 있습니다. 이 정보를 사용하여 정확하게 송신/수신에 걸린 시간을 각각 알 수는 없지만, 송신/수신 시간을 합한 시간을 계산할 수 있습니다. 전체 소요시간이 750ms이고, 서버에서 200ms의 지연이 발생하였으므로, 송수신에 소요된 시간은 총 550ms, 편도로 계산하면 반으로 나누어 275ms가 전송에 소요된 시간이라고 계산합니다. 이 결과에 따라 클라이언트는 응답 패킷을 수신한 시간이 응답 패킷 내의 확한 시간 정보에 275ms를 더한 시간으로 계산하여 현재 시간을 교정합니다. 결과적으로 약 25ms의 오차로 정확한 시간정보를 획득할 수 있습니다.

이 방식을 사용하여 정확한 수신 지연시간을 계산할 수는 없습니다. 하지만 여러 NTP 서버를 대상으로 이 과정을 반복 수행하고 오차를 최소화하여 정확도를 증가시킬 수 있습니다. 실제 NTP서버를 통해 시간을 동기화 할 경우 최대 약 30ms 이내의 오차로 시간정보를 교정할 수 있습니다.

2 NTP 계층 구조

NTP서버는 1부터 15까지의 단계(Stratum)로 구분되어 있습니다. 이 단계는 시간 정보를 동기화하는 방식에 따라 나누어집니다. 'Stratum 0'이 가장 상위 계층으로, 원자시계나 GPS등 정밀한 시간 계측 장비를 의미하고, Stratum 0을 제외한 1~15 서버는 각각 상위 계층으로부터 시간정보를 동기화합니다. 따라서 상위계층일수록 더욱 정확한 시간정보를 가지고 있습니다.

각 단계별 NTP 서버의 특징은 다음과 같습니다.

단계	특징
Stratum 0	가장 상위 계층으로 Primary Reference Clock이라고 불립니다. 원자시계, GPS등의 고정밀 장비로, 정확한 시간 신호를 발생합니다. Stratum 1에게 정확한 시간정보를 제공하는 용도로 사용합니다.
Stratum 1	Stratum 0로부터 시간정보를 수신하고 동기화합니다. 클라이언트가 시간 동기화를 요청할 수 있는 최상위 NTP 이지만 요청이 과도하게 집중될 경우 부하가 높아질 수 있어, 일반적으로 Stratum 2 서버 이외의 접근을 차단하고 있습니다.
Stratum 2	Stratum 1로 부터 시간을 동기화하여 높은 정확도를 가지고 있습니다. 일반적인 시간동기화 요청에 사용할 수 있는 최상위 NTP서버입니다.
Stratum n	각각 자신보다 상위 단계의 서버로부터 시간을 동기화합니다. 계층이 낮아질수록 시간정확도가 낮을 가능성이 높습니다.

표 13-1 NTP 계층

같은 네트워크에 연결된 여러 시스템에서 시간동기화가 필요할 경우, 네트워크 내부에 직접 Stratum 3 서버를 구성할 수 있습니다. 네트워크 내부에 Stratum 3 서버를 구성하고 외부의 Stratum 2 서버에서 시간을 동기화하여, 네트워크 내부 시스템들은 다시 사설 Stratum3 서버와 동기화를 수행하는 방식을 사용할 경우 시간 시간정확도 뿐만 아니라 내부 시스템 간의 시간정보가 서로 정밀하게 동기화되는 효과를 얻을 수 있습니다.

만약 내부 시스템 간의 정밀한 시간동기화가 필요하지 않거나, 직접 NTP서버를 구성하기 어려울 경우, Stratum 2 서버나 Stratum 3 서버 등을 사용할 수 있습니다. NTP 서버의 단계가 낮아져도 시간 정밀도는 수 μs(microsecond) 이내로 정밀하게 유지되고 있습니다.

다음 그림은 NTP 13-2는 서버 계층 구조를 나타내고 있습니다.

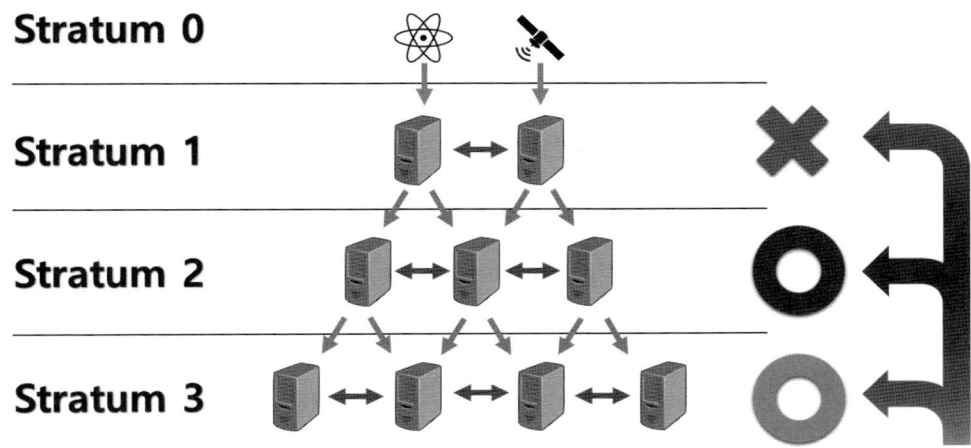

그림 13-2 NTP 계층 구조

13.2 chrony 서비스

이전 버전의 리눅스는 NTP서비스를 사용하기 위해 ntp 도구를 사용하여 시간동기화를 수행하였으나, 최신 리눅스 에서 chrony로 교체되었습니다. chrony는 서비스 데몬인 chronyd와 chronyd를 제어하기 위한 사용자 명령인 chronyc로 구성됩니다. chrony는 데몬 형태로 동작하며 지속적으로 시스템의 시간을 NTP서버와 동기화합니다.

1 chronyd

사용자 공간에서 실행되는 chronyd는 주기적으로 시스템의 시간을 조정합니다. chronyd는 네트워크 액세스가 허용될 때 NTP 프로토콜을 사용하여 NTP서버와 동기화를 수행하고, 외부 참조를 사용할 수 없는 경우, 마지막으로 계산된 드리프트 파일을 참고하여 시간 교정을 수행합니다. 또는 직접 chronyc 명령을 사용하여 수동으로 시간을 교정할 수 있습니다.

2 /etc/chrony.conf

chronyd 서비스는 /etc/chrony.conf 라는 설정파일을 참조하여 동작 환경을 설정합니다. /etc/chrony.conf 파일의 내용은 다음과 같습니다.

```
...
❶ server 0.centos.pool.ntp.org iburst
   server 1.centos.pool.ntp.org iburst
   server 2.centos.pool.ntp.org iburst
   server 3.centos.pool.ntp.org iburst
...
❷ stratumweight 0
...
❸ driftfile /var/lib/chrony/drift
...
❹ rtcsync
...
❺ makestep 10 3
...
❻ bindcmdaddress 127.0.0.1
   bindcmdaddress ::1
...
❼ keyfile /etc/chrony.keys
...
❽ commandkey 1
...
❾ generatecommandkey
...
❿ noclientlog
   logchange 0.5
   logdir /var/log/chrony
...
```

주요 항목에 대한 설명은 다음과 같습니다.

❶ 동기화 하고자 하는 NTP 서버의 주소를 지정합니다.

- server : 시간을 동기화 해줄 때 상위 계층 서버를 지정합니다.
- iburst : 빠른 동기화를 위해 동기화하는 주기를 짧게 설정합니다.

❷ NTP서버 선택 시, 최대로 허용할 NTP서버의 도달시간을 지정합니다. chrony는 NTP 서버를 선택할 때 도달시간 내에 접근할 수 있는 가상 상위 계층(Stratum)의 NTP서버를 선택합니다. 값을 지정하지 않을 경우 값이 1로 지정되어 도달 시간이 1초 이내인 NTP서 버 중 가장 상위계층의 서버와 동기화합니다. stratumweight가 0으로 설정되면 계층과 상관없이 가장 가까운 서버와 동기화합니다.

❸ 시스템 클락의 오차를 저장하는 드리프트 파일(drift file)의 위치를 지정합니다.

❹ 커널의 시간 정보를 사용하여 RTC(Real Time Clock)을 업데이트합니다.

❺ 시간 교정 간격을 지정합니다.

❻ chronyd에 명령을 내릴 수 있는 시스템을 지정합니다.

❼ 인증에 사용할 키 파일(Key file)의 위치를 지정합니다.

❽ 인증 키 파일인 /etc/chrony.keys 파일에서 인증에 사용할 키 번호를 지정합니다.

❾ 키가 없을 경우 키를 생성할 것을 지정합니다.

❿ 로그 관련 설정들이 포함되어 있습니다.

3 chronyc 명령어

chronyd는 chronyc 명령어로 제어 할 수 있습니다. 이 명령어는 chronyd 서비스에 대한 상태정보 및 설정 값을 확인하고 변경하는 용도로 사용할 수 있는 대화형 명령 프롬프트 를 제공합니다. chrony를 사용하여 시간 정보가 정확하게 동기화 되었는지 확인하기 위해 tracking, sources 및 sourcestats 서브커맨드를 사용할 수 있습니다.

기본적으로 chronyd는 로컬에서 실행된 chronyc의 명령만을 받아들이도록 설정되어 있 습니다. 하지만 chronyd가 외부에서 접근 및 제어를 허용하도록 설정을 변경하면 다른 시 스템에서도 chronyd를 제어할 수 있습니다.

1] 동기화 시간정보 확인

다음은 chronyc 명령의 tracking 서브커맨드를 사용해서 시간동기화 정보를 확인하는 예 입니다.

```
[root@nobreak ~]# chronyc tracking
❶ Reference ID      : 211.233.78.116 (211.233.78.116)
❷ Stratum           : 4
❸ Ref time (UTC)    : Fri Feb  3 08:56:19 2017
❹ System time       : 0.783350050 seconds slow of NTP time
❺ Last offset       : -1.186468244 seconds
RMS offset          : 1.118595481 seconds
Frequency           : 62481.414 ppm fast
Residual freq       : -23660.291 ppm
Skew                : 202.247 ppm
Root delay          : 0.064592 seconds
Root dispersion     : 0.439965 seconds
❻ Update interval   : 61.3 seconds
Leap status         : Normal
```

다음은 주요 실행결과에 대한 설명입니다.

시간 정보	내용
❶ Reference ID	동기화된 서버의 IP주소나 이름을 나타냅니다. 127.127.1.1으로 나타나면 외부와 동기화하지 않는다는 뜻입니다.
❷ Stratum	Stratum 0, 즉 Reference Clock으로부터 현재 시스템까지의 NTP 계층 홉 수를 의미합니다.
❸ Ref time (UTC)	UTC기준 시간정보를 표시합니다.
❹ System time	NTP와 시스템 간 시간 오차입니다.
❻ Update interval	chronyd의 동기화 업데이트 간격을 말합니다.

표 13-2 동기화하는 시간 정보 내용 목록

2] 시간 소스 정보 확인

sources 서브커맨드는 chronyd가 액세스하고 있는 현재 시간 소스에 대한 정보를 표시합니다. '-v' 옵션을 사용하여 더 상세한 정보를 확인할 수 있습니다.

다음은 chronyc 명령의 sources 서브커맨드를 사용하여 시간 정보 동기화 대상 서버의 정보를 확인하는 예 입니다.

```
[root@nobreak ~]# chronyc sources
210 Number of sources = 4
M S Name/IP address          Stratum Poll Reach LastRx Last sample
❶ ❷                                   ❸    ❹     ❺     ❻

^+ 106.247.248.106              3     6    377    21   -156ms[+1544ms] +/-  246ms
^- 211.233.78.116               3     6    377    26   +293ms[ +241ms] +/-   75ms
^* send.mx.cdnetworks.com       2     6    377    20   -147ms[+1553ms] +/-   94ms
^- dadns.cdnetworks.co.kr       2     6    377    25   +213ms[+1913ms] +/-  120ms
```

각 항목의 의미는 다음과 같습니다

항목	설명		
❶ M	연결된 대상의 모드입니다.	^	대상이 서버입니다.
		=	대상이 peer 입니다.
		#	대상이 로컬입니다.
❷ S	연결된 대상의 상태입니다.	*	대상과 동기화된 상태입니다.
		+	사용 가능한 대상입니다.
		-	사용이 가능하지만 제외된 대상입니다.
		?	연결이 불가능한 대상입니다.
		x	시간정보가 부정확한 대상입니다.
		~	시간정보의 변동 폭이 큰 대상입니다.
❸ Poll	측정 간격을 나타냅니다.		
❹ Reach	전송에 대해 유효한 응답 회수가 표시됩니다.		
❺ LastRx	서버로부터 마지막 샘플을 받은 시간을 표시합니다.		
❻ Last Sample	마지막 측정 시 서버와 로컬 시간의 오차범위를 표시합니다.		

표 13-3 'chronyc sources' 명령의 항목 설명

3] drift rate 및 offset 추정 정보 확인

sourcestats 서브커맨드는 현재 chronyd에서 사용 중인 각 대상에 대한 오차율 및 오프셋 추정값에 대한 정보를 표시합니다. '-v' 옵션을 사용하여 상세한 정보를 확인할 수 있습니다.

```
[root@nobreak ~]# chronyc sourcestats
210 Number of sources = 4
Name/IP Address            NP   NR   Span   Frequency   Freq Skew   Offset   Std Dev
==========================================================================================
106.247.248.106            8    3    471    +16951.299  2406.644    +797ms   93ms
211.233.78.116             5    4    265    +18447.557  4463.674    +1026ms  56ms
send.mx.cdnetworks.com     6    4    333    +17279.189  3925.596    +952ms   92ms
dadns.cdnetworks.co.kr     8    3    471    +16855.869  3624.668    +697ms   130ms
```

여기서 NP 항목과 NR 항목을 통해 각 서버의 상태를 간략하게 파악할 수 있습니다. NR(Number of Runs)항목의 값이 NP(Number of Sample Point)의 값보다 현저히 낮을 경우, 시간 동기화 대상으로는 적합하지 않습니다.

4] 설정 변경

chronyd는 지속적으로 시스템 시간 조정을 수행합니다. 만일 chronyd의 동작과 상관없이 시스템 사용자의 의도대로 시간을 즉시 조정하려면 chronyc 대화형 명령 프롬프트를 사용합니다.

다음은 chronyc 명령을 사용해서 설정을 변경한 예입니다.

```
[root@nobreak ~]#cat ❶ /etc/chrony.keys
#1 a_key

1 SHA1 HEX:CC6A94B510C53BFCBCC5D1B873CC98FA3A30D7FD
[root@nobreak ~]# chronyc
chrony version 2.1.1
Copyright (C) 1997-2003, 2007, 2009-2015 Richard P. Curnow and others
chrony comes with ABSOLUTELY NO WARRANTY.  This is free software, and
you are welcome to redistribute it under certain conditions.  See the
GNU General Public License version 2 for details.

chronyc> ❷ add server ntp.ewha.or.kr
501 Not authorised
chronyc> ❸ authhash SHA1
chronyc> ❹ password HEX:CC6A94B510C53BFCBCC5D1B873CC98FA3A30D7FD
200 OK
chronyc> ❺ add server ntp.ewha.or.kr
200 OK
```

❶ chronyc 인증에 사용되는 해시 방식과 암호 해시가 저장되어 있는 파일입니다.

❷ add server 명령어로 서버를 추가하려고 시도했으나 인증 오류가 발생합니다.

❸ authhash 명령을 사용하여 인증 시 사용할 해시 방식을 선택합니다.

❹ password 명령을 이용해 인증키를 입력합니다.

❺ add server 명령으로 ntp.ewha.or.kr 서버를 추가합니다.

chronyc 명령을 사용하여 chronyd를 제어하려면 인증이 필요합니다. authhash 서브커맨드와 password 서브커맨드를 사용하여 인증을 수행해야 합니다. 만약 로컬에서 실행 시 chronyc 명령의 '-a' 옵션을 사용할 경우 직접 인증 명령을 실행하지 않아도 설정 파일을 참고하여 authhash 및 password 서브커맨드를 자동으로 수행합니다.

'add server' 서브커맨드는 새로운 NTP서버의 주소를 등록합니다. 서버 등록에 사용한 ntp.ewha.or.kr NTP서버는 이화여대 부속초등학교에서 운영 중인 Stratum 2 서버입니다.

```
[root@nobreak ~]# chronyc -a
chrony version 2.1.1
Copyright (C) 1997-2003, 2007, 2009-2015 Richard P. Curnow and others
chrony comes with ABSOLUTELY NO WARRANTY.  This is free software, and
you are welcome to redistribute it under certain conditions.  See the
GNU General Public License version 2 for details.

200 OK
chronyc> add server time.windows.com
200 OK
```

'-a'옵션을 사용하여 인증한 후, 또 다른 알려진 NTP서버인 time.windows.com 서버를 등록하였습니다.

```
[root@nobreak ~]# chronyc sources
210 Number of sources = 5

MS Name/IP address         Stratum Poll Reach LastRx Last sample

^- 106.247.248.106            3     6   377    47   -287ms[ -287ms] +/-  182ms
```

```
^- 211.233.78.116           3  6  377  47  -260ms[ -260ms] +/-  153ms
^* send.mx.cdnetworks.com   2  6  377  47  -257ms[ -142ms] +/-  145ms
^- dadns.cdnetworks.co.kr   2  6  377  47  -255ms[ -255ms] +/-  150ms
^- 114.207.245.175          2  6    1   9   +11ms[ -156ms] +/-   98ms
^? 40.68.115.144            2  6    3  50   +73ms[  +63ms] +/-  242ms
```

'chronyc sources' 또는 'chronyc sourcestats' 명령을 사용하여 추가한 서버의 정보를 확인할 수 있습니다.

5] 영구 설정 변경

chronyc 명령을 사용하여 변경된 설정은 영구적으로 적용되지 않기 때문에 주의해야 합니다. 설정을 영구적으로 변경하기를 원할 경우, chronyd의 설정이 포함된 /etc/chrony.conf 설정파일을 수정해야 합니다.

다음은 /etc/chrony.conf 파일을 직접 수정하여 영구적으로 ntp 서버를 설정한 예입니다.

```
[root@nobreak ~]# vi /etc/chrony.conf
...
    server 0.centos.pool.ntp.org iburst
    server 1.centos.pool.ntp.org iburst
    server 2.centos.pool.ntp.org iburst
    server 3.centos.pool.ntp.org iburst
❶   server ntp.ewha.or.kr  iburst
...

[root@nobreak ~]# systemctl restart chronyd
[root@nobreak ~]# chronyc sources
210 Number of sources = 5
MS Name/IP address         Stratum Poll Reach LastRx Last sample

^+ send.mx.cdnetworks.com    2  6  37  62  +263ms[ +263ms] +/-  121ms
^+ 211.233.78.116            3  6  37  62  +249ms[ -407ms] +/-  152ms
^+ dadns.cdnetworks.co.kr    2  6  37  62  +267ms[ -389ms] +/-  145ms
^* 106.247.248.106           2  6  37  62  +255ms[ -401ms] +/-   59ms
❷^+ 114.207.245.175          2  6   7   0  -2137us[ -501ms] +/-  128ms
```

/etc/chronyc.conf 파일의 ❶위치에 추가할 NTP서버의 주소 및 설정을 입력한 후 서비스를 재시작하여 변경된 설정을 적용합니다. 'chronyc sources' 명령 실행결과의 ❷위치에서 추가된 NTP서버를 확인할 수 있습니다.

4 system-config-date

영구적인 설정 변경은 앞의 방법과 같이 설정파일을 직접 수정하는 방법과 GUI도구를 사용한 설정 방법이 있습니다. GUI 도구를 사용하여 NTP 서버의 설정을 변경할 때 사용되는 패키지는 system-config-date 패키지입니다.

system-config-date 패키지 설치 후 system-config-date 명령을 실행 합니다.

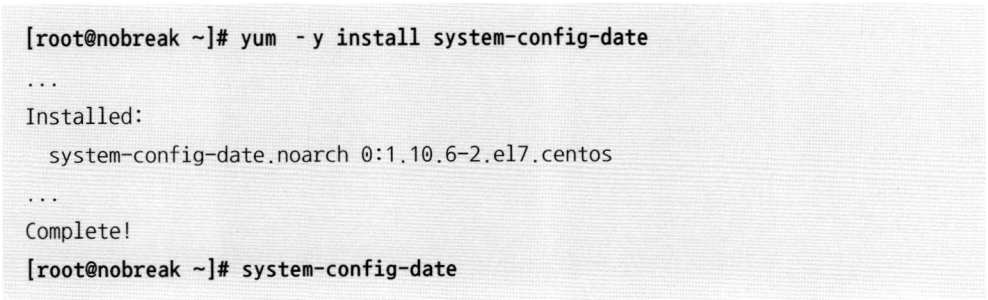

패키지 설치 후 실행되는 화면은 다음과 같습니다.

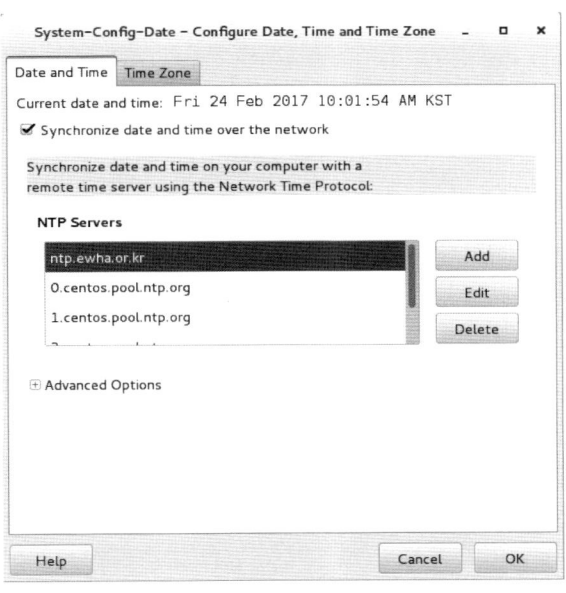

그림 13-3 system-config-date

GUI도구에는 서버 목록이 표시되고, 서버 목록 우측의 버튼을 사용하여 NTP서버 추가(Add), 수정(Edit), 삭제(Delete) 작업을 수행할 수 있습니다.

NTP 서버의 주소가 변경되거나, 새로운 NTP서버를 추가할 경우, 지정한 NTP서버에서 정상적으로 시간정보를 얻어올 수 있는지 체크하는 과정이 수행됩니다.

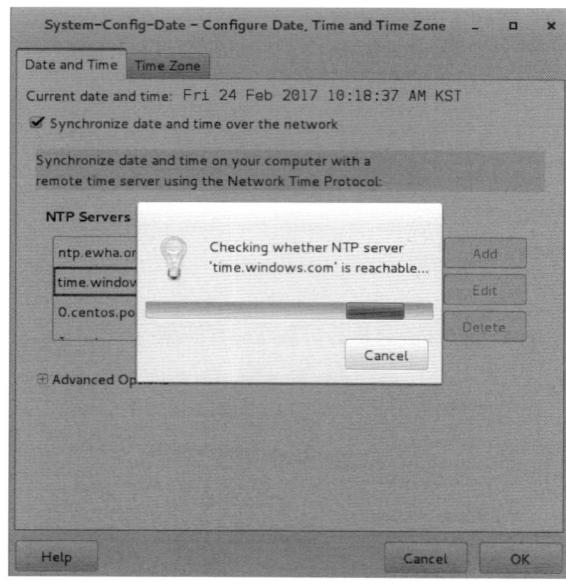

그림 13-4 NTP 서버 체크

13.3 수동 시간 설정

네트워크를 통해 NTP 서버에서 시간정보를 수신할 수 없는 경우, 또는 사용자가 임의로 시간을 변경하고 싶을 경우 리눅스는 직접 시스템의 시간 정보를 수정할 수 있는 방법을 제공합니다. 이 때 date 명령과 timedatectl 명령을 사용합니다.

1 date 명령

date 명령은 일반적으로는 시스템의 시간에 대한 정보를 제공해주는 용도로 사용하는 명령어입니다. 하지만 root 사용자는 date 명령을 사용하여 시스템의 시간 정보를 변경할 수 있습니다.

다음은 date 명령을 사용해서 시간 정보를 수정하는 방법입니다.

```
[root@nobreak ~]# ❶ date
Sun Feb 19 23:32:51 KST 2017
[root@nobreak ~]# ❷ date --utc
Sun Feb 19 14:32:56 UTC 2017
[root@nobreak ~]# ❸ date --set 09:00:00
Sun Feb 19 09:00:00 KST 2017
[root@nobreak ~]# ❹ date --set 2018-12-01
Sat Dec  1 00:00:00 KST 2018
[root@nobreak ~]# ❺ date 0130230002
Wed Jan 30 23:00:00 KST 2002
```

❶ 옵션 없이 사용할 경우 현재의 시스템의 시간을 알 수 있습니다. KST(Korean Standard Time)는 한국표준시를 의미하고, UTC+9인 시스템의 시간대(Time Zone) 정보입니다.

❷ 현재시간대가 아닌 UTC를 알고 싶을 경우에 --utc 옵션을 사용합니다.

❸ --set 옵션을 이용하여 시간을 수정합니다. 24시간 형식을 사용합니다.

❹ --set 옵션을 이용하여 날짜를 수정합니다. 날짜만 지정하고 시간을 지정하지 않을 경우 시간은 '00:00:00' 으로 설정됩니다.

❺ 날짜와 시간을 동시에 수정하려면 변경할 정보를 'MM(일)DD(월)hh(시)mm(분)yy(년)' 형식으로 입력하여 날짜와 시간을 동시에 수정합니다.

2 timedatectl 명령

timedatectl 명령은 systemd와 함께 기본적으로 설치되는 도구입니다. timedatectl 명령은 시스템의 시간 및 날짜 변경, 표준 시간대 변경, 그리고 원격지 서버와 자동 동기화 설정 등을 수행할 수 있습니다.

```
[root@nobreak ~]# timedatectl status
      Local time: Sun 2017-02-19 23:48:40 KST
  Universal time: Sun 2017-02-19 14:48:40 UTC
        RTC time: Sun 2017-02-19 14:48:40
       Time zone: Asia/Seoul (KST, +0900)
     NTP enabled: yes
NTP synchronized: no
 RTC in local TZ: no
      DST active: n/a
```

timedatectl 명령의 status 서브커맨드를 사용하여 현재 설정 상태를 확인 할 수 있습니다.

```
[root@nobreak ~]# timedatectl list-timezones
Africa/Abidjan
Africa/Accra
Africa/Addis_Ababa
Africa/Algiers
Africa/Asmara
...
[root@nobreak ~]# timedatectl set-timezone America/Whitehorse
[root@nobreak ~]# timedatectl status
      Local time: Sun 2017-02-19 06:52:41 PST
  Universal time: Sun 2017-02-19 14:52:41 UTC
        RTC time: Sun 2017-02-19 14:52:41
       Time zone: America/Whitehorse (PST, -0800)
...
```

timedatectl 명령의 list-timezones 서브커맨드를 사용하여 사용할 수 있는 시간대 정보를 확인할 수 있습니다. set-timezone 서브커맨드를 사용하면 현재 시스템의 위치에 따른 시간대 정보를 변경할 수 있습니다.

```
[root@nobreak ~]# timedatectl set-time 12:00:00
[root@nobreak ~]# timedatectl status
      Local time: Sun 2017-02-19 12:00:00 PST
  Universal time: Sun 2017-02-19 22:00:00 UTC
...
```

set-time 서브커맨드를 사용하여 임의의 시간으로 변경할 수 있습니다.

```
[root@nobreak ~]# timedatectl set-local-rtc 0
[root@nobreak ~]# timedatectl status
      Local time: Fri 2017-02-24 11:09:51 KST
  Universal time: Fri 2017-02-24 02:09:51 UTC
        RTC time: Fri 2017-02-24 02:09:50
...
[root@nobreak ~]# timedatectl set-local-rtc 1
[root@nobreak ~]# timedatectl status
      Local time: Fri 2017-02-24 11:10:36 KST
  Universal time: Fri 2017-02-24 02:10:36 UTC
        RTC time: Fri 2017-02-24 11:10:36
...
```

set-local-rtc 서브커맨드를 사용하여 시스템의 시간정보를 사용하여 하드웨어의 RTC 시간정보를 업데이트합니다. 서브커맨드의 인자로 0을 입력할 경우 RTC의 시간정보는 UTC로 설정되고, 1을 입력할 경우 RTC의 시간정보는 시스템의 현재 시간대 정보로 설정됩니다.

```
[root@nobreak ~]# timedatectl set-ntp true
[root@nobreak ~]# timedatectl status
      Local time: Fri 2017-02-03 13:43:51 GMT
  Universal time: Fri 2017-02-03 13:43:51 UTC
        RTC time: Fri 2017-02-03 13:43:52
       Time zone: Africa/Abidjan (GMT, +0000)
     NTP enabled: yes
NTP synchronized: yes
 RTC in local TZ: no
      DST active: n/a
```

set-ntp 서브커맨드는 NTP서버 사용 여부를 설정합니다. 인자로 true/false 또는 1/0 을 사용할 수 있습니다.

여기까지 NTP의 개념과 chrony를 사용한 시간 동기화 설정, 그리고 수동 시간 설정 방식에 대하여 살펴보았습니다. 시간 동기화의 필요성을 이해하고 각 사용 환경에 맞는 시간동기화 설정 방식에 대해 숙지하시기 바랍니다.

CHAPTER 14

방화벽 관리

CHAPTER 14 방화벽 관리

— **학습목표**

방화벽의 기본 개념에 대해서 이해할 수 있습니다.
firewall-config 도구를 사용하여 방화벽 규칙을 설정할 수 있습니다.
firewall-cmd 도구를 사용하여 방화벽 규칙을 설정할 수 있습니다.
리치 규칙(Rich Rule)을 설정할 수 있습니다.

— **학습내용**

14.1 방화벽 소개
14.2 firewall-config 사용법
14.3 firewall-cmd 사용법
14.4 리치 규칙(Rich Rule)

원래 방화벽은 화재 발생시 화재가 더 이상 확산되지 않도록 하는 개념에서 출발했으며, 네트워크나 보안에서 방화벽은 외부 네트워크에서 내부 시스템에 접근하는 인가되지 않은 네트워크 패킷을 차단해 주는 보안 솔루션입니다. 네트워크 또는 운영체제에 방화벽이 설정되어 있지 않으면 악의적인 접근으로부터 보호받을 수 없습니다.

이 장에서는 리눅스 방화벽에 대하여 학습합니다. 먼저 기본적인 방화벽의 개념과 리눅스의 방화벽 서비스에 대해서 알아보고 방화벽을 설정하는 방법에 대해서 학습하겠습니다.

리눅스에서 제공하는 방화벽 서비스인 iptables와 firewalld에 대해서 알아보도록 하겠습니다. iptables와 firewalld는 둘 다 방화벽 설정과 관련된 서비스입니다. 두 서비스의 차이점을 살펴보고, 현재 주로 사용되는 firewalld 에 대하여 조금 더 깊게 살펴보겠습니다.

그 다음으로 firewalld를 관리하는 도구 중 GUI(Graphical User Interface) 도구인 firewall-config에 대해서 살펴봅니다. GUI도구는 사용자가 쉽게 사용할 수 있는 장점이 있지만, 모든 기능이 탑재되어 있지 않거나, 일부 설정이 불가능할 수 있습니다.

따라서 CLI(Command Line Interface) 도구도 다룰 줄 알아야 방화벽을 좀 더 확실히 관리할 수 있습니다. firewalld의 CLI도구는 firewall-cmd입니다.

먼저 GUI도구를 사용하여 firewalld 방화벽 규칙을 설정 해보고 CLI도구를 사용한 세부적인 설정 방법에 대하여 학습하겠습니다.

마지막으로 방화벽 규칙을 세부적으로 설정할 수 있는 firewalld의 리치 규칙(Rich Rule)에 대해서 학습합니다. 리치 규칙을 사용하여 여러 가지의 규칙을 복합적으로 추가할 수 있습니다. 또한 세밀한 규칙까지 설정 가능한 편리한 기능이지만, 사용법이 까다로워 제대로 다루기 위해서는 많은 연습이 필요합니다.

이번 장에서는 다음과 같은 순서로 상세한 내용에 대해 다루어 보도록 하겠습니다.

14.1 방화벽 소개

14.2 firewall-config 사용법

14.3 firewall-cmd 사용법

14.4 리치 규칙(Rich Rule)

14.1 방화벽 소개

리눅스 방화벽은 외부의 네트워크에서 내부의 시스템으로 접근하는 네트워크 패킷을 차단하는 서비스입니다. 특정 네트워크 대역에서의 접근 또는 혹은 특정 서비스로의 접근 등의 규칙을 추가하여 관리자가 허용하는 패킷을 허용하거나 거절하여 정책을 설정할 수 있습니다.

만약 특정 어플리케이션 서비스를 운영하고 있는 시스템에서 방화벽 서비스가 동작중이지 않다면 접근통제가 되지 않아 서비스에 과부하가 생기거나, 공격 의도를 가진 인가되지 않은 접근으로 인해 시스템 자체가 마비가 되거나, 중요한 정보가 유출될 수 있습니다. 따라서 어플리케이션 서비스를 운영하는 시스템에는 기본적으로 방화벽 서비스가 동작하고 서비스 설정에 맞는 방화벽 규칙이 정의되어 있어야 합니다.

리눅스에서 제공하는 방화벽은 Netfilter에 의해서 적용됩니다. Netfilter는 시스템에 접근하는 네트워크 패킷을 시스템 내부로 전달할지 아니면 폐기할지 결정하는 커널 모듈입니다. 사용자들이 Netfilter를 사용하여 네트워크 접근을 직접 제어하지 않고, 서비스 관리 도구를 이용하여 제어합니다.

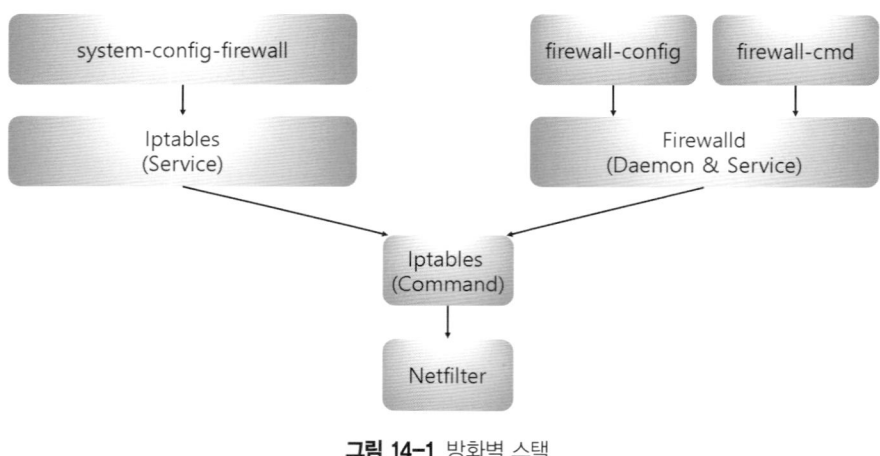

그림 14-1 방화벽 스택

리눅스에서 기본적으로 제공하는 방화벽 서비스는 두 가지가 있습니다. 하나는 오랫동안 사용해온 iptables가 있고 다른 하나는 firewalld입니다. 이제부터 firewalld의 특성과 차이점에 대하여 학습하겠습니다.

1 iptables

iptables는 커널 2.4버전과 함께 소개된 네트워크 패킷 필터링 도구 중 하나입니다. 정확히 말하자면 iptables 자체가 네트워크 패킷을 필터링 하는 것이 아닙니다. 그림 14-1 '방화벽 스택'에서처럼 실제 네트워크 패킷을 필터링하는 것은 Netfilter라는 커널 모듈이고 iptables는 단순히 Netfilter를 제어하는 도구입니다.

iptables가 나오기 전에는 ipchain를 사용했으나 iptables는 보다 강력한 기능을 제공하면서 기존의 ipchain은 iptables로 대체 되었습니다. iptables는 여전히 많은 사용자들이 사용하는 방화벽 관리 도구입니다.

현재 systemd와 함께 출시된 firewalld가 최신 리눅스의 기본 방화벽 서비스로 제공되지만 iptables에 친숙한 사용자들 중 대부분은 firewalld를 비활성화 시키고 iptables를 설치하여 사용하고 있습니다.

하지만 iptables에는 몇 가지 단점이 존재합니다. iptables는 방화벽 규칙을 변경할 때마다 서비스를 중지 후 재시작하여야 합니다. 따라서 네트워크 변화가 수시로 발생하는 환경에서 iptables로 방화벽을 관리하는 것은 번거로울 뿐 아니라 오픈스택이나 가상화와 같은 환경에서는 제약이 따릅니다.

2 firewalld

firewalld는 systemd와 함께 도입된 방화벽 서비스입니다. 기존의 iptables의 한계와 단점을 보완하는 방화벽 서비스입니다. iptables는 룰을 변경할 때 서비스를 중지해야 하기 때문에 네트워크 변화가 수시로 발생되는 오픈스택이나 가상화에서 사용할 때 제한적입니다.

하지만 firewalld는 동적으로 방화벽 설정을 변경할 수 있기 때문에 수시로 변하는 네트워크 변화에 대해 제한 없이 대응할 수 있다는 장점이 있습니다.

firewalld는 systemd에서 기본으로 설정된 방화벽 서비스이며, iptables서비스와 함께 사용하면 충돌이 발생합니다. 따라서 RHEL7, CentOS7, OL7과 같이 systemd를 사용하는 리눅스 에서는 iptables 패키지가 설치가 되어 있지 않습니다.

```
[root@nobreak ~]# grep 'Conflicts' /usr/lib/systemd/system/firewalld.service
Conflicts=iptables.service ip6tables.service ebtables.service ipset.service
```

firewalld는 다음의 특징을 가지고 있습니다.

- XML파일형태로 보관
- Runtime(실행중) 및 Permanent(영구) 설정
- 사전에 정의된 영역(Pre-defined Zone)
- 사전에 정의된 서비스(Pre-defined Service)
- D-Bus 사용

firewalld의 주요 특징에 대하여 하나씩 살펴보겠습니다.

1] firewalld 파일 경로

firewalld 서비스의 설정과 관련된 파일들은 /usr/lib/firewalld와 /etc/firewalld 두 경로에 설치되어 있습니다. 이 중 /usr/lib/firewalld 디렉토리에는 firewalld의 기본 구성과 관련된 파일과 대비용 파일 등이 저장되고, /etc/firewalld 디렉토리에는 firewalld에 실제로 적용되는 설정파일과 규칙이 저장됩니다.

이 두 디렉토리에는 firewalld에 대한 설정 파일과, 사전에 정의된 영역 및 사전에 정의된 서비스에 대한 설정파일이 XML형태로 저장되어 있습니다. 따라서 이 파일을 직접 편집기를 사용하여 수정하면 방화벽 규칙을 변경할 수 있습니다.

/etc/firewalld/services 디렉토리에는 모든 영역(Zone)에 대한 XML파일이 존재하지 않고 활성화되어 있는 영역(Active Zone)의 파일만 존재합니다. 활성화 되어 있는 영역은 뒤에서 다루도록 하겠습니다.

2] firewalld 설정

다음은 firewalld의 설정과 관련된 주요 특징입니다.

① 실행중(Runtime)설정과 영구(Permanent)설정

firewalld에는 실행중(Runtime)설정과 영구(Permanent)설정이 있습니다. 실행중 설정은 시스템이 운영 중인 상태일 때 서비스 재시작을 하지 않아도 적용되는 설정입니다. 이 설정은 파일에 저장되지 않기 때문에 시스템이 재부팅 되거나 firewalld.service가 재시작 되면 삭제됩니다.

영구설정은 방화벽 규칙을 /etc/firewalld/services 디렉토리에 존재하는 XML파일에 규칙을 저장하여 시스템이 부팅되거나 혹은 서비스가 재시작 되어도 방화벽규칙을 유지 시켜주는 설정입니다. 영구설정을 변경한 후 변경된 내용을 실행중인 환경에 적용하기 위해서는 서비스가 다시 읽어지거나(reload) 또는 재시작(restart) 되어야 실제 규칙에 반영됩니다.

② 사전에 정의된 영역(Pre-defined Zone)

firewalld에는 영역(Zone)이라는 개념을 사용합니다. 이 영역은 네트워크 연결에 대한 신뢰도를 정의한 것입니다. 결국 영역은 패킷을 카테고리처럼 분류해서 처리하는 메커니즘이라고 이해할 수 있습니다.

firewalld에서는 사전에 정의된 영역(Pre-defined Zone)과 기본 영역(Default Zone)을 제공합니다. 기본 영역은 시스템에 네트워크 인터페이스가 추가될 때 인터페이스가 연결되는 영역입니다. 또한 방화벽 규칙을 설정 할 때 영역을 별도로 지정하지 않으면 기본 영역에 규칙이 설정됩니다. 다음 표는 사전에 정의된 영역의 종류와 영역별 설정된 규칙을 나타냅니다.

영역	설명
block(변경불가)	• 모든 패킷 거부(reject) • 내부에서 외부로의 반환 패킷은 허용
dmz	• 내부로 들어오는 패킷 거부(reject) • 외부로의 연결, ssh 서비스 허용
drop(변경불가)	• 내부로 들어오는 모든 패킷 폐기(drop) • ICMP 에러도 폐기 • 외부로의 연결만 허용
external	• 내부로 들어오는 패킷 거부(reject) • 외부로의 연결, ssh 서비스 허용 • IP Masquerading(마스커레이딩) 활성화
home	• 내부로 들어오는 패킷 거부(reject) • dhcpv6-client, ipp-client, mdns, samba-client, ssh 허용
internal	• 내부로 들어오는 패킷 거부(reject) • dhcp6-client, ipp-client, mdns, samba-client, ssh 허용
public	• Default Zone • 시스템에 인터페이스가 추가되면 인터페이스 규칙이 추가됨 • 내부로 들어오는 패킷 거부(reject) • ssh, dhcpv6-client 허용

영역	설명
trusted(변경 불가)	• 모든 패킷 허용
work	• 내부로 들어오는 패킷 거부(reject) • dhcpv6-client, ipp-client, ssh 허용

표 14-1 사전에 정의된 영역(Pre-defined Zone)

firewalld에서는 기본적으로 들어오는 모든 패킷은 거부됩니다. 허용이 필요한 패킷은 관리자가 추가하거나 사전에 정의된 영역처럼 추가되어 있는 규칙만 내부로 들어오도록 허용합니다. 사전에 정의된 영역에는 이미 규칙이 추가되어 있습니다. 관리자는 이 영역에 규칙을 추가하거나 삭제하여 패킷을 분류하는데 사용할 수 있습니다. 사전에 정의된 영역에 추가되어 있는 규칙은 위의 표에서 확인할 수 있습니다.

firewalld에서 설정할 수 있는 규칙은 출발지의 IP주소, 포트번호, 사전에 정의된 서비스, 포트 포워딩, 마스커레이딩, ICMP block 등이 있습니다.

③ 사전에 정의된 서비스(Pre-defined Service)

사전에 정의된 영역(Pre-defined Zone)처럼 firewalld는 서비스 이름과 포트번호 및 프로토콜을 미리 매핑시켜 놓은 사전에 정의된 서비스(Pre-defined Service)를 제공합니다. 이를 사용하여 특정 서비스와 관련된 정책을 편리하게 정의할 수 있습니다.

만약 iptables를 사용하여 http 서비스 규칙을 허용하려고 한다면 http에서 사용하는 포트번호가 80번이라는 정보와, http 프로토콜이 TCP프로토콜을 사용하고 있다는 걸 알아야 하지만 firewalld에서는 서비스이름인 http만 알고 있으면 자동으로 매핑되어 있는 80 포트의 TCP프로토콜을 방화벽 규칙에 추가할 수 있습니다.

④ D-Bus API 사용

D-Bus는 메시지 버스 시스템입니다. D-Bus 메시지 버스 시스템은 응용 프로그램 간에 서로 대화할 수 있는 인터페이스를 제공합니다. firewalld는 애플리케이션간의 통신을 지원하는 D-Bus 인터페이스를 사용하기 때문에 서비스나 애플리케이션에 방화벽 규칙을 설정하기가 용이합니다.

3] firewalld 동작 원리

firewalld에서는 사전에 정의된 영역이 제공됩니다. 하지만 이 영역이 모두 사용되는 것은 아니고, 실제로는 활성화된 영역(Active Zone)만 사용됩니다. 사전에 정의된 영역 중 어떤 영역이 활성화된 영역인지는 firewall-cmd를 사용하여 확인할 수 있고, /etc/firewalld 디렉토리 내의 services 서브디렉토리에서도 확인 할 수 있습니다. 이 디렉토리내에 영역의 이름으로 된 XML파일이 존재하면 해당 영역은 활성화 영역입니다. 활성화 영역의 조건은 다음 두 가지입니다.

- 출발지의 주소(Source Address) 규칙 존재
- 연결되어 있는 인터페이스(Interface) 존재

firewalld 서비스의 설정을 변경하지 않은 처음 상태에서는 /etc/firewalld/services 디렉토리에 public.xml 파일만 존재합니다. 따라서 처음에는 public 영역만 활성화된 영역입니다.

firewalld는 네트워크 패킷이 들어오면 어떤 영역으로 전달해서 처리할지를 정합니다. firewalld는 먼저 들어온 네트워크 패킷의 출발지 주소(Source Address)를 살펴보고 패킷의 출발지 주소에 해당하는 규칙이 설정된 영역을 찾습니다. 만약 어떤 영역에도 출발지 주소에 해당하는 규칙이 존재하지 않으면 해당 패킷이 유입된 인터페이스 규칙이 존재하는 영역으로 전달됩니다.

아래의 그림은 firewalld 설정이 기본값, 즉 기본적으로 제공되는 사전에 정의된 영역을 사용하고 있고, 네트워크 인터페이스는 하나만 있다고 가정합니다.

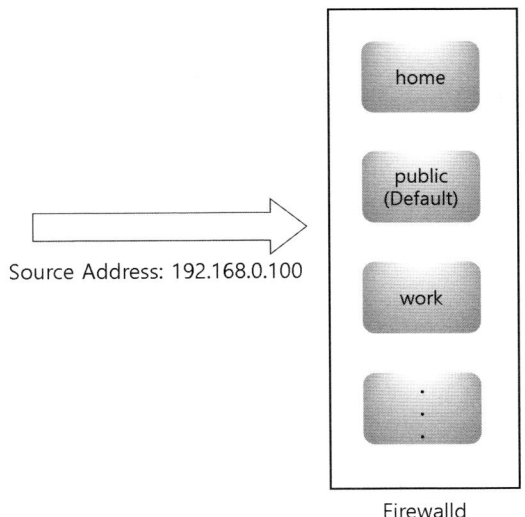

그림 14-2 firewalld 원리

① IP주소가 192.168.0.100에서 firewalld가 설정된 시스템으로 ssh 접속을 시도 할 때

192.168.0.100 시스템에서 firewalld가 설정된 시스템으로 ssh접속을 시도하면 접속을 요청받은 firewalld는 영역 중에서 접속을 요청한 시스템의 주소(출발지 주소)에 해당하는 네트워크 규칙을 포함한 영역이 있는지 확인합니다. 현재 사전에 정의된 영역을 기본값으로 설정되어 있다고 가정했기 때문에 특정 네트워크를 포함하는 규칙은 존재하지 않습니다. 따라서 이 접속은 기본 영역인 public 영역으로 전달됩니다. public 영역으로 해당 접속이 전달되면 해당 영역에서 요청한 서비스를 허용하고 있는지 판단합니다. public 영역에는 기본적으로 ssh 서비스를 허용하기 때문에 이 접속은 허용됩니다.

② home에 특정 네트워크 주소 규칙을 추가

192.168.0.0/24 네트워크를 home 영역에 규칙으로 추가합니다. 네트워크를 특정 영역의 규칙으로 등록하면, 해당 네트워크에서 접근한 패킷은 지정된 영역의 규칙을 적용받습니다.

192.168.0.100 시스템에서 http 접속을 시도할 때 접속을 요청받은 시스템의 firewalld는 접속을 시도한 시스템의 주소(출발지 주소)를 확인하고 영역 중에서 해당 주소를 포함한 네트워크 규칙이 등록된 영역이 존재하는지 확인합니다. 192.168.0.100 시스템은 home 영역에 등록한 네트워크 규칙에 포함되기 때문에 이 접속은 home 영역으로 전달됩니다. 하지만 home영역에는 http 규칙이 존재하지 않으므로 해당 접속은 거절됩니다.

4] firewalld 관리 도구

firewalld는 두 가지 도구를 사용하여 관리할 수 있습니다.

도구이름	설명
firewall-cmd	커맨드 라인에서 사용하는 관리 도구
firewall-config	그래픽 도구를 사용하는 관리도구

표 14-2 firewalld 관리 도구

14.2 firewall-config 사용법

firewall-config는 방화벽 정책을 수정할 수 있는 GUI 도구입니다. 실행하는 방법으로는 쉘에서 firewall-config라고 입력하거나 상단 표시줄의 메뉴에서 'applications -> sundry -> firewall'에 해당하는 메뉴를 실행하는 방법이 있습니다.

1 기본 화면

firewall-config를 사용하면 명령어를 외우지 않아도 방화벽 규칙을 쉽게 추가할 수 있습니다. 도구의 사용법을 확인하기 위하여 도구의 구성을 확인한 후, 순서에 따라 방화벽을 설정 합니다.

기본 화면의 구성은 다음과 같습니다.

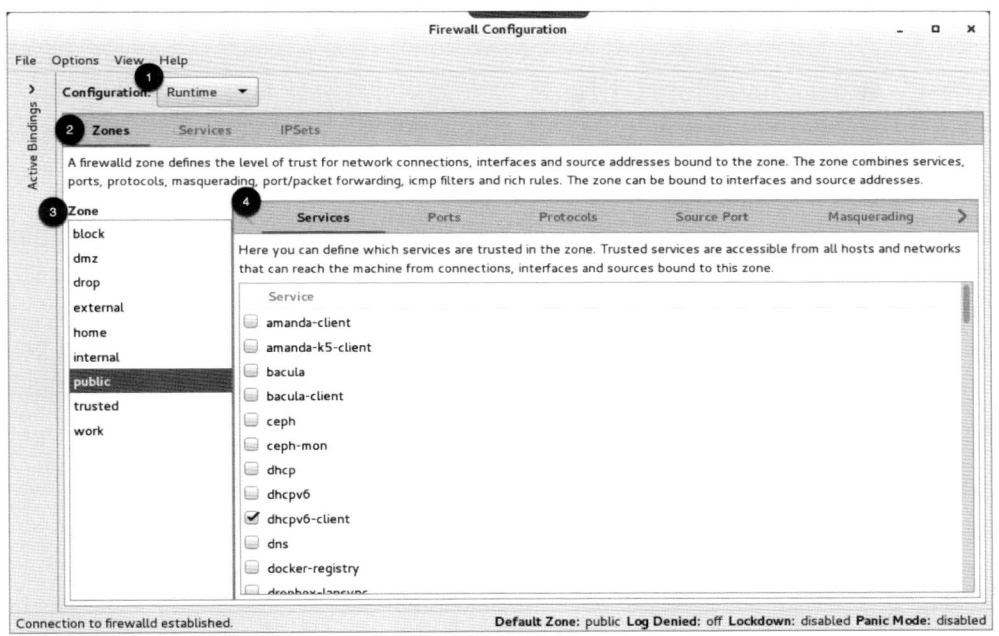

그림 14-3 firewall-config

각 부분에 대한 설명은 다음과 같습니다.

번호	설명
❶	실행중 설정 및 영구설정을 선택할 수 있습니다.
❷	설정을 변경할 항목을 선택할 수 있습니다. (Zones, Services, IPSets)
❸	설정항목에 따라 영역/서비스 항목을 선택할 수 있습니다.
❹	세부 규칙을 설정할 수 있습니다.

표 14-3 firewall-config 도구 설명

먼저 ❶에서 실행중 설정을 수정할지 영구설정을 수정할지 선택합니다. 만약 영구설정을 변경한 후 현재 설정에 적용하기 위해서는 반드시 'Options' 메뉴에서 'Reload firewalld'를 실행하여야 합니다.

❷에서는 사전에 정의된 영역, 사전에 정의된 서비스, IPsets 등을 선택할 수 있습니다. 어떤 항목을 선택하는지에 따라 ❸과 ❹위치의 항목이 변화합니다. IPsets은 White list또는 Black list를 생성하는데 사용됩니다.

❸에서는 ❷에서 'Zones'이 선택되었을 땐 영역(Zone)의 목록을 확인 할 수 있고, 'Service'가 선택되었다면 사전에 정의된 서비스 목록을 확인할 수 있습니다.

❹에서는 ❷에서 'Zones'가 선택되었을 때는 ❸에서 선택된 영역의 규칙을 수정할 수 있고, 'Service'가 선택되었을 때는 사전에 등록된 서비스 별 포트, 프로토콜 설정을 변경할 수 있습니다.

이 때 주의할 점은 실행중 설정인지 영구설정인지 반드시 확인해야 합니다. 실행중 설정은 서비스가 다시 읽어지거나(reload) 또는 재시작(restart) 또는 시스템이 재부팅되면 사라지고, 영구설정은 설정 직후에 적용되지 않고 서비스가 다시 읽어지거나(reload) 또는 재시작(restart) 또는 시스템이 재부팅 된 후에도 적용됩니다.

2 Option 메뉴

firewall-config 도구의 메뉴 중 'Options' 메뉴는 다음과 같은 하위 메뉴를 가지고 있습니다.

그림 14-4 option 메뉴

각 메뉴의 설명은 다음과 같습니다.

번호	설명
❶	방화벽 서비스를 재시작하여 설정을 다시 로드합니다.
❷	영역과 연결되어 있는 네트워크 인터페이스를 변경합니다.
❸	기본 영역(Default Zone)을 변경합니다.
❹	현재 실행중 설정을 영구설정으로 저장합니다.

표 14-4 firewall-config의 Option 메뉴 설명

❶은 규칙을 영구설정으로 설정한 후, 설정된 규칙을 반영하기 위해 firewalld 서비스를 리로드하는 기능입니다. 실행중 설정으로 설정된 규칙은 사라집니다. ❷는 영역에 연결되어 있는 인터페이스를 변경하는 기능입니다. 이 설정은 자동으로 영구설정으로 반영됩니다. ❸는 firewalld의 기본 영역을 변경합니다. 이 설정도 영구설정으로 반영됩니다. ❹는 실행중 설정에 적용된 규칙을 영구설정으로 변경하는 기능입니다.

firewall-config를 사용하여 기본적인 firewalld 방화벽 설정을 변경할 수 있습니다. 하지만 세부적인 규칙을 설정하기 까다롭고, 설정단계가 복잡해지는 단점이 있기 때문에, 일반적으로 GUI도구인 firewall-config보다 firewall-cmd CLI도구를 더 많이 사용합니다.

14.3 firewall-cmd 사용법

firewall-cmd는 커맨드라인에서 사용할 수 있는 가장 기본적이면서 정확한 도구입니다. 하지만 옵션이 많기 때문에 익숙하지 않은 사용자에게는 어려울 수도 있습니다.

CLI 도구 사용 시 배시 쉘의 자동완성(bash-completion 패키지 추가 설치 필요) 기능이 제공되므로 이를 활용하면 보다 쉽게 사용할 수 있습니다. bash-completion 패키지는 커맨드라인에서 기본적으로 제공되는 배시 쉘의 자동완성 기능보다 강화된 자동완성 기능을 제공합니다.

1 상태 및 정보 확인 옵션

firewall-cmd 명령은 firewalld의 상태나 정보를 확인하는 옵션을 제공합니다.

1] firewalld 실행 상태 확인

```
[root@nobreak ~]# firewall-cmd --state
running
```

firewalld가 동작중이면 running을 출력합니다.

2] 사전에 정의된 영역(Pre-defined Zone) 확인

firewall-cmd 명령을 사용하여 사전에 정의된 영역의 목록을 확인할 수 있습니다. 이 때 '--get-zones' 옵션을 사용합니다.

```
[root@nobreak ~]# firewall-cmd --get-zones
work drop internal external trusted home dmz public block
```

3] 사전에 정의된 서비스(Pre-defined Service) 확인

firewall-cmd 명령을 사용하여 사전에 정의된 서비스의 목록을 확인할 수 있습니다. 이를 확인하기 위해서는 '--get-services' 옵션을 사용합니다.

```
[root@nobreak ~]# firewall-cmd --get-services
RH-Satellite-6 amanda-client amanda-k5-client bacula bacula-client ceph ceph-mon dhcp dhcpv6 dhcpv6-client dns docker-registry dropbox-lansync ...
```

4] 활성화된 영역(Active Zone) 확인

firewalld에서는 사전에 등록된 영역 중 활성화된 영역만 동작합니다. 따라서 현재 어떤 영역이 활성화되어 있는지 확인이 필요합니다. 활성화된 영역은 '--get-active-zones' 옵션으로 확인 가능하며, 활성화 된 영역이 어떤 규칙에 의해서 활성화 되었는지 표시합니다.

```
[root@nobreak ~]# firewall-cmd --get-active-zones
public
   interfaces: ens33
```

위 예에서 현재 public 영역이 활성화된 것을 확인할 수 있습니다. 동시에 interface 항목을 통해 ens33 네트워크 인터페이스에 대한 설정이 public영역을 활성화 시켰음을 의미합니다.

5] 기본 영역(Default Zone) 확인

firewalld는 기본 영역을 제공합니다. 기본 영역을 확인하기 위해서 --get-default-zone을 사용합니다.

```
[root@nobreak ~]# firewall-cmd --get-default-zone
public
```

기본 영역의 초기 설정은 public으로 설정되어 있습니다.

6] 설정된 규칙 확인

firewalld에서 가장 많이 사용하는 옵션 중 하나입니다. 각 영역에 설정되어 있는 규칙을 확인할 때는 '--list-all' 옵션을 사용합니다. 이 때 '--zone' 옵션을 함께 사용하여 특정 영역에 설정된 규칙을 확인할 수 있습니다. 특정 영역을 지정하지 않을 경우 자동으로 기본영역이 지정됩니다.

다음은 home 영역에 설정되어 있는 값을 확인하는 예 입니다.

```
[root@nobreak ~]# firewall-cmd --list-all --zone=home
home
  target: default
  icmp-block-inversion: no
  interfaces:
  sources:
  services: dhcpv6-client mdns samba-client ssh
  ports:
  protocols:
  masquerade: no
  forward-ports:
  sourceports:
  icmp-blocks:
  rich rules:
```

2 규칙 설정 옵션

1] 기본 영역(Default Zone) 설정

firewalld에서 지정된 기본영역을 public 이외의 다른 영역으로 변경할 수 있습니다. 기본 영역을 지정하기 위해서는 '--set-default-zone' 옵션을 사용하고 기본 영역으로 설정할 영역(Zone)이름을 입력합니다. 기본 영역을 변경할 경우, 이 설정은 자동으로 영구 설정으로 적용됩니다.

다음은 기본 영역을 home 영역으로 지정하는 예 입니다. firewall-cmd 도구를 사용하여 방화벽 설정을 변경할 경우, 설정 변경이 성공 또는 실패했는지를 응답합니다. 설정이 성공적으로 완료 되면 다음과 같이 success가 출력됩니다.

```
[root@nobreak ~]# firewall-cmd --set-default-zone=home
success
[root@nobreak ~]# firewall-cmd --get-default-zone
home
```

2] 특정 영역에 인터페이스(Interface) 연결 추가

firewalld에서 전송된 패킷의 영역을 분류하는 기준은 패킷 출발지의 주소와 전송받은 네트워크 인터페이스입니다. 전송받은 패킷은 먼저 출발지 주소에 맞는 규칙을 포함하고 있는 영역이 있는지 확인한 후, 특정 영역의 규칙에 포함되지 않을 경우, 전송받은 인터페이스를 포함하고 있는 영역의 규칙을 따릅니다. 다른 영역에서 네트워크 인터페이스에 따른 영역 설정을 하지 않았을 경우, 모든 인터페이스는 기본 영역의 규칙에 추가됩니다.

출발지 주소규칙을 적용받지 않는 특정 네트워크 인터페이스를 통해 전송된 패킷을 특정 영역으로 연결하여 방화벽 규칙을 적용하기 위해서 '--add-interface' 옵션을 사용합니다. 이 때 인터페이스 이름과 인터페이스를 연결할 영역의 이름을 입력합니다.

'--add-interface' 옵션을 사용하여 기본 영역에 연결된 네트워크 인터페이스를 특정 영역으로 연결할 경우, 기본 영역의 설정은 삭제됩니다. 인터페이스 규칙은 들어오는 패킷이 어떤 영역으로 전달되는지를 결정하는 규칙이기 때문에 다른 영역과 중복될 수 없기 때문입니다.

다음은 home영역에 인터페이스 ens37를 추가하는 예입니다. 이 설정은 자동으로 영구설정으로 적용됩니다.

```
[root@nobreak ~]# firewall-cmd --add-interface=ens37 --zone=home
success
```

3] 영역에 연결된 인터페이스 변경

시스템에 존재하는 인터페이스는 기본 영역에 연결됩니다. 기본 영역에 연결된 인터페이스를 다른 영역으로 변경하려면 --change-interface를 사용해야 합니다.

다음은 ens37인터페이스를 home으로 변경하는 명령입니다. 이 설정은 자동으로 영구설정으로 설정됩니다.

```
[root@nobreak ~]# firewall-cmd --change-interface=ens37 --zone=home
success
```

실행결과를 확인해 보면 '--add-interface' 옵션을 사용한 변경작업과 동일하게 지정한 인터페이스를 특정영역에 추가할 수 있습니다. 따라서 두 옵션이 동일하다고 생각할 수 있지만, 이는 firewalld의 버전에 따라 다를 수 있습니다.

일부 초기 버전의 firewalld를 사용할 경우, 특정 영역에 네트워크 인터페이스가 지정되어 있을 때 다른 영역으로 해당 네트워크 인터페이스를 추가 하려고 하면 ZONE_CONFLICT라는 에러 메시지가 출력되며 정상적으로 변경되지 않습니다. 하지만 최신 firewalld는 이를 자동으로 변경합니다.

4] 출발지 주소(Source Address) 규칙 추가

출발지 주소 규칙을 추가하려면 '--add-source' 옵션을 사용합니다.

출발지 주소 규칙을 추가하는 방식은 두 가지가 있습니다. 첫 번째는 특정 주소의 IP를 지정하는 방식이고, 두 번째는 네트워크 대역을 지정하는 방식입니다. 특정 주소의 IP만 지정하려면 '--add-source' 옵션의 값으로 해당 IP를 입력하고, 네트워크 대역을 지정할 경우는 CIDR Prefix 형태로 입력합니다.

CIDR Prefix방식은 특정 네트워크 대역을 네트워크 주소(네트워크 대역의 첫 번째 IP)와 서브넷 마스크의 네트워크ID에 해당하는 비트 수를 사용하여 표현하는 방식입니다. 예를 들어 '192.168.0.0~192.168.0.255'의 범위를 가지는 네트워크 대역은 '192.168.0.0/24'같은 형태로 표시됩니다.

주소 규칙을 추가할 때 함께 사용하는 옵션은 '--zone'과 '--permanent' 옵션입니다. 출발지 주소 규칙을 추가할 때 '--zone' 옵션을 사용하여 영역을 지정해주지 않으면 자동으로 기본 영역이 선택됩니다. '--permanent' 옵션은 설정을 영구설정으로 적용하겠다는 의미입니다. 사용하지 않으면 실행중 설정으로 적용됩니다.

```
[root@nobreak ~]# firewall-cmd --add-source=192.168.0.0/24 --zone=public --permanent
success
```

출발지 주소 규칙도 네트워크 인터페이스 연결 설정과 마찬가지로 어느 영역에 전달하는지를 결정하기 때문에 다른 영역과 중복될 수 없습니다. 한 영역에 출발지 주소 규칙을 추가하고 다른 영역에 중복된 출발지 주소를 연결시키려고 할 경우 아래와 같은 에러 메시지가 출력 됩니다.

```
[root@nobreak ~]# firewall-cmd --add-source=192.168.0.0/24 --zone=public
success
[root@nobreak ~]# firewall-cmd --add-source=192.168.0.0/24 --zone=home
Error: ZONE_CONFLICT: '192.168.0.0/24' already bound to a zone
```

5] 출발지 주소(Source Address) 규칙 제거

출발지 주소 규칙을 사용하지 않고자 할 경우, 출발지 주소 규칙을 영역에서 제거하여야 합니다. 출발지 주소 규칙을 제거하기 위해선 '--remove-source' 옵션을 사용합니다. 출발지 주소 규칙은 중복되지 않기 때문에, 영역을 지정할 필요가 없습니다.

```
[root@nobreak ~]# firewall-cmd --remove-source=192.168.0.0/24
success
```

규칙을 제거할 때에 반드시 주의해야 할 사항이 있습니다. '--permanent' 옵션을 사용하지 않을 경우, 실행중 설정만 변경됩니다. 만약 실행중 설정과 영구설정을 모두 변경하기 위해서는 실행중 설정과 영구설정을 한 번씩 삭제하는 방식이나, 영구설정에서 변경 후 영구설정의 값을 다시 읽어오는 방식을 사용하여야 합니다.

즉 삭제할 설정이 영구설정인지 아닌지를 확인한 후 영구설정에 설정된 규칙들은 반드시 --permanent 옵션을 추가하여 제거해야 합니다. firewalld에 익숙하지 않을 때 많이 실수하는 부분이므로 주의해야 합니다.

```
[root@nobreak ~]# firewall-cmd --reload
success
[root@nobreak ~]# firewall-cmd --list-all | grep 'sources'
  sources: 192.168.0.0/24
[root@nobreak ~]# firewall-cmd --remove-source=192.168.0.0/24 --permanent
success
[root@nobreak ~]# firewall-cmd --reload
success
[root@nobreak ~]# firewall-cmd --list-all | grep 'sources'
  sources:
```

위의 예에서 firewall-cmd --reload로 실행중 설정들을 전부 초기화 시킨 후에 기본 영역의 규칙 리스트를 확인하였습니다. reload 후 설정에서 sources, 즉 출발지주소를 지정하는 규칙을 확인하여 영구 설정에 적용되어 있는 출발지 설정을 확인할 수 있습니다.

이후 영구설정에 적용된 출발지 주소 규칙을 제거하기 위하여 '--permanent' 옵션과 함께 '--remove-source' 옵션을 사용하였습니다. 이후 방화벽 설정을 다시 불러와도 출발지 주소 규칙이 정상적으로 제거되어 있음을 확인할 수 있습니다.

6] 사전에 정의된 서비스 규칙 추가

특정 영역에 사전에 정의된 서비스 규칙을 추가하려면 '--add-service' 옵션을 사용합니다. 추가하려는 서비스의 이름과 영역의 이름을 입력하면 해당 서비스와 매핑되는 포트와 프로토콜이 한번에 추가됩니다. 이는 사전에 정의된 서비스만 가능합니다. 다른 옵션과 마찬가지로 '--permanent' 옵션을 함께 사용하여 영구설정으로 적용할 수 있습니다.

```
[root@nobreak ~]# firewall-cmd --add-service=http --zone=public
```

다음은 home 영역에 http 서비스 규칙을 추가하는 예 입니다.

```
[root@nobreak ~]# firewall-cmd --list-all --zone=home | grep 'services'
  services: dhcpv6-client mdns samba-client ssh
[root@nobreak ~]# firewall-cmd --add-service=http --zone=home
success
[root@nobreak ~]# firewall-cmd --list-services --zone=home
  services: dhcpv6-client http mdns samba-client ssh
```

'--list-all' 옵션 또는 '--list-services' 옵션을 사용하여 각 영역에서 추가된 서비스의 목록을 확인할 수 있습니다.

7] 사전에 정의된 서비스 규칙 제거

영역과 등록된 서비스 규칙을 더 이상 사용하지 않을 경우, 서비스 규칙을 삭제하여야 합니다. 사전에 정의된 서비스 규칙을 제거할 때는 '--remove-service' 옵션을 사용합니다. 제거할 때의 주의사항은 출발지 주소를 제거할 때와 같습니다. 삭제하고자 하는 서비스 규칙이 영구설정일 경우 '--permanent' 옵션을 사용하여 영구 설정을 제거한 후, 방화벽 설정을 다시 읽어들여 변경된 규칙을 적용합니다.

아래의 예는 기본 영역의 http 서비스 규칙을 제거하는 예 입니다.

```
[root@nobreak ~]# firewall-cmd --list-services --zone=home
  services: dhcpv6-client http mdns samba-client ssh
[root@nobreak ~]# firewall-cmd --remove-service=http
success
[root@nobreak ~]# firewall-cmd --list-services --zone=home
  services: dhcpv6-client mdns samba-client ssh
```

'--permanent' 옵션을 사용하지 않은 위의 예는 실행중 설정을 제거한 예입니다. 만약 제거하고자 하는 설정이 영구설정으로 적용되어 있지 않고 실행중 설정으로 적용되어 있을 경우, firewalld의 설정을 다시 읽어 들여 삭제할 수도 있습니다.

8] 포트(Port) 규칙 추가

허용하고자 하는 규칙이 서비스로 정의되어 있지 않을 경우, 포트나 프로토콜 등의 규칙을 직접 지정하여 네트워크 허용 규칙을 생성할 수 있습니다. 이 때 '--add-port' 옵션을 사용하여 특정 포트를 열어줄 수 있습니다.

특정 포트를 열어주려면 반드시 포트에서 허용할 프로토콜 유형(TCP 또는 UDP)을 함께 지정해야 합니다. 같은 포트번호라 하더라도 프로토콜 유형이 다르면 다른 규칙으로 인식되므로 각각 추가할 수 있습니다.

다음 예는 internel 영역에서 4000번 TCP포트를 열어주는 예입니다.

```
[root@nobreak ~]# firewall-cmd --add-port=4000/tcp --zone=internal
success
[root@nobreak ~]# firewall-cmd --list-all --zone=internal | grep 'ports'
  ports: 4000/tcp
```

포트 규칙을 사용하여 추가된 영역 설정은 '--list-all' 옵션의 ports 항목 또는 '--list-ports' 옵션을 사용하여 확인할 수 있습니다.

9] 포트(Port) 규칙 제거

서비스와 마찬가지로 포트 규칙 또한 사용하지 않을 경우 삭제하여야 합니다. 이 때 '--remove-port' 옵션으로 포트 규칙을 제거할 수 있습니다.

포트를 추가할 때와 마찬가지로 포트번호와 프로토콜, 영역을 명시하여 해당 포트를 제거할 수 있습니다. 같은 포트 번호를 사용하는 서로 다른 프로토콜이 존재할 수 있으므로, 반드시 프로토콜을 명시하여야 합니다.

다음 예는 internal 영역에 추가했던 4000번 TCP 포트 규칙을 제거하는 예 입니다.

```
[root@nobreak ~]# firewall-cmd --remove-port=4000/tcp --zone=internal
success
[root@nobreak ~]# firewall-cmd --list-ports --zone=internal
```

10] 프로토콜(Protocol) 규칙 추가

프로토콜 규칙을 추가하기 위한 옵션은 '--add-protocol' 옵션입니다. 프로토콜 규칙에서 '프로토콜'은 포트 규칙에서 사용했던 TCP/UDP 프로토콜과는 다른 의미로 사용됩니다. 여기에서 의미하는 프로토콜은 통신할 때 사용하는 통신규약 프로토콜 자체를 의미합니다. 방화벽 프로토콜 규칙에서 사용할 수 있는 프로토콜의 종류는 /etc/protocols 파일에서 확인할 수 있습니다.

다음은 home 영역에 특정 프로토콜에 대한 규칙을 추가하는 예 입니다.

```
[root@nobreak ~]# firewall-cmd --add-protocol=icmp --zone=home
success
[root@nobreak ~]# firewall-cmd --list-all --zone=home | grep 'protocols'
  protocols: icmp
```

'--add-protocols' 옵션에 icmp 프로토콜을 지정하여 home 영역에 프로토콜 규칙을 추가하였습니다. 다른 규칙과 마찬가지로 '--list-all' 옵션의 'protocols' 항목 또는 '--list-protocols' 옵션을 사용하여 영역에 설정된 프로토콜 규칙을 확인할 수 있습니다.

icmp(Internet Control Message Protocol)프로토콜은 인터넷 제어 메시지 프로토콜로, 통신 진단 및 장애 통보 등의 기능을 수행하기 위한 프로토콜입니다. icmp 프로토콜은 TCP/UDP 프로토콜을 사용하지 않기 때문에 포트번호도 사용하지 않습니다. 따라서 포트 규칙을 사용하여 등록할 수 없고 프로토콜 규칙을 사용하여야 합니다.

11] 프로토콜(Protocol) 규칙 제거

프로토콜 규칙을 제거하려면 '--remove-protocol' 옵션을 사용합니다. 삭제하는 방식은 다른 규칙 삭제 옵션들과 동일합니다.

다음은 home영역에 추가했던 icmp프로토콜 규칙을 제거하는 예 입니다.

```
[root@nobreak ~]# firewall-cmd --remove-protocol=icmp --zone=home
success
[root@nobreak ~]# firewall-cmd --list-all --zone=home | grep 'protocols'
  protocols:
```

12] 포트 포워딩 규칙 추가

일반적으로 NAT 네트워크 환경에서 내부 네트워크에 있는 시스템이 외부 네트워크로 접속하는 것은 가능하지만 외부 네트워크에서 내부 네트워크로 접근하는 것은 불가능합니다. 내부 네트워크는 사설IP를 사용하고 있으므로, 사설 네트워크의 통로로 사용되는 공인IP로 접근한다 하더라도, 내부 네트워크의 사설 IP 주소를 지정할 수 없습니다.

이 때 포트 포워딩을 사용하면 내부로 연결을 중계할 수 있습니다. 포트 포워딩은 시스템 내부로 들어오는 패킷을 받았을 때 같은 시스템의 다른 포트, 또는 다른 시스템의 특정 포트로 전달하는 규칙입니다. 예를 들어 사설 네트워크 내부에 웹 서버가 있을 경우, NAT 네트워크의 공인IP가 할당되어 있는 시스템에서 8000/TCP 연결에 대하여 사설 네트워크 내부 웹서버의 80/TCP로 포트 포워딩을 설정하면, NAT환경에서도 네트워크 내부 웹서버에 연결할 수 있습니다.

firewalld에서 포트포워딩을 설정할 수 있습니다. firewalld에선 '--add-forward-port' 옵션을 사용해서 포트 포워딩을 추가합니다. 사용법은 다음과 같습니다.

```
firewall-cmd --add-forward-port=Port-Forwarding-Rule [--zone=ZONE] [--permanent]
```

Port-Forwarding-Rule은 다음과 같이 구성됩니다.

```
port=PORT[-PORT]:proto=PROTOCOL:toport=PORT[-PORT]][:toaddr=IP[/MASK]]
```

Port-Forwarding-Rule에서 'port=PORT[-PORT]'는 접근하는 포트번호입니다. 포트번호는 단일 포트번호 또는 범위를 지정할 수 있습니다. 예를 들어 'port=2000-2010'과 같이 설정은 2000번부터 2010번 포트까지의 접근을 전부 동일한 규칙으로 포트포워딩 합니다.

이어지는 'proto=PROTOCOL'은 접근 시 사용하는 프로토콜 정보를 의미합니다. 이 부분에서는 TCP 또는 UDP를 지정할 수 있습니다. 여기까지가 접근에 대한 정보입니다.

이어지는 정보는 패킷을 전달할 대상에 대한 정보입니다. 동일한 시스템 내의 다른 포트로 전달할 경우 포트정보만, 다른 시스템으로 전달할 경우 IP주소를 함께 지정하여야 합니다.

'toport=PORT[-PORT]'는 전달되는 포트를 지정합니다. 접근 포트와 마찬가지로 단일 포트 또는 포트 범위를 지정할 수 있습니다. 'toaddr=IP[/MASK]'는 전달되는 시스템의 주소를 나타냅니다.

포트 포워딩을 설정할 경우 전달되는 포트 또는 전달되는 시스템의 주소 둘 중 하나를 반드시 지정하여야 합니다.

다음은 internal 영역에 5000번 TCP포트로 접근 했을 때 192.168.0.100 시스템의 22번 포트로 포트포워딩 하는 예 입니다.

```
[root@nobreak ~]# firewall-cmd --zone=internal
--add-forward-port=port=5000:proto=tcp:toport=22:toaddr=192.168.0.100
success
```

```
[root@nobreak ~]# firewall-cmd --list-all --zone=internal | grep 'forward-
ports'
    forward-ports: port=5000:proto=tcp:toport=22:toaddr=192.168.0.100
```

13] 포트포워딩 규칙 제거

포트 포워딩 규칙을 제거할 때는 '--remove-forward-port' 옵션을 사용합니다.

포트 포워딩 삭제 시 삭제할 포트포워딩의 설정 형식을 그대로 입력하여 삭제합니다. 이 형식이 복잡하기 때문에 오타로 인해 오류가 자주 발생할 수 있습니다. 따라서 --list-all 명령으로 삭제하고자 하는 포트포워딩 설정 값을 확인하여 값을 복사한 뒤 붙여 넣으면 오타 발생률을 줄일 수 있습니다.

```
firewall-cmd --remove-forward-port=Port-Forwarding-Rule [--zone=ZONE] [--permanent]
```

포트포워딩 규칙 삭제 시 사용하는 규칙 형식은 포트포워딩 설정 시 형식과 동일합니다.

```
port=PORT[-PORT]:proto=PROTOCOL:toport=PORT[-PORT]][:toaddr=IP[/MASK]]
```

다음은 internal 영역에 추가했던 포트 포워딩 규칙을 제거하는 예 입니다.

```
[root@nobreak ~]# firewall-cmd --list-all --zone=internal | grep 'forward-
ports'
    forward-ports: port=5000:proto=tcp:toport=22:toaddr=192.168.0.100
[root@nobreak ~]# firewall-cmd --zone=internal
--remove-forward-port=port=5000:proto=tcp:toport=22:toaddr=192.168.0.100
success
[root@nobreak ~]# firewall-cmd --list-all --zone=internal | grep 'forward-
ports'
    forward-ports:
```

14] firewalld Reload

firewalld의 영구설정으로 규칙을 변경하면 바로 적용되지 않습니다. 변경한 영구 설정을 실행중 설정으로 적용 할 경우, firewalld 서비스를 재시작하거나 규칙 설정을 다시 읽어 들여야 합니다.

firewall-cmd에서 '--reload' 옵션을 사용하여 간단하게 설정을 다시 읽어 들일 수 있습니다. 여러 개의 규칙을 영구설정으로 등록 할 경우, 규칙을 등록할 때마다 설정을 다시 읽을 필요는 없습니다.

추가하고자 하는 규칙을 각각 '--permanent' 옵션을 추가하여 영구설정 규칙으로 등록한 후에 마지막으로 '--reload' 옵션을 사용하여 설정을 다시 읽어 옵니다.

firewall-cmd --reload를 실행하면 실행중 설정 규칙은 전부 삭제됩니다.

다음은 public 영역에 nfs 서비스와 4000번 TCP포트를 영구설정으로 규칙을 추가하는 예 입니다.

```
[root@nobreak ~]# firewall-cmd --add-service=nfs --permanent
success
[root@nobreak ~]# firewall-cmd --add-port=4000/tcp --permanent
success
[root@nobreak ~]# firewall-cmd --reload
success
[root@nobreak ~]# firewall-cmd --list-all | grep -e 'services' -e 'ports'
  services: dhcpv6-client nfs ssh
  ports: 4000/tcp
```

15] 실행중(Runtime)설정을 영구(Permanent)설정으로 변경

방화벽 규칙을 설정할 때 많이 사용하는 방식은 실행중 설정을 구성하여 정상동작을 확인한 후 현재 실행중 설정을 영구 설정으로 저장하는 방식입니다. firewall-cmd에서 실행중 설정을 영구설정으로 저장해주는 옵션은 '--runtime-to-permanent' 옵션입니다.

다음은 home 영역에 실행중 설정으로 5000번 TCP포트를 열어준 후에 실행중 설정을 영구설정으로 변경하는 예 입니다.

```
[root@nobreak ~]# firewall-cmd --add-port=5000/tcp --zone=home
success
[root@nobreak ~]# firewall-cmd --runtime-to-permanent
success
[root@nobreak ~]# firewall-cmd --list-all --zone=home | grep 'ports'
  ports: 5000/tcp
```

지금까지 CLI 도구인 firewall-cmd를 사용하여 방화벽 설정을 변경하는 방식에 대하여 학습하였습니다. 명령어의 형식 및 주요 옵션에 익숙해지면 GUI를 통한 설정 방식보다 월등히 빠르고 편리하게 방화벽 설정을 변경할 수 있습니다.

지금까지 살펴본 firewall-cmd 도구의 옵션들을 사용하여 많은 방화벽 설정을 수정할 수 있으나, 세부 규칙 설정에 대한 부분이 부족합니다. 이런 부분을 보완할 수 있는 방식이 이어서 학습할 리치 규칙(Rich Rule)입니다.

14.4 리치 규칙(Rich Rule)

firewall-cmd에서 제공하는 명령으로 대부분의 규칙 설정을 할 수 있지만 세부적인 설정을 수정하는 기능이 부족합니다. firewalld에서 방화벽 규칙을 세부적으로 설정할 때 사용되는 것이 바로 리치 규칙입니다. 리치 규칙을 사용하면 특정 이벤트가 발생 했을 때 해당 이벤트에 대한 로그(syslog)나 감사(audit)기록을 생성할 수도 있습니다.

리치 규칙은 여러 가지 규칙을 동시에 등록할 수 있습니다. 따라서 규칙이 중복되는 일이 발생할 수 있는데, 규칙이 중복되는 경우 가장 먼저 적용되는 규칙이 우선순위가 높습니다. 따라서, 우선순위가 높은 규칙이 적용되고, 나머지 규칙은 적용되지 않습니다.

1 리치 규칙 관련 옵션

리치 규칙을 설정하는 옵션은 firewall-cmd에서 제공합니다.

기능	옵션
리치 규칙 추가	firewall-cmd --add-rich-rule='rule RULE' [--zone=ZONE] [--permanent]
리치 규칙 제거	firewall-cmd --remove-rich-rule='rule RULE' [--zone=ZONE] [--permanent]
리치 규칙 확인	firewall-cmd --list-rich-rule [--zone ZONE]

표 14-5 리치 규칙 옵션

2 기본 문법

리치 규칙은 자동완성 기능이 제공되지 않습니다. 따라서 문법을 어느 정도 숙지해야만 사용 할 수 있습니다. 문법을 완벽히 숙지 못하신 분들은 firewalld.richlanguage(5) 매뉴얼 페이지에서 문법 및 사용 예제를 확인할 수 있습니다.

속성	설명	문법
family	IPv4와 IPv6 결정	family=[ipv4 | ipv6]
source	출발지 주소 설정	source address=IP/MASK
destination	도착지 주소 설정	detination address=IP/MASK
service	서비스 규칙 설정	service name="SERVICE"
port	포트 설정	port port="PORT" protocol="TCP | UDP"
protocol	프로토콜 설정	protocol value="PROTOCOL"
forward-port	포트포워딩 설정	forward-port port="PORT" protocol="TCP|UDP" to-port="PORT" to-addr="IP"
log	syslog 기록	log PREFIX="TEXT" level="PRIORITY" [limit value="RATE/DURATION"]
audit	audit log 기록	audit [limit value="RATE/DURATION"]
accept	허용	accept
reject	거부	reject
drop	폐기	drop

표 14-6 리치 규칙 문법

① **family** : 출발지 또는 목적지의 주소를 IPv4로 설정할 것인지 IPv6로 설정할 것인지를 결정합니다.

② **source** : 출발지의 주소를 설정합니다. 다른 요소와 함께 사용될 수 있습니다.

③ **destination** : 목적지의 주소를 설정합니다. 목적지 주소는 경우에 따라 다른 요소와 함께 사용될 수 없습니다.

④ **service** : 사전에 정의된 서비스를 지정합니다.

⑤ **port** : 포트를 지정합니다. protocol 값에 TCP인지 UDP인지 명시합니다.

⑥ **protocol** : 통신 규약 프로토콜을 지정합니다.

⑦ **forward-port** : 포트 포워딩을 설정합니다. --add-forward-port와 형식이 다르지만 경우에 따라서 rich rule의 포트 포워딩이 사용하기 편할 수 있습니다.

⑧ **log** : syslog를 기록합니다. prefix에 넣은 값이 로그의 시작부분으로 기록됩니다. level은 로그의 우선순위를 지정하고, limit value는 제한량을 설정합니다. RATE에는 숫자 DURATION에는 일(d), 시(h), 분(m), 초(s)가 지정됩니다. 예를 들어 'limit value=3/h' 설정은 시간당 최대 3개라는 의미로 사용됩니다.

⑨ **audit** : audit.log에 기록합니다.

⑩ **accept, reject, drop** : 이 옵션에 따라 패킷의 응답 방식이 결정됩니다. accept는 허용, reject는 거부, drop은 폐기입니다. reject와 drop의 차이는 reject는 거부응답이 있으며, drop은 거부응답이 없습니다. 네트워크 패킷이 들어왔을 때 reject의 경우에는 정중하게 '당신은 들어올 수 없습니다'라고 응답해주지만 drop 같은 경우에는 들어온 패킷을 휴지통으로 버리고 응답하지 않습니다.

3 리치 규칙 예제

리치 규칙의 사용법을 예제를 통해 확인하겠습니다. 다음은 리치 규칙을 사용하여 규칙을 추가하는 예입니다.

1] work 영역에 출발지 주소가 192.168.0.0/24인 시스템에서 http 서비스 요청 허용

```
[root@nobreak ~]# firewall-cmd --zone=work --add-rich-rule=
'rule famaily=ipv4 source address="192.168.0.0/24" service name="http" accept'
```

위의 예는 실제로 firewall-cmd의 기본 제공되는 옵션으로 실행한 명령인 firewall-cmd --add-source=192.168.0.0/24와 firewall-cmd --add-service=http와 같습니다.

현재 실행중 설정으로 규칙을 추가했습니다. 영구설정으로 설정하기를 원하면 --permanent를 추가합니다.

2] home 영역에 4000번 포트를 거쳐 목적지 주소가 192.168.0.100인 패킷은 허용

```
[root@nobreak ~]# firewall-cmd --zone=home --add-rich-rule=
'rule famaily=ipv4 destination address="192.168.0.100/32" port port="4000"
protocol="tcp" accept'
```

home 영역을 통해서 시스템의 4000번 TCP 포트로 들어온 패킷 중 실제 목적지가 192.168.0.100인 패킷을 허용합니다. 목적지 주소가 하는 역할이 혼동될 수 있지만 목적지 주소가 설정되어 있다는 것은 해당 방화벽이 설정되어 있는 시스템은 출발지와 목적지 시스템 중간에서 전달해주는 시스템으로 사용 중이라는 의미입니다.

3] public 영역에 5000-5010/tcp포트로 접근한 패킷은 폐기 및 syslog에 분당 최대 3개 기록

```
[root@nobreak ~]# firewall-cmd --zone=public --add-rich-rule=
'rule port port="5000-5100" protocol="tcp" log prefix="DROP" limit value="3/m"
drop'
```

prefix가 DROP으로 설정되었기 때문에 해당 포트의 5000번 포트로 접근하는 패킷은 syslog에 DROP으로 시작하는 메시지로 기록됩니다.

4] internal 영역에 5000번 TCP포트로 접근 시 192.168.0.200의 22번 포트로 포트포워딩

```
[root@nobreak ~]# firewall-cmd --zone=internal --add-rich-rule=
'rule forward-port port=5000 protocol=tcp to-port=22 to-addr=192.168.0.200'
```

'port=5000'은 '5000번 포트로 들어왔을 때'를 의미하고 'to-port=22'는 '22번 포트로 전달한다'는 의미입니다. 뒤에 'to-addr=192.168.0.200'이 추가되어 있으므로, 최종적으로는 192.168.0.200 시스템의 22번 포트로 전달하게 됩니다.

마지막 예제는 firewall-cmd —add-forward-port에서 설명한 예제와 동일하게 실행됩니다. 두 개의 예제를 비교해보면 각 방식의 장단점을 확인할 수 있습니다.

여기까지 firewalld 방화벽 서비스에 대하여 살펴보았습니다. 사용자의 편의성을 강화하면서도 세부적인 규칙을 상세하게 설정할 수 있는 강력함까지 가지고 있는 firewalld 서비스를 원하는 대로 설정할 수 있도록, 기본적인 개념과 각 설정도구 및 사용방법에 대하여 반드시 숙지하시기 바랍니다.

APPENDIX 1

엔터프라이즈 리눅스 서버 설치

APPENDIX 1
엔터프라이즈 리눅스 서버 설치

─ 학습목표
실습 환경 구성에 필요한 소프트웨어를 다운로드 할 수 있습니다.
가상화 프로그램에서 가상 컴퓨터를 생성할 수 있습니다.
가상 컴퓨터에 엔터프라이즈 리눅스 서버를 설치할 수 있습니다.

─ 학습내용
A.1. Oracle VirtualBox 및 CentOS 7 최신버전 다운로드
A.2. Oracle VirtualBox 설치 및 가상 컴퓨터 생성
A.3. CentOS 7 설치
A.4. Redhat Enterprise Linux 와 Oracle Linux 다운로드

이번 장에서는 실습환경 구성을 위한 가상화 소프트웨어 설치와, 가상화를 사용한 엔터프라이즈 리눅스 실습환경 구성에 대하여 안내합니다.

예전에는 리눅스를 학습하기 위하여 별도의 시스템(하드웨어)을 준비하거나, 다른 운영체제가 설치되어 있는 기존 시스템에 멀티 부팅을 구성하여 리눅스를 설치하였습니다. 이런 방식은 실제 환경과 같이 하드웨어를 구성하고 실습할 수 있는 장점이 있지만, 시스템에 장애가 발생할 경우 운영체제 재설치 등의 보수작업이 필요하고, 물리적 하드웨어를 이용하여 실습하기에는 예산의 한계로 인해 실습 환경을 구성하기 힘든 단점이 존재 합니다.

오늘날은 개인용 컴퓨터의 컴퓨팅 성능이 우수해지고 가상화(Virtualization) 기술의 발전으로 가상환경에서도 실제 환경과 유사한 실습환경을 구성할 수 있습니다.

가상화를 사용한 실습환경 구성은 다음과 같은 장점이 있습니다.

1. 사용중인 운영체제 내에서 운영체제를 설치할 수 있어 별도의 시스템이 필요하지 않습니다.

2. 가상화 된 네트워크를 사용하여 복수의 가상 시스템간의 네트워킹 구성이 가능합니다.

3. 생성된 가상 컴퓨터를 내보내기(export) 및 가져오기(import) 할 수 있습니다.

4. 스냅샷(snapshot) 기능을 사용하여 시스템 장애 발생 시 이전 상태로 되돌리기(Roll-back)가 가능합니다.

가상화 기능을 사용하여 운영체제를 설치하기 위해서는 가상화 소프트웨어를 사용하여야 합니다. 일반적으로 많이 사용하는 운영체제인 Windows에서 사용할 수 있는 대표적인 가상화 소프트웨어는 VMware사의 'VMware Workstation'과 Microsoft사의 'Hyper-V', Oracle사의 VirtualBox 등이 있습니다.

이 중 'VMware Workstation'은 가장 널리 사용되고 있으며 안정적인 성능과 편리한 기능을 제공하고 있습니다. 하지만 상용 버전과 무료 버전으로 제공 되고 있으며, 상업적인 목적으로 제품을 사용하려고 할 경우는 상용 제품(VMware Workstation Pro)을 구입하여야 합니다. 무료 버전은 'VMware Workstation Player'로 가상 컴퓨터 생성, 사용 등의 기능을 사용할 수 있지만, 기본 기능이외에 추가 고급 기능 (스냅샷 등) 사용이 제한되어 있습니다.

'Hyper-V'는 Microsoft의 가상화 소프트웨어입니다. 예전 Windows 7에서 윈도우XP용 가상머신(XP mode)을 제공하기 위해 사용했던 VirtualPC를 개량한 제품으로, 현재 Windows Server 제품군과 Windows 8, Windows 10의 Pro, Ultimate 에디션 등에 포함되어 있습니다. Hyper-V는 별도의 소프트웨어 구매가 필요하지 않은 장점이 있습니다.

하지만 Hyper-V는 일반적인 가상화 실습을 위한 기능 보다는 서버 가상화에 적합하도록 개발된 제품으로, 네트워크 구성 등 환경 구성이 다른 가상화 소프트웨어보다 까다로운 단점이 있습니다. 그리고 Hyper-V 사용 시 다른 가상화 기술을 함께 사용할 수 없습니다. 즉, 다른 가상화 소프트웨어를 동시에 사용할 수 없습니다.

Oracle의 VirtualBox는 Oracle에서 합병한 Sun Microsystems에서 개발한 오픈소스 가상화 소프트웨어입니다. VirtualBox는 Windows 이외에도 Solaris, MacOS, Linux 를 지원하고 있습니다. VMware와 비교하여 보면 성능/기능상 장단점이 있지만, 가장 큰 장점은 오픈소스이므로 상업적인 목적으로도 자유롭게 사용할 수 있습니다. 그리고 VMware Workstation Play에서 사용할 수 없는 스냅샷 기능도 제약 없이 사용할 수 있습니다.

이번 장에서는 세 종류 가상화 소프트웨어 중 VirtualBox를 사용하여 엔터프라이즈 리눅스 최신버전을 설치하는 방법에 대하여 설명합니다. 2017년 2월 기준 최신 버전을 기준으로 작성되었으므로, 이후 버전 변경에 따라 설치과정이 달라 질 수도 있습니다.

이번 장에서는 기본적으로 DVD 이미지를 이용한 설치 방법을 다루지만, 리눅스 서버는 네트워크 설치 (HTTP , FTP , SMB 등) 도 지원하고 있을 뿐 아니라 설치 자동화 기술인 킥스타트(Kick Start)를 사용하면 자동으로 설치 및 구성을 수행 할 수 있습니다.

이번 장에서는 다음과 같은 순서로 상세한 내용에 대해 다루어 보도록 하겠습니다.

1. Oracle VirtualBox 및 CentOS 7 최신버전 다운로드

2. Oracle VirtualBox 설치 및 가상 컴퓨터 생성

3. CentOS 7 설치

4. Redhat Enterprise Linux 와 Oracle Linux 다운로드

A.1 Oracle VirtualBox 및 CentOS 7 최신버전 다운로드

1 Oracle VirtualBox 다운로드

Oracle VirtualBox를 사용하기 위하여 설치 프로그램을 다운로드 하여야 합니다. 파일을 다운로드 할 수 있는 경로는 아래와 같습니다.

https://www.virtualbox.org/

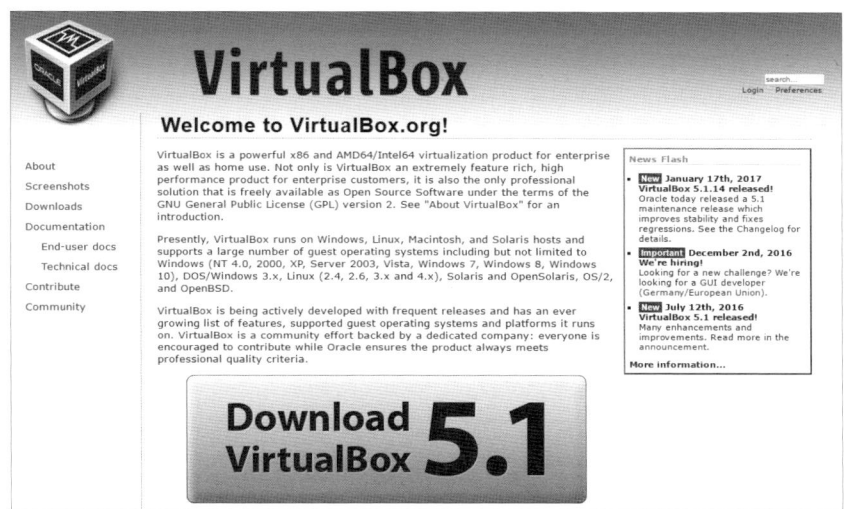

그림 1 다운로드 링크 클릭

그림2의 VirtualBox 5.1.14 platform packages의 링크에서 VirtualBox를 다운로드 받을 수 있습니다. 다운로드 할 때 VirtualBox를 설치할 호스트 운영체제를 선택하여야 합니다. 여기서는 Windows 10 운영체제에서 설치하기 위해 'Windows hosts'를 선택합니다.

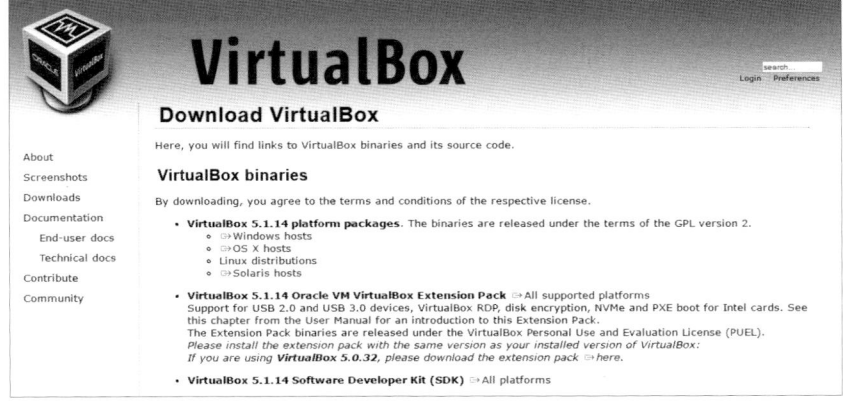

그림 2 운영체제에 맞는 VirtualBox 다운로드

> **NOTE**
>
> 필요에 따라 확장팩을 VirtualBox Extension Pack(확장팩)을 설치할 수 있습니다.
> 확장팩을 설치하면 추가 기능과 최적화된 드라이버 설치가 진행됩니다.
> 가상 USB 2.0 , USB 3.0 과 암호화 기능 , RDP 등이 지원 됩니다.
> 확장팩 설치는 다운로드 후 손쉽게 설치가 가능하지만, 확장팩은 Virtualbox 와 달리 라이센스에 제약이 있습니다.
> 해당 라이센스는 개인 사용자는 무료지만, 개인 이외에는 평가용(Evaluation)으로 사용이 가능하며, 라이센스 상 평가를 목적으로만 허용되므로 개인 사용자 아닌 경우 구매해야 합니다.
> VirtualBox에 대한 자세한 가이드는 김재벌의 IT이야기 블로그인 http://solatech.tistory.com/277 에 게재된 "버추얼박스 네트워크 이해 및 완벽가이드.pdf"를 참고하시기 바랍니다.
>
>

2 CentOS 7 다운로드

이제 가상 컴퓨터에 설치할 CentOS 7 운영체제를 다운로드 합니다. CentOS 7 운영체제는 ISO CD/DVD Image 형태의 파일로 배포됩니다. 다운로드 경로는 다음과 같습니다.

https://www.centos.org/

CentOS 는 Linux의 라이센스인 GPL에 따라 Redhat Enterprise Linux(RHEL)의 소스를 통해 만들어진 클론(Clone)입니다. 레드햇에 의해 안정적으로 운영되도록 만들어진 RHEL과 거의 동일한 성능과 기능을 가지고 있어, 운영체제를 구매하지 않고 리눅스 시스템을 구축하려고 할 경우 가장 먼저 고려되는 리눅스 입니다.

물론 레드햇으로부터 기술지원을 제공받을 수는 없습니다. 하지만 CentOS 운영체제에 대한 정보를 다루는 커뮤니티 또는 인터넷 검색 등을 통해 많은 정보를 획득할 수 있습니다.

그림 3 다운로드 링크 클릭

그림 4 설치 이미지 종류 선택

CentOS 설치 이미지 다운로드시 'DVD ISO', 'Everything ISO', 'Minimal ISO' 세 가지를 선택할 수 있습니다. 일반적으로 'DVD ISO'를 사용합니다.

'DVD ISO'는 리눅스 설치 시 사용되는 가장 일반적인 패키지들을 포함하고 있고, 'Everything ISO'는 CentOS에서 제공하는 추가 패키지들을 포함하고 있습니다. 'minimal ISO'는 대부분의 패키지가 제외되어 있어, 최소 설치 후 필요한 패키지를 추가 설치하는 방식으로 사용됩니다.

그림 5 DVD ISO 다운로드 링크 선택

마지막으로 CentOS DVD ISO Image를 배포하고 있는 링크를 선택합니다. 모든 링크는 동일한 파일을 배포하므로, 가장 전송속도가 빠른 링크를 사용하여 이미지를 다운로드 합니다.

그림 6 VirtualBox 및 CentOS DVD ISO

그림6과 같이 VirtualBox 설치 프로그램과 ISO 이미지가 다운로드 하면 설치 준비가 완료됩니다. 이제 VirtualBox 프로그램을 설치 합니다.

A.2 Oracle VirtualBox 설치 및 가상 컴퓨터 생성

1 Oracle VirtualBox 설치

다운로드 받은 파일을 실행하면 설치 과정이 진행됩니다.

설치 옵션을 지정할 수 있습니다. 특별히 기능을 제외할 필요가 없으므로 기본값으로 진행합니다.

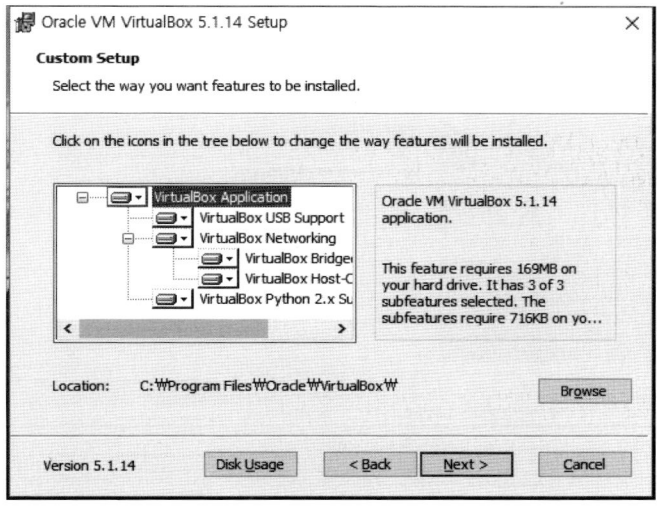

시작메뉴, 바탕화면 아이콘, 파일 연결 등을 설정하는 부분입니다. 이 중 'Register file associations' 항목은 VirtualBox의 가상 컴퓨터 파일인 '.vbox', 가상 디스크 파일인 '.vdi' 파일 등을 VirtualBox에서 실행되도록 연결하는 옵션입니다.

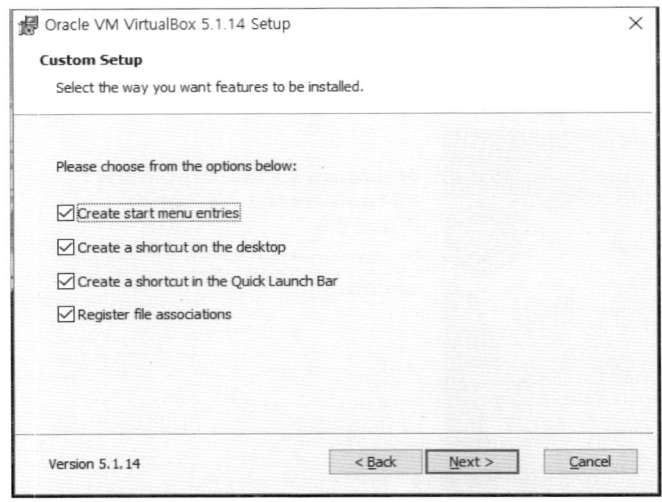

VirtualBox 설치시 가상 네트워크 장치를 설치합니다. 이 때 호스트 시스템(Windows)의 네트워크 기능이 일시적으로 끊어질 수 있다는 경고를 표시합니다.

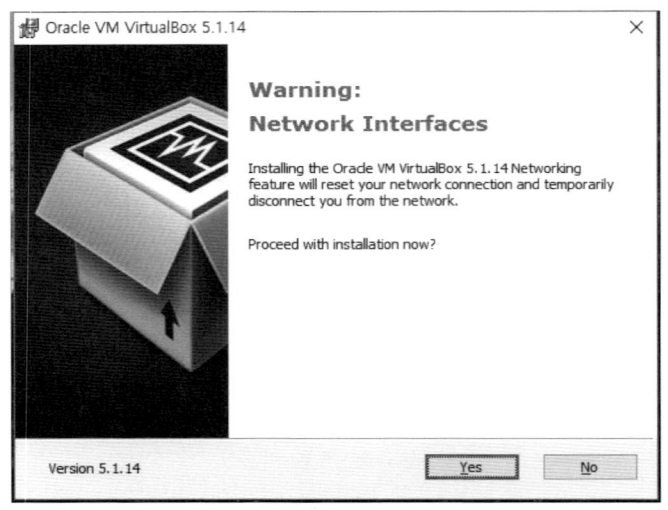

'Install' 버튼을 눌러 설치를 진행합니다.

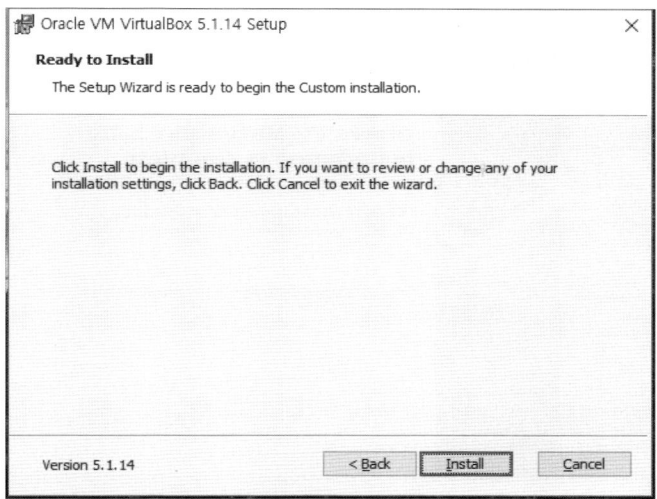

설치가 진행되고 있습니다. Status의 Progressive Bar를 통해 진행 상황을 확인할 수 있습니다.

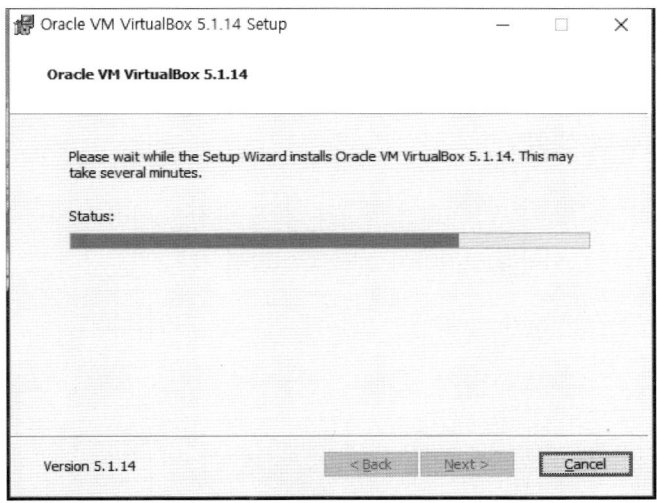

설치가 완료되었습니다. 체크 박스의 옵션은 설치 완료 후 VirtualBox를 실행할 것인지 확인하는 옵션입니다.

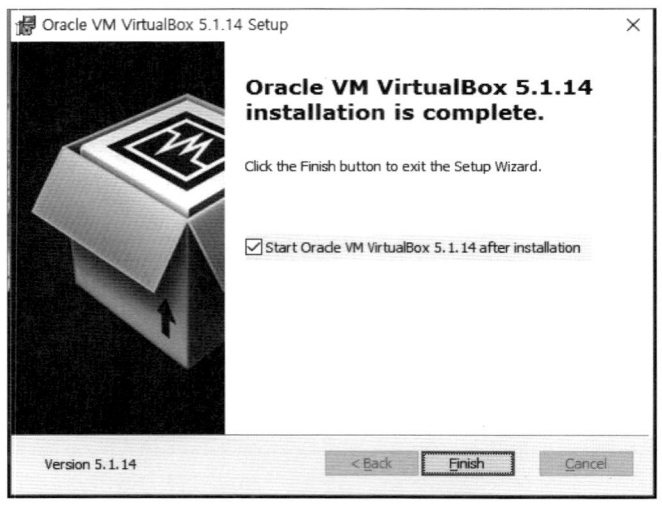

설치가 완료된 후에는 VirtualBox를 실행하여 CentOS 7을 설치할 수 있는 가상 컴퓨터를 생성하겠습니다.

2 가상 컴퓨터 생성

VirtualBox 실행 후 화면은 다음과 같습니다. 설치 과정은 영어로 진행되었지만, 프로그램 실행 시 운영체제의 언어를 감지하여 한글로 변환됩니다.

새로운 가상 머신을 생성하기 위해 '새로 만들기' 버튼을 클릭합니다.

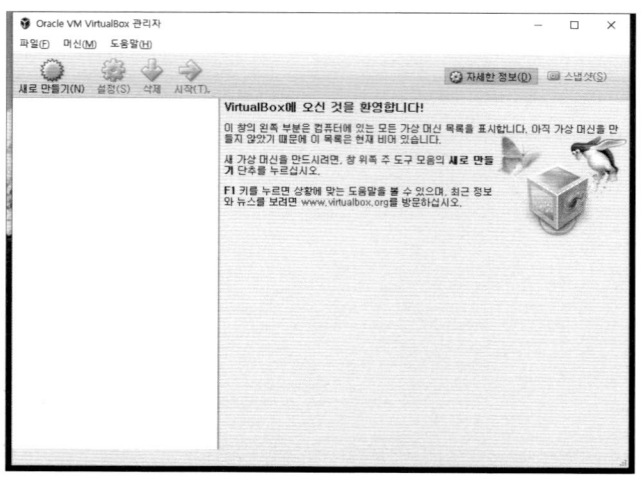

가상 컴퓨터를 새로 생성하기 위한 대화 상자입니다. 가장 먼저 설정하여야 할 항목은 생성될 가상 컴퓨터의 이름과 설치될 운영체제의 종류를 지정합니다. 설치될 운영체제의 종류에 따라 우측 아이콘의 모양과 설치 과정에서 설정할 하드웨어 사양의 권장 값 등이 변경됩니다.

여기서는 설치할 운영체제의 정보에 따라 운영체제의 종류를 Linux로, 버전은 CentOS의 클론 원본인 Redhat Enterprise Linux를 가리키는 'Red Hat (64-bit)'를 선택합니다. 만약 다른 계열의 리눅스를 설치할 경우에는 버전 부분에서 해당 계열의 리눅스를 선택하는 것이 좋습니다. 일반적으로 리눅스 설치시에 큰 제약은 없으나, 하드웨어 사양을 요구하는 경우가 다를 수 있기 때문에 지정된 종류와 버전에 맞게 운영체제를 지정하는 것이 권장됩니다.

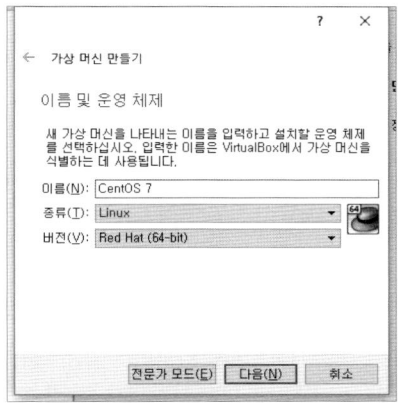

첫 대화상자에서 하단의 '전문가모드'를 사용할 경우 동시에 여러 설정항목을 설정하여 설정 단계를 줄일 수 있습니다. 설정하는 내용은 가이드 모드와 동일합니다. 여기서는 가이드 모드를 사용하여 각 단계별로 설명하며 진행합니다.

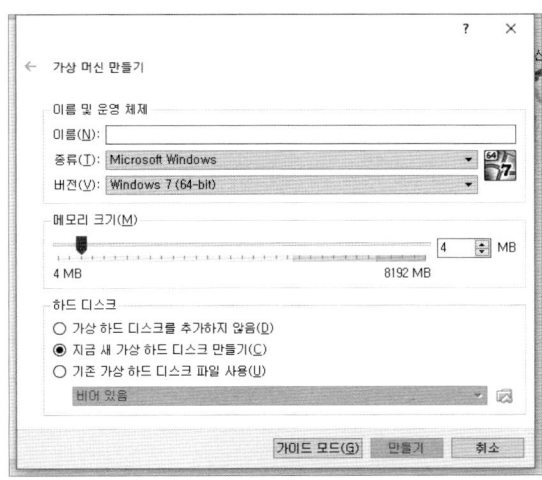

가장 처음 지정하는 항목은 가상 컴퓨터에서 사용할 메모리의 크기입니다. 가상 컴퓨터는 호스트 시스템의 메모리를 일부 점유하여 사용합니다. 따라서 호스트 시스템의 실제 물리 메모리보다 큰 용량을 지정할 수 없습니다.

호스트 시스템의 물리 메모리 용량과 구동할 가상 컴퓨터의 개수 및 가상 컴퓨터에서 구동할 운영체제의 성능 등을 고려하여 적절한 용량을 지정합니다. 여기서는 CentOS 7을 구동할 수 있는 가장 기본적인 용량인 1GB를 지정하지만, 시스템 사양에 여유가 있는 경우 최소 2GB 이상의 메모리를 할당할 것을 권장합니다.

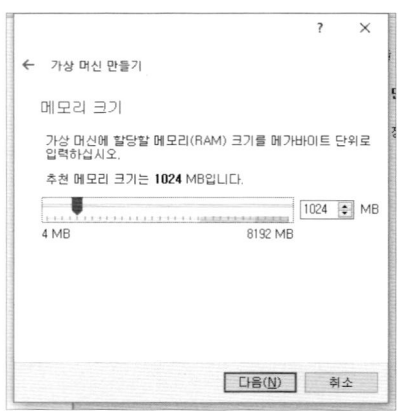

이어서 설정할 항목은 가상 디스크 관련 설정입니다. 가상 컴퓨터의 디스크는 호스트 시스템에서 파일로 생성됩니다. 가상 컴퓨터 생성 시 새로운 가상 디스크 파일을 생성하거나, 이미 생성된 가상 디스크 파일을 사용할 경우 각각 맞는 옵션을 지정합니다.

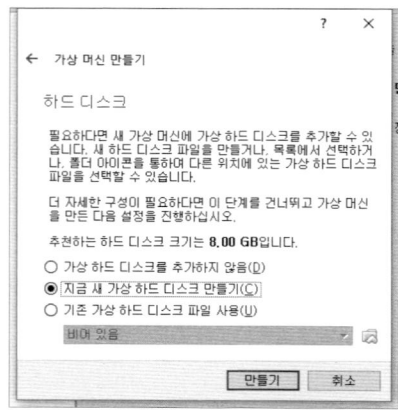

가상 디스크 생성 시 가상 디스크의 파일 종류를 지정합니다. VDI는 VirtualBox에서 사용되는 가상 디스크 파일 형식이고, VHD는 Windows시스템과 Hyper-V에서, 'VMDK'는 vmware에서 사용하는 가상 디스크 파일 형식입니다. 여기서는 기본인 VDI를 선택합니다.

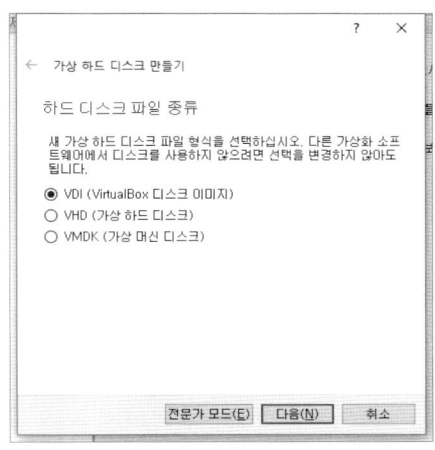

가상 디스크와 관련되어 가상 디스크 파일의 용량 할당 방식을 설정합니다. 동적 할당의 경우, 생성할 가상 디스크의 전체 크기와 상관없이 현재 필요한 용량만큼 가상 디스크 파일을 증가시키며 사용하는 방식입니다. 반대로 고정 크기의 경우는 가상 디스크의 용량과 동일한 파일을 생성합니다.

동적 할당 방식은 가상 디스크 전체 크기와 상관없이 사용하는 용량만큼만 파일이 증가되어 호스트 시스템의 용량을 절약할 수 있다는 장점이 있습니다. 하지만 가상 디스크의 입출력 성능은 고정 크기 방식에 비해 떨어집니다. 가상 디스크 생성 시에도 시간이 절약됩니다.

고정 크기 방식의 장단점은 동적 할당 방식과 정반대입니다. 생성할 때 시간이 오래 걸리고, 호스트 시스템의 많은 공간을 차지하지만, 성능은 동적 할당 방식에 비해 우수합니다.

여기서는 동적 할당 방식을 사용합니다.

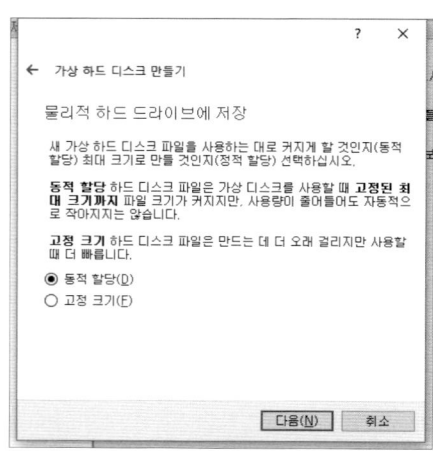

이어서 가상 디스크의 이름과 용량을 지정합니다. 앞에서 동적 할당 방식을 선택하였으므로 용량을 크게 설정하여도 가상 디스크 파일의 크기가 지정한 용량만큼 커지지 않습니다.

기본 값으로 8GB를 권장하고 있으나 최소 20GB정도의 용량을 지정할 것을 권장합니다.

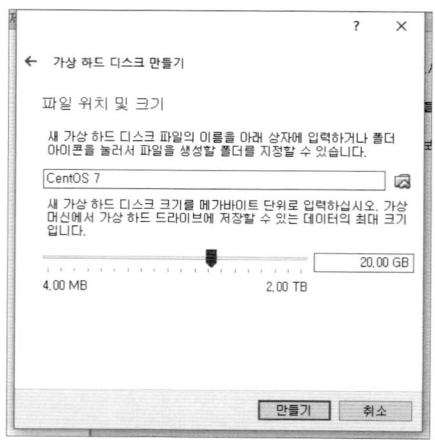

여기까지 진행하면 새로운 가상 컴퓨터가 생성됩니다. 오른쪽 부분에 사용자가 지정한 하드웨어 사양이 표시되므로 정확하게 설정하였는지 확인하여야 합니다.

3 가상 컴퓨터 설정

이제 운영체제를 설치하기 위하여 가상 컴퓨터에 CentOS 7 설치 미디어를 연결하여야 합니다. 이 때 앞에서 다운받은 'CentOS 7 DVD ISO' 파일을 사용합니다. VirtualBox에서 가상 컴퓨터 선택 후 '설정' 아이콘을 클릭하여 가상 컴퓨터 설정에 들어갑니다.

가상 컴퓨터 설정 화면입니다. 가상 컴퓨터를 생성할 때 설정했던 항목보다 더 많은 항목들이 있어, 사용자의 필요에 따라 설정할 수 있습니다.

일단 CentOS 7 이미지를 삽입하기 위해 왼쪽 메뉴 중 네 번째 있는 '저장소' 메뉴를 선택합니다.

저장소 메뉴를 선택하면 '저장소 트리'와 '속성' 부분을 확인할 수 있습니다. 좌측 저장소 트리의 IDE컨트롤러 아래 DVD 모양 아이콘이 있는 것을 확인할 수 있고, 현재 비어 있음으로 설정되어 있는 것도 볼 수 있습니다.

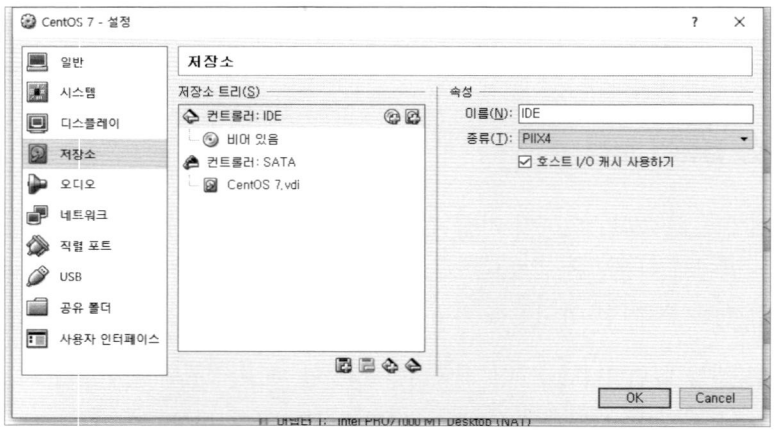

DVD 아이콘을 선택하면 현재 가상 DVD 장치의 설정을 확인할 수 있습니다. 여기서 ISO 이미지를 삽입하기 위하여 오른쪽 DVD 아이콘을 클릭합니다.

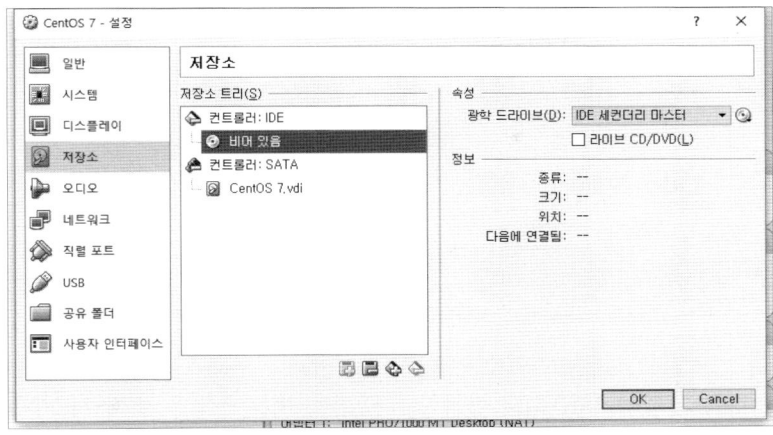

'가상 광 디스크 파일 선택' 메뉴를 사용하여 CentOS 7 DVD ISO 파일을 선택합니다.

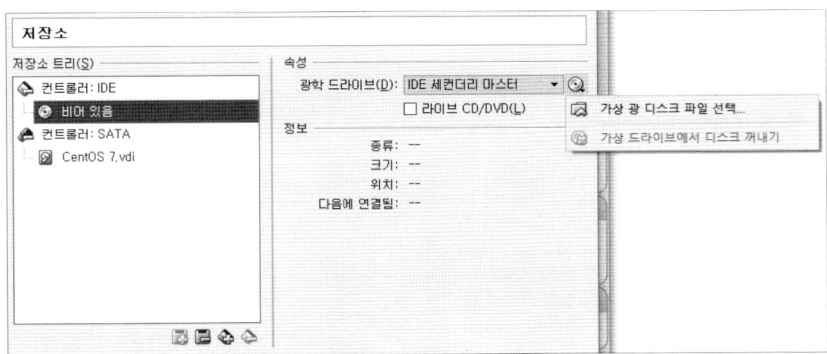

선택한 이미지가 정상적으로 연결된 것을 확인할 수 있습니다.

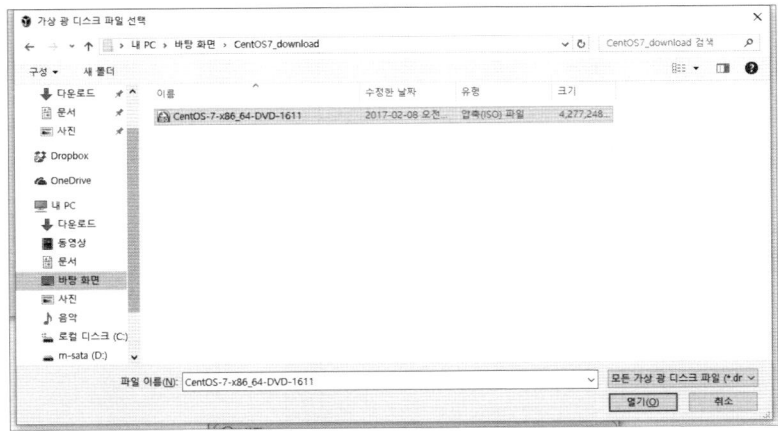

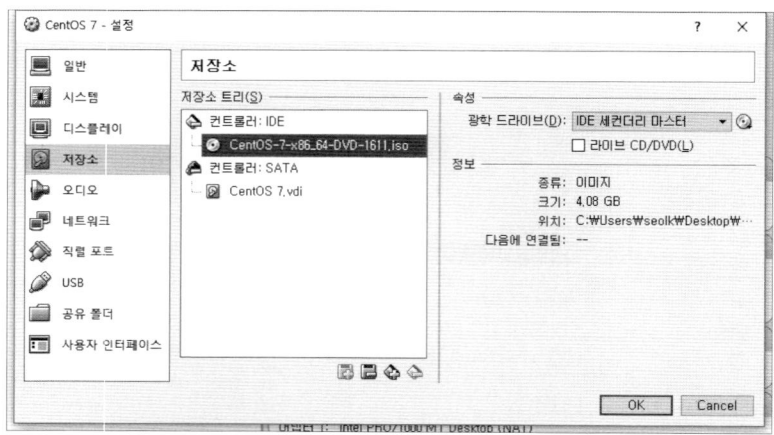

다음으로 설정할 항목은 부팅 순서 항목입니다. 좌측 메뉴에서 두 번째 '시스템' 메뉴를 선택하면 부팅 순서를 지정할 수 있습니다. 부팅 순서를 아래와 같이 변경하여 가장 먼저 하드디스크로 부팅, 하드디스크에 운영체제가 없을 경우에 설치 미디어가 들어있는 광 디스크로 부팅하도록 설정합니다.

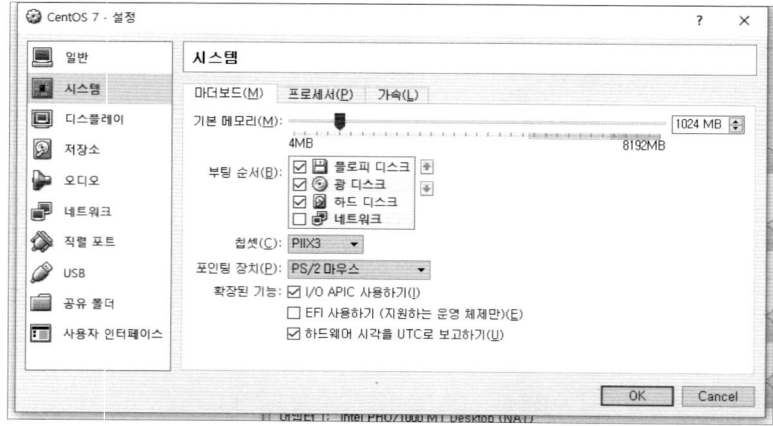

이제 운영체제를 설치할 준비가 완료되었습니다. 이제부터 가상 컴퓨터를 구동하여 운영체제 설치 과정을 살펴보겠습니다.

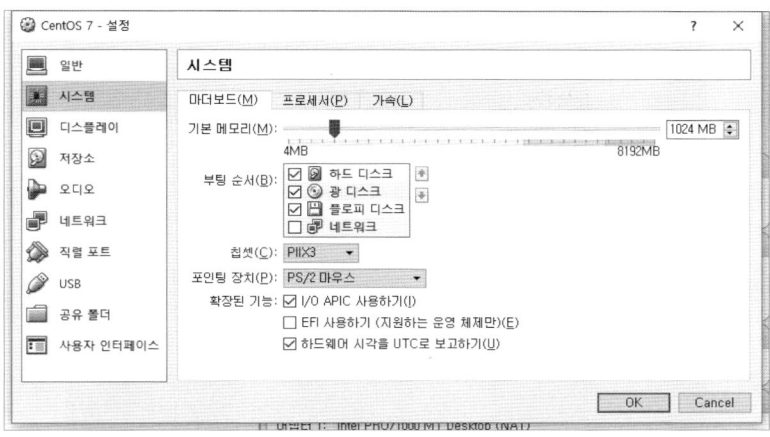

A.3 CentOS 7 설치

이제 가상 컴퓨터가 준비되었으므로 가상 컴퓨터에 CentOS 7 운영체제를 설치 합니다.

현재 설치 과정은 2017년 2월 기준 최신 버전인 'CentOS-7-x86_64-DVD-1611.iso' 이미지를 사용한 설치 과정입니다. 향후 버전 변경에 의해 설치과정이 달라질 수 있으니 참고하시기 바랍니다.

1 설치 메뉴 선택

처음 가상 컴퓨터를 구동하면, VirtualBox 로고 화면이 지나간 후 아래와 같은 화면이 표시됩니다. 만약 아래 화면이 나오지 않을 경우 앞에서 CentOS 설치 미디어 설정과 부팅 순서 설정을 다시 확인해야 합니다.

첫 화면에서 선택할 수 있는 메뉴는 세 가지가 있습니다. 첫 번째와 두 번째 메뉴를 사용하여 CentOS 7을 설치할 수 있습니다. 두 번째 메뉴를 선택하면 설치를 진행하기 전 설치에 사용할 DVD 이미지의 무결성을 검증합니다. 세 번째 메뉴는 운영체제를 설치하였으나, 심각한 문제로 인해 시스템 부팅에 실패할 경우 복구하기 위한 DVD 부팅 메뉴입니다.

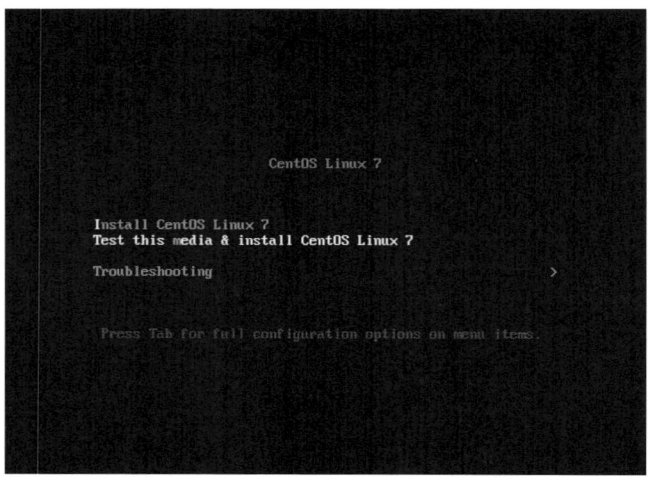

2 환경 설정

설치 과정은 GUI(Graphical User Interface)를 지원합니다.

1] 언어 설정

먼저 언어를 선택합니다. 한국어를 선택할 경우 메뉴와 콘솔 메시지, 일부 도움말 등이 한국어로 출력됩니다. 하지만 원격 접속 시 터미널 설정에 따라 한국어가 정상적으로 표시되지 않는 경우가 있어 기본 언어인 영어를 사용할 것을 권장합니다. 한국어를 사용하는 경우는 터미널에 따라 별도 설정이 필요한 경우가 있습니다. 여기에서는 영어를 선택하여 진행합니다.

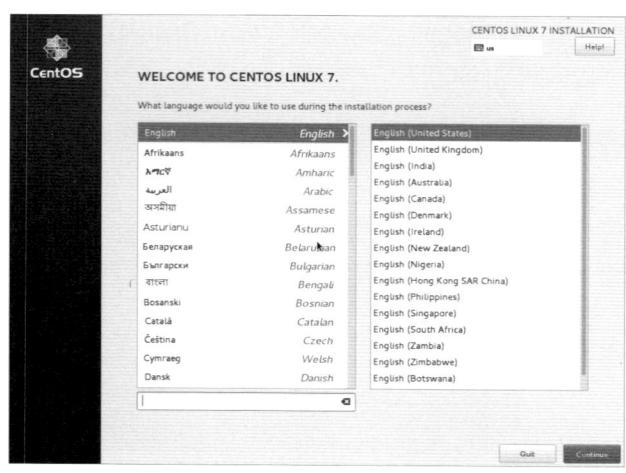

2] 설치 환경설정

언어 선택 후 여러 가지 추가 설정을 할 수 있는 화면입니다. 'Localization'에서는 시간대, 언어지원, 키보드에 대한 설정을, 'Software'에서는 설치 미디어와 설치할 패키지 목록을, 'System'에서는 설치할 대상 디스크와 네트워크, 보안 설정을 변경할 수 있습니다. 대부분 항목들이 기본값이 설정되어 있지만, 'System' 항목의 'Installation Destination' 항목 아이콘처럼 경고 아이콘이 표시된 경우, 우측 하단 'Begin Inatallation' 버튼이 비활성화되며 설치과정을 진행할 수 없습니다.

일부 설정을 수정하며 설치를 진행하겠습니다.

① 날짜/시간 변경

처음은 시간대 설정입니다. 시간대 설정을 정확하게 하지 않을 경우, 네트워크를 통해 시간을 동기화한다고 하더라도 현재 시간 정보가 잘못 표시될 수 있습니다. 세계지도에서 직접 선택하거나, 좌측 상단 드롭다운 메뉴를 사용하여 현재 위치를 지정합니다. 여기서는 Asia – Seoul로 현재 위치를 설정합니다.

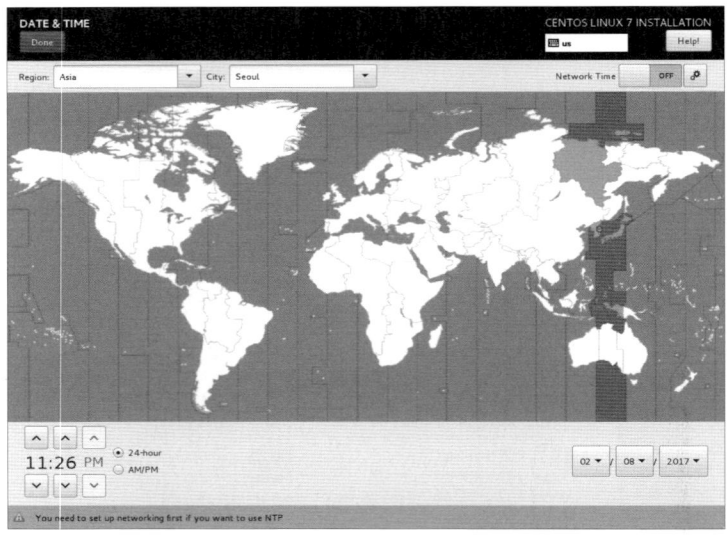

② 설치 패키지 선택

다음 수정할 항목은 'Software'의 'Software Selection' 항목입니다. 여기서는 운영체제 설치 시 함께 설치될 패키지들을 지정합니다. 좌측 'Base Environment'에서 사용하고자 하는 서버의 유형을 선택하면 모든 패키지를 일일이 선택할 필요가 없이 서버 역할에 따라 지정된 패키지들을 함께 설치합니다. 오른쪽 'Add-Ons for Selected Environment' 메뉴에서 추가 설치하고 싶은 패키지를 고를 수 있습니다.

'Base Environment' 기본 값인 'Minimal Install'의 경우 최소한의 패키지만 설치하므로, 여기서는 'Server with GUI'를 선택하여 GUI를 포함한 기본적인 패키지들이 함께 설치되도록 설정합니다.

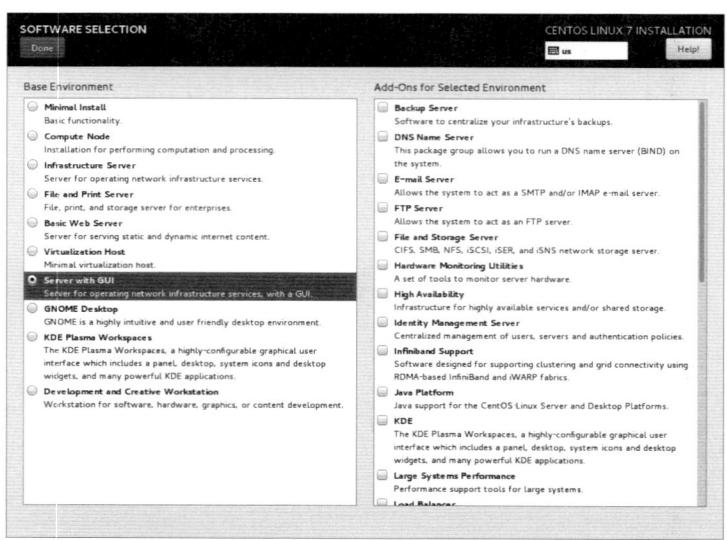

③ 설치 위치 지정

다음은 'Installation Destination' 항목입니다. 설치 위치를 지정하는 설정으로, 현재 시스템에 연결되어 있는 스토리지 장치의 목록을 출력하고 설치 위치를 선택할 수 있습니다. 이외에도 네트워크 드라이브를 지정하거나, 파티션 수동 분할, 데이터 암호화 등에 대한 설정을 구성할 수 있습니다.

여기에서는 기본 디스크 장치만 선택하여 파티션 설정 등을 설치 과정에서 자동으로 수행하도록 구성합니다.

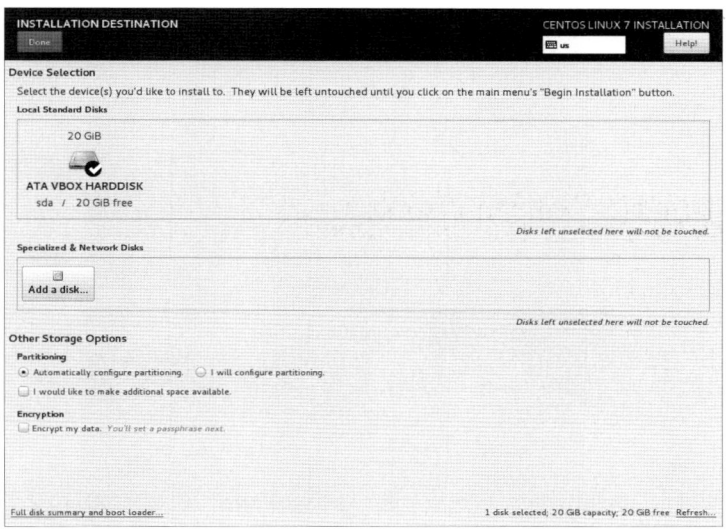

④ 네트워크 인터페이스 설정

다음은 네트워크 인터페이스 설정입니다. 설치 단계에서 네트워크 인터페이스 설정을 하지 않을 경우 운영체제 설치 후에도 네트워크 인터페이스를 다시 설정할 수 있습니다. 현재 네트워크 인터페이스 하드웨어는 인식되어 있지만, 사용하도록 설정되어 있지 않은 상태입니다. 우측 상단에 ON/OFF 스위치를 변경하여 인터페이스를 사용하도록 설정합니다.

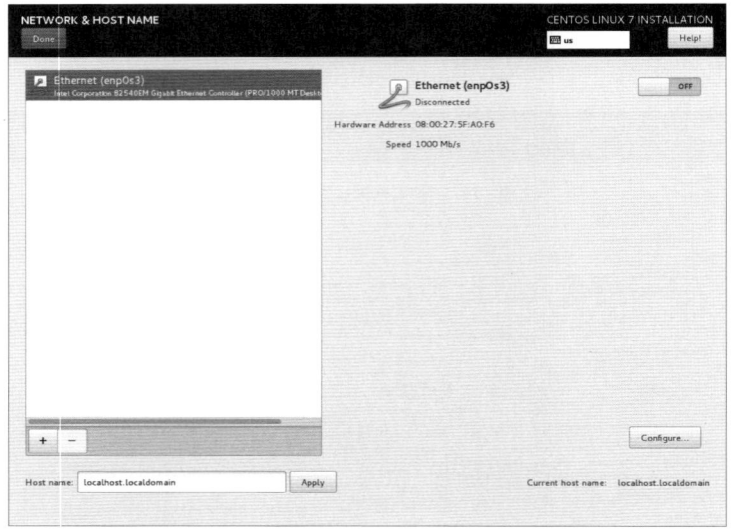

기본 설정으로 DHCP에서 IP를 받아오도록 설정되어 있어, 바로 IP정보가 출력되는 것을 확인할 수 있습니다. 만약 IP정보를 수동으로 입력하거나, 정보를 변경하고자 할 경우, 우측 하단 'Configuration' 버튼을 클릭하여 설정을 변경할 수 있습니다.

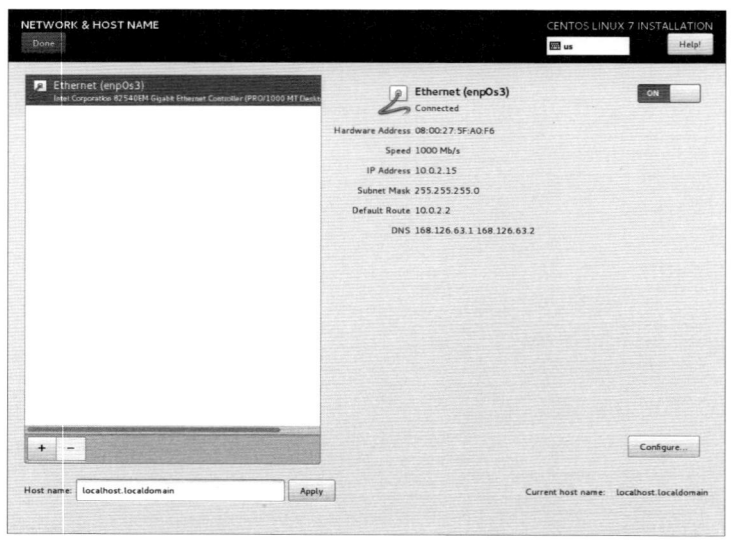

먼저 바꿀 내용은 네트워크 연결의 이름입니다. CentOS 7에서는 네트워크 인터페이스 카드의 종류, 슬롯 번호에 따른 명명 규칙이 있습니다. 이렇게 생성된 이름 대신 기존 리눅스에서 많이 사용하던 'eth0' 같은 이름을 사용하고 싶을 경우, 'Connection name' 항목에서 이름을 변경할 수 있습니다. 이 때 연결의 이름은 변경되지만 장치의 이름은 변경되지 않습니다. 네트워크 설정에 대한 자세한 내용은 11장의 '네트워크 관리' 챕터를 참고하시기 바랍니다.

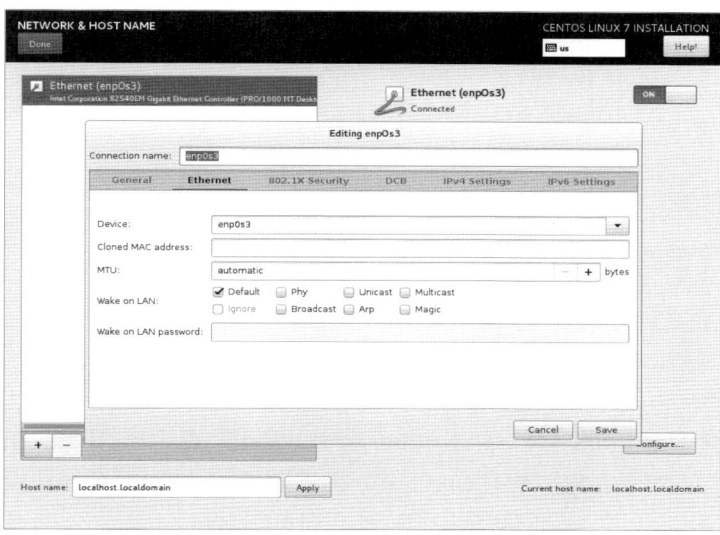

Connection name을 변경하였으나, Device 이름은 그대로 인 것을 확인할 수 있습니다.

IP 설정에 대하여 변경하고 싶을 경우, 메뉴 중 IPv4 Setting 또는 IPv6 Setting 메뉴를 선택하여 설정을 수행합니다.

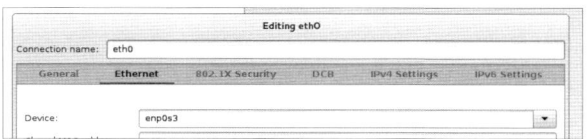

IPv4 Setting 메뉴에서 IPv4 주소에 대한 DHCP 사용여부, 수동 설정 시 IP주소, 넷마스크, 게이트웨이 설정 등 네트워크 주소에 대한 설정을 변경할 수 있습니다.

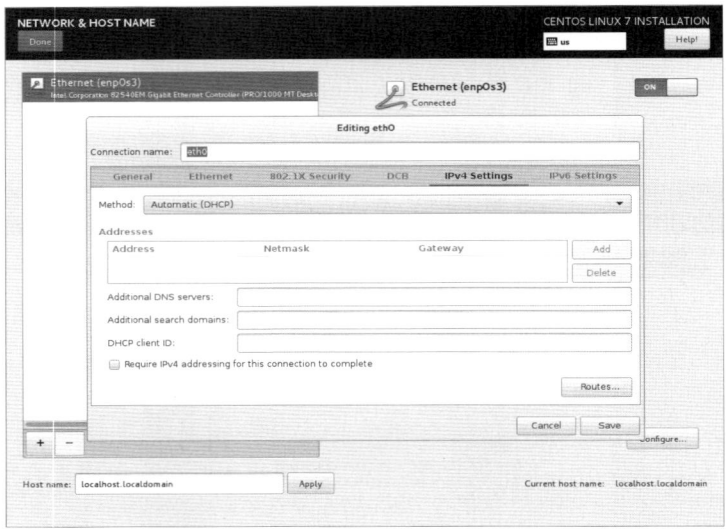

네트워크 설정에서 마지막으로 'Host name'을 설정합니다. 호스트 이름은 현재 시스템을 네트워크에서 구분할 수 있는 이름입니다. FQDN(Full Qualified Domain Name) 형태의 도메인 이름을 입력하고 Apply 버튼을 클릭하여 설정합니다.

여기서는 centos7.mydomain.com으로 설정합니다.

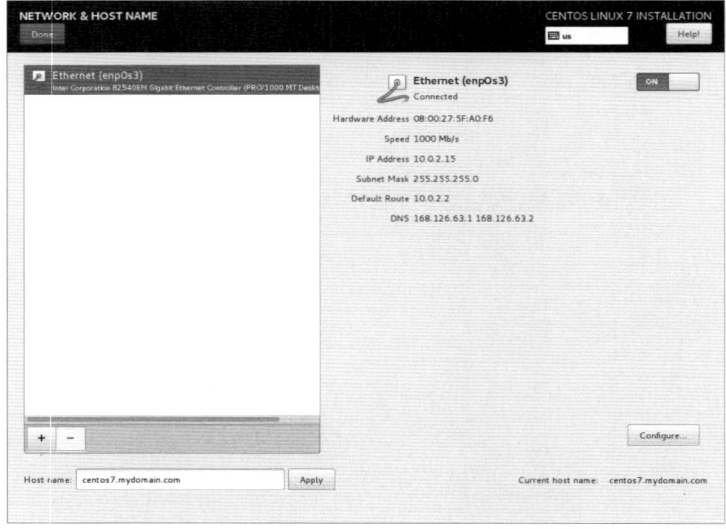

여기까지 설정을 완료하면 설치 초기화면 우측 하단에 'Begin Installation' 항목이 활성화되어 설치 과정을 진행할 수 있습니다. 설치를 진행합니다.

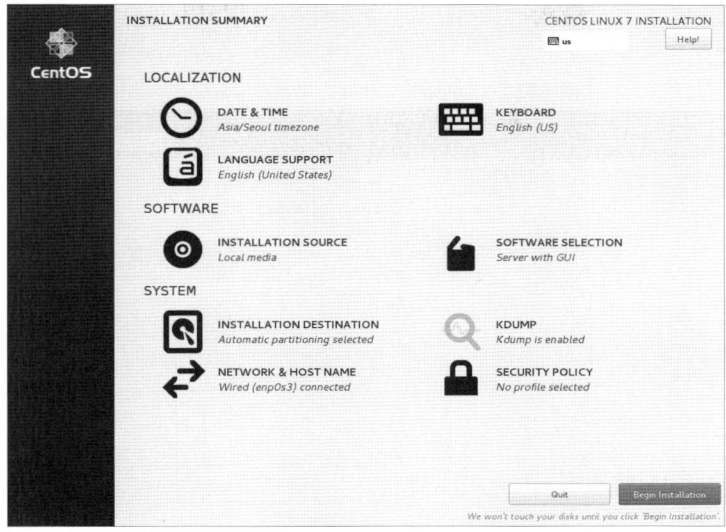

3] 설치 진행 및 사용자 계정 설정

설치 과정을 시작하면 다시 두 개의 설정 가능 항목이 표시됩니다. 이 항목은 사용자에 대한 정보를 설정하는 항목입니다.

시스템의 모든 권한을 가지는 root 사용자와, 시스템관리자 또는 일반사용자 권한을 가지는 사용자를 각각 생성할 수 있습니다.

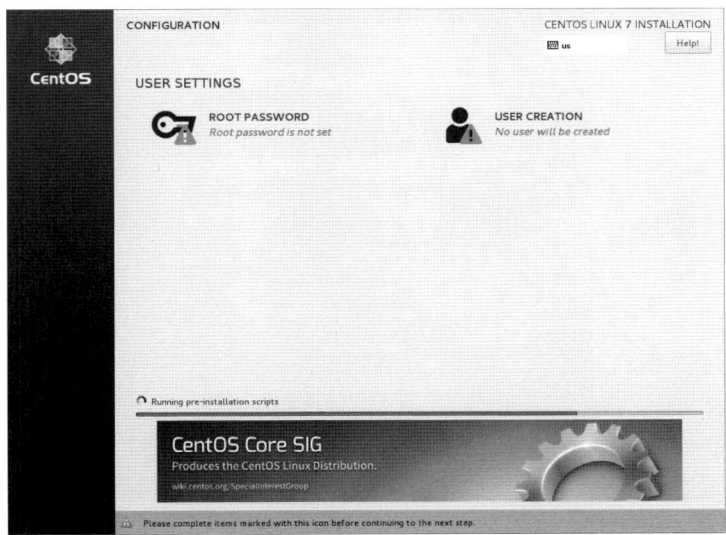

① root 사용자 설정

root 사용자는 이름이 root로 고정되어 있으므로, 패스워드만 입력하여 설정을 완료합니다. 이 때 패스워드 복잡도를 체크하므로, 충분히 안전한 패스워드를 설정하는 것이 보안상 안전합니다.

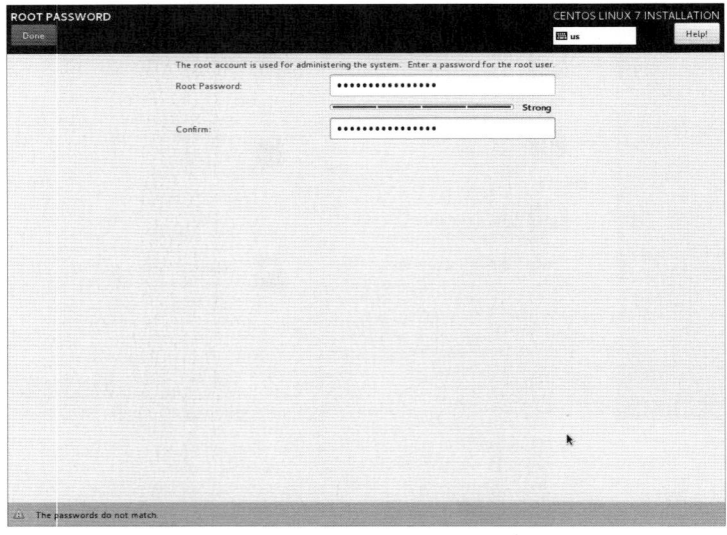

② 일반 사용자 설정

일반 사용자 생성 화면입니다. 일반 사용자는 계정 이름, 전체 이름, 패스워드와 관리자 계정으로 생성할지 여부를 선택합니다. 마찬가지로 패스워드 복잡도를 체크합니다.

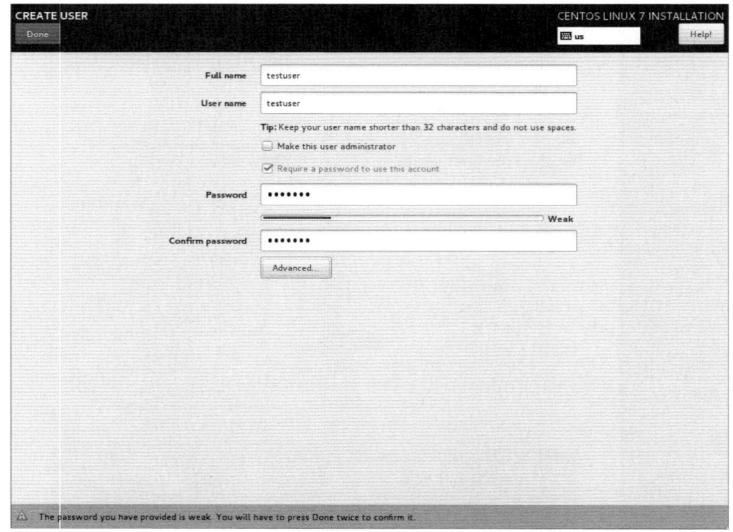

사용자 계정 생성시 Advanced 옵션을 설정할 수 있습니다. 사용자의 홈 디렉토리와 특정 UID/GID 등을 선택할 수 있고 보조 그룹을 지정할 수 있습니다.

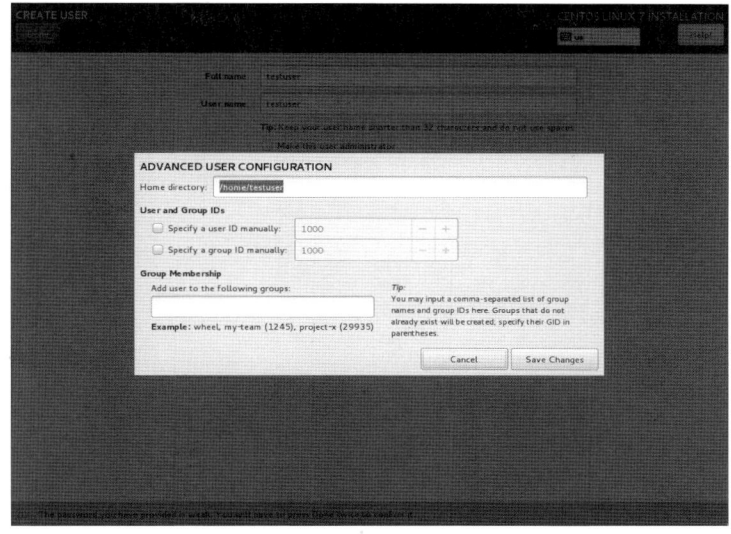

여기까지 설정을 완료한 후 모든 패키지가 설치되면 Reboot 버튼을 클릭하여 재시작을 요청합니다. 시스템을 재시작하여 설치된 운영체제를 테스트합니다.

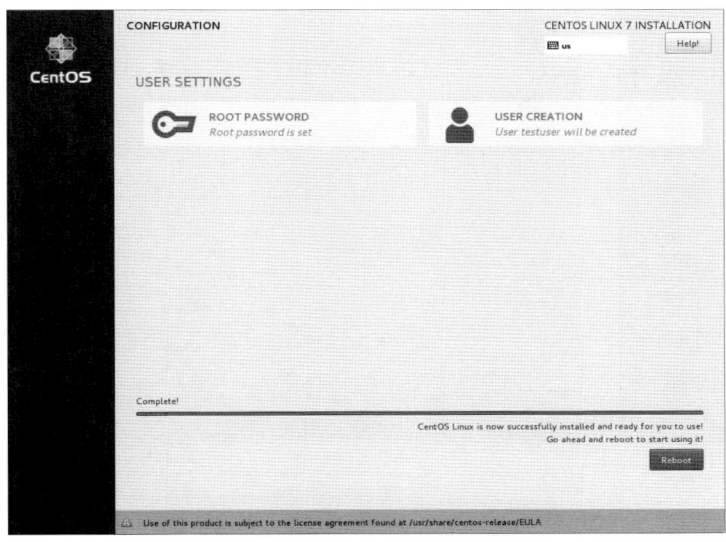

4] 설치 후 테스트

정상적으로 CentOS 7이 설치된 화면입니다. 일정 시간 기다리거나, 첫 번째 항목을 선택하여 부팅을 진행할 수 있습니다.

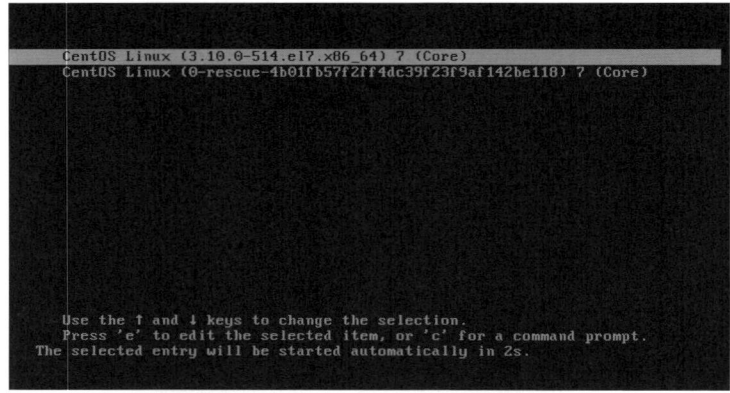

시스템 사용 전 라이센스 동의가 필요합니다. 'License Information' 항목을 클릭하여 라이센스 정보를 확인합니다.

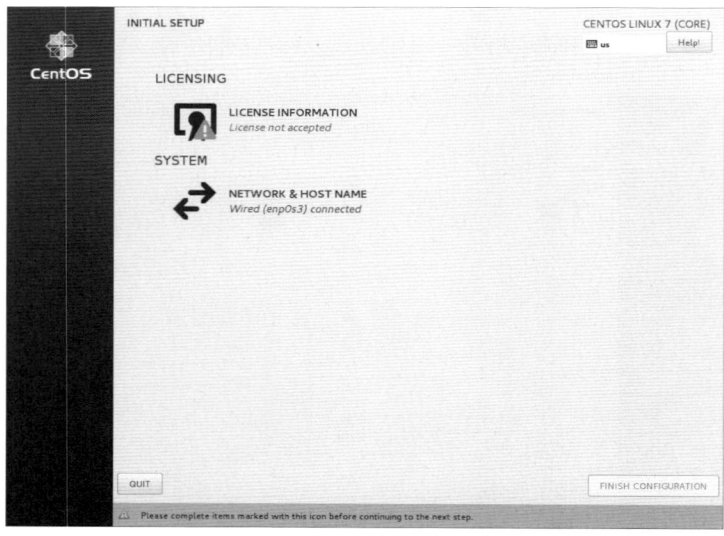

하단의 체크박스에 체크 후 'Done' 버튼을 눌러 돌아가면 부팅이 진행됩니다.

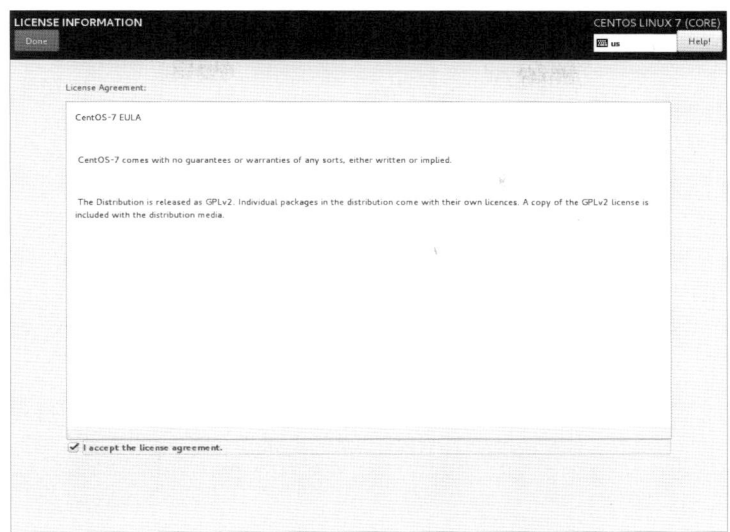

정상적으로 부팅이 된 것을 확인하였습니다. 설치 후 GUI를 사용하여 다시 언어와 키보드 선택을 진행합니다.

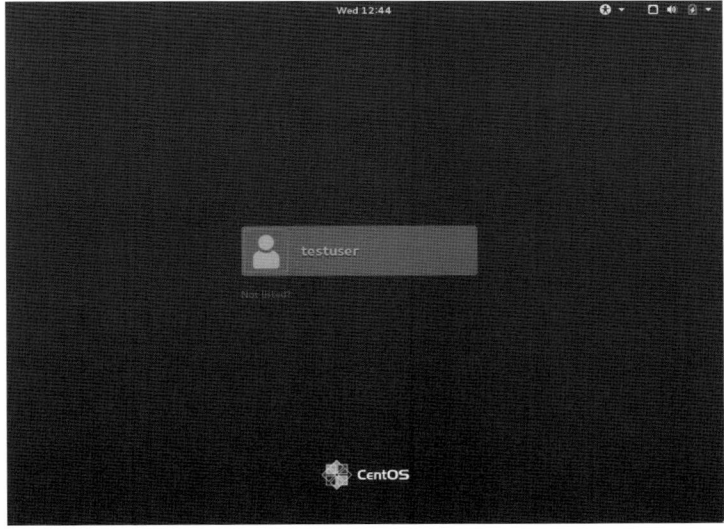

온라인 계정을 사용한 이메일, 클라우드 연결이 필요한 경우 설정합니다. 필요하지 않을 경우 우측 상단 Skip 버튼을 사용하여 이 단계를 건너뜁니다.

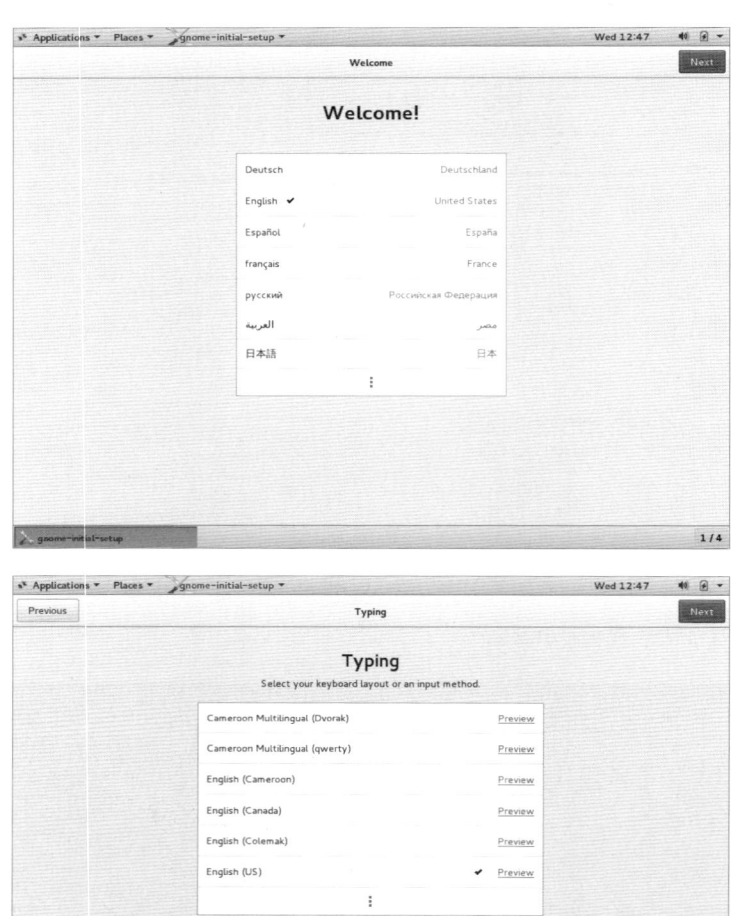

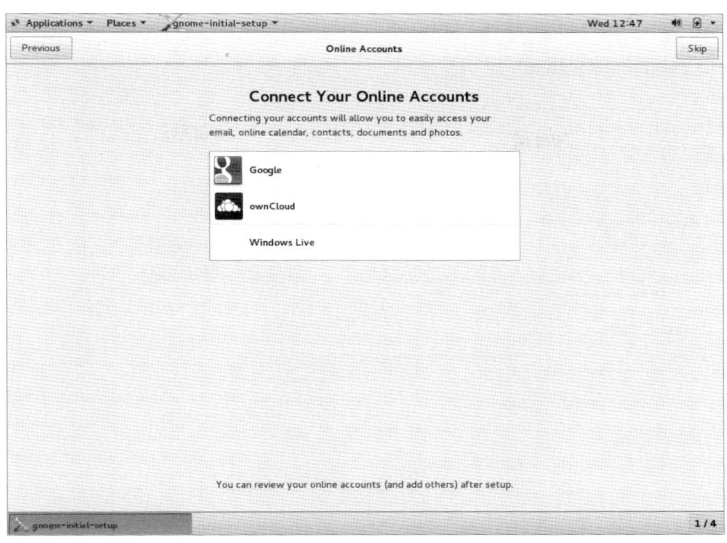

모든 설정이 완료되었습니다. GUI를 사용하여 처음 로그인한 사용자에게는 아래와 같은 안내 페이지가 표시됩니다. 필요에 따라 해당 웹 페이지의 내용을 참고할 수 있습니다.

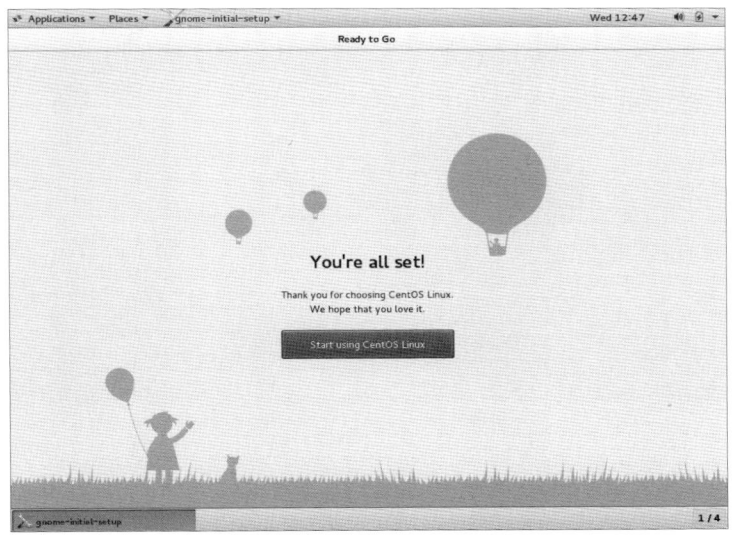

정상적으로 설치가 완료되었습니다.

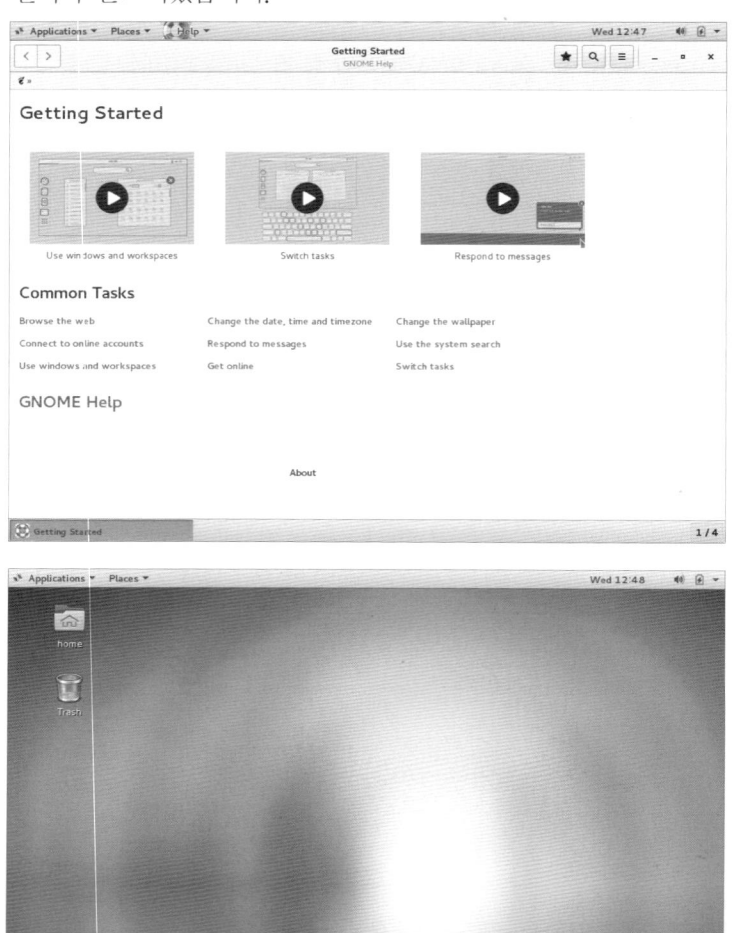

A.4 Redhat Enterprise Linux 과 Oracle Linux 다운로드

1 Redhat Enterprise Linux 다운로드

Redhat Enterprise Linux를 설치하기 위해서 이미지를 다운 받아야 합니다. 파일을 다운 받기 위해 우선 다음 경로로 접속합니다.

https://access.redhat.com/ko/downloads

Red Hat Enterprise Linux를 클릭합니다.

로그인 화면이 나오면 로그인을 진행 합니다.

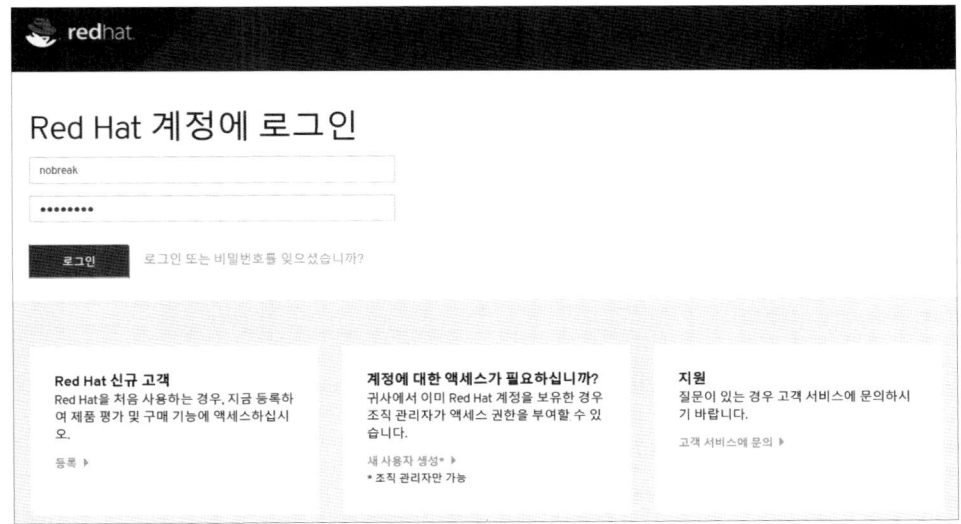

로그인이 성공하면 화면에 활성 서브스크립션이 필요하다는 문구가 나타납니다. Redhat Enterprise Linux 이미지를 다운 받기 위해선 레드햇의 서브스크립션을 구매해야 합니다.

레드햇 이미지 파일로 리눅스를 설치하는 과정은 CentOS7 과정과 동일합니다.

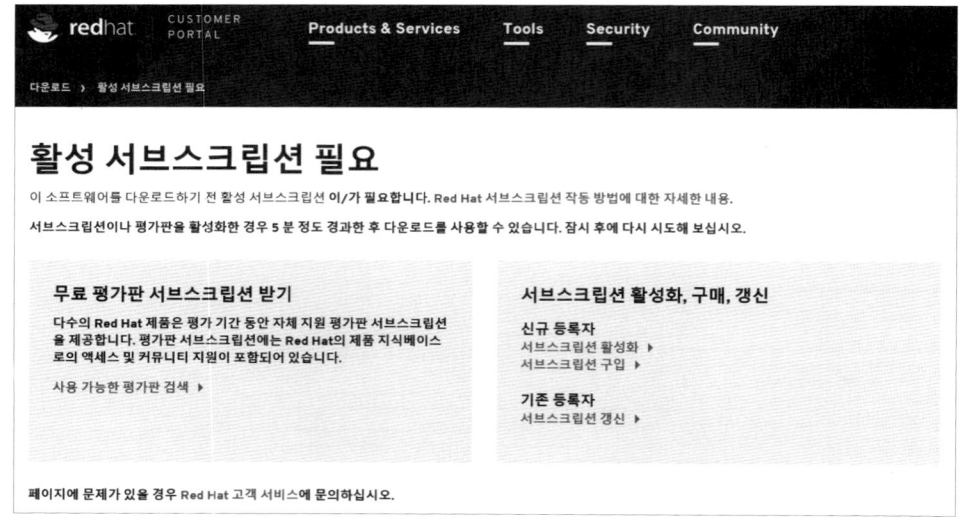

2 Oracle Linux 다운로드

Oracle Linux를 설치하기 위해서 이미지를 다운 받아야 합니다. 파일을 다운 받기 위해 우선 다음 경로로 접속합니다.

https://www.oracle.com/downloads/

해당 페이지에서 스크롤을 내리면 아래와 같은 All Download 항목을 확인할 수 있습니다. 이 항목에서 다시 More Downloads를 선택합니다.

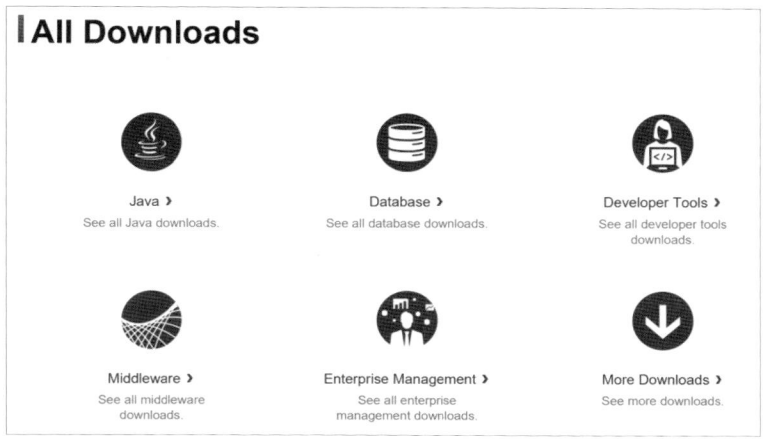

More Download를 선택하고 스크롤을 다시 내립니다. 그럼 Servers and Storage Systmes 항목이 나타나고 이 항목 중 Oracle Linux and Oracle Enterprise Kernel을 선택합니다.

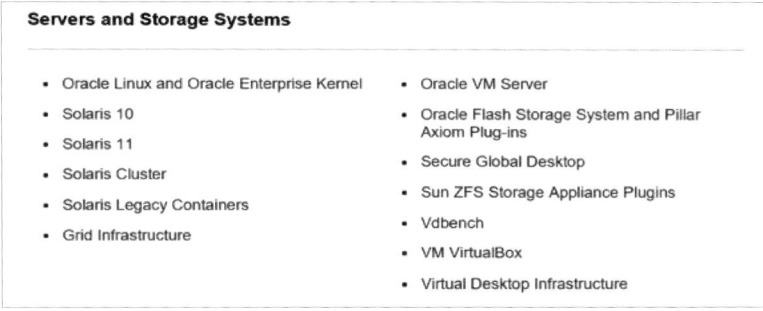

Oracle Linux and Oracle Enterprise Kernel을 선택하면 Oracle cloud 페이지로 이동되고 더 진행하기 위해서 Sign In을 클릭합니다.

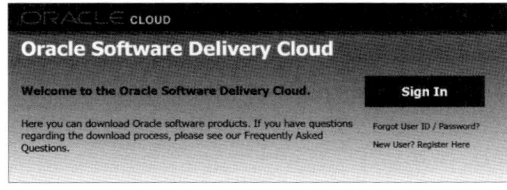

오라클 아이디로 로그인 화면이 나오면 로그인 합니다.

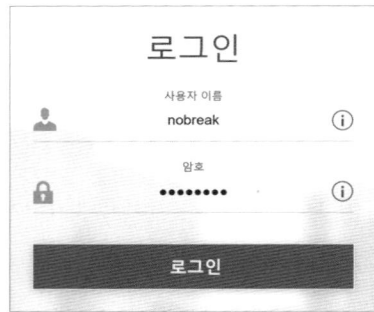

로그인 한 뒤에 Searcy by 부분에서 Linux를 키워드로 입력하고 Product를 확인합니다. Oracle Linux 항목이 보이면 선택한 뒤 Select Platform을 클릭합니다.

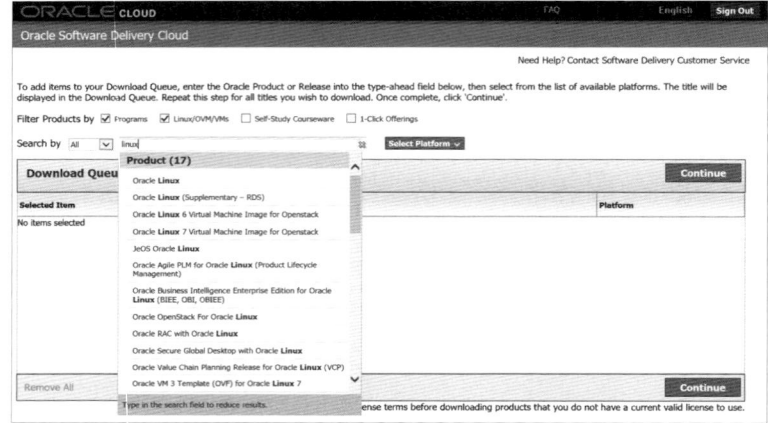

사용하려는 플랫폼에 맞는 아키텍쳐의 체크박스에 체크하고 Select 버튼을 클릭합니다.

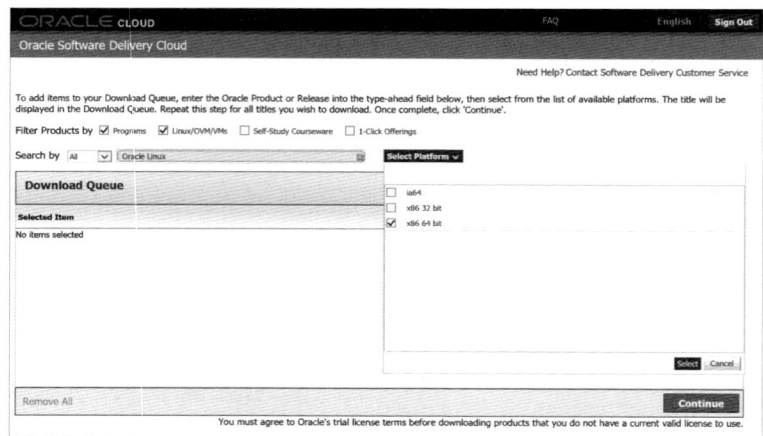

Selected Item 부분에 Product Item 필드에 Product: Oracle Linux가 나타나면 아래의 Continue 버튼을 클릭합니다.

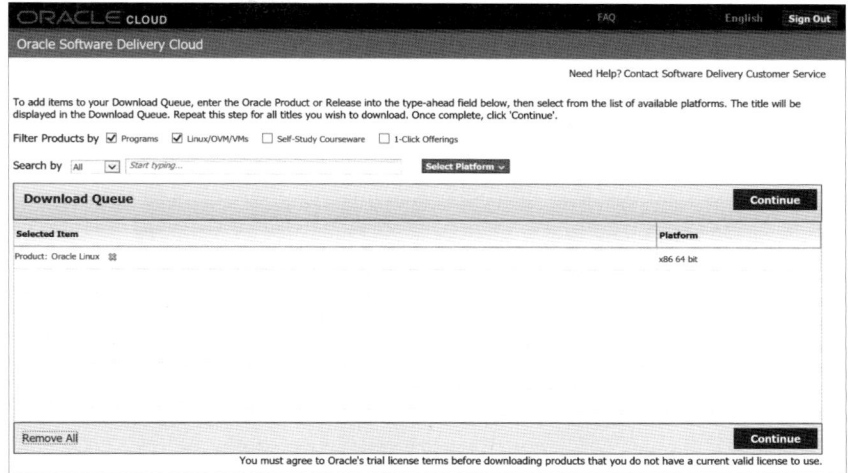

다른 버전의 오라클 리눅스의 이미지를 다운로드 받고 싶은 경우 Selecte Alternative Release 버튼을 클릭하여 다른 버전을 선택할 수 있습니다. 계속 진행하려면 Continue 버튼을 클릭합니다.

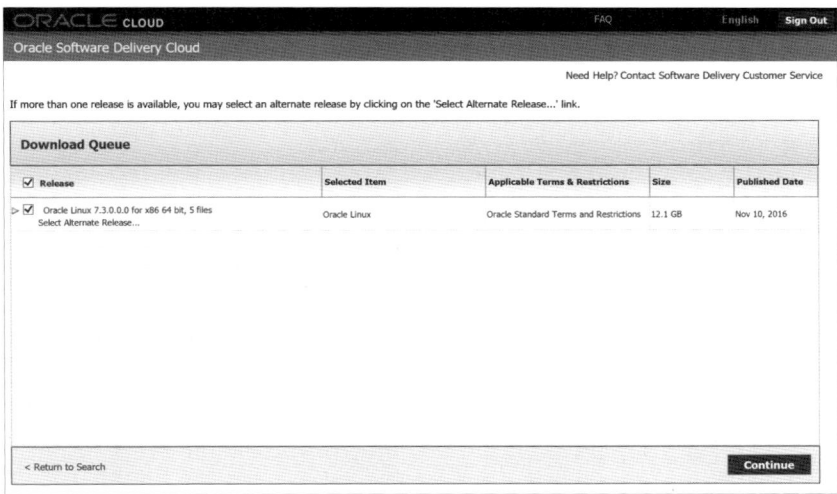

다운로드 받기 위해서 동의사항을 읽어보고 체크박스에 체크 표시 한 뒤 Continue를 클릭합니다.

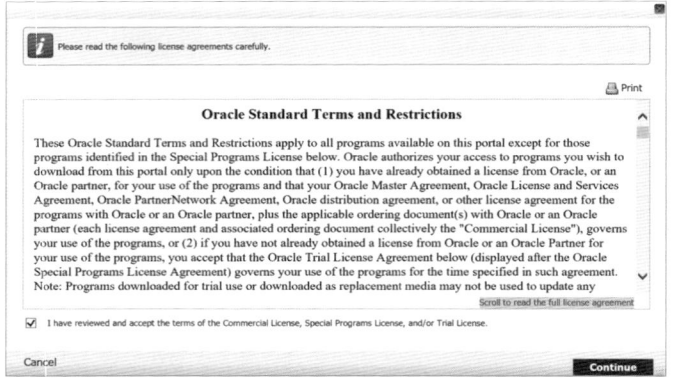

Continue 버튼을 클릭하면 다운 받을 이미지 파일이 표시되고 다음으로 Download 버튼을 클릭합니다.

다운로드 버튼을 클릭하면 인스톨러를 설치하라는 창이 나타납니다. 이 때 아래의 Download the installer를 클릭하여 인스톨러를 다운로드하고 설치합니다.

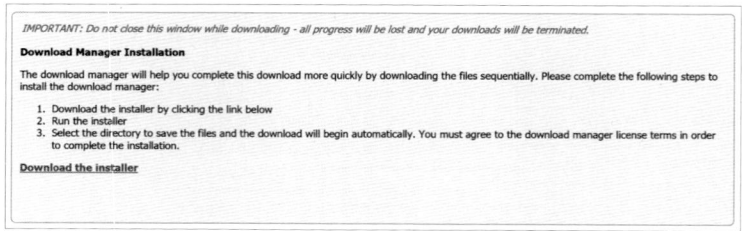

인스톨러가 설치가 완료되면 다운로드 진행상황을 확인할 수 있습니다.

오라클 리눅스를 설치하는 과정은 위의 CentOS7과 동일합니다.

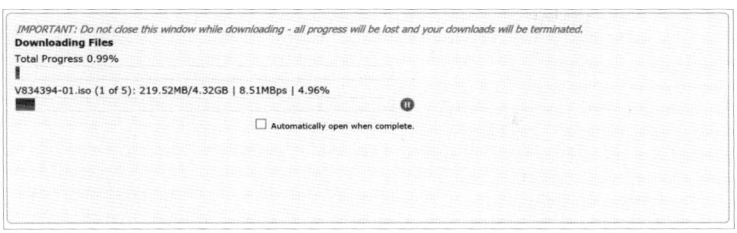

APPENDIX

B

아마존 리눅스

B.1 아마존 리눅스(Amazon Linux) 란?

아마존 리눅스는 RHEL/CentOS를 기반으로 만들어졌으며, AWS(Amazon Web Services)의 EC2(Elastic Compute Cloud2)에서 사용할 수 있도록 EC2 사용자에게 무료로 제공되는 리눅스입니다. EC2에서 아마존 리눅스를 사용하면 애플리케이션을 안정적으로 제공할 수 있으며 실행 환경을 고성능으로 제공 받을 수 있습니다. 아마존 리눅스 이미지는 최신 EC2 인스턴스 유형을 지원하며 AWS와 통합하도록 도와주는 패키지들이 포함되어 있습니다. 또한 아마존에서 지속적으로 보안 및 유지 관리 업데이트를 제공하고 있습니다.

그림 1 아마존 리눅스(Amazon Linux) 로고

B.2 아마존 리눅스(Amazon Linux) 주요 기능

1 AWS 통합

아마존 리눅스 이미지에는 다양한 AWS API도구와 cloud-init이 설치되어 있습니다. AWS API 도구를 사용하면 EC2 인스턴스 내에서 중요한 프로비저닝 작업을 스크립트로 작성할 수 있습니다. cloud-init은 인스턴스를 시작할 때 사용자가 원하는 설정을 실행할 수 있습니다.

2 안전한 구성

아마존 리눅스는 접근 제한과 소프트웨어의 취약성을 개선하는데에 중점을 두고 있습니다. 아마존 리눅스로 실행된 인스턴스는 SSH 키 페어를 사용해야만 원격으로 로그인할 수 있고, 루트 사용자의 원격 로그인은 완전히 차단되어 있습니다.

또한 아마존 리눅스에는 AWS 통합에 필요한 최소한의 서비스와 유틸리티 및 도구가 설치되어 있기 때문에 때문에 가볍습니다. 이는 나중에 인스턴스를 실행할 때 cloud-init 으로 사용자가 원하는 구성을 할 수 있도록 합니다.

3 패키지 리포지토리 접근

아마존 리눅스는 리포지토리에 연결되어 있습니다. 이 리포지토리는 모든 영역(Region)에서 사용할 수 있으며 yum 명령을 사용하여 접근합니다. yum 명령으로 리포지토리에서 제공되는 패키지를 빠르게 설치하거나 업데이트 할 수 있습니다.

4 AWS 지원

아마존 리눅스는 AWS의 EC2 환경에서 최적화 되어있습니다. 또한 아마존 리눅스의 버전이 업데이트 되면 AWS EC2에서 업데이트된 패키지를 사용할 수 있습니다.

B.3 아마존 리눅스(Amazon Linux)와 RHEL/CentOS/OL 의 차이점

아마존 리눅스는 RHEL/CentOS를 페도라 커널과 혼합한 리눅스입니다. 아마존 리눅스는 RHEL/CentOS의 특정 버전에 속해 있지 않습니다. 쉽게 말하자면 RHEL6버전 RHEL7 버전과 같이 명확하게 버전을 나타낼 수 없습니다. 특정 버전을 나타내지 않기 때문에 이슈 발생시 참고할 자료들과 호환되지 않을 수 있습니다.

아마존 리눅스의 패키지는 RHEL/CentOS용으로 빌드된 패키지와 호환되지 않습니다. 기본적으로 아마존 리포(Repo)에서 제공되는 패키지만 사용하는 것이 바람직하며 경우에 따라서 EPEL패키지와 충돌하는 경우도 발생할 수 있습니다. 하지만 아마존 리포에서 제공되는 패키지는 RHEL/CentOS에서 사용하는 패키지보다 버전이 낮을 수도 있습니다.

아마존 리눅스는 AWS환경에서 특화되어 있습니다. AWS EC2사용자는 아마존 리눅스 이미지를 무료로 제공받을 수 있습니다. 하지만 AWS환경에서 아마존 리눅스를 사용하다가 다른 클라우드 서비스로 마이그레이션 하거나 다른 클라우드 서비스에서 아마존 리눅스를 사용하는 것은 권장하지 않습니다. 추가 요금 또는 기술지원에 문제가 발생할 수 있기 때문입니다.

INDEX

기호

/.autorelabel	292
/etc/anacrontab	70, 77
/etc/chrony.conf	386, 392
/etc/chrony.keys	386
/etc/cron.d	70, 75
/etc/cron.d/0hourly	76
/etc/cron.daily	77
/etc/cron.monthly	77
/etc/crontab	70, 75
/etc/cron.weekly	77
/etc/default/useradd	13
/etc/firewalld	404
/etc/firewalld/services	404
/etc/fstab	153, 165, 227, 292
/etc/group	9, 18
/etc/gshadow	10
/etc/login.defs	21, 33
/etc/passwd	5, 12, 24
/etc/shadow	7, 12, 31
/etc/skel	13, 20
/etc/sudoers	28
/run/log/journal	43, 249, 262, 269
/tmp	45
/usr/lib/firewalld	404
/var/log/secure	30, 249, 257
/var/spool/cron	70, 74
/var/tmp	45

A

ACL	48
Active Zone	404
Alias	224
anacron	75
at	68
atd	68
atq	69
authpriv	259
AUTHPRIV	369

B

basic.target	280
BIOS	89
BIOS/UEFI	276
blkid	147, 293
Blowfish	23, 32
BOOTPROTO	332

C

chage	9, 33
chkconfig	223, 233
chmod	46
chrony	385
chronyc	387
chronyd	385
chroot	291
CHS	87
CIDR	416
crond	70
crontab	71

D

Default ACL	52
default.target	278, 287
DES	23, 32
dhcp	333
DHCP	351, 454
DNS	333, 351

E

e2fsck	209
emergency.target	289
EPEL	99
ethernet	336

F

fdisk	101
firewall-cmd	411
firewall-config	409
firewalld	403
FQDN	351

G

gdisk	111
getfacl	49
GID	6, 9
GMT	382
gparted	99
gpgkey	304
GPT	86, 88, 120, 174
graphical.target	279, 285
groupadd	18
groupdel	20
groupmod	19
GUI(Graphic User Interface)	279

H

hostnamctl	353
hostname	351

I

icmp	420
ifconfig	321
init	216, 233, 276
initramfs	278
iptables	403
IPv4	321, 332
IPv6	321, 334, 349, 425

J

journal	44, 220, 249, 264
journalctl	263, 271

K

KVM	329

L

LBA	87, 104, 113, 125
local-fs-pre.target	281, 284
local-fs.target	227, 281, 284
logrotate	251
lvcreate	178, 183, 186, 190
lvdisplay	197, 199, 202
lvextend	204, 207
lvmdiskscan	175, 179
lvreduce	208
lvremove	180
lvs	199, 202, 205

M

MBR	86, 101, 120, 174
MD5	23, 32
microcode	238, 280

mount	133, 149, 205, 217
multi-user.target	221, 279, 284, 286

N

Netfilter	402
netstat	322
net-tools	322
NetworkManager.service	327, 331
NFV	326
nice	78
nmcli	319, 326, 336, 340
nm-connection-editor	319, 326, 347
NM_CONTROLLED	332
nmtui	319, 326, 343
ntp	5
NTP	381

O

OpenSSH	226, 239, 359

P

parted	99, 114, 123, 145
partprobe	110, 115
passphrase	371
passwd	31, 40
PE	173, 178, 181, 192
Permission	7, 39
PID	41, 136, 219
ping	324
POST	276
poweroff.target	282, 284
pvcreate	175
pvdisplay	192
pvmove	202
pvremove	176
pvs	199

R

RAID	172, 182, 200
RAID-0	182, 189
RAID-1	184, 189
RAID-5	186
RAID-6	186
RAID-10	188
rc0.d	219
reboot.target	282, 285
rescue.service	286
rescue.service rescue.target	229, 279
rescue.target	156, 284, 286
resize2fs	206
route	322
RPM	84, 298
rsyslogd	248, 256
runlevel3.target	279, 285
runlevel5.target	279, 285
run-parts	78
run-parts /etc/cron.hourly	76

S

salt	8, 32
scp	359, 373
SDN	326
SELinux	280, 292
setfacl	50, 54
setuid	39
Setuid	139
SetUID	152
sftp	359, 373, 375

SHA-256	23, 32
SHA-512	23, 32
Socket	217, 219, 223, 231
ssh	360, 405, 475
ssh-copy-id	372
ssh-keygen	360, 370
static	236
sticky bit	39, 45
Stratum	384, 388
su	24, 30
sudo	24, 26, 30
swap	136, 148, 154, 158
sysinit.target	280, 285
syslog	248, 258, 262, 424
system-config-date	393
systemctl	215, 218, 233
systemctl isolate target-unit	289
systemd	216, 219

T

timedatectl	394, 395
time-spec	68
tracepath	324
traceroute	324
Transient hostname	353

U

UEFI	89
UID	4, 6, 15, 16
umask	23
Upstart	218
useradd	12, 22, 31
userdel	17
usermod	16

UTC	382, 388, 395
UUID	148, 150, 154, 163

V

vgcreate	177, 201
vgdisplay	194, 199
vgextend	200
vgreduce	201
vgremove	178
vgs	199, 201
Virtual Bridge	329
visudo	29
vmlinuz	277
vmware	329
VMware	431

X

xfs_growfs	206

Y

YUM	298, 303

ㄱ

가상머신	370, 431
가상화	326, 329, 403, 431
개인키	361, 370
게이트웨이	323, 333, 336
경로 유닛(Path Unit)	224, 229
공개키	361, 370
기본 그룹	4, 9, 14, 23, 43
기본 쉘	14, 15, 16
기본 영역(Default Zone)	405, 408, 411, 413, 414
긴급 쉘	285, 292

ㄴ

난수	362
내결함성	184, 186, 188
네트워크 관리자	322, 326, 334
논리 볼륨	172, 182, 200

ㄹ

라우팅 테이블	323
램 디스크(Ram Disk)	275, 290
런 레벨(Run Level)	217, 221, 276, 284
런타임	221, 288
레거시(Legacy)	320, 326, 331, 342
레이블(label)	292
로그(log)	247
리모트 쉘	363
리모트쉘(rsh)	360
리치 규칙(Rich Rule)	424
리포지토리(Repository)	303, 475

ㅁ

마스킹	236, 242, 331
마운트	149, 153
매핑	229, 279, 335, 351, 406
메타데이터	89, 104, 173
물리 볼륨(Physical Volume)	173
미러 볼륨	184

ㅂ

방화벽	67, 349, 399
버스 유닛(Bus Unit)	218
보조 그룹	4, 14, 459
복구 쉘(rescue shell)	284, 293
볼륨 그룹(Volume Group)	171, 173
부트 로더(Boot Loader)	290
브로드캐스트	322
비밀키	361

ㅅ

사전에 정의된 서비스(Pre-defined Service)	406
사전에 정의된 영역(Pre-defined Zone)	405, 406, 412
서브넷(Subnet)	333, 416
서브커맨드(subcommand)	218, 234, 320
선형 논리 볼륨	181
섹터	85, 103, 138, 277
소켓 유닛(Socket Unit)	217, 224, 231
소프트웨어 패키지	297, 310
스냅샷	172, 218, 230, 431
스왑	133, 158, 217, 228
스트라이프 볼륨	182, 186
스핀들	84
실린더	85
씬 풀(Thin Pool)	190
씬 프로비저닝	173, 190

ㅇ

아카이브 파일	297
오버 커밋	173
오픈스택	326, 370, 403

ㅈ

장치 유닛(Device Unit)	217, 220, 226, 292
정적(static)	321, 333

ㅊ

출발지 주소(Source Address)	407, 414, 416, 425

ㅋ

커넥터	84, 91
쿼리 옵션(query option)	299
키 기반 인증	369, 370

ㅌ

타겟 유닛(Target Unit)	217, 224, 229, 275
터널링(Tunneling)	363
텔넷	359, 360, 373
트랙	85

ㅍ

파티셔닝	99, 144, 161, 174
파티션	83, 133, 292, 453
패리티	186, 187
패스워드 에이징	22, 33
패킷	322, 383, 401, 414
평문 전송(Plain Text)	360, 373
포맷	86, 220
포트 규칙	419
포트포워딩	421, 422, 425, 427
프로토콜 규칙	419
플래터	84, 92

ㅎ

핫 플러깅	90, 96
해시 알고리즘	7, 8, 23, 31
확장 파티션	88, 103, 121, 127
활성화된 영역(Active Zone)	407, 413